U0630780

Systemic Risk, Crises
and Macroprudential Regulation

系统性风险、危机与
宏观审慎监管

泽维尔·弗雷克萨斯　拉克·莱文　何塞-路易斯·佩德罗 ◎ 著

王擎 ◎ 等译

 中国金融出版社

责任编辑：方　晓
责任校对：张志文
责任印制：陈晓川

Copyright© Massachusetts Institute of Technology
北京版权合同登记图字 01 – 2016 – 4564
《系统性风险、危机与宏观审慎监管》一书中文简体字版专有出版权
属中国金融出版社所有，不得翻印。

图书在版编目（CIP）数据

系统性风险、危机与宏观审慎监管（Xitongxing Fengxian、Weiji yu Hongguan Shenshen Jianguan）/泽维尔·弗雷克萨斯（Xavier Freixas），拉克·莱文（Luc Laeven），何塞 – 路易斯·佩德罗（José – Luis Peydró）著；王擎等译．—北京：中国金融出版社，2017. 1
书名原文：Systemic Risk，Crises and Macroprudential Regulation
ISBN 978 – 7 – 5049 – 8837 – 9

Ⅰ．①系…　Ⅱ．①泽…②拉…③何…④王…　Ⅲ．①金融监管—研究
Ⅳ．①F830. 2

中国版本图书馆 CIP 数据核字（2016）第 318761 号

出版 **中国金融出版社**
发行
社址　北京市丰台区益泽路 2 号
市场开发部　（010）63266347，63805472，63439533（传真）
网上书店　http：//www. chinafph. com　（010）63286832，63365686（传真）
读者服务部　（010）66070833，62568380
邮编　100071
经销　新华书店
印刷　北京市松源印刷有限公司
尺寸　169 毫米×239 毫米
印张　22. 25
字数　355 千
版次　2017 年 1 月第 1 版
印次　2017 年 1 月第 1 次印刷
定价　68. 00 元
ISBN 978 – 7 – 5049 – 8837 – 9
如出现印装错误本社负责调换　联系电话（010）63263947
编辑部邮箱：jiaocaiyibu@ 126. com

序 言

宏观审慎是经济学的最新流行词汇。但它对于不同人有不同含义。对一些人来说宏观审慎政策是管理经济周期的一种手段；对另一些人来说它是确保金融系统的稳定的手段。但也有怀疑者认为宏观审慎是失效的，因为经济高涨时金融监管机构很难平抑其中泡沫，泡沫的存在反而能（通过财富和就业效应）带来巨大收益；更有甚者宣称，宏观审慎政策被错误使用时会带来新的风险。不幸的是，迄今为止我们对宏观审慎政策的组成仍然并不十分明确，对宏观审慎政策如何实施没有达成共识。其中部分原因是它的目标尚不明确，部分原因是缺乏宏观审慎工具的历史经验来评估其有效性。此外金融脆弱性和金融系统性风险的衡量手段与理论研究仍处于起步阶段，我们对金融监管的范围和宏观审慎政策的制度框架难以达成共识。问题例如：现有的审慎政策的优缺点是什么？应该做怎样的改进？宏观审慎政策和微观审慎政策之间的区别是什么？金融监管的边界是什么？宏观审慎政策的适用范围是否应包含所有从事金融服务的机构？当前金融脆弱性和系统性风险理论的局限是什么？如何对系统性风险进行衡量和实时监控？从信贷管理和资产价格泡沫破裂的角度看，对历次金融危机我们应该吸取什么教训？宏观审慎政策与宏观经济政策应该如何相互作用？货币政策在应对系统性风险时应该发挥什么样作用？宏观审慎监管总是减少过度冒险还是有可能鼓励冒险？

本书的目的是提供一个实施宏观审慎政策的框架。本书将定义系统性风险和宏观审慎政策，讨论它们与微观审慎政策的差异，讨论它们与其他宏观经济政策（尤其是货币政策）的相互作用，描述各国宏观审慎的工具和经验，以实施符合各国国情的宏观审慎政策（无论是新兴经济体和发达经济体）。我们最后讨论在实施宏观审慎政策过程中的一系列挑战及局限性。

据我们所知，这是第一本，也是目前唯一一本关于这一主题的书。相比其他研究者，本书在有些主题上涵盖了更多的细节。因为这是一个全新的领域，所以我们对此问题的认识在很大程度上仍然是有限的，特别是在最优政策组合与系统性风险的衡量方面仍然存在分歧。对于宏观审慎政策对系统性风险的作用，以及政治经济力量约束所带来的预料外结果仍然存在巨大不确定性。基于越来越多的学术和政策性文献、金融危机历史以及宏观审慎政策的有限使用经验，我们还可以做大量研究。2008 年全球金融危机以来，一个新的存款类金融机构的监管框架已经形成了，该框架以更为宏观的视角关注系统性金融风险的管理，而不是单个金融机构风险的管理，并且一些国家也成立了履行宏观审慎政策职责的宏观审慎当局。

基于我们对此领域的学术研究、政策和咨询工作的认识，本书期望对该领域的大量困惑厘清一些思路。本书重点关注美国和欧洲，它们是宏观审慎政策讨论的中心；本书也涵盖世界其他地区该领域的主题，包括宏观审慎政策管理境外资本流动、宏观审慎与货币政策全球协调的必要性，等等。

知识和努力工作中流下的汗水与泪水本身并不足以创造出一本好书，一本好书的形成还需要团队的密切合作和在工作中发展的友谊，这种友谊带来了工作的欢愉，这一切最终促使本书的出版。本书的几位作者身处世界各地，这对工作造成了一定的不便，但通过 Skype 的交流和偶尔的旅行，解决了这种交流的不便。因此本书花费了比最初预定的更多时间。没有麻省理工学院出版社 Jane Macdonald 和 Emily Taber 的大力支持和专业编辑，本书难以出版。同样对麻省理工学院出版社的 Dana Andrus 的辛勤编辑工作和国际货币基金组织 Maria Jovanovic 与 Patricia Loo 的大力支持表示深深的感激！

我们还要感谢 Olivier Blanchard、Christian Brownlees、Charles Calomiris、Stijn Claessens、Harles Goodhart、Enrico Perotti、Raghu Rajan 和 Fran R. Tous 对本书初稿的评论与指正。与同事和朋友偶尔长时间的讨论显著提高了本书的质量。这本书部分内容已包含在巴塞罗那大学 Xavier 和 José - Luis 两位教授开设的系统性风险和审慎政策的 GSE 专业课程中。我们感谢所有参与者（主要来自中央银行和监管机构）的评论和建议。特别要感谢我们的家庭给了我们宝贵的时间来完成这本书。José - Luis 要特别感谢他的妻子 Lambra Saínz Vidal 和他的父母。

在写这本书时，Luc Laeven 身任国际货币基金组织的工作人员。这本书仅代表了我们的观点，并不代表国际货币基金组织及其董事会的观点。

写于巴塞罗那和华盛顿

2014 年 11 月

词　汇

ABCP	Asset – backed commercial paper	资产支持商业票据
ABS	Asset – backed security	资产支持证券
AMC	Asset management company	资产管理公司
AQR	Asset quality review	资产质量检查
BIS	Bank for International Settlements	国际清算银行
BoE	Bank of England	英格兰银行
BoJ	Bank of Japan	日本银行（日本央行）
BLS	Bank Lending Survey	银行贷款调查
CCP	Central counterparty clearinghouse	中央对手方清算所
CD	Certificate of deposit	存托凭证
CDO	Collateralized debt obligation	债务抵押债券
CDS	Credit default swap	信用违约互换
CEO	Chief executive officer	首席执行官
CET1	Common equity tier 1	核心一级资本充足率
CFO	Chief financial officer	首席财务官
CGFS	Committee on the Global Financial System	全球金融体系委员会
CLS	Continuous linked settlement	持续联系结算
CoCo	Contingent convertible capital instrument	或有可转换资本工具
CPSS	Committee on Payments and Settlement Systems	支付和结算系统委员会
CRA	Credit – rating agency	信用评级机构
CVA	Credit valuation adjustments	信用估值调整
DSGE	Dynamic stochastic general equilibrium	动态随机一般均衡
DvP	Delivery versus payment	银货对付
DTI	Debt to income	债务收入比
EBA	European Banking Authority	欧盟银行管理局
EC	European Commission	欧盟委员会
ECB	European Central Bank	欧洲中央银行
ESRB	European Systemic Risk Board	欧洲系统风险委员会
ESM	European Stability Mechanism	欧洲稳定机制
EU	European Union	欧盟
FDI	Foreign direct investment	外国直接投资
FDIC	Federal Deposit Insurance Corporation	联邦存款保险公司
FDICIA	Federal Deposit Insurance Corporation Improvement Act	联邦存款保险公司修正案
FLS	Funding for Lending Scheme	融资换贷款计划
FPC	Financial Policy Committee	金融政策委员会
FSA	Financial Services Authority	金融服务管理局

FSB	Financial Stability Board	金融稳定委员会
FSOC	Financial Stability Oversight Council	金融稳定监督委员会
GDP	Gross domestic product	国内生产总值
GIIPS	Greece, Ireland, Italy, Portugal, and Spain	"欧猪" 五国
G - SIFI	Global systemically important financial institution	全球系统性重要金融机构
IMF	International Monetary Fund	国际货币基金组织
IOSCO	International Organization of Securities Commissions	国际证监会组织
LCR	Liquid coverage ratio	流动性覆盖率
LoLR	Lender of last resort	最后贷款人
LTRO	Long - term refinancing operation	长期再融资操作
LTV	Loan to value	贷款价值比率
MBS	Mortgage - backed security	抵押支持证券
MM	Modigliani - Miller	MM 定理(莫迪利亚尼和米勒)
MMMF	Money market mutual fund	货币市场共同基金
NPL	Nonperforming loan	不良贷款
NSFR	Net stable funding ratio	净稳定融资比率
OECD	Organization for Economic Cooperation and Development	经济合作与发展组织
OFR	Office for Financial Research	金融研究局
OLA	Orderly Liquidation Authority	有序清算机构
OMT	Outright monetary transactions	直接货币交易
OTC	Over the counter	场外交易市场
PD	Probability of default	违约概率
PvP	Payment versus payment	同步交收
RBS	Royal Bank of Scotland	苏格兰皇家银行
RMBS	Residential mortgage - backed security	住宅抵押贷款支持证券
RTGS	Real time gross settlement	实时全额结算
SIFI	Systemically important financial institution	系统性重要金融机构
SLOS	Senior Loan Officer Survey	高级信贷员调查
SME	Small - and medium - size enterprise	中小企业
SOX	Sarbanes - Oxley Act	萨班斯 - 奥克斯利法案
SPV	Special purpose vehicle	特殊目的机构
SRM	Single resolution mechanism	单一清算机制
SSM	Single supervisory mechanism	单一监管机制
TARP	Troubled Asset Relief Program	问题资产救助计划
TBTF	Too big to fail	大而不能倒
TIPS	Treasury inflation - protected securities	通胀保值国债
UBS	Union Bank Switzerland	瑞银 (瑞士联合银行集团)
VaR	Value at risk	风险价值
VAR	Vector autoregressive	向量自回归
VIX	Chicago Board Options Exchange Volatility Index	芝加哥期权交易所波动率指数

目　录

第一章　引言　/ 1

第二章　系统性风险的初步认识　/ 11

第三章　系统性风险：一个理论框架　/ 37

第四章　金融失衡的形成　/ 57

第五章　金融传染　/ 86

第六章　系统性风险与金融危机的实际成本　/ 113

第七章　度量系统性风险　/ 129

第八章　系统性风险与微观审慎监管　/ 160

第九章　系统性风险与宏观审慎监管　/ 197

第十章　货币政策与系统性风险　/ 230

第十一章　监管政策面临的新挑战　/ 261

附录数据　/ 288

参考文献　/ 308

第一章 引言

2007 年爆发的全球金融危机再度掀起了如何监管银行与其他金融机构以确保金融稳定的争论。争论的核心在于人们意识到传统的金融监管主要从微观角度关注个体金融机构的风险而非整个金融系统的总体风险。资本充足水平（Capital adequacy levels）的设定基于一个隐含假设，即在个体银行层面建立缓冲机制以吸收意外冲击，则整个金融系统将更为安全。然而，出于自身利益考虑，银行应对资本监管的行为可能在总体上危害整个金融系统。[1]例如，在资本约束下，银行受负面冲击影响后可能选择去杠杆（delever）。这将导致信贷紧缩（credit crunch）和资产价格普遍下跌，从而加剧最初负面冲击的影响。在信贷泡沫和资产价格泡沫中，金融机构倾向于承担相关联的风险敞口，因此负面的溢出效应可能是巨大的。系统性风险可能危及金融稳定并给实体带来强烈的负面影响，为了控制这种风险，监督和管理应当更加宏观审慎化，即更关注整个金融体系的稳定性及其与整个经济的关系。

提倡对银行监管应当更加宏观审慎化可以追溯到 20 世纪 70 年代后期，那时银行对发展中国家贷款的飞速增长引起了日益强烈的关注。然而，尽管 20 世纪 70 年代起乃至整个历史长河中发生过很多次金融危机，但"宏观审慎（macroprudential）"这一术语在最近的全球金融危机爆发前很少被使用，其含义也一直比较模糊。[2]2000 年前对"宏观审慎"的谷歌搜索只有 639 个点击量，而今其点击量已超过 50 万个。类似地，"系统性风险（systemic risk）"这一术语也较新——2000 年前其谷歌搜索结果只有 4000 个，目前已达 50 万个。"系统性风险"的含义也不明确。例如，它是仅反映金融不稳定的风险，还是也反映实体经济的风险？

写这本书的理由很简单。在与政策制定者、央行行长、监管者以及学者们的日常接触中，我们察觉到普遍存在对"系统性风险"和"宏观审慎监管"含义的混淆。在政策制定领域，这两个术语都经常被当作流行词使用。系统性风险经常被等同于当前的风险：从 20 世纪 70 年代后期对发展中国家的过度贷款，20 世纪 80 年代对金融创新的担忧，20 世纪 90 年代东亚企业用本地货币计价的收入进行短期美元借款，到 21 世纪前 10 年金融系统的顺周期性以及系统重要性机构倒闭的后果，再到 2010 年之后新兴经济体面临的全球资本流动问题。宏观审慎政策常被替代地视为现有审慎政策的某一特定视角或一个全新的政策领域。这种混淆部分是因为缺乏审慎政策优化设计的分析框架，同时也是因为人们在观点和思想上对于建立一个单独宏观审慎框架的必要性，以及此框架可能给货币政策制定造成的复杂化的认识存在差异。本书的目的在于为金融系统中的系统性风险提供一个实用的定义，解释其原因、后果与度量，并提供一个运作框架来指导宏观审慎分析和监管政策。我们的分析基于日益增长的学术和政策导向性文献，包括金融危机的历史教训以及全球宏观审慎政策的现有经验。

事实上，政策制定者们正在努力应对监控系统性风险的制度设计，宏观审慎政策的设计与实施，以及宏观审慎政策与其他政策的相互作用等诸多问题。尤其是对宏观审慎政策与货币政策的冲突以及宏观审慎政策制定的制度安排存在担忧。审慎监管的焦点应为什么？宏观审慎监管是否应与微观审慎监管完全分离？微观与宏观监管应由同一监管机构还是不同机构实施？宏观审慎与微观审慎政策各自的优缺点是什么？在实践中应如何度量系统性风险？是哪些诱因使得银行和其他中介机构承担过度风险从而造成金融失衡？金融系统内部的主要负面溢出效应有哪些？金融系统对实体经济部门的主要负面溢出效应又有哪些？是否需要对银行业进行结构性改革？从之前的金融危机中，我们可以获得哪些关于宏观审慎与监管政策的经验？如何将宏观审慎政策可操作化和制度化？其他公共政策，如货币政策和竞争政策，是否应当关注系统性风险？宏观审慎政策的局限性在哪里？本书将回答上述及与之相关的问题。

虽然本书的重点是宏观审慎政策，但应从一开始就指出，控制系统性风险的宏观审慎框架的缺失并非最近全球金融危机的唯一"元凶"。很多人认为在应对金融失衡形成时，监管失灵和政治经济约束的责任不亚于审慎框架的缺失。所以对宏观审慎政策的探讨必须考虑政治动机和监管动机，尤其是在金融危机期间。因而，本书也探讨了金融繁荣与危机的政治特性以及建立一个有效金融监管机构面临的挑战。

监管机构应如何应对最近的金融危机？答案很大程度上取决于个人对危机起源的看法。一方面，一些人（仍然）认为金融危机是商业周期（business cycle）的自然后果。因此，尽管金融危机爆发后应最小化对经济的负面影响，但应当接受危机本身的出现。这种观点认为监管的作用较小，即仅仅是最小化对经济的辐射作用。就监管可降低事后危机处理的成本来说，如通过加强对倒闭机构的有序处理，应当鼓励监管改革。但这种观点认为在事前监管对于防范金融危机或管理周期并非必需或有效的。

另一方面，有（我们赞成的）观点认为金融周期不同于经济周期，风险的累积内生于金融系统，并且金融危机导致的实际成本超出正常经济低迷带来的成本。金融周期运作的重要渠道包括资产价格泡沫（asset price bubbles）、过度风险承担（excessive risk-taking）、信贷繁荣与紧缩（credit booms and crunches）、债务积压（debt overhang）与去杠杆化（deleveraging）、资产负债表渠道（balance sheet channels）、抛售（fire sales）以及市场和融资流动性不足（market and funding illiquidity）。这种观点认为在最近危机爆发前银行系统承担的风险水平过高，并且主要以微观审慎为导向的监管不能识别相关的内生性风险。因此需要宏观审慎监管来识别与限制周期中的系统性风险，包括对系统性风险形成的预防性和事前控制作用。[3]

银行的确有承担过度风险的自然倾向：这是股东有限责任以及银行经理人对股东而不是对银行债权人或其他利益相关者（stakeholders）具有信托责任的自然后果，尽管在多数银行股东只占责任人（liability holders）的极小部分。[4]这种冒险倾向，连同政府隐性和显性担保的存在，致使银行的企业治理存在缺陷。它导致了失当的、奖励过度风险承担的高管薪酬制度，比如诱使无管制的企业治理来鼓励冒险行为。这种冒险行为以债权人、存款人与纳税人的利益为代价，但有利于银行股东。正如 Adam Smith 所说，市场经济的基本假设是利己主义甚至贪婪，这种假设可实现资源的有效配置。屠夫、酿造师、面包师或银行家并不是出于慈善才给予他人贷款的。然而，由于失败的银行治理与市场约束，银行承担了过度的风险从而威胁金融稳定，且对整个社会来说这种风险是过度的。危机之后，人们指责银行高管用纳税人的钱来赌博，而且很多人认为银行高管的薪酬诱发了短期主义（short-termism）和过度风险承担。

然而，在断定当局应当对银行的这种行为实施更多、更好的监管前，我们需要了解为什么在一开始当局没有对银行实施有力的监管。在这里有必要介绍一点历史知识。在大多数国家，对金融稳定的担忧出现于大萧条（the Great Depression）之后。然而，随后的严格监管时期结束于 20 世纪 80 年代掀起的放松管制浪潮。从那以后，大量银行业危机的爆发表明金融脆弱性在上升（Laeven 和 Valencia，2012）。事实上，最近危机爆发前的过度风险承担并非史无前例；纵观历史，在大多数金融危机前都出现过这种信贷和杠杆繁荣。不过，在这次危机中尤为严重的是最近金融创新（financial innovation）和放松管制（deregulation）造成的不良动机，以及企业治理不善、弱化的政府安全保障和监管不力。

因此，如果跳出贪婪银行家这一流行观点，我们可以进一步领悟到银行监管从一开始就设计失当。但为什么会这样？对于监管失灵的善意解释是监管框架仅关注微观审慎风险，同时金融系统风险的监控变得日益复杂。

最近全球金融危机中风险管理的失败以不同形式和伪装出现。比如"伪alpha"（fake alpha）的产生，即金融中介管理层看似创造了超额收益（excessive returns），实际上承担了隐藏的尾部风险（hidden tail risks）并进行了弱流动性的投资（illiquid investments）。作为对罕见低收益的补偿，这类投资多数时候能产生稳定的正收益（或酬金）。信贷繁荣和资产价格泡沫在短期可产生高利润，但在中期有造成大额损失的风险。在经济状况不好时，金融系统中羊群行为（herding behavior）导致的关联风险必然引起多数机构同时遭受损失，从而产生系统性风险。[5]而且，由于金融中介主要利用其他金融中介的短期借款进行融资，高度关联的风险大幅上升，从而在全球化的金融系统机构间建立起脆弱且密集的短期金融联系网络。此外，金融创新在很大程度上造就了信贷繁荣和资产泡沫，导致信贷标准降低以及与金融系统其他部分关联性的提高。另外，对居者有其屋（home ownership）的渴望使银行的贷款组合（loan portfolios）集中于房屋抵押贷款（mortgages）。但该领域的资产价格泡沫正在形成，一旦破灭，相关银行必将同时倒闭。在这种环境下即使中型银行也将被救助，否则有太多银行同时倒闭。潜在的救助、基于相对业绩和凸性回报（convex payoffs）（股票期权）（stock options）的薪酬结构诱发了过度的事前集体性系统性风险（ex ante collective excessive systemic risk），原因在于潜在损失相对于（短期）利润来说较低。[6]扩张性货币政策和对央行在危机中提供流动性援助（liquidity assistance）的预期［被称为Greenspan对策（Greenspan put）］似乎也造就了事前的过度风险承担和源于信贷繁荣的资产价格泡沫。同时，在一个包含不称职、过分自信和/或过于乐观的银行经理人和投资者的世界里也存在一种"非理性繁荣"（irrational exuberance）。原因在于这些人淡忘了以往的危机，因而忽略了尾部风险且存在群体行为偏差（group behavior biases）（Shleifer，2000；Akerlof和Shiller，2009；Kahneman，2011）。因此，放松管制使那些因为规模过大、相互关联且结构复杂而不能倒闭的大型全球金融机构承担过度的事前风险，并且游说议员反对新监管措施。然而，金融监管机构未能在早期识别这些风险。

一些监管失灵可能和监管框架的缺陷有关，尤其是没能觉察到宏观审慎监管和系统性风险。事实上，这次危机之后，政策制定者和学者们已达成如下共识：监管机构未能密切关注金融系统的金融脆弱性——即不正当激励造成的金融系统中的关联风险——以及必须设立宏观审慎监管框架来监控系统性风险。

很显然，现有的银行监管为信贷机构提供了安全保障，但它不能很好地应付连接银行、市场与其他机构的传染渠道。这些传染渠道包括证券化（securitization）、资产担保商业票据（asset-backed commercial paper）、回购债券协议（repos）、信贷违约掉期（credit default swaps）等。并且银行监管机构需要加深对所有金融中介与市场的了解。此外，现在人们认为现有监管框架设计失当导致监管扭曲，从而促成系统性风险。监管扭曲的例子包括传统资本监管的顺周期后果（我们将在本书介绍一些重要的例外，如西班牙和一些拉美国家的动态拨备），以及银行在影子银行业（shadow banking sector）建立特殊目的的机构（special purpose vehicles）进行资本监管套利。另外，很明显，监管机构没有足够的随意支配的能力或工具在早期干预濒临倒闭的银行，或有效处置倒闭银行（通过援助或关闭）。例如，在2008年危机开始时，很多国家没有适当的处置框架来干预那些大而复杂的金融机构；其他国家即使有这些框架，也没有关于银行和其他机构的充足、详细的信息（数据）。

一个更加令人不安的观点是监管框架失效来源于监管失灵和监督不力。事实上，人们已经开始质疑银行监管机构干预濒临倒闭银行的意愿和动机，要么因为大而不倒（too big to fail）的考虑或职业生涯考虑，要么因为强大的银行游说团体。有些人认为自私的监管者为了应对行业压力和游说，对监管套利（regulatory arbitrage）和金融系统在繁荣时期的过度风险累积睁一只眼闭一只眼，并在早期没有针对经济疲软迹象采取相应措施。实际上，英国金融服务局（UK FSA）对北岩银行（Northern Rock）的倒闭（在对其流动性和偿付能力进行多次权衡后）并没有采取一个强大、独立的监管机构应有的做法。而且，由于银行倒闭的成本太高，很多监管机构采取监管容忍（regulatory forbearance）。这种行为使人们开始思考银行监管的政治经济学及其今后的设计等根本性问题。[7]

虽然监管框架的某些缺陷可由巴塞尔Ⅲ（Basel Ⅲ）的规定和《多德-弗兰克法案》（the Dodd-Frank Act）下美国的金融改革弥补，但一些根本性问题尚未解决。我们会在本书介绍这些问题。例如，如何解决"大而不倒"的问题？如何实施宏观审慎政策并分析其与货币政策的相互作用？这些问题仍未解决。

因此，金融监管改革仍在发展中。联邦监管机构已被赋予新的权力来干预大而复杂的金融机构（如欧元区的欧洲中央银行）［European Central Bank

（ECB）〕。但迄今为止这些权力尚未被检验，人们仍然怀疑联邦监管机构在下一次系统性危机中是否愿意采取行动。因此宏观审慎监管的局限性尤为明显。考虑到这些局限，我们认为宏观审慎政策应当关注其效力可能最强的领域，并在该领域中防范过度繁荣的形成。本书提供了一个框架，以此在金融监管改革进程中指导政策制定者。

本书的内容安排如下。简言之，第二～七章介绍系统性风险的组成部分；第八～十章涵盖了系统性风险对审慎和货币政策的影响；第十一章分析当前监管改革议程所面临的挑战并以此总结全书。更具体地说，第二章给出系统性风险的定义，介绍系统性风险的实际后果，并采用分类法和例证法分析有史以来的系统性金融危机。在系统性风险的定义与全书中，我们特别强调系统性风险对整个经济的实际影响。原因在于系统性风险不仅导致金融不稳定，而且对金融系统造成严重损害，这种损害会引起产出与就业的严重恶化。

第三章介绍了系统性风险的一个基本理论框架，以此解释系统性风险的根本动因并指导审慎政策，尤其是宏观审慎监管的基本原理（以及其与微观审慎监管的区别）。这个基本框架包含了个体金融中介机构忽略的宏观经济问题，如金融失衡的总体积累。随后的第四～七章深入回顾了系统性风险的事前宏观与金融动因，系统性风险的实际宏观影响以及系统性风险的度量。

第三章的基本理论框架提供了一个通用方法来思考与系统性风险相关的外部性，以及减少这种外部性的理想应对政策。尤其是，这个框架考虑了金融中介机构冒险和羊群行为（herding）的动机（道德风险观）、金融失衡的形成，以及竞争和金融机构企业治理的作用。讨论涵盖了银行业危机的古典学派观点（Diamond 和 Dybvig，1983）以及传染效应观点，特别强调相互关联和银行同业拆借市场带来的流动性风险（liquidity risk）。此外，也探索了银行业危机的一般均衡效应、反馈效应与非线性效应，从而涵盖了金融危机与实体经济危机的关系。随后的章节介绍了具体的监管政策和实施这些政策的经验方法。最后，第三章列举了系统性风险模型通过（模型）反事实分析（counterfactuals）进行公共政策分析必须具备的要素。但正如该章强调的，现有的理论文献——要么基于银行学（公司金融），要么基于包含金融部门的宏观经济模型——都尚未建立囊括所有关键要素的模型。因此，对现有审慎性措施的实证分析对于在宏观审慎政策领域指导新的政策改革至关重要。

第四章完整地概述了系统性金融危机的起因。系统性风险不是外生性风险，而是由金融中介机构内生承担的风险。本章总结了以下领域的相关文献，即信贷繁荣、资产价格泡沫、其他方面宏观累积的金融失衡，以及源于金融部门的内生性金融脆弱性。本章介绍了杠杆，尤其是金融中介信贷，在系统性危机中的作用；也回顾了资产价格泡沫，如房地产泡沫，在系统性危机中尤其突出。本章利用最近的金融危机事件和历史证据进行论述。另外，本章为系统性风险提供了两种解释：或基于金融中介机构的扭曲动机（代理观）；或基于行为金融（behavioral finance）理论（偏好观），如包含了过分自信（overconfidence）、群体思维（group think）和忽略尾部风险的心理偏差。本章特别探讨了金融中介机构的羊群行为如何转化为金融中介间关联的风险敞口（risk exposures）并产生系统性风险。最后，本章也探讨了以下因素的作用，包括：监管扭曲（regulatory distortions）、金融自由化（financial liberalization）、金融创新（financial innovation），以及影响宏观金融脆弱性形成的其他结构性变化。

第五章概述了金融传染（financial contagion）的相关文献，尤其强调相互关联性和流动性风险。本章不仅分析直接传染，也分析所谓的第二轮效应（second‑round effects），以及流动性枯竭和囤积（liquidity dry‑ups and hoarding）。虽然重点是银行间传染，但本章也回顾了金融系统其他部分的传染，如保险、对冲基金（hedge funds）、货币市场共同基金（money market mutual funds）、信贷违约掉期（credit default swap；CDS）合约的场外交易（over the counter；OTC）市场，以及金融中介机构与市场间的（国际）传染。此外，本章也探讨了市场和融资流动性风险，以及市场上资产定价和市场资抛售（fire sales）引起的负面流动性螺旋（liquidity spirals）。最后还总结了最近金融全球化趋势对跨境金融传染的影响。

第六章描述了系统性风险对整个经济的影响。正如金融危机的历史表明，金融危机对总产出造成巨大、持久的负面影响。宏观审慎政策的主要动机是当系统性的重大金融危机出现时，市场失灵（market failures）引起系统性风险，并对实体经济产生强烈影响。本章利用信贷繁荣和泡沫破裂的相关文献，证实了银行资本和流动性问题如何可能造成对非金融类借款人（家庭和企业）的信贷紧缩，又如何反过来减少总产出、就业率和福利。本章详细探讨了其他重要的宏观金融渠道，如债务积压、去杠杆化、国债的挤出效应（crowding‑out effects）、僵尸借贷（zombie‑lending）以及风险转移（risk‑shifting）。本章也回顾了关于系统性金融危机成本的文献，并通过提供系统性金融危机在产出损失和财政成本方面的实际成本的信息，来阐明系统性风险的实际影响。

第七章概述了现有的系统性风险度量方法。本章的目的是在实践中为系统性风险的度量提供指导，包括在诸如新兴市场和无管制的金融系统这些有数据限制的环境中度量系统性风险。我们讨论了建立实时预警信号的方法来衡量过度信贷（excess credit）和其他总金融失衡。我们也基于资产负债表数据和市场数据提供系统性风险的测度，以分析传染风险和宏观失衡，包括网络分析。最后，我们总结了政界和学术界常用的金融失衡的不同测度在 20 世纪多次金融危机中的表现。

第八章描述了"旧"的仅依赖于微观审慎政策（microprudential policy）的监管框架，以及与未来监管政策的相关性。这章介绍了微观审慎政策的基本原理，描述了它在控制系统性风险方面的局限性，并探讨了巴塞尔委员会（the Basel committee）和金融稳定委员会（the Financial Stability Board）颁布的新监管框架的影响，以及该框架在《多德－弗兰克法案》（Dodd－Frank Act）和新的欧盟指令（European Directives）下的执行情况。最后，本章阐明了仅凭微观审慎政策不足以控制系统性风险，因此需要一个新的、包括宏观审慎政策的互补性框架。

第九章介绍了利用宏观审慎政策来控制系统性风险的"新的"互补性监督与管理框架。这章概述了可能的宏观审慎工具，并利用第三章的理论框架和第四～六章系统性风险的动因来解释这些工具的基本原理，也讨论了选择权衡最优政策组合（包括其与现有监管的相互作用）和实施这些工具的经验方法。然后分析了宏观审慎政策与微观审慎政策是由同一机构制定实施，还是鉴于宏观审慎政策不仅关注金融稳定也关注实体经济效应，故其应由不同机构来制定实施。本章随后评论了新巴塞尔Ⅲ监管框架以及最近欧盟和美国在应对系统性风险方面金融监管的表现。对于宏观审慎工具的分析，本章采用对现有工具有效性的案例研究来进行说明，如西班牙的动态贷款损失拨备规则（dynamic loan loss provisioning rules）、香港的贷款价值比率限制（limits on loan－to－value ratio）、拉丁美洲的流动性要求（liquidity requirements），以及东欧的信贷增长速度限制（speed limits on credit growth）。最后，本章总结了宏观审慎政策紧缩对于金融机构通过追逐收益（search for yield）策略冒险的意外影响的一些证据。

第十章分析了货币政策和系统性风险，以及与宏观审慎政策的相互关系，分析了货币政策通过逆风而行（leaning against the wind）来减少金融失衡事前累积的影响，以及在对抗事后信贷紧缩和资产抛售中发挥的作用，也讨论了短期利率相对于长期利率对金融机构，尤其是银行的重要性，解释了货币政策的风险承担渠道，以及与信贷渠道的关系，并总结了世界各地关于这些渠道的实证证据。此外，本章论述了如下观点：因为货币政策影响信贷和资产价格（由此影响系统性风险），所以货币政策与宏观审慎政策的协调很关键。本章分析了为何宏观审慎政策及其金融稳定的目标可能与货币政策的物价稳定目标相冲突。这些问题和其他与宏观审慎政策和货币政策相互作用有关的问题，包括政策目标和制度安排的可能冲突，将在第十一章进行阐述。

第十一章总结了有效的宏观审慎监管框架的关键因素，罗列了构建此框架仍需面临的挑战，概述了对金融监管改革尚存在的问题。本章介绍了多数国家宏观审慎监管框架所缺失的关键要素，并列举了金融监管政策仍面临的挑战。这些挑战包括金融系统的最优规模和结构（以及包括市场融资、银行和其他金融中介机构的金融系统多元化），早期干预濒临倒闭的金融中介机构的可靠机制，金融中介机构市场约束的修复（包括银行企业治理的优良标准、信息披露和会计改革），以及包含了监管机构系统数据、改进的风险模型和系统性风险实时度量的更好的宏观审慎监管。

本章也考虑了宏观审慎政策的制度建设和组织构建，包括现有的工具组合、监管套利带来的监管挑战，美国监管机构的多元化，欧盟银行联盟的建立，跨境金融机构的监督和（问题）解决，以及一些国际政策的溢出效应，比如美国和欧洲货币政策通过国际资本流动对新兴国家资产和信贷泡沫的影响。国内宏观审慎政策可能是扭曲的，且宏观审慎政策的国际合作是必要的。

结束语列举了本书的主要启示，即强调宏观审慎政策的预防作用；以更高的资本要求、强有力的监督、可信的方案和健全的宏观经济政策来补充这种政策的需要；以及宏观审慎政策的局限性和政治经济约束。

注释

1. 参见 Rajan（2009）。

2. 参见 Clement（2010），Laeven 和 Valencia（2010），Reinhart 和 Rogoff（2009a）。

3. 参见 Goodhart 和 Perotti（2013），Adrian 和 Shin（2011），Allen 和 Gale（2007）。

4. 这至少在盎格鲁－撒克逊（Anglo－Saxon）世界适用。在欧洲大陆，银行通常对包括债券持有人在内的其他利益相关者承担责任，然而在欧洲，银行的杠杆比率大大高于美国的商业银行。

5. 参见国际货币基金组织首席经济学家 Raghuram Rajan 2005 年在 Jackson Hole 的演讲和美国联邦储备理事会（美联储）行长 Jeremy Stein 2013 年 3 月的演讲。他们认为这种羊群效应放大了来源于"伪 α（fake alpha）"的尾部风险。

6. 股票期权、股票和奖金形式的补偿隐含了对管理层的凸性回报（convex payoff），因此这种补偿导致了更高的风险偏好（因为管理层的有限责任和对看涨期权的不执行，较大的正回报意味着较高的利润，但较大的负回报并不意味着较高的损失）。以债券（瑞士银行 2013 年的例子）和回拨条款（已据此提出了新的监管要求）的补偿形式将减少这种过度的风险偏好。

7. 参见 Johnson 和 Kwak（2010），Acemoglu（2012）。在 2007 年到 2008 年美国金融危机中，他们讲述了美国银行业与政治经济之间的联系。

第二章 系统性风险的初步认识

本章给出系统性风险的定义，确定系统性风险的关键要素和后果，对系统性风险进行分类，并用分类法和例证法分析以往的系统性金融危机。我们也讨论了系统性风险文献中的其他定义，包括那些我们认为不适当的定义。我们进一步将以往的金融危机区分为系统性和非系统性的危机。

2.1 系统性风险的定义

我们以系统性风险的定义开始。根据国际货币基金组织－金融稳定委员会（IMF－FSB）（2009）和欧洲中央银行（ECB）（2009），我们有如下定义：系统性风险是对金融稳定产生威胁的风险，这种威胁会对金融系统的绝大部分运作造成损害，并给整个经济带来重大的负面影响（我们强调的）。[1]这种对金融稳定的威胁可能来源于金融系统的所有或绝大部分。金融系统包含银行业、其他金融中介机构、金融市场以及支付和结算系统。系统性风险可能由金融系统中任何组成部分发生的事件引发。系统性风险事件可能是突如其来、出乎意料的，但金融危机的历史（包括2008年的全球危机）表明系统性风险事件通常是在缺乏适当应对政策的环境下内生性酝酿而成的。例如，信贷繁荣和随后的资产价格泡沫是在很长一段时间里形成的。系统性风险不仅仅是金融不稳定，而是一个异常的金融冲击，这种冲击会引起对实体经济的强烈负面冲击，包括总产出、就业和福利。

识别和量化系统性风险的各种渠道一直是个难题。原因在于实证检验和系统性风险的度量通常不能完全区分以下因素：（1）异质性冲击（idiosyncratic shocks）在金融系统的传播（传染），以及金融系统绝大部分的过度风险承担引起的内生性冲击（如房地产泡沫中关联风险引起的）[2]；（2）机构存款者和投资者基于新闻对经济基本面预期的理性修正，或与经济基本面无关的纯粹恐慌。[3]基于相关文献，我们认为所有这些机制都在某种程度上发挥了作用，并且这些机制会相互增强（Iyer和Peydró，2011）。然而，一些机制在量上更为重要（如信贷繁荣引起的资产价格泡沫）。制度框架是决定金融系统韧性的关键。这就是为什么相似的冲击可能在一个国家引发系统性风险而在另一国家不会，或一些冲击会引发系统性危机是由金融网络结构决定的。[4]总之，对金融部门的损害要足够大才会对实体部门产生强烈的溢出效应，并引发系统性危机。

金融系统的破坏会产生强烈的负外部性，从而可能使经济冲击变为系统性冲击。系统性风险定义的关键——作为宏观审慎监管的基础——在于外部性的作用：首先在金融系统内部；其次从金融系统到整个经济。

金融系统的外部性通常意味着经由资金批发市场（Wholesale market），从金融系统的某一部分到其他部分的传染效应。这种传染通过去杠杆化过程中的抛售，或通过总体的流动性收缩（如资金和市场流动性的降低）来发生。在金融系统高度集中的特殊情况下，如在塞浦路斯、冰岛、爱尔兰、荷兰和瑞士，单个银行或市场的倒闭会对整个系统产生影响。将系统性风险和个体金融机构的异质性风险区分开来的是冲击的传播特性，即传染效应。因此，在度量系统性风险时，应特别关注金融机构间的相互联系，以及冲击从金融系统某一部分向整个系统的传导。重要的是，这些相互联系可能是金融机构的内部决策，包括投资某些特定资产从而承担相关联的风险，或出于某些不良动机，在资金批发市场上向其他金融机构进行短期借贷，包括来源于公共政策［如"多而不倒"（"too many to fail"）的救市政策］的不良动机。因此，虽然系统性危机的直接原因可能是一次外生性事件，我们仍将系统性风险视为一种内生性（而非外生性）风险。

由于缺乏适当的应对政策，整个或部分金融系统的损害将给实体经济部门和公民福利带来强烈的负面溢出效应，如总产出和就业率的大幅下降。因此，金融失效是否是系统性风险的根源，取决于这种失效对金融系统其余部分和实体经济的影响。如果金融震荡没有对实体经济活动造成严重破坏，那么它就不是一次系统性风险事件。例如，2000 年和 2001 年互联网泡沫的破裂没有对金融系统产生严重的不利影响，原因在于投资主要来源于股权融资，从而对整个金融系统的风险敞口有限。类似地，虽然 1987 年的股市崩盘损害了投资者的财富，但它没有破坏银行系统的运转。相关文献表明，信贷繁荣不仅在事前与金融危机高度相关（一种预警信号），而且一旦危机爆发，信贷繁荣会在事后对经济产生更强烈的负面影响。去杠杆化、信贷紧缩和债务积压，如那些发生于 20 世纪 30 年代、1997—1998 年以及 2007—2014 年的事件，对实体经济部门的负面影响明显强于股市危机，如 1987 年 10 月爆发的危机，或 2000 年的互联网泡沫。强调实际影响反映了一个观点，即经济政策制定者主要关注实体经济活动和就业，而不仅仅是金融稳定。因此，具有高系统性风险的事件通常与金融不稳定相关。由于缺乏应对政策，这种不稳定会对宏观经济造成不利影响，从而导致系统性危机。

　　系统性风险有两个维度。首先，它具有时间维度，即在信贷繁荣和资产价格泡沫中系统性风险的累积，以及泡沫破裂后金融部门对实体经济部门的负外部性。关于系统性风险的主要驱动因素是金融创新、金融放松管制、金融全球化、竞争政策和货币政策。例如，金融创新促进风险分担从而降低异质性风险，可能因为使大部分金融中介机构遭受同种总体冲击（Allen 和 Gale，2000a）并提升风险承担容量和偏好使系统性风险增加。一个恰当的例子是资产证券化（asset securitization）。它增加了金融系统对同种总资产冲击的风险敞口，并通过增加金融系统中的信贷供给加大了系统性风险（Shin，2009）。长期过度宽松的货币政策或放松管制后金融全球化带来的流动性过剩可能产生类似效应。虽然央行的关键作用是最小化系统性危机的事后负面影响，但在系统性问题中对政府流动性的预期（所谓的 Greenspan 对策下的央行干预）可能引起事前的过度风险累积。此外，金融中介机构之所以愿意承担过度风险，其原因在于道德风险（moral hazard）问题引起的普遍动机和/或行为学原因。道德风险问题是由于银行股东只投入极少资本从而承担有限责任，普遍的企业治理标准，以及政府对银行债务的显性和隐性担保（Freixas 和 Rochet，2008）。行为学原因包括泡沫中的群体思维和过度乐观，这些因素使银行忽视了近期暂未显现的尾部风险（Shleifer 等，2010b；Gennaioli 等，2012）。

　　系统性风险的第二个维度是横截面维度，即与溢出效应和传染效应相关的负外部性对系统性风险的推动作用。溢出效用可能是直接契约溢出（contractual spillovers）或间接溢出。直接溢出包括相互关联性和多米诺骨牌或网络效应（network effects）（例如一个大型、内部连通的银行破产给其他金融机构造成的损失）。间接溢出包括银行倒闭或（如 Chen，1997）或政策行动［如拒绝救助雷曼兄弟（Lehman Brothers）］引起的信息溢出，以及抛售的外部性导致的资金外部性（pecuniary externalities）。间接溢出也涉及 Brunnermeier 和 Pedersen（2008）中的流动性螺旋恶化（liquidity spirals）和 Bernanke（1983）中的信贷紧缩。

　　宏观审慎监管对于两种系统性风险都会起作用。它在繁荣时期对限制系统性风险的累积有事前防御作用，由此防范系统性金融危机。它在减少与溢出和传染相关的负外部性方面有事后危机管理的功能。若正如我们在本书中阐述的一样，系统性危机不是外生的事件，而是来源于金融部门内部失衡的内生性累积，那么宏观审慎的核心使命应当是防范过度的风险承担，而非事后的解决和危机管理（Goodhart 和 Perotti，2013）。总风险来源于金融中介机构的集体内生性选择，而非单个银行的过失或外力因素。仅涉及事后干预的宏观审慎政策不能解决根本问题。更糟的是，实际上这样的政策可能增加事前的冒险（道德风险），结果将大量损失转嫁给纳税人（因为事后救助的形式主要是将资源从风险厌恶的长期储蓄者转移给冒险的短期借款者。见 Diamond 和 Ragin，2012）。虽然扩张性货币政策可能在事后减少信贷紧缩，但总体来看如果它在事前增加了道德风险，就可能是一项错误政策（Jiménez 等，2012，2014a）。

因为宏观审慎监管同时考虑了整个金融系统以及其对整个（实体）经济的溢出效应，所以它是监管系统性风险的正确途径。在某种意义上，它从一般均衡效应的角度看问题，而非采用微观审慎政策的局部均衡框架。例如，微观审慎政策关注个体银行的流动性和资本比率，而没有考虑负外部性。这种负外部性来源于没有在银行同业拆借市场转存，或减少对企业和家庭的信贷供给而实现的去杠杆化。虽然更优的微观审慎政策通常意味着更安全的金融机构，以及总体来看更安全的金融系统；但当这种溢出效应足够强时，即使单个银行的行为可能是完全理性的，金融系统总体而言可能情况更糟。

诚然，许多其他政策也会影响金融系统的韧性和稳定性，以及其服务整个经济的能力。除了货币政策、财政政策和竞争政策的影响，其他可能具有强烈影响的政策包括税收政策（重债轻股，或重房地产所有权轻租赁）、财务报告准则（公平价值相对于历史会计处理），以及法律体制（关于破产、抵押和债务）（Caruana，2012）。例如，大量文献表明银行竞争会影响金融稳定，尽管理论和实证结果不同。并且，近期的理论与实证文献表明长期的低利率政策会影响信贷和杠杆，鼓励金融市场参与者冒险，且有时会助长资产价格泡沫（如 Dell'Ariccia 等，2014；Allen 和 Rogoff，2011）。央行提供的流动性是过度风险承担的重要诱因这个观点并不新鲜。然而，"投机狂热（speculative manias）在货币和信贷扩张中逐步加速，或在某些情况下，恰恰始于最初的货币和信贷扩张"（Kindleberger，1978：54）。因此，当政策间相互增强时，不同政策相互作用的外部性可能具有积极的互补性。但当一种政策削弱另一政策的有效性时，这种外部性可能具有负溢出效用。因此，有必要进行政策协调。在第十章，我们也分析了宏观审慎政策和货币政策的相互作用。第十一章分析了宏观审慎政策和货币政策的国际合作。

正如我们的定义所表明的，不应把市场风险、总风险或系统风险（systematic risk）与系统性风险（systemic risk）混淆。系统性风险是对金融系统造成损害的风险，这种损害对会整个经济产生强烈的负面影响。

2.2　系统性风险的实际后果

只要银行和其他金融中介机构不能正常履行其职能，系统性风险给实体经济带来的负面效应就会影响企业和家庭。这些职能可分为三大类：提供支付服务、风险分担和管理，以及信贷供给。

支付系统的破坏使得产权转移再也不能通过银行网络完成，从而可能造成交易延迟或不能履行。这是系统性危机的极端后果，但当局在系统性事件中做出救市决定时清楚地考虑到了这种可能性。支付中断可能源于一家银行倒闭引发的活期存款暂时冻结，也可能源于代理行倒闭引发的支付失败。支付中断也可能出现于如下情形：由于收款人或付款人银行面临严重的违约风险，从而对于支付是否会到达目的地存在普遍的不确定性。

银行风险分担和管理职能的损害使得产权传导效应变得不可能或极其昂贵。付款人无法进行支付因而合同条款不能履行。另外，银行和其他金融中介机构提供的大量有价值的服务可能不再可用，或只有在巨大的交易对手风险（counterparty risk）下可用。例如，在进出口操作中使用的远期合同（forward contracts）或一些合同的银行担保条款可能彻底消失。在极端的系统性事件中，由于零售和批发端挤兑，银行系统可能不能履行其期限转换（maturity transformation）和提供流动性提供（liquidity provision）的职能。这将阻碍个体储户进行暂时的风险分担，从而造成巨大的福利损失（Allen 和 Gale，2000a）。或者，如果整个金融市场都遭到破坏，任何（截面的）风险分担都会严重受损。此外，批发资金市场对于金融中介机构的流动性风险管理很重要，但在系统性事件中这种功能可能丧失。市场流动性和融资流动性不足的螺旋影响可能引发严重问题（Brunnermeier 和 Pedersen，2008）。总而言之，由于风险分担、风险管理和期限转换受阻，银行和金融部门的问题会对福利造成负面影响。

由于系统性危机中支付中断通常可控，同时金融系统的流动性和风险问题在某种程度上由公共政策管理，因此信贷中断是通常可观察到的对经济活动的主要影响。银行会因为缺乏流动性或资本而减少信贷供给，由此造成企业和家庭的信贷紧缩（Bernanke 和 Lown，1992）。银行的问题导致大量贷款被收回。

Jiménez 等（2012）利用西班牙的贷款申请数据，表明持续恶化的经济状况会大幅减少贷款的发放，尤其是对于那些资本和流动性比率较低的银行。对于同种贷款的申请，薄弱的银行发放贷款的可能性较低。对于系统性风险，重要的是它们发现企业不能通过向其他银行申请贷款来弥补信贷可得性的减少。即使一些银行具有流动性和偿付能力，它们也不会立即贷款给有重大资本和流动性问题的银行客户。原因在于它们的信用风险分析不会基于相同参数。特别是在危机中非金融借款人将难以获得贷款，除非是其平常贷款的银行。原因在于发放贷款时，其他贷款银行将面临赢者诅咒（winners' curse）问题［如Dell' Ariccia 和 Marques（2006）提到的，这家银行不能区分借款人没能从其平常银行获得贷款是因为抵押品和偿付能力差，还是因为该银行的全面信贷供给限制］。Bernanke（1983）表明了大萧条中信贷供给限制的重要性。

在商业周期中，信贷环境可能发生变化（Lown 和 Morgan，2006）。这种变化部分源于信贷供给的变化，部分源于信贷需求，以及企业和家庭净值，还有抵押品的变化（Maddaloni 和 Peydró，2011，2013）。由于系统性危机前几年信贷繁荣和杠杆过高，贷款可能停止流向高杠杆的企业和家庭。正如我们在第四章利用大型的跨国实证分析显示的，信贷繁荣和杠杆过高在事前和主要金融危机的相关性最高。因此，在系统性危机中，非金融部门本身可能面临债务积压的问题，从而被迫减少信贷供给。或者，银行可能选择从净值降低的企业和家庭去杠杆化（Bernanke，Gertler 和 Gilchrist，1996）。因此，债务积压问题（Myers，1977）可能解释系统性危机中的信贷减少。而且很明显，如果企业的高杠杆阻碍投资良机（具有正的净现值的项目）的落实，结果就会减缓经济增长。

如果能大幅增加股权，对实体经济的负面效应就可能最小化。然而，一些经济主体，如家庭，不发行股票；企业的股权也可能有限。原因在于，与股权相关的信息不对称问题比其他任何融资形式（尤其是债权）的问题都要严重；且这种问题在金融危机中更为严重。事实上，在金融危机中，权益资本是最急需但最难获得的。此外，在一些国家不是所有类型企业的证券市场（包括风险投资人和私募股权公司的投资）都发达。

并非所有的风险承担都会引起金融危机。长期的经济增长离不开风险承担（如创业、拓展业务，或彻底/渐进的创新）。然而，过度的风险承担会引起金融危机。尽管我们知道不断变化的风险偏好（appetites for risk）对于经济繁荣和萧条至关重要，但很难解释它们的决定因素。可能的决定因素包括偏好的改变——如凯恩斯的"动物精神"（"animal spirits"）（Akerlof 和 Shiller，2009）或随时间变化的风险厌恶（Campbell 和 Cochrane，1999）——和金融中介机构的净值减少（Adrian 和 Shin，2011）。[5]危机降低借款人和投资者的风险偏好

（Malmendier 和 Nagel，2011；Knüpfer 等，2013），使得更少项目获得融资，且降低这些项目的风险，从而减缓经济增长（Matsuyama，2007；Aghion，2011）。

总而言之，前述因素使金融系统中的信贷具有较强的顺周期性。在经济繁荣时，由于投资者对未来更乐观且贷款标准放松，信贷激增。当经济增长放缓，转向质量关注（flight to quality）引发信贷崩溃（Minsky，1982）。金融系统的顺周期性使其脆弱且易受危机影响。这是我们在第四章涉及的一个要点。在第四章我们基于不良动机（道德风险）和行为学原因（偏好）考察了系统性风险的累积。

分析系统性风险实际后果的关键问题在于信贷缩减是由于经济基本面下滑和随后的信贷需求减少，还是由于信贷供给减少？由于未对实体部门的投资良机进行融资，信贷供给减少会进一步降低总产出和就业率。因此，如果银行业危机出现在经济危机后，且信贷减少是需求驱动型的，那么这样的危机未必是系统性危机。

一个不同但相关的效应涉及银行业危机中信贷供给的潜在组成效应（compositional effects）（不一定是系统性的）。银行可能发放新贷来代替坏账（roll over a bad loan）而非减少放贷，这种做法被称为"贷款持久化"（loan evergreening）或"僵尸借贷"（zombie lending）。如果借方无法偿还，亏损额可能危及银行原本已经脆弱的资金状况，银行有动机放贷给僵尸企业（a zombie firm），资助净现值为负的项目。唯一好处是延迟披露银行实际损失。事实上，对日本系统性危机的研究表明由于僵尸借贷，银行业危机可能在相当长的一段时期内产生实际的负面影响（Caballero，Hoshi 和 Kashyap，2008）。类似地，一些人认为在近期的欧洲系统性危机中，通过欧洲中央银行的长期再融资操作（long – term refinancing operation，LTRO）项目为银行提供的资金试图救活那些资本化程度弱的银行（Veron 和 Wolff，2013）。由于贷款不太可能流向最有生产力的企业，僵尸借贷会大幅度增加银行业危机的负面影响。此外，在一些欧洲外围国家（Peripheral European Countries），欧洲央行的长期再融资操作项目增长与其国内银行的公债持有量的大幅增加相一致，由于监管机构对于本国主权债务持有的风险权重为零，这种债务也被银行青睐，潜在地排挤投资，从而进一步放缓经济增长。

2.3 金融危机与系统性风险

银行信贷紊乱和金融部门向实体部门的负面溢出影响可从系统性金融危机

的后果得到印证，这种后果可以通过产出损失和处置倒闭金融机构的财政成本来衡量。Bordo 等（2001）表明，最严重的金融危机是国家同时被银行业危机和货币危机冲击的双重危机（twin crises）。Laeven 和 Valencia（2008）表明，银行业危机之后的财政成本和产出损失在不同国家差异悬殊，且应对政策组合是这些后果的重要决定因素。他们发现在对资不抵债的金融机构的处理中，纵容监管资本和长时期实施央行的流动性支持，常常使干预延误，最终增加金融系统和实体经济的压力。最近，Schularick 和 Taylor（2012）表明，不仅金融危机的可能性随着事前加速的银行信贷供给大幅提高，而且一旦危机爆发，实际的负面影响更加强烈。[6]

鉴于银行业危机总体的实际负面影响如此重要，我们利用 Laeven 和 Valencia（2013）详细分析了这类危机的成本。他们编制了从 1970 年到 2011 年全世界银行业危机最全面的数据集，包括危机的起止日期和危机管理政策方面的信息。从 20 世纪 70 年代起对于 147 个银行业危机来说，化解危机的平均财政成本的估计值约为 GDP 的 7%。与这些危机相关的累计产出损失——相对于潜在 GDP（trend GDP）——平均值竟达到 GDP 的 23%（见表 2.1 与 Laeven 和 Valencia，2013）。[7]

表 2.1 银行业危机的后果，1970—2011 年

国家	产出损失	债务的增加	货币扩张	财政成本	财政成本	持续时间	流动性峰值	流动性支持	不良贷款峰值
	中位数								
	GDP 的百分比（%）				金融系统资产的百分比（%）	年数	存款和外债的百分比（%）		贷款总额的百分比（%）
所有	23.0	12.1	1.7	6.8	12.7	2.0	20.1	9.6	25.0
发达	32.9	21.4	8.3	3.8	2.1	3.0	11.5	5.7	4.0
新兴	26.0	9.1	1.3	10.0	21.4	2.0	22.3	11.1	30.0

资料来源：Laeven 和 Valencia（2013）。

银行业危机对经济的影响差异巨大，至少有 7 个国家，在代价最高的银行业危机中，实施银行资本重组和其他形式的重组政策带来的财政支出相当于 GDP 的 40% 或更多。这些国家包括冰岛、爱尔兰和塞浦路斯等最近危机仍在持续的国家。银行业危机的实际影响和社会成本表明银行业危机的金融成本与实际成本是密切相关的，这就为监管系统性风险提供了关键依据。第六章将详细介绍金融（尤其是银行业）危机的实际影响。

　　虽然银行业危机的直接诱因可能不同，但系统性银行业危机有很多共性（Reinhart 和 Rogoff，2008；Laeven 和 Valencia，2008）。这些共性包括与危机相关的系统性风险的主要驱动因素以及性质。例如，1970 年以来，大概三分之一的银行业危机事件之前都有信贷繁荣（Laeven 和 Valencia，2012）。这表明当信贷过快增长时，单个银行和银行家未能内部化其成本，对于整个系统来说信贷增长过速是系统性风险的关键特征。[8]然而，对于不同的危机而言，信贷繁荣的类型可能不同。信贷繁荣可能集中于家庭部门、企业部门或公共部门；同时风险可能来源于违约风险（default risk）、流动性风险（liquidity risk）、利率风险（interest rate risk）、货币错配（currency mismatches）或期限错配（maturity mismatches）。例如，虽然在美国 2007—2008 年的危机中，信贷繁荣与衰退集中于家庭部门而非企业部门，但在西班牙情况正好相反：信贷的盛衰周期（credit boom – bust cycle）集中于企业部门。在爱尔兰，信贷繁荣同时集中于家庭和企业部门，但与住宅和商业地产的融资十分相关。在所有这些危机中，流动性风险、期限错配和信贷违约风险很关键。此外，在美国和欧洲利率风险是风险的关键来源，因为金融危机发生于长期的低利率时代以及随后货币政策利率的强劲和快速增加（如在美国从 1% 增加到 5.25%）。在所有这些国家，由于金融和经济危机，政府债务在事后增加，但并非衰退的主要原因。在希腊则相反，公共部门的问题促成了危机。[9]

　　在多数情况下，危机与单个银行资本状况遭受的巨大负面冲击相关，对该国其他银行的负面溢出效应将系统性风险推至顶峰（通过信心的丧失或货币的外部性）。在一些危机中甚至出现对国外金融系统的传染效应。为了应对这些系统性事件，政府通常严重干预金融部门，从而在此过程中引发可观的财政成本，而经济通常经受信贷的减少和重大的产出损失。

　　例如，美国 20 世纪 80 年代的储贷危机中，当美联储提升利率时，储蓄贷款机构肆意发放固定利率抵押贷款，引起与之相关的利率风险，导致不良贷款的激增。由于大部分损失局限于储蓄贷款机构，因而对金融系统其他部分的传染有限，对经济活动的影响也有限。出于这些原因，根据我们的定义，这次危机不是系统性的。

　　20 世纪 90 年代前期在芬兰、挪威和瑞典爆发的北欧银行业危机起源于房地产泡沫。在芬兰和瑞典，危机造成严重的产出损失。这两个国家依赖资产管理公司（asset management companies），通过从银行接管房地产相关的不良资产来促进金融重建。"坏账托收银行"或资产管理公司的两个成功的例子是瑞典的 Securum 和 Retrieva。它们成立于 1992 年，目的是处理瑞典两大银行——瑞典北方银行（Nordbanken）和瑞典哥达银行（Gota Bank）的房地产贷款问题；这两家银行都通过出售资产设法追回了大量初始投资。促成它们成功的因素包括强迫无力清偿的债务人破产的高效的司法体系、简化银行重组的房地产等相关资产，以及这些资产管理公司的强有力的治理机制和熟练的管理团队。其他国家很难复制这些结果，因为瑞典能减少债务积压问题，部分归功于20世纪90年代新技术部门的强劲经济增长，部分归功于薄弱的法律、监管与政治制度。银行的资产往往以高于市场价值的价格转让给资产管理公司，导致银行资本的私下重组并引发道德风险问题（Calomiris，Klingebiel和Laeven，2003）。[10]

1997—1998年东亚金融危机主要源于个人经常账户的巨额赤字和固定汇率的维持。这些因素促进了外部的外币借贷，从而使得银行和企业部门都承担过度的汇率风险敞口。当大幅的货币贬值使银行遭受重大损失，金融危机就会爆发。在个体层面，银行的外汇敞口头寸较小所以看似安全，但更多地将外币短期大规模借贷给未对冲的借款人，会间接承受逐步增长的系统性风险。一旦汇率贬值，这种风险最终转化为银行的重大信用损失。事实上，对于金融危机来说，一个可怕的组合是过度的以外币计价的短期大规模债务。因为除了源于短期大规模头寸（short – term wholesale positions）的金融脆弱性，当货币贬值时，以外币计价的债券持有人将承受负面的资产负债表效应。此外，如果一个国家承担过度的外币债务风险敞口，当危机袭击时，该国的央行由于不能印发外币，所以支撑金融部门和经济的能力有限。原因在于传统的工具，如流动性注入（liquidity injections）和货币政策（通货膨胀），使用的都是本国货币。

日本20世纪90年代的银行业危机不同于大多数其他的银行业危机，因为除了资产价格泡沫的破裂，并没有其他突发危机，只是日本金融系统的健康程度持续恶化。日本持续的危机源于金融机构真实财务状况的信息披露不充分，以及政府对危机反应迟钝。随着不良贷款规模不断增长，公众才慢慢地意识到整个问题。从1992年开始，事实变得明显，即日本的银行拥有巨额不良贷款，在建筑和房地产部门经历了长期的繁荣后，不良贷款主要集中于这两个部门。在随后的数年里，政府当局宣布了若干税收政策的变化，鼓励银行为了减轻税负而扣除贷款损失。日本政府依靠对贷款损失确认的税收激励来解决坏账问题，而非直接对银行进行资本重组并使用公共资金解决坏账问题。

几乎所有银行都利用了这些税收激励，并大量扣除贷款损失以援助相关的、有困难的借款人。然而，这个策略未能使日本银行系统恢复健康。因为金融机构得以继续掩盖损失并在薄弱的基础上运转，所以它们缺乏激励来进行有效的企业重组。由此产生了隐含于银行和银行借款者行为的道德风险，而政府对所有银行存款提供显性和隐性担保加剧了道德风险。另外，在日本的主办银行（Keiretsu）模式中，日本银行和关联企业有密切关系且日本银行持有这些企业的大量股权。这种模式减少了解决不断增加的坏账问题的市场约束和激励，并促进银行大量使用政府补助作为援助相关企业的手段。

当日本当局最终使用公共资金对银行采取直接的资本重组时，没有基于银行今后的生存能力来对其进行区分，也几乎没有进行监督来确保银行合理利用了公共援助。几乎每个大规模的银行都获得了公共援助，尽管涉及的数额相对较小且政府未要求银行寻求私有资本来源。因此，这项资本重组计划增加了银行资本，但对于促进企业重组或重启银行借贷的作用较小。危机最终得到控制，但历经了很长一段时间且花费了大量纳税人的钱（Calomiris, Klingebiel 和 Laeven，2003）。

银行业危机往往以多个浪潮的形式出现，并且在每次浪潮中都有和传染效应相关的区域集群（regional clusters）（Reinhart 和 Rogoff，2009a）。这表明系统性风险不是长期不变的。图 2.1 显示了始于某一给定年份的银行业危机的数量，尤其是在 20 世纪 80 年代早期危机活跃度显著上升。在 20 世纪 90 年代期间共有四个危机的集群：欧洲的北欧危机国家、欧洲的转型经济体、金融风暴（Tequila crisis）中的拉丁美洲以及亚洲金融危机中的东亚。21 世纪早期较为平静但以美国金融危机浪潮收尾，这次浪潮包含了自 20 世纪 30 年代以来数量最多的系统性危机。

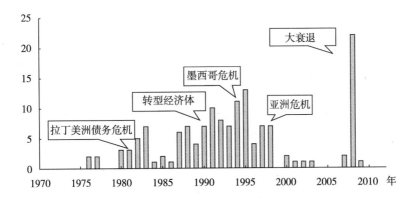

描述了系统重要性银行业危机开始日期（年份）的频数。

资料来源：Laeven 和 Valencia（2013）。

图 2.1　系统性银行业危机的浪潮

最近的所有危机都源于金融系统，尤其是银行系统的一部分（或整体），过度地承担了内生性风险。过度的风险承担起因于信贷风险敞口（credit exposures）、资产价格泡沫以及短期的大额借贷。即使在亚洲危机中，由于对国外金融系统的直接国际风险敞口，该危机也包含了通过全球金融系统的传染元素。所有这些元素同样存在于 2007 年开始的全球系统性危机，但程度更高。

在 2007 年和 2008 年的美国住房抵押贷款危机中，银行通过证券化过度扩张了对负债家庭的按揭贷款。当房价停止上涨且货币利率大幅上升时，这些银行持有的按揭贷款和住房抵押贷款支持证券（mortgage-backed securities）遭受巨大损失，因此银行重设按揭合同的利率。另外，在单个银行层面，银行似乎持有相对安全的多样化抵押贷款。事实上，专门的附属机构往往持有较小部分的次级贷款，但在总体层面上，市场低估了系统性风险并令其价格错位。这种系统性风险与住房按揭证券化过程中的过度杠杆和金融机构间（包括国外的）与日俱增的联系有关。尤其是银行一直使用特殊渠道（special conduits）和结构性投资工具（structured investment vehicles），并通过表外资产担保证券（off-balance-sheet asset-backed securities）为其抵押贷款的扩张融资。业务由受监管的银行向不受监管的实体转移，在某种程度上是由银行资本监管的漏洞导致的（Acharya 等，2009）。当家庭违约开始增加同时投资者从这些工具中撤出资金时，银行被迫将这些资产担保证券计入其资产负债表（在事前没有储存资本应对这些风险）。这样做可能是出于声誉考虑，也可能是因为他们扩展了这些工具的流动资金渠道。这一举动造成资产担保证券的积压，对证券价格施加了下行压力；连同越来越多美国按揭贷款的拖欠和违约，侵蚀了银行资本（以及市场和资金）的流动性。由此产生的信贷紧缩对总产出和就业造成强烈的负面影响。然而，自危机开始，美国去杠杆化过程中家庭债务积压显著减少。由于在美国很大一部分按揭贷款的贷方没有追索权，因此家庭去杠杆化的一个成因是按揭贷款违约的增加。在多数其他国家，包括欧洲，按揭贷款具有完全追索权，从而减缓了去杠杆化的进程，并对总消费和就业造成了消极影响。

因为引起金融系统中信贷供给和杠杆率内生性地大量增加（Shin，2009），并在金融机构间造成了庞大的交叉风险敞口（cross-exposures），依靠信贷证券化分散系统风险的效果适得其反。资产价格下跌和金融机构资本匮乏相互作用，在整个金融系统中形成下降式螺旋，并通过潜在的溢出效应和外部性（和对国外金融系统）给整个系统带来重大风险。在个体层面，银行的大多行为是理性的，包括出售抵押资产，通过从批发融资市场（Wholesale Funding Markets）中撤资来囤积流动性，以及减少信贷供给以提高资本和流动性比率。

但这些个体策略在金融和经济系统内部造成了负外部性（没有被个体金融机构内部化），因此在总体层面上不是最优的，从而引发系统性危机。

最近，一些欧元区经济体经历了房地产的盛衰大周期（尤其是爱尔兰和西班牙）。这些房地产业的资金在很大程度上来源于批发融资市场，即通过证券化和国际银行资金流融资。一旦国外大规模融资市场流动性枯竭，银行流动性短缺，房地产市场繁荣消失，建筑行业活动停顿，贷款违约开始出现。银行面临很大的流动性和资产负债表问题，不久就会影响到政府。公共部门利用公共资本重组、流动性注入，以及显性担保来救助银行，从而导致政府债务大幅增加和财政紧缩，并对经济造成负面影响。此外，由于银行增持政府债务，对私人投资的挤出效应引起信贷紧缩。在这些国家和其他欧元区外围国家，对政府债务可持续性的担忧，连同私人部门的高负债和当地房市泡沫的破裂，对银行持有的主权债务价值造成负面影响，形成消极的下降式螺旋。这种螺旋加剧了薄弱主权－薄弱银行的联动。在其他经历危机的欧洲国家，比如冰岛和塞浦路斯，银行部门与实体经济相比规模太大，致使本国政府无法大规模救助。冰岛不属于欧盟，因此发生了对外国银行储户的违约；在塞浦路斯，除了投保的零售储户（存款少于 10 万欧元），所有的银行债务持有人都进行了自救（bail－in）。

欧洲银行管理局（European Banking Authority，EBA）2011 年进行的压力测试（stress test）表明欧盟银行的资本金缺口（capital shortfalls）约为 1150 亿欧元，不过随后在 2012 年西班牙进行的由下而上的压力测试（bottom－up stress tests）表明仅是西班牙的资本金缺口就可能超过 500 亿欧元。然而，银行对本国政府债券的购买以及政府担保价值的下降直接和间接地使银行日益承受薄弱的主权债务风险，进而使整个银行系统越来越容易遭受与主权违约相关的系统性风险。由于欧元区缺少成熟的银行联盟和财政联盟（如果到位，能够促进薄弱银行进行更加迅速地进行基本重组），薄弱主权－薄弱银行的联动被激化。Mario Draghi 在 2012 年 7 月 26 日的声明表示，ECB（欧洲中央银行）将"不惜一切代价"；随后 ECB 的直接货币交易理事会（Governing Council of the Outright Monetary Transactions，OMT）在 2012 年 8 月 2 日发表声明，允许 ECB 在一些条件下直接购买政府证券。这些声明制止了消极旋涡的演化。并且 2013 年的决议允许欧洲稳定机制（European Stability Mechanism，ESM）直接对银行进行资本重组，这向使用公共资源对欧元区银行进行资本重组迈出了关键的一步。但迄今为止这个决议还未实施，因为受到规模与范围的限制（它要求成员国首选对银行进行资本重组以达到普通股一级资本率为 4.5% 的法定下限，然后才能使用 ESM 的资源，因而给成员国施加了巨大负担）。缺乏重组银行的公共支持和公共财政资源，部分解释了美国和欧盟之间化解各自金融危机的速度差异。这种化解银行问题的协调机制的缺失（虽然已经通过但尚未实施）阻碍了欧元区外围国家的银行重组，并拖累整个欧元区的经济复苏。相反地，美国联邦政府能够使用公共财政资源重组银行［如，根据问题资产救助计划（Troubled Asset Relief Program，TRAP）］，以快速启动金融重组和经济复苏。ECB 在 2014 年发布的资产质量评估（Asset Quality Review，AQR）的确表明欧洲很多银行机构都存在资本金缺口。

国家通常用政策组合控制和化解银行业危机。这些政策包括宏观经济稳定政策、金融部门重组政策以及制度改革。宏观经济稳定政策包括财政政策、汇率政策以及货币政策，最近的全球金融危机中货币政策包含了很大一部分非常规货币政策（unconventional monetary policy）。作为这些工具的补充，重组政策既包括金融中介的资本重组和结构重组（包含国有化和合并），又包括设立资产管理公司或坏账托收银行（bad banks）以减少不良资产，以及开展一般的债务救助计划以减少债务积压问题并加快去杠杆化。制度改革包括实施存款保险和银行处置领域的改革，以及结构性措施以提升金融系统的稳定性。这种结构性措施的一个例子是对金融中介业务施加的限制，即美国《格拉斯－斯蒂格尔法案》（the Glass－Steagall Act），将商业银行业务与投资银行业务分离；或最近 2010 年《多德－弗兰克法案》（the 2010 Dodd－Frank Act）中 Volcker 规则（the Volcker rule）限制了美国银行的自营交易（proprietary trading）。相关的英国《Vickers 报告》（UK Vickers Report）提议将零售银行业务置于银行公司的其他部分以外。在欧盟，欧洲委员会（the European Commission，EC）在《Liikanen 报告》（the Liikanen Report）之后，也发表了类似提议。

然而，尽管危机的起源有很多共性，现有危机管理策略的效果良莠不齐。一些欧盟成员国能迅速遏制系统性风险及其对实体经济的负面影响，而其他国家延期或耽误了对系统性风险的化解，对实体经济造成额外的负面影响。

成功的危机化解具有透明和坚决的特征，表现在对无清偿能力的机构的处置方面。这些特征可以消除关于金融机构生存能力的疑虑。这就要求通过充分披露不良资产并确认损失来区分健康机构和薄弱机构，然后对能存活的机构进行资本重组，将不良资产和不能存活的机构从系统中清除（Honohan 和 Laeven，2005）。

瑞典在 20 世纪 90 年代银行业危机中的经验常被当作成功化解危机的一个例子。瑞典政府迅速地清算濒临倒闭的银行，重组能存活的机构，并从系统中清除不良资产，从而避免了大规模的债务延期（forbearance）和资产的持久化。因此瑞典避免了不良资产拖延引起的持续萧条，利用外部需求迅速从危机中复苏。

然而，不是所有国家都取得了瑞典那样的成功。如前所述，由于当局延迟了对无清偿能力机构的处置，并且银行未能披露其不良资产，日本呈现出相反的情况（Caballero 等，2008）。另外一个例子是当今的欧元区，部分原因在于没有成熟的银行联盟，金融系统的重组进展相对较慢。在欧元区即使小银行（非系统性的）也往往被救助，因此美国的银行倒闭规模远大于欧元区。同时，正如其低市净率（market－to－book values）所反映的，欧元区的几家大型银行杠杆率居高不下，因而美国大型银行的资本重组进度远远高于欧元区。

虽然传统观点会认为发达经济体在危机化解中应当占有优势，因为它们具有更强有力的宏观环境框架和制度环境。然而迄今为止当下全球金融危机中的记录显示了相反的事实：发达经济体对银行业危机的化解迟缓，平均而言危机持续得比新兴市场经济体更久（表2.1）。

当然，初始冲击和金融系统规模的差异造就了不同的后果。国际清算银行（BIS）（2011）、Laeven 和 Valencia（2012）认为，发达经济体更多依赖宏观经济政策作为危机管理工具，会拖延金融重组，从而延长危机。例如，央行给薄弱银行和薄弱借款人提供了充足的流动性。但在高效的解决程序中，这些借款人应当被拒绝借贷，从而形成了一种弱式的僵尸借贷。

这并不是说危机中不应当使用宏观经济政策来支撑更广的经济。宏观经济政策应作为第一道防线。它们刺激需求并维持资产价格，从而维持产出和就业，并间接地稳定了一个国家的金融系统。这有助于避免无序的去杠杆化并促进资产负债表的修复，从而争取时间来正面处理偿付能力问题并容许实体部门通过结构性改革来增强竞争力。然而，宏观经济政策掩盖了金融机构的资产负债表问题，因此也可能减少金融重组的激励，从而可能抑制增长并延长危机。并且由于央行提供了过多的流动性，可能为下一个资产价格和信贷泡沫埋下种子（Stein，2013a）。

事实上，迄今为止发达经济体应对危机时青睐宽松的货币和财政政策：政府债务和货币扩张（monetary expansion）的增加值分别约为 GDP 的 21% 和 9%——相比之下，新兴市场经济体的对应值分别约为 GDP 的 8% 和 1%（见表2.1）。在这里，货币扩张以准备货币（reserve money）增长的百分比来衡量，它不应当被狭义地理解为常规货币政策；由于增加了基础货币（monetary base），它也应当被理解为央行的流动性支持和非常规措施。

发达经济体通常具有优越的条件可采取宏观经济政策来处理危机，而不用过于担心这些政策对汇率、通货膨胀率或政府债务的影响。发达经济体得益于高度锚定的通货膨胀预期（well - anchored inflation expectations），且储备货币（reserve currencies）得益于金融危机中的向优质资产转移效应（flight - to - quality effects）。相反地，新兴市场经济体可能没有财政空间（fiscal space）或融资渠道来支持宽松的财政政策；而过度的货币扩张会迅速转化为通货膨胀和货币的大幅贬值，从而在存在货币错配的情况下进一步损害资产负债表。

政治经济的考虑也偏好宏观经济政策而不是深度的金融重组政策，如银行资本重组。一般认为后者使银行家更富有，而宽松的货币政策虽然较少地针对银行资本不足的根本问题，却更有可能获得广泛的支持：低利率将为投资者维持资产价格，为房屋业主维持房价，并为抵押人和其他债务人减轻债务负担。

然而，资本重组可以通过银行的现有股东和债权人进行强有力的自救（bail - in）来完成，并且对资产价格的支持给高收入家庭带来的利益可能超过中低收入家庭。因此，系统性危机中不平等的变化可能不仅归因于失业和危机的其他实际效应，也归因于公共政策。这些效应可能对总消费和复苏产生影响。事实上，一些时事评论者认为政治经济的考虑可能意味着在泡沫中针对低收入家庭扩张信贷，以及采用低货币利率来刺激经济活动（Rajan，2010）。

此外，一个国家最初应对危机使用的工具局限于现成的且不需要制度改革或议会批准的。金融机构的重组往往需要议会批准政府资产购买或银行重组计划；而且对银行的处置往往面临制度或法律的挑战，如缺少处置框架或无力干预困境中的机构。例如，很多国家在危机爆发前没有适当的工具来处置复杂的金融机构，包括非银行机构。尽管有很多缺陷，宏观经济政策，尤其是货币政策，将构成可选择的第一道防线。

事实上，在应对当前全球金融危机时，主要是发达经济体，严重依赖于货币和财政政策。与以往的危机事件相比，这些国家也采取了更广范围的政策措施，包括非常规货币政治措施、资产购买和显性担保，以及重大的财政刺激政策，某种程度上反映出这些国家具有较好的宏观经济和制度环境。这些政策与银行非存款负债的政府重大担保，以及对银行的充分流动性支持相结合，往往涉及优惠的惩罚税率和更低的担保品要求。在美国和欧元区，流动性支持特别大，反映了欧元系统在危机处理中发挥的重要作用。当然，欧元区公共财政当局和银行联盟的缺失（至少在 2014 年 11 月以前）也发挥了作用。

迄今为止宏观审慎政策在危机化解中发挥的作用有限，部分是因为在危机爆发前的经济繁荣时期缺少宏观审慎监管框架来建立缓冲机制，以便现在用来使金融系统恢复正常运行。西班牙是一个例外，它成功推行了动态贷款损失拨备规则（dynamic loan loss provisioning rules）以促使银行在景气的年份建立可观的缓冲机制，并在当前的泡沫破裂中发挥作用。然而，这些政策虽然可能在某种程度上抑制了经济过热，无疑降低了资本重组的需求，但它们还不够重大（因为只占银行总资产的 1%），无法避免使用纳税人的钱来重组倒闭的金融机构。不过由于这种政策在危机中增加了信贷供给，它的主要作用是正面的（Jiménez 等，2013）。

此外，一些国家，如巴西和韩国，为了给过热的经济降温，使用宏观审慎政策和资本管制，在限制资本流入的迅速飙升时取得一些成果。在这些情况下，宏观审慎政策被用以预防性地避开潜在的危机，到目前为止是成功的。然而，预期美联储将于 2014—2015 年紧缩其货币政策，届时将是对新兴市场的考验。

2.4　金融机构和市场中的系统性风险

传统上，对系统性风险的担忧集中于银行活期存款（demand deposit）对支付系统和对实体经济信贷供给的影响上。实践中，这意味着注意力集中于最大的银行组织。事实上，自 20 世纪 80 年代开始放松管制以来，美国的银行系统变得日益集中，最大的银行组织持有的资产在总资产和存款中的占比不断上升。资产超过 100 亿美元的大型银行资产占比从 1992 年的 41% 翻倍至 2011 年的 82%，而资产少于 1 亿美元的小型银行资产占比从 1992 年的 10% 降低到 2011 年的 1%（图 2.2）。同一时期商业银行的数量从 11,463 减少到 6,290。

然而，存款保险的出现，央行流动性管理的改善，以及审慎监督和管理的发展大幅降低了受保储蓄机构遭受零售存款挤兑（retail deposit runs）的风险。事实上，可能除了没有全面存款保险的英国北岩银行以外，自大萧条（the Great Depression）美国采用存款保险制度以来，发达经济体并未发生过对传统银行的广泛的零售存款挤兑。因此，对系统性风险的讨论转移到与企业和银行批发融资相关的问题，以及批发资金市场向银行的溢出效应。事实上，最近的金融危机触发了若干惊人的批发端挤兑（wholesale runs）［如 2008 年 9 月的雷曼兄弟（Lehman Brothers）和其他金融中介］，但也有零售挤兑（如北岩银行）。这些零售挤兑引起世界各地存款保险额度（deposit insurance coverage）的大幅增长。欧洲国家将存款保险额度的法定上限提高到 10 万欧元，美国将其提高到 25 万美元，一些国家提高到无上限（经济合作与发展组织，2010）。

然而，最近的危机凸显了包括"影子银行"（shadow banking）系统的批

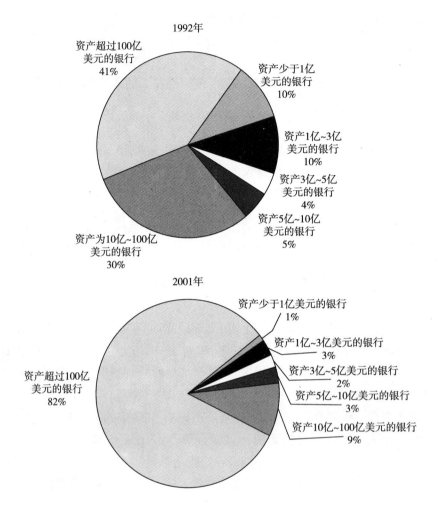

资料来源：联邦存款保险公司（FDIC）的银行统计。

图 2.2　1992 年和 2011 年全国范围的美国商业银行
总资产的分布（按银行规模）

发资金市场日益增强的重要性，[12]也突出了银行与市场［如通过资产证券化、
资产担保商业票据（ABCP），以及回购协议（repo）业务］间，以及不同金
融系统间［如当美国货币市场基金（US money market funds）购买欧洲银行短
期债券（short - term bank debt）时，当德国银行购买西班牙的资产担保证券和
担保债券（covered bonds）时，或当欧洲银行对美国影子银行系统进行融资时；
Shine，2012］与日俱增的互联性。

　　更一般地，人们越来越关注源于非银行金融机构（如大型保险公司和投

资银行）以及金融市场的系统性风险。[13]事实上，人们再次呼吁和提议限制银行与市场的相互作用，包括对相互持股（cross - ownership）和银行自营交易的限制（如美国的 Volcker 规则、英国的《Vickers 报告》，以及在《Liikanen 报告》后欧盟欧洲委员会的提议）。考虑到对金融稳定性的威胁不仅来自银行，我们对系统性风险的定义同时涵盖了其他金融中介和市场。任何人若试图度量系统性风险，都应体现金融中介与市场间的相互关联以及风险溢出。

此外，得益于 20 世纪 80 年代开始的放松管制以来金融服务日益国际化，人们的关注也转移到了大型的跨国金融服务公司，包括大型欧洲银行保险集团（European Bancassurance Groups），如瑞士联合银行（United Bank of Switzerland，UBS）、德意志银行（Deutsche Bank）、法国巴黎银行（BNP Paribas）和苏格兰皇家银行（Royal Bank of Scotland）。这些银行保险集团业务拓展到国外市场，也承担了巨大的跨境风险敞口（图 2.3）。跨国银行确实在全球系统重要性金融银行机构列表中占有重要地位（见表 2.2）。

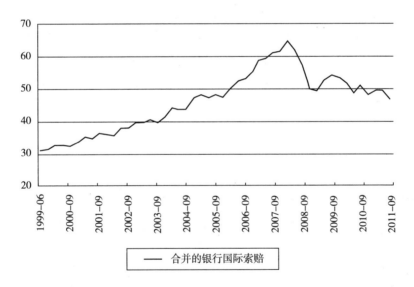

资料来源：BIS 的国际银行统计和 IMF 的国际金融统计。

图 2.3　国际清算银行（BIS）会员银行的合并国际索赔
（以全球 GDP 的百分比表示，基于直接借款人）

由于如今冲击也会通过全球化的金融系统传导（Kalemli - Ozcan，Papaioannou 和 Peydró，2013），20 世纪 90 年代和本世纪初以欧洲银行为中心的金融全球化影响了全世界商业周期的同步性。事实上，Giannetti 和 Laeven（2012b）表明银行业的国际化与放大的商业周期有关。

一方面，关于跨国银行跨国流动性管理行为的实证证据显示，银行在陷入困境时有动机将流动性转回母国（Peek 和 Rosenberg，1997；Cettorelli 和 Goldberg，2012）。例如，Giannetti 和 Laeven（2012a）使用辛迪加贷款（syndicated loans）的详细数据，发现在银行业危机中银行退守本土市场。类似地，Correa，Sapriza 和 Zlate（2012）表明如果受主权债务危机影响，欧洲银行在 2008 年危机中丧失了流动性。这种冲击产生很大的实际效应：Ongena，Peydró 和 Yan Horen（2013）表明西欧银行在东欧地区减少信贷供给，对依赖银行的小企业造成了强烈的实际影响。另一方面，有证据显示由于外国银行依赖内部资本市场，会减少当地经济的流动性和信贷约束，正如欧元区主权债务危机中的意大利（Bonfonfi 等，2013）。

此外，一国最大银行的规模通常比该国 GDP 大——在欧洲尤其如此，在世界其他地区也是如此。银行的监管框架既缺乏可信的机制以便在早期干预濒临倒闭的大型银行，又面临对银行的隐性和显性担保，尤其是"太大——或太有联系或太复杂——而不能倒"的问题。结果，由于预期政府救助或央行干预（Farhi 和 Tirole，2012a），大型银行承担了过度的风险。系统重要性银行的这种道德风险行为内生地增加了整个金融系统的系统性风险。当然，较小的银行可能承担关联风险（correlated risks）（如在最近的房地产业资产价格泡沫中），那么政府和央行将面临太多而不能倒的问题（Acharya 和 Yorulmazer，2008b），银行基于最优选择而出现的羊群行为导致银行事前的过度关联风险（excessive correlated risk - taking）。另外，系统重要性金融机构也可能由于能引发系统性危机的特定原因而倒闭。

表 2.2　　　全球系统重要性金融机构列表，2011 年

名称	原属国（Country of origin）
美国银行（Bank of America）	美国
中国银行（Bank of China）	中国
纽约梅隆银行（Bank of New York Mellon）	美国
法国 BPCE 银行集团（Banque Populaire CdE）	法国
巴克莱银行（Barclays）	英国
法国巴黎银行（BNP Paribas）	法国
花旗集团（Citigroup）	美国
德国商业银行（Commerzbank）	德国
瑞士信贷（Credit Suisse）	瑞士
德意志银行（Deutsche Bank）	德国
比利时德克夏银行（Dexia）	比利时
高盛投资公司（Goldman Sachs）	美国

续表

名称	原属国（Country of origin）
法国农业信贷银行（Group Crédit Agricole）	法国
汇丰银行（HSBC）	英国
荷兰商业银行（ING Bank）	荷兰
摩根大通银行（JP Morgan Chase）	美国
劳埃德银行集团（Lloyds Banking Group）	英国
三菱 UFJ 金融集团（Mitsubishi UFJ FG）	日本
瑞穗金融集团（Mizuho FG）	日本
摩根史坦利投资公司（Morgan Stanley）	美国
北欧联合银行（Nordea）	瑞典
苏格兰皇家银行（Royal Bank of Scotland）	英国
桑坦德银行（Santander）	西班牙
法国兴业银行（Société Générale）	法国
道富银行（State Street）	美国
三井住友金融集团（Sumitomo Mitsui FG）	日本
瑞士联合银行（UBS）	瑞士
意大利联合信贷银行（Unicredit Group）	意大利
富国银行（Wells Fargo）	美国

资料来源：金融稳定委员会（2011），《处理系统重要性金融机构的政策措施》，2011 年 11 月 4 日。

金融机构不同于非金融企业的地方是，在系统性银行业危机中，破产的威胁对金融机构不可信，这主要是因为破产会对金融系统和实体经济产生巨大的负面溢出效应。结果是，对金融机构贷款的约束机制不能正常发挥作用。当涉及杠杆和破产时，从股权对债务的损失吸收能力（loss absorption capacity）看，危机的影响可能更严重。此外，系统性风险往往在信贷繁荣和杠杆繁荣一段时期之后发生，之后可能引起债务积压、信贷紧缩以及去杠杆化。这部分解释了为什么美国最近的次贷危机（subprime mortgage crisis）（还有爱尔兰和西班牙的危机）对金融系统和实体经济的涟漪效应（ripple effects）比本世纪早期的互联网泡沫大得多。

在次贷危机中，家庭拥有（住房抵押）债务，由于下跌的房价和攀升的失业率，他们不得不宣布个人破产。同时，银行也因在杠杆工具头寸上的损失逐步攀升而面临困境。这引起房地产急速抛售、更多违约，以及总消费降低和失业（Mian 和 Sufi，2010，2011，2014a）。危机之后，通过减少消费和投资以偿还债务，或通过银行减少信贷供给以提高资本资产比率（capital – to – asset ratios），最终降低杠杆率。然而，至少在美国，去杠杆化进程的一个重要部分也源于抵押贷款违约，因为这些贷款没有完全追索权（不同于其他多数国家）。与此相反，在互联网危机中，损失在很大程度上被持有股份的投资者吸收了。过度负债导致破产、去杠杆化、信贷紧缩以及债务积压，从而引发总体的经济和金融危机。Mian 和 Sufi（2010）认为，由于美国大的杠杆繁荣集中于家庭部门，并且债务积压问题引起总消费和就业强烈下降，美国政府可以通过补贴家庭（而非银行）部门来避免危机中的大部分负面成本。

考虑到大范围的金融机构破产可能给实体经济带来的灾难性后果，政府和央行通常对金融系统进行严重干预以防止这种情况的出现。雷曼兄弟是一个明显的例外，也是这些后果的昂贵提醒。破产的负面影响通过两个渠道起作用。首先，破产立即引发债权人权益的交易对手风险，造成其他金融机构的资金问题——所谓的首轮效应（first - round effects）。其次，由于资本和资产以抛售价出售，并被其他持有人或管理人员以低于继续经营价值（going concern values）的清算价值（liquidation value）侵吞，破产会立即降低资本和资产的价值。此外，直接承担倒闭机构风险敞口的银行可能引发进一步的负面效应。所有这些间接影响都可能通过不同的传染渠道导致其他金融中介的市场和融资流动性的降低——这就是所谓的第二轮效应（second - round effects）。第二轮效应可能比首轮效应的破坏性更大。类似地，如果企业进入破产管理程序（receivership），由于资产停止产生回报，其价值会降低。

破产程序在不同国家可能不同，这是第八章将详细探讨的重要的制度维度问题。有些国家有特定的银行破产程序，如美国的迅速整改系统（prompt corrective action system）允许监管机构将股东的账面价值降为零，并将损失分摊至无担保的债权请求权。最近的危机中，很多国家的监管机构没有相应的工具，因此只能采取金融和非金融机构通用的破产程序。随着危机升级，很多国家改进了它们对金融机构的破产框架。英国 2009 年采用对银行的处置框架，西班牙在 2012 年采用处置框架，且欧盟批准成立了银行联盟，建立针对整个欧洲的处置机制（除监督框架以外）。此外，当前在美国实施的"好银行 - 坏银行"方案以促进购买和接管交易，正为世界各地所提议。

因为监管者发现在早期干预濒临倒闭的银行具有政治上的困难，所以某种程度上银行业危机的代价很高。允许问题持续存在并使用渐进方式处理危机，可能显著提高银行业危机事后的财政和经济成本。最近的金融危机显示，大型银行被认为太大而不能倒；当它们真的倒闭了，又被认为太复杂而不好关闭。挑战在于，根据定义大型银行就被认为具有系统重要性。在银行业"大而不倒"并不是新问题。例如，美国监管机构由于没有强制实行监管规则，被称为监管容忍，使美国大型银行得以摆脱拉丁美洲债务危机的困扰。然而，随着银行的组织机构和产品线不断变大和复杂化，以及大型银行对政治家的政治影响力增强，太大而不能倒的问题变得更加显著。这种问题给金融体系的系统性风险带来负面影响。如前所述，这可能导致道德风险问题，在事前引起或至少增加银行的过度风险承担。

2.5 度量系统性风险

前面给出的系统性风险的定义虽然很清晰，但也很抽象。毕竟，金融机构和市场不断受冲击影响，冲击可能源于实体部门也可能源于金融系统本身，但只有少数冲击具有系统重要性并导致金融危机。货币和监管当局传统上倾向于应对系统性事件的威胁，使问题更加复杂——在救助大型系统性金融机构的历史上，雷曼的破产是罕见的例外。所以，我们很少观察到纯粹的系统性事件（Goodhart 等，1995），而是观察到问题和解决。此外，冲击通常是随着时间的推移内生逐步形成的。

度量和控制系统性风险必须变得可操作。这需要对金融危机影响整个系统的概率进行量化。为此，应当区分直接和间接的传导效应以及冲击的广度和深度。冲击的广度可定义为直接被冲击影响的金融机构和市场的比例；而冲击的深度可定义为在后来的传播阶段被冲击影响的金融机构和市场的比例。因此，系统性事件可被视为一次冲击，其直接和传导效应有足够的广度和深度，很可能严重破坏金融系统中的资源分配和风险分担，从而引起对实体经济系统的重大负面溢出效应。

冲击成为系统性的可能性，及其直接和传导效应的大小取决于金融机构的相互依存性（interdependencies）。毕竟，各机构必须以某种方式相互依赖，金融机构的外部性才能存在。相互依存性可以是直接或间接的；对金融系统的冲击是否会变成系统性的一个关键的决定因素是一个金融机构与其他金融机构的总依存度（直接和间接相互依存度之和）以及各机构间这种依存性的相对强度。

直接相互依存性源于企业间的资产负债表风险敞口。相关例子包括短期银行同业拆借风险敞口、衍生产品的交易对手信用风险敞口，以及回购协议（相关性较低）。即使不存在任何间接效应，高度的直接依存性可能引发系统性事件。

间接相互依存性源于非金融部门和金融市场关联风险敞口，例如同种或类似资产风险敞口。相关例子包括资产价格泡沫、贷款集中于同一产业或政府债券的持有，或在其他方面高度关联的资产组合。间接依存性的存在可能使单个企业的风险与金融系统整体风险反向而动（De Nicolo 和 Kwast，2002）。事实上，如图 2.4 所示，在 2008 年的金融危机前，美国金融机构的个体风险（以单个企业股票收益率的波动率衡量）呈下降趋势，但系统中的相互依存性（以股票收益率的相关系数衡量）呈上升趋势。这表明银行系统变得更易受系统性冲击影响。[14]显然，金融系统中的风险不是个体风险的简单聚合，而取决于金融机构的集体行为（collective behavior）。

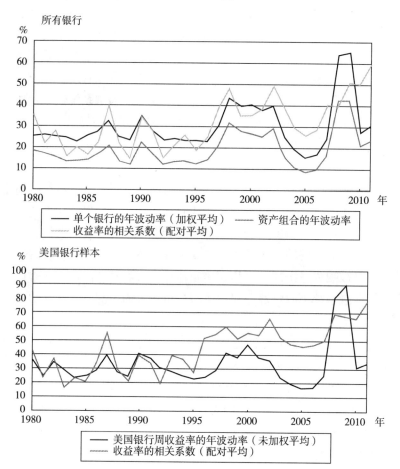

基于 Stern 和 Feldman（2004，p. 39）的定义确定的大型复杂的美国金融机构样本。样本包括 19个金融机构：花旗集团、摩根大通集团、美国银行、美联银行、富国银行集团、第一银行公司、美国大都会人寿保险公司、美国富利银行、美国合众银行、太阳信托银行、国民城市银行、纽约银行有限公司、科凯国际集团、美国道富银行、PNC 金融服务集团、梅隆金融公司、嘉信理财集团、美国国家金融服务公司以及北美信托银行。来源：Datastream 数据库和作者的计算。

图 2.4　美国大型金融机构 1980—2011 年股票周收益率的波动率和相关系数

更糟糕的是，正如我们在本书中详细解释的，直接和间接关联性可能源于寻求关联风险的金融机构内生的过度风险承担。在此过程中，主要通过批发融资市场以及资产价格和信贷泡沫中的短期债务契约增加与其他金融中介的关联性（Shin，2009；Diamond 和 Rajan，2009；Acharya 和 Yorulmazer，2008b）。第七章将详细讨论度量系统性风险的模型和方法，以及它们的局限性。

2.6　结论

本章为系统性风险提供了一个实用的定义，该定义将贯穿本书其余部分。该定义描述了系统性风险的关键要素，包括时间维度和截面维度，以及系统性风险的内生性质。我们也通过以往金融危机实际成本的实例，强调了系统性风险对金融稳定性和经济增长的影响。系统性风险和导致经济衰退甚至萧条的金融危机是贯穿本书的两个相互联系的概念。随后我们分析公共政策措施，包括宏观经济和审慎政策。最后，我们讨论如何使系统性风险的度量具有可操作性。接下来的章节，尤其是第七章，将详细介绍这一点。

注释

1. 这类似于国际监管委员会（the international regulatory community）提出的定义。例如 IMF – BIS – FSB（2009）对系统性风险定义是："因为全部或部分金融体系遭到损害而引起的金融服务崩溃所带来的风险，会对实体经济产生严重的负面影响。"欧洲央行（2009）将系统性风险定义为："普遍的金融不稳定损害金融系统的功能，使经济增长和福利遭受实际损失的风险。"伯南克（2009）同样将系统性风险定义为："风险的发展威胁整个金融体系的稳定，甚至更广泛的经济领域，而不仅仅是一两个机构。"国际清算银行（2001）将系统性风险定义为："重大事件触发经济价值的损失和信心的丧失，伴随着不确定性的增加，金融体系的很大一部分受损严重，很有可能对实体经济产生重大不利影响。"该定义涵盖了互联网危机和1987年的股市崩盘，但因为这两个事件没有损害金融系统的功能，即使影响显著，也不应视为系统性的，因此，我们不太赞同这一定义。

2. Iyer 和 Peydró（2011）利用拟自然实验分离和量化了银行间风险敞口引起的特殊冲击的传染。他们发现银行基本面越弱则传染性越强。因此银行的蔓延性和弱基本面互为补充，增加了系统性风险。

3. Morris 和 Shin（1998）之后有一篇重要的参考文献，套用金融基本面和恐慌解释金融脆弱性。详见本书第三章和第五章。

4. 参见 Allen 和 Gale（2000a）。

5. 对这类行为解释的总结，参见 http：//www. economist. com/news/finance – and –

economics/21594982 – why – some – people – are – more – cautious – theirfinances – others – risk.

6. 过去几个世纪金融危机的历史参见 Reinhart 和 Rogoff （2009a） 和 Kindleberger （1977）。

7. 全面概述银行业危机起源和原因的文献，参见 Laeven （2011）。

8. 过去几个世纪以来的金融危机，参见本书的第四章和第六章。

9. 例如，Cecchetti，Mohanty 和 Zampolli （2011），特别是他们的表 A2.1。

10. 在其他情况下，建立坏账托收银行来阻止房价下跌穿底，可能会延缓经济复苏。例如，西班牙的坏账收托银行（称为 SAREB）在最近的危机中，基本通过内部化房地产抛售来应对危机，这意味着在市场上慢慢出售资产以减少潜在损失。这能降低当前财政和银行成本，但可能会推迟经济复苏，最终导致财政成本增加。

11. 关于这些建议的更多细节和 Liikanen 的报告参见 http：//ec. europa. eu/internal_market/bank/structural – reform/index_en. htm。

12. "影子银行"广义定义为传统的银行监管领域之外的银行产品、销售品和其他金融产品，特别是证券化和市场上的信用违约互换（CDS）。"影子银行"的风险与银行风险相似（如：到期转换与信用风险、流动性风险和市场风险），但危机前它们没有接受监管，因此没有受到存款保险和中央银行流动性的支持。参见 Pozsar 等（2010）。

13. 有关于银行主导和市场主导的金融体系比较，参见 Allen 和 Gale （2000b）。

14. 显然，在 21 世纪初存在一段时间的过度风险承担，可能扭曲基于市场风险的度量方法，这是解释图 2.4 需要考虑的因素。参见第四章和第七章。

第三章 系统性风险：一个理论框架

本章介绍了系统性风险的分析框架，此框架提供了一个全景图，有助于提供详细方法来分析系统性风险并指导监管政策。我们的框架考虑了内生的总体（宏观经济的）金融失衡和系统性风险的传染风险维度，这两个因素没有被金融中介完全内部化。随后的第四～六章详细分析了系统性风险的事前宏观经济驱动因素、传染风险，以及系统性风险的事后实际宏观影响。通过这个框架，我们分析了系统性风险的时间和截面维度，并提供了一个概貌，有助于分析和系统性风险相关的外部性和金融脆弱性、系统性风险的度量，以及用以降低系统性金融危机的可能性和严重性的可取的公共应对政策（将在第七～十一章进行更全面的分析）。遗憾的是，没有一个建模方法能够包含系统性风险的所有相关维度。因此，我们不得不介绍很多模型，每个模型都有不同的优缺点。基于这些建模方法和观点，我们对理想的系统性风险模型应包含哪些方面有一个初步的看法。

在我们将分析的模型中，有些强调动态，有些强调一般均衡维度，还有的强调金融摩擦的现实层面，包括不对称信息、内生风险、不完全契约，以及不完全市场。我们在分析中对以下因素尤其感兴趣，包括金融中介过度风险承担和羊群行为的动机、金融失衡的内生累积、金融中介间金融关联的网络结构、金融关系，以及竞争和金融机构企业治理的作用。

在分析方法中有两类处于对立面的模型：一端是金融摩擦的静态、局部均衡微观经济模型；另一端是动态、随机、一般均衡模型。由于静态局部均衡模型缺少一般均衡维度，所以通常它们不能预测任何冲击的实际影响。然而，它们使我们对金融摩擦及其直接影响有充分的了解。宏观模型使我们清晰地了解经济外生冲击的跨期效应和溢出效应。但一般而言，由于金融摩擦在这些模型中的作用有限，因此金融，尤其是系统性风险并不是很重要。我们可以简单地断言（即使具有争议）：静态不对称信息模型让我们理解不能测量的现象，而动态随机一般均衡（DSGE）模型让我们测量不能理解的现象。可以肯定的是，只有理解并测量有关的特定的外部性（市场失灵），才能进行公共政策分析。因此，在理想的情况下，第三种折中的方法可以综合这两种方法的要素。近期文献中已有大量建立这种模型的尝试（Diamond 和 Rajan，2006，2012；Allen 和 Gale，2004a），但依然没有一个真正综合的方法。

因此，在比较和评估不同模型的优点和局限性时，我们将目标定位于更好地理解系统性风险（以及系统性金融危机），而不是商业周期或（特定的）单个经济主体的动机。这个模型有可能为构建系统性风险理论提供坚实的基础，从而指导宏观审慎政策的有效制定。

首先，我们简要阐述了系统性风险模型应当服务的目标。在 3.2 节，我们转向基于不对称信息和不完全契约的银行业危机的经典静态分析。3.3 节描述了包含金融摩擦的 DSGE 模型。基于金融和实际危机的放大关系，该模型可以描述银行业危机的一般均衡效应以及随后的反馈效应（feedback effects）。我们没有考虑传染机制、银行的联系、银行间同业拆借市场，或最近关于流动性风险的文献，因为这些因素将在第五章详细讨论。3.4 节介绍了其他模型，为我们分析系统性风险提供了一些额外的见解。这些模型既非基于不对称信息的静态局部均衡模型，也非 DSGE 模型。3.5 节得出结论，并归纳了系统性风险的一些重要特征。

3.1 建模目标

我们从阐明系统性风险建模的目标开始。为此，我们考虑了金融市场和金融中介的一些已获得共识并被认为具有相关性的特征。我们首先回顾金融中介的特征，然后分析系统性风险和危机的特征。这样，我们可以首先考虑金融摩擦的微观基础，然后考虑各个市场间的影响，最后考虑跨期影响。这些是系统性风险的关键驱动因素。

3.1.1 为什么金融脆弱是必然的

在过去 20 年中，大量文献已清楚表明了金融发展在跨期和跨国经济增长中的关键和决定作用（例如，见 King 和 Levine，1993；Rajan 和 Zingales，1998；Beck 等，2000；Aghion 等，2010）。[1]直接或间接地通过中介融资为企业和家庭有效配置资本是任何国家金融系统应当具有的关键职能，这种有效配置可使有效率的投资项目获得融资（即那些具有正向的、经风险调整的、净现值的项目）。在阿罗 – 德布鲁（Arrow – Debreu）世界里，或在一个具有完美资本市场的世界里（如，完备的市场和完备的或有合约），正如莫迪利安尼 – 米勒（Modigliani – Miller）假设的那样，不需要监管当局"看得见的手"的任何帮助，金融市场即可达到最优配置（Allen 和 Gale，2004a）。

然而，一旦面临现实世界中的不完全金融市场和不完全信息、交易，以及金融市场和中介的缔约问题，这些理想只能作为比较基准（benchmark）。事实上，正如 Freixas 和 Santomero（2004）所阐述的，"当 Modiglinai – Miller（1958）定理的适用条件不再满足时，金融机构就产生了。"因此，只有当银行的存在有助于减少金融市场的不完善时，对银行（和银行的风险承担）的分析才有意义。但是，金融中介的产生可能引起金融脆弱，由此需要额外的监管以防止对高效益投资项目融资时产生偏差或陷入僵局。

因此，系统性风险建模的主要目标应该是识别（和测量）与系统性风险形成有关的关键金融摩擦。[2] 为了更好地理解这一点，我们需要考虑银行（和其他中介机构）在经济中的作用以及它们为什么意味着金融脆弱性。据不完全统计，银行存在的根本原因在于以下五种社会职能：

1. 通过建立高效的支付系统网络和降低监督成本来减少交易成本。相关的监督成本存在于批发融资（银行同业）市场（Rochet 和 Tirole，1996）以及对企业和家庭的借贷市场中（Diamond，1984）。

2. 资产转换。应借款人的要求，银行持有长期、大额的贷款；应客户要求，银行发放活期存款（不同面额和短期的）。

3. 通过活期存款和流动性管理来提供流动性保险。短期存款（在极端情况下为活期存款）为客户提供流动性并使银行有动机减少道德风险问题（如 Calomiris 和 Kahn，1991；Diamond 和 Rajan，2001）。

4. 可在事前（如信贷主管的贷款审查）、中期（如在贷款期限内对项目的监督），或事后（如银行能专业高效地强制借款者偿还债务）进行贷款监督。如 Holmstrom 和 Tirole（1997）和其他研究表明的，银行资本对银行监管和信贷的有效供给很关键。[3]

5. 风险管理。因为一个可以进入衍生品市场的多元化银行更有条件为其客户抵御风险（如货币贬值）。

作为金融发展的副产品，风险管理变得更发达，并且，正如上次危机中显示的，系统性风险的识别和系统性危机的管理变得更加复杂。另外，一部分银行传统业务被重组并出售给市场，产生所谓的影子银行。影子银行包括多种业务，如证券化、信贷违约掉期、对货币市场共同基金的投资和由货币市场共同基金进行的投资，成为存款的近似替代品。风险管理和风险分散意在为市场参与者提供更好的风险评估，并使整个金融系统更多样化（银行和非银行证券投资组合）。然而，这种风险分散模型的功效要求个体的风险评估是真实风险的无偏差估计，但事实上，真实风险取决于由银行个体决策演化产生的整体风险。全球金融危机前夕的情况与当下相差甚远，当初对总体系统风险和宏观风险的低估导致风险评估的偏差。此外，一旦金融系统的多元化使人们低估风险，金融中介将通过增加信贷供给承担更多风险。如 Shin（2009）所示，这些风险可能对金融稳定产生负面影响。正如我们在本章及下一章（也可见Rajan，2005）解释的，金融中介的动机不是简单地使用衍生品和影子银行系统进行风险管理（对冲），而是通过将业务活动撤离监管机构的"视线范围（under the radar）"等方式来大幅提升风险（如从事监管资本套利或承担过度的流动性风险）。

这些职能造成了金融脆弱，原因如下。第 2 项和第 3 项职能意味着期限错配，使得银行和其他中介机构具有财务脆弱性，从而给其他金融中介和市场造成潜在的资金和市场流动性不足。第 1 项职能以及第 5 项职能中的影子银行系统隐含银行间同业拆借和大额互惠（短期）契约（reciprocal obligation）的网络，在银行破产或银行基本面薄弱时会引起传染和其他溢出效应。如果银行资本大幅减少，会破坏第 4 项职能，可能引起信贷紧缩，对整个经济造成严重的负面影响。第 5 项职能可能导致总体的过度风险承担，因为每个银行只了解自己承担的风险，而忽视同行承担的风险和对其他银行造成的负外部性。这种外部性产生于减少系统中的流动性和信贷供给，或与其他金融中介一起承担关联风险，例如为房地产市场泡沫融资。

由于金融市场和中介机构（尤其是银行系统）在根本上是脆弱的，因此可以说某些系统性风险正是这些市场和机构存在的代价。然而，监管当局对最近的危机负有责任，表现在三个层面。首先，对于银行部门，他们未能理解股东的公司治理和市场约束的局限性以及银行的某些普遍动机（如过高杠杆率以及基于短期利润和股价的高管薪酬）。其次，他们仅在银行业内部评估风险，低估了证券化、衍生品，特别是信贷违约掉期（CDS）构成的银行业和金融市场间的重要联系（他们天真地认为这些联系其实可以提高金融稳定性）。第三，他们未能考虑银行（和其他中介机构）的关联风险承担和对冲决策的一般均衡效应（如房地产市场中短期大量流动性带来的信贷泡沫）。这种效应现在被清楚认识到，所以更强调宏观审慎政策。

也就是说，金融中介的一部分监管不完全，而另一重要部分完全不受监管；而且所有金融中介之间的相互联系，以及对实体经济的影响，基本没有在考虑之列。

3.1.2 系统性风险建模

我们在第二章提供了系统性风险的定义。这个定义可能在形式上稍有不同但其主要特征很明确。系统性风险的特征是金融中介的脆弱性、对金融中介和市场普遍缺乏信心，以及在极端情况下支付系统受损。所有这些特征都会对实体经济带来重大的负面影响。在系统性危机中，负面的实际影响可能非常巨大，原因在于金融中介不再能充分发挥它们在资产转换以及提供信贷和流动性的作用，同时它们履行风险管理职能时面临多重困难。

系统性风险有不同的程度。在极端形式下，系统性风险意味着银行系统的完全瘫痪：银行系统、大额资金系统和支付系统不能进行任何交易。这种情况很少出现，因为监管当局会在系统达到这种极端状态前进行干预。通常情况下，支付系统继续运行，但银行无论在执行其职能时，还是在利用批发融资市场吸收资金并发放贷款时，以及管理期限错配时，都面临巨大损失和诸多困难。

当三个因素同时发生时，系统性危机就会爆发。首先，宏观脆弱性使金融机构易遭受资产价值的损失，并由此导致资本水平下降。通常，宏观风险是内生的，来源于金融中介在金融泡沫和信贷繁荣中承担的事前过度风险和关联风险的具体化。此时，可能由于相对较小的外生冲击（不同系统性金融危机的外生冲击可能不同），损失开始显现，银行资本减少，并在危机爆发时使整个金融系统遭受损失。

其次，传染性和其他造成某个银行困境的溢出效应加剧了其他银行的困难。由于银行间同业拆借市场和其他批发融资市场对融资流动性很重要，并且金融权益主要是短期的，因此大额流动性会消失。此外，金融权益主要体现为与其他金融机构的短期契约，主要是因为这是一种便宜的融资方式，（Diamond 和 Rajan，2001；Acharya 和 Yorulmazer，2007；Farhi 和 Tirole，2012a）。[4]资金和市场流动性问题相互强化，在金融中介间以及市场间传染（Brunnermeier 和 Pedersen，2008）。银行部门和其他批发融资市场因为金融全球化的强劲发展得以增强，也决定了金融网络以及金融机构的稳定性（Allen 和 Gale 2000a）。此外，现代金融机构真实风险敞口和相互关联的不确定性——Caballero 和 Simsek（2012）称其为复杂性（complexity）——在危机时刻放大了银行感知的交易对手风险（counterparty risk），导致资金和市场流动性不足。

第三，触发点可以有不同的形式，但都使投资者预期突然收敛到新的均衡。从理论角度看，系统性危机发生的这个因素更难描述，但也有一些理论机制。历史上，它以不同形式呈现；最近的一次是次贷危机，影响了美国信贷市场的一部分，仅占信贷总额的4%。正如 Chen（1997）所示，如果投资者认为银行承担关联风险，那么某些金融机构的倒闭会促使投资者挤兑其他机构。这意味着美国小型次级贷款市场的损失传播到其他房地产繁荣的市场，正如英国、爱尔兰和西班牙那样。公共信号也可能引起以上情形，因为这种信号使投资者修正对银行业的信心（私有信息），正如 Vives（2013）效仿 Morris 和 Shin（2004）的研究，分析了公共信息如何像在银行挤兑或货币危机中一样通过策略互补性来协调投资者。

因此，值得建立一个包含这三个要素以及他们同时发生概率的模型。然而，需要对建模做出一个关键的选择。实际上，系统性风险可被视为商业循环中的极度不景气，或被视为一个间断点或奇点；在该点上，商业周期在"正常"时期的常用预测，无论繁荣还是萧条，不再适用，并且金融市场和金融机构的运作遵循不同模式。如我们将看到的，一些模型基于"连续性"的假设而其他模型考虑了在"正常"商业状况和系统性事件中的转换。重要的是，这三个要素相互加强——当金融中介的整体基本面较弱时，传染效应较强，并且在这种情况下，协调问题（恐慌）会增加（Iyer 和 Peydró 2011）——因此当金融系统遭到严重损害并且对整个经济造成负面影响时，间断就出现了。例如，在基于协调问题的全局博弈模型中，弱基本面意味着更严重的挤兑以及传染效应；事实上，由于这些模型包含（均衡）阈值策略，因此存在关于基本面的阈值使得更弱的基本面导致金融脆弱的强间断性（Morris 和 Shin，1998；Dasgupta，2004）。在本章余下部分，我们会讨论宏观经济脆弱性如何引发系统性危机，尤其考虑了这种脆弱性引发银行挤兑和银行业恐慌的机制。第四章将对宏观经济金融脆弱性的事前累积进行一般性阐述。第五章将介绍引发系统性危机的传染机制。第六章将分析对宏观经济的实际影响。第七章将讨论对系统性风险不同渠道的测量。

3.1.3 微观基础（Micro – Foundations）

无论是公司金融模型、银行模型还是系统风险模型，模型应当具有的第一个特征是它能明确描述金融摩擦的微观基础。假设条件是什么？不确定性来源是什么（比如说，与风险相比的奈特式不确定性）？[5]是否有不完全的市场？不对称信息是什么？是否存在逆向选择或道德风险问题？单个主体的动机是什么？它们如何相互影响？在可得信息的基础上，契约是否是最优选择？给定信息局限性和一般均衡效应，契约和交易是否最优？

考虑到一些可能的市场失灵以及由此产生的公共政策措施，公共政策如何影响金融市场参与者的动机？系统性风险理论应当包含所有这些元素。但是，为了建立一个只包含系统性风险主要影响因素的（尽可能）精简模型，关键要考虑实证分析、每个金融摩擦的量化，以及金融企业和市场参与者的动机。

3.1.4　溢出效应和一般均衡效应

注意，一旦分析一个市场对另一个市场的影响，我们就迈出了理解市场间相互作用的第一步，摆脱了局部均衡的限制并为一般均衡分析奠定基础。然而，探索一般均衡效应不是主流的研究策略，因为专注于市场的子集可以更直观地理解溢出效应如何运作，以及金融企业、非金融企业和家庭如何回应——这是直接的一般均衡比较静态分析中缺少的维度。对政策制定来说，这是很重要的：一方面，没有很好地认识外部性就不可能利用好的公共政策来调整市场失效；另一方面，只有深入理解外部性，才能使用适宜的公共政策分析纠正市场失灵。因此，只有体现所有一般均衡效应的量化模型，才能度量系统性风险，进而进行（宏观审慎）监督和管理。例如，降低市场系统性风险的措施，如对系统重要性银行施加超额资本（capital surcharges），会将冒险行为转移到金融系统其他部分；从严格意义上说，增强银行系统的稳定性可能提高整个金融系统的系统性风险。只有使用一个体现一般均衡效应的模型，才能分析这些措施的总体效应。

首先想到的溢出效应存在于金融部门内部。除了直接的金融关联，银行业危机如何影响批发融资市场、金融资产的价格、抵押品价值（调高估值折扣时），以及回购操作？只有弄清了这些问题之后，这些市场对金融中介破产和流动性的反馈效应才应当被考虑进来。

根据定义，系统性风险具有巨大的实体经济效应，所以这种反馈效应同样存在于金融市场和商品市场、服务市场以及劳动力市场之间。因此问题就是金融市场失灵如何引起 GDP 下降和失业率上升。信贷供给、信贷配给、抵押品价值下跌，有清偿能力的信贷需求下降，以及金融企业、非金融企业和家庭的债务积压，将共同导致投资、消费以及实际经济活动的减少。同样地，这些对实体部门的消极影响会反馈回金融系统（如：贷款违约，经济主体借款、贷款、过度承担风险和投资的动机、意愿及能力）。

对于不同的金融机构来说，金融部门内部以及从金融部门向实体部门的溢出效应不尽相同。因此，系统性风险存在截面维度；这个维度取决于金融中介和市场的风险，以及它们对金融和经济系统的溢出效应。

3.1.5 动态效应

在第二个维度上扩展基本的微观基础也是有意义的，这个维度是时间维度。事实上，金融摩擦的存在会造成外生冲击的持续性。外生冲击会改变资产的价值和抵押品的价值，使某些主体不能在信贷市场进行融资。由此，经济"基本面（fundamentals）"可能返回初始值，并且冲击阶段会结束，但会减少企业和家庭的财富。借款者随后会因为更高的借贷成本（外部风险溢价）或信贷配给而面临更严峻的财务状况。由于市场滞后调整会造成持续性和放大效应，因此很自然地出现跨期溢出和市场间溢出的结合。正如我们稍后解释的，金融中介和金融市场并不是外生（产出）冲击的简单放大机制；Adrian 和 Shin（2011）提到，由于对过度风险的内生累积（如通过信贷繁荣和资产价格泡沫），金融中介和市场是商业周期和繁荣/危机的第一位触发器。

3.2 关于金融脆弱性和系统性风险的不对称信息和不完全契约方法

如前所述，金融中介在降低交易成本、提供资产转换以及承担期限和流动性风险中的作用使它们面临金融危机的风险。此外，如我们在第四章更充分解释的，某些公共政策引起的普遍动机（如存款保险或救市）、过度的银行业竞争（特别是产生于放松管制和全球化），以及银行业不完善的企业治理（包括巨大的短期杠杆）为关联风险提供了动机；这种关联风险会过度增加系统性风险。[6]事实上，银行业危机的可能性取决于总体的宏观金融状况。这些状况可能是内生的，例如金融中介在信贷繁荣中对资产泡沫的投资。当然，正如历史所示，外生冲击，如战争或歉收等，也会引起宏观状况的改变。

一种理解系统性风险的自然方法是考虑只有单个银行的经济，尽管这种方法有局限性。代表性银行和整个银行系统面临同样的流动性风险，这样我们可以忽略传染而只关注整个银行系统的特征。此外，我们会假设资产面的风险和负债组成是给定的，所以风险不是由银行家内生选择的。

Diamond 和 Dybvig（1983）开创性的文章是银行脆弱性分析的标准参考。[7]由于银行客户（消费者）不知道他们需要在哪个阶段（早或晚）消费，所以银行需要为其客户提供早期或晚期消费的方便。但是，银行有可能投资于高回报的长期项目。银行创造了活期存款以提供有效的流动性，因此每个储户可以选择何时提取存款。因为银行投资部分资产到长期的、盈利的技术上，可以为愿意等到后期提款的储户提供更高的回报。由于银行能为面临流动性冲击的客户提供有效的事前保障，也能为那些在早期提款的储户提供高于技术允许的消费水平，也就是说，早期和后期消费者均受益于长期投资。这为银行的存在提供了正当理由。原因在于它们在提供流动性保险中发挥了作用，而这体现出的事前帕累托最优配置效应，优于跨期实物交易市场中实现的配置效应。

Diamond 和 Dybvig（1983）表明这个博弈有两个纯策略均衡，即有效均衡配置和（无效）银行挤兑均衡。后者也是一个均衡，因为对单个储户，挤兑银行是最优的（如果他们认为其他储户也在挤兑）；否则，如果不提取存款，银行将没有足够的资产来偿还本金。这是协调博弈的结果，充分证明了银行挤兑是一个均衡策略。注意银行这个有趣的性质：它们在事后可能有清偿能力也可能没有，取决于上述之均衡。也就是说，如果储户不对其存款进行大规模挤兑，银行将保持其偿付能力，所以银行可能仅仅因为流动性不足而倒闭。如果有耐心的储户愿意等待，银行将有偿付能力；而如果储户不信任银行未来偿还存款的能力，他们会提款，从而使银行亏本变卖盈利项目（抛售）。很明显，这个自我实现的均衡是无效率的：如果储户不大规模地从银行提取其货币，他们的境况会更好。

在 Diamond 和 Dybvig（1983）的模型中无力偿付和流动性不足没有区别。当银行没有流动性来偿还其客户时，就变得无力偿付了；如果客户不提取存款，银行就会有偿付能力。因此，从 Diamond – Dybvi 的视角，系统性风险是协调问题；而且重要的是，银行破产的概率是外生的和不确定的，从而不可能进行任何公共政策分析。Goldstein 和 Pauzner（2005）通过将先前的模型嵌入全局博弈模型，将银行倒闭的概率内生化。在这个全局博弈模型中，如果储户关于银行基本面的私人信号低于某个临界值，最优策略是挤兑（低信号表明银行基本面薄弱，也表明其他储户也很有可能观察到低信号，所以他们也会挤兑）。在这种情况下，银行的基本面（银行资本）与流动性互相影响。银行资本缓冲越大，其脆弱性将越低。因此，审慎政策对于银行的脆弱性会发挥相应作用。

Rochet 和 Vives（2004）探索了另一种有趣的全局博弈方法。他们认为银行的投资者会收到反映银行偿付能力的有噪音的信号，每个投资者提款的决定会影响其他投资者做决定。如果银行其他投资者都在提款而某个投资者却没有这么做，这个人就会面临成本，所以银行投资者确实会变得极度谨慎。他们认为存在不同于流动性不足临界值的无偿付力临界值，从这个角度出发，在技术上银行可能有偿付能力但缺乏流动性，从而市场逼迫它们破产。

Calomiris 和 Kahn（1991），Diamond 和 Rajan（2000）从相关银行挤兑的角度分析了系统性风险。在两种模型中，活期（或一般而言，短期）储户的存在解决了银行的代理问题。由于银行偏离最优策略会面临挤兑，因此银行管理者都很自律。与 Diamond - Dybvig 不同，挤兑构成一种市场约束并对改善银行的管理起作用，也就是说，约束不是企业管治（如股东大会）发出的"声音"而是银行挤兑的"结果"。[8]然而，和前面一样，如果市场约束影响了有偿付能力（但缺乏流动性）的银行，那么挤兑会给经济造成事后的效率损失。如果挤兑引起社会成本巨大的银行业危机，那么对整个社会来说也是低效的。

然而，不同于 Diamond - Dybvig（1983）的模型，在这类模型中，对短期批发存款储户的限制是低效的，比如对银行融资施加高成本。因为短期储户对降低银行的过度风险很重要，因而是一个便宜的融资来源。如果契约是完全的，就存在其他方法约束银行、银行管理者和股东，而不用施加如此高的成本。然而，在现实世界中，金融契约是不完全的，并且由于信息摩擦和契约摩擦（在法庭上无法验证行为或自然状况），次优选择会带来一些重大的成本。

Chari 和 Jagannathan（1988）提供了另外一个角度分析银行挤兑的约束作用。他们考虑了银行资产利润率。同样，管理者约束很重要。这里，即使清算可能提高银行资产的价值，管理者也宁愿继续运行银行。这意味着如果客户拥有关于银行回报的完全信息，那么银行倒闭是有效的，因为银行清算后的价值高于其运行的价值。然而，当客户收到的信号不完全，他们会犯第 I 类错误和第 II 类错误，因而一些薄弱的银行会继续运行而一些健康的银行会经由银行挤兑机制倒闭。提高透明性（如巴塞尔协议 II 中的第 3 个支柱）和对一些银行进行强制清算（如欧盟对于银行处置的新指令）能大幅降低这些无效率。

过去的模型解释了银行等金融中介的金融脆弱性，例如在只有外生风险和单个（代表性）中介机构的极端假设下的银行。我们在第四章放松了风险性质的假设，并在第五章考虑了多种中介机构的情况。重要的是，由于存款保险的普及性，这些银行挤兑的理论模型与现实中缺少来自储户的市场约束的情况有点不符。我们认为，在当今世界这些模型更适用于那些主要融资来源是短期无担保债务的情形，如批发融资。

3.3 系统性风险的 DSGE 方法

3.3.1 DSGE 方法的吸引力

动态随机一般均衡模型（Dynamic stochastic general equilibrium models, DSGE models）基于复杂的、包含多种经济主体和市场的经济环境，来计算一般均衡解。这样的模型包含经济主体的偏好、企业的技术以及一个制度框架，因此可以计算冲击（比如说，对产出的冲击）的影响、扩大及持续，从而描述了一个经济体中最有可能的商业周期动态以及不同政策的福利影响。

如 Caballero（2010）解释的，经典的 DSGE 模型（canonical DSGE model）始于新古典增长模型（neoclassical growth model），然后发展到随机形式。最初的模型，即所谓的真实经济周期模型（real business cycles）包含技术冲击。家庭最优化包括两个方面。首先，家庭使其消费和休闲的边际替代率（marginal rate of substitution）等于实际工资（由劳动力的边际产出决定）。其次，家庭基于消费和储蓄间的选择进行最优化，即当前消费和未来消费的边际替代率等于收益率（由企业的投资收益率决定）。企业根据生产函数最优化劳动力和资本的使用。宏观经济学的标准方法是在经典模型中引入不完美性（imperfections）。例如，Galí 和 Gertler（2007）建立的模型引入了货币、垄断性竞争［和加价（price markups）］，以及名义价格黏性（nominal price rigidities）［所谓的新凯恩斯主义模型（new Keynesian models）］。这种新凯恩斯主义模型的变体已成为央行研究部门的主力模型（workhorse model）。

使用 DSGE 模型的好处之一是可以引入政策措施并计算其影响。这样就可能衡量其整体影响、短期和长期（同期和累积的）效应以及对不同市场和变量的影响。由于 DSGE 模型针对政策均衡路径的影响，以及政策缓和外生冲击的方式提供准确的定量预测，已成为描述经济体的标准方法。

相对于向量自回归（vector autoregressive，VAR）分析，DSGE 的好处很明显：虽然无约束的多元变量模型（unrestricted multivariate），如 VAR，不用考虑任何相关的微观经济行为便可描述变量间的动态关系，但 DSGE 具有微观基础，能更好地识别作用产生的渠道。这种结构性约束意味着更低的灵活性但更高的内部一致性。当然，VAR 的经济结构更少所以可以更好地匹配数据。尽管如此，Smets 和 Wouters（2003）表明，估计的 DSGE 模型在样本外预测（out–of–sample forecasting）方面可与更标准的、无约束的时间序列模型抗衡。

3.3.2 DSGE 模型中的金融摩擦

DSGE 模型提供了一个很一般的框架，所以理论上可能扩展模型来考虑现实的金融摩擦。在系统性风险的分析中，DSGE 模型可兼顾考虑时间溢出效应（动态效应）和不同市场间溢出效应（一般均衡效应），因此体现出一定的优势。

尽管 DSGE 模型有这些重要优势，仍有不少批评：为了获得唯一均衡，必须对"正常"时期（"normal"times）的模型参数进行校准，而且在正常时期和危机时期不能有间断性。也就是说，这种模型局限于均衡附近的线性动态分析，但在危机时期非线性是普遍存在的。所以，当模型拟合数据时，比如去趋势（detrending）时，一般前提是先消除异常值，选择一个较稳定的时期，或消除结构的突变（structural breaks）。但是，大家会说，系统性风险可能正存在于模型未考虑的那些异常值中。

在起步阶段，DSGE 模型假设金融市场是完善的，所以集中于货币市场并忽视了所有金融维度的问题。但随着货币政策信贷观（a credit view of monetary Policy）的发展，即信贷水平会影响货币政策传导机制，人们开始重视金融部门和金融机构的影响。由于 DSGE 模型未能预测到 2007 年的危机，或未能确定对冲击的最佳应对政策，最近的模型已发展到包含金融部门的细节以及金融契约的限制。因此，当前危机使得研究者们开始构建 DSGE 模型的金融摩擦面，这类能更准确分析金融加速器（financial accelerator）潜在机制的模型在迅速发展。然而，我们下面要分析的一个关键问题是，DSGE 模型是否能包含系统性风险模型应当包含的所有相关金融摩擦和溢出效应。

DSGE 模型当前研究的一个主要缺陷是对于如何最好地引入金融摩擦缺乏共识。一旦将具有现实性的金融摩擦引入 DSGE 模型，就可以探索新的研究领域并更好地校准当前政策的影响，包括货币和宏观审慎政策。例如，我们可以改善对货币政策传导机制的建模并探索金融冲击、资本管制、压力测试，以及宏观审慎政策对经济活动的影响。将金融摩擦嵌入 DSGE 模型的这些挑战，关键在于这些模型是否能包含系统性风险模型应当包含的所有相关金融摩擦和溢出效应，比如金融机构的内生性风险承担行为（我们将在第四章介绍）、网状模型（network models）中的传染效应（第五章），以及源于信贷紧缩或债务积压的危机的实际影响（第六章）。

在我们转向系统性风险的 DSGE 模型之前，应当考虑主要冲击是源于实体部门还是金融部门。在极端情况下，实体经济活动会引起金融运行（financial flows）的改变，但反面并不成立。例如，如果投资只受实际因素变化的影响，如生产率的变动，一旦经济系统中有负面的实际冲击，非金融类借款者由于需要更少的资金来进行经济交易，会减少贷款。如果这是实体经济和金融运行的唯一关联，对金融部门建立一个明晰的模型对于理解实体经济活动的变动的帮助不大。

相反的情况是，经济活动变动的初始驱动力仍为实际因素，如生产率降低的冲击，但随着投资减少，企业借款能力的恶化程度超过经济活动下降后的融资需求。Bernanke 和 Gertler 建立了首个模型引入这种金融摩擦（Bernanke 和 Gertler 1987，1989，1990）。他们考虑了一个有代价的状态验证（costly state verification，CSV）框架，在此框架中银行必须付出成本来强迫偿付。这些事前的监督成本意味着外部融资溢价（external finance premium）的存在，因为对于企业来说向外部投资者借款比使用内部资金更加昂贵。这种外部融资溢价不但存在，而且在均衡中随着借款者的状况而改变。外部融资溢价的存在形成"金融加速器"的概念，即金融摩擦放大了源于实际冲击的商业周期。

Bernanke，Gertler 和 Gilchrist（1999）对这个框架进行了如下扩展：在均衡中外部融资溢价应随净值增加而降低，而杠杆率取决于外部融资溢价，因此外部融资供给随着企业净值上升而增加。随后的投资下降会引起抵押资产的市场价值减少，并且当存在金融摩擦时，会引起投资大幅下降，幅度大于不存在金融摩擦的情况。从而金融摩擦（如高成本的状态验证、净值和抵押品引起的内外部融资成本差异导致的摩擦）会放大外生变化对宏观经济的影响。

虽然这些包含外部融资溢价的模型对商业周期模型进行了有趣和相关的改进，但至少从系统性风险的角度，目前还不清楚外部融资溢价是否能代表经济中的主要金融摩擦。除金融摩擦的价格维度以外，也应当考虑数量。事实上，货币政策的信贷观证实了货币政策的影响起源于信贷供给（Kashyap 和 Stein，2000；Jiménez 等，2012，2014a）。另外，在经济中分析金融摩擦时，也应当考虑信贷配给（credit-rationing）（Stiglitz 和 Weiss，1981）或信用标准的变化（Lawn 和 Morgan，2006；Maddaloni 和 Peydró，2011），因为这些现象都具有实证相关性。

在最初的宏观金融模型中，与外部融资溢价相平行的另外一种视角是基于代理问题（agency problems）的借贷约束（borrowing constraints）。借贷约束问题的存在是源于合约的可执行性，或代理问题的存在；代理问题使得贷方要求借方"共担风险"（have sufficient "skin in the game"）。借贷约束可采取 100%

抵押品的极端形式，如 Kiyotaki 和 Moore（1997）；和/或充足的股权投资，如 Holmstrom 和 Tirole（1997）；或仅反映企业资产负债表的实力。由于抵押品价格是内生的，如果估值折扣（haircuts）在均衡中决定（如 Brunnermeier 和 Pedersen，2009），借贷约束也会影响回购操作（repo operations）。对借贷约束的建模通常考虑抵押资产的均衡价格（Kiyotaki 和 Moore，1997）。然而很明显，任何市场失灵（market malfunctioning）都将影响借贷约束。其原因，或者是因为市场出清建立在可得流动性的基础上，如现金市场模型（cash in the market models）；或是因为受约束的套利者的有限能力（Shleifer 和 Vishny，1997；Brunnermeier 和 Pedersen，2009）内生性地使价格偏离基本面。然而，要注意到由于价格扭曲可以弥补其他市场不完善，这种影响可能不利也可能有利。这解释了为什么在某些情况下泡沫是有效率的，如果它们能提高信贷供给无效率的低水平（Martin 和 Ventura，2012）。

如果银行在经济中的作用是减少市场不完善性并将资金分配给最有效率的投资项目，它们的存在应当改善经济的整体表现。因此，很多 DSGE 模型嵌入了一个银行部门以吸收家庭的存款并贷给企业，从而将家庭财富和信贷可得性联系起来。这样流动性和偿付能力问题将会影响金融中介并成为一个新的波动源。

Christiano 等（2003）通过引入包含金融摩擦的银行部门对标准 DSGE 模型进行了扩展。Goodfriend 和 McCallum（2007）从一些 DSGE 模型的非货币性质出发，将货币和银行加入标准的增长模型，从而也在 DSGE 模型中明确地引入了银行角色。这样，他们可以通过货币需求来探索消费和银行存款需求的关系，并识别"银行加速器"（"banking accelerator"）和"银行衰减器"（"banking attenuator"）效应。

也正因为此，2008 年金融危机之后出现的新 DSGE 模型给金融中介赋予了更积极的作用。例如，Gertler 和 Karadi（2011）利用银行部门来评估非常规货币政策的效果。其中，他们引入金融中介，其放贷取决于企业资产负债表的实力，从而分析了央行货币扩张在弥补信贷供给中断时的作用。由于金融中介可能受制于内生决定、源于代理问题的资产负债表约束，利用这个模型可以充分分析金融中介和实体经济的相互关系。Brunnermeier 和 Sannikov（2011）探索了将资源分配给拥有最好项目的经济主体时，银行发挥的作用。利用投资者的异质性，他们考虑了高生产力和低生产力主体间净值分布的影响，以及银行信贷供给对经济整体表现的影响。

如上所述，对 DSGE 模型的主要批评之一是它们必须在"正常时期"而非危机时期中进行计算，因为危机时期构成了异常值。Brunnermeier 和 Sannikov 最近的模型在这方面是例外。模型分析了均衡的完整动态，由此探索了"非线性"［或间断性和状态转移（regime switching）］。他们得出一个具有内在不稳定性特点的模型。他们表明在稳态（steady state）附近，金融系统的波动性较低；然而一旦远离稳态，其行为具有系统性事件的某些特征。此外，随机平稳分布（stationary distribution）是双峰的，因此一旦进入萧条状态，这个状态将具有一定程度的持久性。采用类似的方法，Boissay 等（2012）刻画了均衡的完整动态，分析了临界非线性（critical nonlinearities），如银行同业拆借市场的冻结。这样他们可以在 DSGE 模型中将系统性风险作为过度信贷供给的后果进行建模。DSGE 由于通常在市场完全的世界中对稳态附近的线性近似进行分析，因而受到了批评；Brunnermeier 和 Sannikov 以及 Boissay 等的模型是对其常见方法的明显改进。

3.3.3 对 DSGE 模型的批评

尽管对金融摩擦的关注日益增加，我们认为在系统性风险分析中 DSGE 模型有一些重要缺陷，可能影响其对系统性风险的建模。这些缺陷可分为以下六类：

1. 金融中介没有内生性地承担风险

大多数宏观金融研究集中于金融市场摩擦形成的放大机制，主要假说是金融摩擦加剧衰退但不是衰退的原因（Quadrini，2011）。然而，正如大多学者，尤其 Adrian 和 Shin 在《货币经济学手册》（*Handbook of Monetary Economics*）中指出的，金融摩擦会带来产出周期，并且在极端情况下，带来具有强烈实际影响的系统性危机。

DSGE 宏观金融模型处理金融摩擦的通常方式是引入外生的（*exogenous*）信贷或金融冲击。由于金融市场的外生破坏，贷方流向借方的资金减少。因为信贷紧缩，借款者减少了投资和消费，从而引发衰退。由于某些资产交易不能进行（不完全市场限制了跨期和同期交易的可行域）或不能为某些行为制定契约［或由于不完全信息（imperfect information）或由于缔约］，金融摩擦会形成。因此，经济主体为了消费或投资而提前或推迟支出时，或在抵消不确定事件的风险时（以平滑消费或投资），他们没有足够的激励减少过度的风险承担。

在不完全契约和市场中，这些摩擦只有在经济主体异质时才具有相关性

（Quadrini，2011；Allen 和 Gale，2004a）。如果所有主体都是同质的，就没有理由让委托人给代理人提供激励或交易要求权。因此，缔约、市场不完全性（包括不完善信息的问题）以及异质性是对系统性风险建模的关键。很多新的宏观经济模型已向此方向发展，比如 Brunnermeier 和 Sannikov（2011），Gertler 和 Karadi（2011），Gertler 和 Kiyotaki（2010，2013），以及 Jermann 和 Quadrini（2012）的模型。

虽然这些模型包含了对金融中介和市场的冲击，但这些冲击被视为外生的。然而，正如我们在本书中详细解释的，事前过度风险的内生性形成对于解释和理解系统性风险很关键。重要的是，当风险内生形成时，宏观审慎政策的事前预防性作用才很关键。如果风险是外生的，仅需事后的风险管理政策就足够了。

2. 没有过度的信贷供给

通过阅读宏观金融模型的综述，如 Quadrini（2011）和 Brunnermeier、Eisenbach 和 Sannikov（2013），人们可能认为信贷供给过度时并没有涉及 DSGE 模型。然而，我们认为事前的信贷繁荣对于解释系统性风险很关键，并且同时影响金融危机的可能性和严重程度。

事实上，Brunnermeier、Eisenbach 和 Sannikov（2013，p. 83）对其综述进行了如下总结："在几乎所有的'信贷模型'中，信贷水平都是次优的。这些模型强调金融摩擦限制了资金的流动。在危机时代这些无效率通过消极反馈循环进一步放大。适宜的政策反应要求央行介入并使用公共资金替代私人信贷的匮乏。这与 Minsky 和 Kindleberger 的研究形成对比。他们强调信贷水平可能过高，尤其当失衡和系统性风险在信贷泡沫中形成时。这些泡沫的破裂就会束缚央行的手脚，不仅破坏金融稳定性，而且破坏长期的价格稳定。"

3. 没有网络相互作用（和复杂性）

正如我们在第五章解释的，只有考虑金融联系的网络结构，才能完全理解系统性风险。这些联系存在于同行业拆借市场、批发融资市场、衍生品头寸（derivative positions）[如信贷违约掉期（Credit Default Swap；CDS）]，以及资产和负债。此外，网络不是外生的；相反，它取决于政策等激励[最后贷款人（Lender of Last Resort；LoLR）类的政策或太多而不能倒的救市]，并且在危机时期可能极其脆弱（Allen 和 Gale，2000a；Freixas 等，2000；Caballero 和 Simsek，2009，2012；Caballero 和 Krishnamurthy，2008a，b；Acemoglu，Ozdaglar 和 TahbazZalehi，2010）。

一个关键问题是系统性风险（实际宏观影响）可能由于网络的不同而差异巨大（正如我们在第五章详细解释的）。然而，尽管金融中介间的网络会引发系统性风险，DSGE 模型通常没有考虑这种网络的存在。

4. 没有真正的"一般"均衡

尽管 DSGE 模型的首字母缩略词包含"一般均衡"，对于这种模型是否能捕捉系统性风险的一般均衡效应可能仍存在怀疑。为了得到一些动态"一般均衡"的元素，这类模型省略了一些关键的金融摩擦。除了内生性风险承担、过度的信贷供给和金融网络，特别要指出的是经济主体的异质性。例如，在不同的经济部门杠杆的形成可能存在明显差异。在最近的危机中，美国高负债问题主要存在于家庭，在西班牙主要存在于企业和家庭，在希腊主要存在于主权国家。然而，在其他很多国家高杠杆率主要集中于金融部门内部（尤其是银行）。此外，DSGE 模型还缺少其他重要方面，包括诸如全局博弈模型（global game models）中阈值策略（threshold strategies）的非线性、奈特不确定性（Knightian uncertainty）、僵尸借贷（zombie lending）、过度投资（而非投资不足）问题，以及逆向选择（adverse selection）问题。

换句话说，我们最担心的一个问题是 DSGE 模型是否能体现对系统性风险来说重要的相关金融摩擦，包括第四章中将介绍的内生风险承担、第五章将介绍的网络模型中的传染效应，以及第六章将介绍的危机的实际影响。我们认为为了体现某些关键的金融摩擦，当前核心 DSGE 模型中的某些元素需要被省略。例如，为了获得体现银行内生过度风险承担的简单动态一般均衡模型，Martinez–Miera 和 Suarez（2012）略去了以往 DSGE 模型的一些关键元素。

作为 DSGE 的备选，Goodhart 等（2012, 2013）最近采用了不完全市场的框架。框架中的两期模型同时包含了银行系统和影子银行系统，所有合约都以货币标价并且异质家庭和企业可以对债务违约。在简化的一般均衡框架中价格的内生性对于分析很关键，因为这样我们可以理解影子银行的抛售何时以及为何发生，以及对整个经济的影响。具有不同禀赋（耐用品对消费品）的异质经济主体以及两期动态也是重要的考虑因素。与 DSGE 模型相比，两期模型彻底简化的好处是可以集中分析某些市场摩擦。在这种情况下，这些摩擦与影子银行和家庭破产有关。这样，这种模型阐明了市场不完全是如何扭曲不同市场的。

在这个框架下，可以比较不同银行监管规则（贷款价值比、估值折扣、流动性与资本要求、动态拨备）并计算其效应。有趣的是，这些作者使用在那些经济状态不好时会引起违约的参数取值来校准模型，以便尽可能准确地描述系统性危机的一般均衡和动态。与 DSGE 模型相比，这种模型更易驾驭且更直观。但是，由于这种模型同时包含了异质经济主体和异质金融机构（由于影子银行的建模），因此仍很难理解潜在的驱动力。

5. DSGE 模型：一个黑匣子

首先，DSGE 方法的一般性和高度复杂性虽然可能是模型的优势，但也有其缺陷。可以通过校正使这类模型的校准与以往的观察值匹配。因此，这种模型可以部分解释过去但不能帮助政府为未来制定正确的政策。事实上，如果下一次危机与上一次不完全相同，对下一次危机不能下任何定论。

其次，由于 DSGE 模型的复杂性，它们像黑匣子一样。虽然可能理解模型假设的联合效应，对于其潜在机制并没有定性的判断（可能有助于防止未来的危机）。Sims（2007）也表达了对 DSGE 模型的这种消极看法；他认为这些模型只是 "讲故事的手段（story‑telling devices）而非硬科学理论（hard scientific theories）"。这一点很重要：DSGE 模型与 VAR 模型的主要区别是 DSGE 模型更多地利用结构以便限制自由参数的数量。

虽然 DSGE 模型对央行进行预测和政策分析有用，目前还不清楚它们对预测系统性危机或评估危机化解政策是否有用。鉴于这种局限性，Sims 认为，这些模型的稳健性要求模型能够完全匹配数据的会计构造和代理变量的动态特性。如果我们严肃看待这个批评，DSGE 模型根本上是理论的定性模型，应谨慎对待其实证结果。

6. 没有使用 DSGE 的宏观审慎政策分析

如果 DSGE 没有体现相关金融摩擦且通常被视为黑匣子，那为什么要依赖这些模型进行外部性的宏观审慎政策分析呢？更简单的有微观基础的银行/金融模型有利于理解市场失灵，以及需要干预或进行更多监管的问题。然而，这些金融模型没有 DSGE 模型的定量层面。因此，一个综合的系统性风险模型应当包含简单动态 "均衡" 模型的一些方面，同时从 DSGE 模型中略去无用元素，以便引入相关金融摩擦和金融市场失灵。

正如 Caballero（2010）解释的，关注市场的一个子集，而非一般均衡效应，可以使人们更直观地理解溢出效应的运作形式以及金融、非金融和家庭的反应。在一般均衡比较静态的直观分析中往往缺少这个维度。这点对于政策制定来说很关键：一方面，只有充分了解外部性，才能通过透彻的公共政策分析来纠正市场失灵；另一方面，只有建立体现相关一般均衡效应的定量模型，才能度量系统性风险，并由此进行（宏观审慎）监督和管理。

3.4　发展系统性风险的综合模型

当我们并列比较静态的、基于不对称信息的银行模型和 DSGE 模型，区别相当大。当然，最终目标是一样的：识别金融摩擦并理解系统性风险的影响。与动态一般均衡设定下对整个金融市场建模相比，识别正确的模型来评估系统性事件的可能性及其影响看起来更具局限性。不过金融经济框架的建模仍然会带来进退两难的问题：要么模型圆满地解释了某种金融市场不完善的影响，想必是基于不对称信息；要么模型建立在代表性经济主体的基础上，并且易受校准的影响。

此外，系统性风险这个概念本身就和不连续性相关。如果这种估计正确，那么对模型在经济繁荣时期的任何校准对理解危机时期发生的事情毫无用处，从而 DSGE 模型的校准帮助不大。事实上，系统性风险的建模目标还远未实现。然而，通过不对称信息/不完全契约以及 DSGE 模型的复杂性，我们对于金融不完善有更深的理解。这意味着可能在 DSGE 方法中使用微观银行/金融模型中的一些构建模块。或者我们可以归纳动态和一般均衡层面并将其引入银行/金融模型。所以局部收敛是可能的，但——正如我们解释过的——这意味着 DSGE 模型的一些方面应当被略去。这是好消息；坏消息是这样的综合还不存在。

3.5　结论

目前对于系统性风险模型或框架并没有达成共识。本章回顾了宏观和金融文献中现有建模方法和视角的多样性，以勾画出理想系统性风险模型的轮廓并概述其要素。我们强调建立在一般均衡框架下的 DSGE 模型比局部均衡模型更适于给出政策建议，但迄今为止这类模型还没有嵌入金融摩擦的现实描述。我们提倡一个折中的方法，对金融系统中不同类型金融摩擦和系统性风险进行丰富的刻画，即通过引入动态和一般均衡层面，来推广现有银行和金融文献中建立的局部均衡模型，并可以分析对实体经济的影响并提供政策建议。

注释

1. 当然，文献中使用的一些金融发展的度量方法，如"信贷/GDP"和"债务/GDP"，这些比率可以视为金融失衡的代理变量，因为在某种程度上金融深化与信贷快速增长和杠杆增加相关联。在这个意义上存在一个有趣的现象，那些发生金融危机的国家（由信贷增长的负向偏度衡量）经济增长更倾向于超过经济稳定的国家，这就意味着一些系统性风险对长期经济增长具有积极作用（Ranciere 等，2008）。

2. 接下来的章节解释了关于金融摩擦、金融脆弱性的系统性风险的详细实证结果。第七章提供了系统性风险的测量手段。但第三章主要是理论基础。

3. 这类模型的一个缺陷是它们没有考察银行资本金要求的最优水平。一些宏观模型使用此模型对银行资本进行定量分析；综合的第三种研究方法是将现实中的金融摩擦嵌入宏观模型，因此要应用这种方法，可以将关于金融中介激励的微观基础模型扩展为宏观量化模型（参见 Holmstrom 和 Tirole，1997）。

4. 关联风险的承担可能是由于投资于一种相似资产（一种金融泡沫），或由于批发融资市场间相互提供流动性。

5. 奈特不确定性（Knightian uncertainty）是以 Frank Knight 命名的，他区分了风险和不确定性的差异（Knight，1921）。对于系统性风险和 Knightian 不确定性，参见 Caballero（2010a，b）。

6. 参见 Kareken 和 Wallace（1978），Allen 和 Gale（2004b），以及 Mehran，Morrison 和 Shapiro（2012）。

7. 参见 Bryant（1980）。

8. 参见 Hirschman（1970）在抵御退出的演讲。

9. DSGE 模型也应该允许金融部门生成一些有益的内生风险。因为金融市场不完善和信息不对称的存在使经济主体能获得的最优资本受限，致使市场无法达到帕累托最优，因此足够监管下的金融市场和金融机构应该拥有修正功能。这意味着金融中介正确评估风险和计算预期收益是必要的，这些风险和预期收益的信息是有效配置资金的构成部分。因此，某些程度的风险，特别是某些程度的系统性风险和金融危机是可以接受的。相伴而来的是一系列监管机制必须及时到位以应对风险，特别是极端事件和系统风险，这样极端事件就不会会导致银行系统的崩溃。参见 Allen 和 Gale（1998）最优金融危机模型，和 Ranciere 等（2004）的经验证据，他们发现遭遇金融危机的国家随后会有更高的经济增长率。因此正如我们在这本书中讨论的，一些系统性风险可能是有用的，政策制定者应该注意潜在过度宏观审慎监管的成本。

10. 正如 Suarez 和 Sussman（1997），即使在没有外生冲击的情况下，信贷市场的逆向选择也能产生经济波动。

第四章 金融失衡的形成

2007 年的系统性金融危机（尤其是银行业的危机）给美国与西欧等国家经济带来了沉重的打击，危机也造成了这些国家严重的经济衰退。这一系列事件并非首次发生，这种反复发生的金融危机经常导致深度、持久的经济衰退[1]。事实上，系统性金融危机通常不是由外生因素引起的随机事件，相反，触发系统性金融危机的原因往往是金融部门信贷急剧增长和部门内的其他金融失衡现象——尤其是资产价格泡沫。一旦危机爆发，这些事前的金融失衡就会导致事后高昂的系统性代价。因此，对于决策者、监管层、学术界来说，理解导致系统性危机的事前决定因素非常重要。本章将系统介绍金融部门内部失衡如何催生金融脆弱性，以及这些失衡与系统性风险的关系。

因为金融部门的失衡会引起系统性危机，所以如何事前防范过度风险承担行为与规避过度金融失衡的形成（不只是事后的亡羊补牢）才是宏观审慎政策的关键目标。正如本章之后所介绍的，系统性风险通常起因于单个金融机构事前相互关联的风险选择（内生性系统风险），而并非金融系统外部的风险（外生性风险）；因此，对系统性危机的事后干预，比如央行的流动性注入、政府的资产重组等应对方案，往往都是治标不治本的，甚至由于忽视了道德风险问题，这些措施会导致更严重的事前风险承担，继而增大发生系统性金融危机的可能性（Goodhart 和 Perotti，2012）。虽然事后政策对于支持金融中介的流动性和资本头寸、实体经济的信贷流、危机期间的资产价格都很重要，但是，正如我们随后章节中阐述的那样，经济繁荣时期的宏观审慎政策才是对抗系统性风险的关键防线。

对于政策制定来讲，首要问题是为什么过度风险承担和金融失衡会出现在金融部门内部。金融市场中过度风险承担（尤其是银行）可能来源于两个根源（Stein，2013a）。第一个是基于时变风险偏好的风险承担——我们称之为偏好理论。对某些市场评论员、学者和央行人士而言，信贷和资产价格泡沫源于投资者行为金融意义上的不完全理性。例如，在顺境中过度乐观和忽视尾部风险，或者对过去危机仅具有有限记忆（见 Shleifer，2012）。然而有一些风险承担的偏好波动可以是完全理性的，比如在习惯养成模型中，顺境降低了金融中介风险厌恶程度，进而追求高收益。

对信贷和资产价格泡沫的第二个解释是银行和其他金融中介的有限责任和高杠杆率导致他们过度风险承担[2]。我们把这种观点称为风险承担的代理理论。

我们认为没有上述代理理论我们就不可能理解系统性风险。第一，大部分金融中介，尤其是银行部门，是在有限责任和高杠杆下运营的，这一机制必然导致基本的代理问题。金融中介有很强的动机过度承担风险。第二，由于显性和隐形的政府担保和补偿（例如存款保险），金融中介会加剧风险承担，因为这些制度使得投资收益归为私有，而损失的很大部分由社会承担。

事实上，我们可以将这次危机之前美国信贷抵押市场过度繁荣和贷款标准放松部分归咎于不受监管的影子银行体系金融创新、宽松的货币政策和对政策制定者的救助期望，这里影子银行体系的运作主要是通过资产证券化（包括国外流动性）来规避资本监管（Pagano 等，2012）。潜在的央行和政府救助，包括债务人没有强行对无担保债权人追讨损失的市场约束，降低了金融中介的融资成本。因此，主要的缺陷不仅源于私人部门（金融部门）存在代理问题，而且在公共部门（央行、政府、监管者和监察人）也存在同样的问题，这意味着金融监管中的政治经济学至关重要。

必须强调的是，系统性风险度量和最优审慎政策依赖于对两种过度风险承担决定理论（偏好 vs 代理）的选择，不同理论会产生不同的风险度量与审慎政策制定。例如，政策制定者无论是依据代理理论还是偏好理论在危机时期增加缓冲资金，更高资本要求都将产生积极效果。然而，只有根据代理理论，更高资本要求才会减少事前风险承担。

金融中介过度承担事前风险会在整体上增加金融系统的系统性风险。但是，哪些关键因素和决策会引发过度的风险承担？答案是过度的信贷和过高的杠杆。通过对不同历史时期和不同国家发生的系统性金融危机所做的实证研究，发现这两个变量与金融危机发生率的事前相关性最高。信贷加速增长显著地增加了金融危机发生的可能性，而且一旦发生危机，信贷加速增长也会增强危机的系统性及其对实体经济的负面作用。但是，信贷繁荣也可能起因于（并促进了）良好的经济基本面（信贷需求型驱动），因此是均衡增长路径的一部分，并不会催生系统性危机。例如，研究表明，从 1970 年代开始，三分之二的信贷繁荣并没有产生金融危机（Dell'Ariccia 等，2012）。因此，我们分析的关键是识别引起金融不稳定的信贷繁荣的起因。

增加系统性风险的信贷繁荣一般缘自金融中介的相关风险承担，这些相关风险会导致不动产和其他资产价格泡沫。由于政府可能在事后为避免太多银行破产的局面而实施银行救助，所以金融中介的这种从众行为会使得即使很小的银行（那些不能享受大而不倒救助的银行）也竞相模仿。除此之外，基于相对绩效的高管薪酬制度、缺乏追回机制的股票期权激励以及股东利益最大化（而不是债权人等其他利益攸关方）的银行治理结构同样会激励银行过度风险承担。

本章我们将阐述资产价格泡沫的决定因素。市场中银行通常是这些资产的主要溢价购买人。因此，一个重要的政策问题是这些风险资产是否应该由存款和其他受存款保险保护和政府隐形担保的资金来购买，或者说银行的核心揽储业务是否应当与高风险的金融投资业务相分离。这一理念已经促成了如美国的Dodd－Frank 法案（即 Volcker 规则），英国的围栏策略议案即 Volcker 报告，以及欧洲委员会在 Liikanen 报告之后提出来的结构性改革提案；我们将在本书后面几章详细讨论这些监管法案。

本章剩余内容如下：为了证明系统性危机不是外生现象，我们首先回顾产生系统性金融危机和相关影响因素的经验证据。考虑到金融危机不是高频事件，我们主要使用历史数据（超过 100 年）以及众多国家样本进行实证研究。其次，因为这些历史和跨国的实证分析总体结果表明信贷增长是过度金融不稳定的最优预测信号，所以我们继而分析信贷（包括债务和杠杆）繁荣以及其他金融失衡现象的决定因素。我们依据金融中介的扭曲激励（代理理论）以及行为因素（渠道理论）对系统性风险做出了解释。然后，我们从微观层面讨论并给出了依据代理理论导致过度系统性风险的主要因素，包括竞争、金融管制放松（自由化）以及政治经济约束、银行的公司治理、市场约束的缺乏、金融创新（证券化）以及宏观经济环境。最后，我们分析了资产价格泡沫的决定因素，并给出评论总结。

4.1　系统性金融危机的事前征兆

2008 年全球金融危机被称之为自大萧条以来最严重的危机。之所以这么说，是因为危机发生 7 年后，许多国家人均总产出始终没有恢复到危机前的水平，还有很多国家面临持续的失业问题。

因为在相邻的两个系统性重大金融危机之间有着很长的时间跨度（也就是说金融危机并不常见），所以实证分析使用的数据集必须涵盖足够长的时间跨度和足够多的国家（Gorton 和 Metrick，2012）[3]。此外，一般危机都是排山倒海而来，这些危机有很多的共同特征现象。因此，为了确定系统性金融危机的事前关联，必须使用较长时间序列数据和多个国家横截面数据进行实证分析。我们将在本节解释为什么事前相关性是系统性风险的潜在原因。

4.1.1 历史和跨国大数据集

Reinhart 和 Rogoff 的一系列论文，以及 Schularick 和 Taylor（还有 Jordà）（2012，2014）的一些文章分析了信贷的时间序列数据。Reinhart 和 Rogoff 主要关注公共和私人债务，Schularick 和 Taylor 则更加关注银行信贷。这些论文表明事前信贷繁荣（包括债务和杠杆）和事后发生银行危机可能性之间有很强的相关关系，一旦产生危机，事前的信贷繁荣会导致更高的事后系统性成本。

Reinhart 和 Rogoff（2008）将银行危机定义为银行发生挤兑并伴随一些功能失灵，或者虽然没有发生挤兑，但是一家重要金融机构（或者一批金融机构）发生了倒闭、兼并、接管，或者大规模政府救助，并且开始向其他金融机构传染[4]。他们发现高收入经济体和新兴市场银行危机的历史发生率基本相同，而且这一发生率会随时间剧烈变化。例如，1945 年到 1975 年，高收入国家基本没有银行危机，因为这一期间是大萧条以来监管极为严厉的时期。Reinhart 和 Rogoff 发现一般来说银行危机会伴随着急剧增加的外部债务，且银行危机通常会导致主权债务危机。这些研究结果表明，事前私人部门加杠杆行为加速了银行危机的发生，而主权债务危机仅仅是银行危机的结果而非原因。

Schularick 和 Taylor（2012）通过分析银行业总体信贷增长和金融危机，从另一个方面研究了系统性金融危机。他们建立了一个覆盖 14 个发达国家1870—2008 年的面板数据集[5]。他们的数据集的独到之处在于包含每一个国家银行信贷和银行资产结构数据。

他们发现，在大萧条之前，货币、信贷总量相对于 GDP 是稳定的。这三者在大萧条之前急剧增长，而之后则断崖式下跌。正如 Schularick 和 Taylor 所指出的，在 1950 年前，这些数据序列的稳定性与货币主义的观点是一致的，意味着不需要分析更广义的信贷总量数据。信贷体现为报表中的资产项，货币是对应的负债项，直到最近，这都是大多数央行所持的观点，尽管作者表明在1945 年之后，相对于 GDP，银行贷款和资产增加了；但是相对于 GDP，广义货币总量还保持稳定。当信贷开始与广义货币脱钩后，它通过提高银行杠杆和非货币资金得以飞速增长。

Schularick 和 Taylor 也分析了金融危机的可能性和严重性。他们在预警信号方法中运用金融和宏观变量来预测金融危机。结果显示，银行信贷繁荣是一个有效的金融危机预测指标，广义货币总量却没有相同的预测力，尤其是在"二战"之后结论更加显著。Schularick 和 Taylor 的研究表明银行信贷繁荣是金融危机最重要的事前相关指标。

既然信贷繁荣对金融危机的预测很关键，那么商业周期中信贷的作用又是什么？是否事前信贷极度繁荣引发的危机对经济危害更大？正如我们在本书前两章所说，关键在于辨别金融危机是商业周期引起的后果，还是说金融危机促成了商业周期并造成经济衰退萧条。此外，宏观审慎政策的合理性在于银行危机会引起金融部门对实体部门的严重负外部性。那么这些高昂的系统性代价是否取决于银行危机爆发前的信贷繁荣和过高杠杆？

Jordà，Schularick 和 Taylor（2013）通过分析私人信贷过剩来研究这些问题。基于140余年来14个发达国家的200次衰退，他们证明若用总产出损失来衡量，与普通的衰退相比，金融危机的代价更大，并且在大萧条和最近的金融危机这两种衰退中，大量的事前信贷扩张更有可能带来更深度的衰退和更缓慢的复苏[6]。他们实际上证明了"信贷会反咬一口"的现象。

正如他们所证明的，金融因素在现代商业周期中扮演了一个重要角色，危机前形成的金融失衡是危机期间给实体经济造成负面影响的重要原因。事前的信贷繁荣不仅增加了金融危机发生的可能性，而且一旦危机发生，会对实体经济造成更坏的影响。他们对历史数据的分析支持事前的金融失衡是系统性风险的第一决定因素。

信贷动态过程形成商业周期的结论表明信贷不只是一个次生现象。如果信贷只是坚实经济基本面（需求驱动型信贷）的结果，那么忽略银行部门和信贷供给的模型是合理的。但是，历史研究表明，在驱动实体经济的过程中，信贷扮演了一个独立的角色，因此如我们在第三章所述，更复杂的宏观金融模型是必要的。

Jorda，Schularick 和 Taylor（2013）也比较了杠杆在普通衰退和金融危机引发的衰退中效果的不同。因为杠杆繁荣与糟糕的经济增长、投资支出、信贷增长息息相关，所以后者引发的衰退更加严重，如果衰退与金融危机同时发生，这些影响会叠加并伴随显著的通缩压力。

他们发现，在繁荣时期信贷增加会提高金融脆弱性，尽管这一结果并非说明两者间存在因果关系，也不能对信贷的净效果做同样的推论。然而，他们的总体结论支持金融因素具有重要周期性作用这一观点。他们认为这些结果的潜在解释是，金融因素可能包括了金融加速器效应、债务过剩，或者当信贷繁荣以一种极端的形式产生引发预期改变，从而带来更加负面的效果。我们将在本章和后续章节介绍这些观点（尤其是第六章关于金融危机的成本）。

Jorda，Schularick 和 Taylor（2011）用相同的数据集探究外部失衡是增加了金融危机发生的风险还是仅仅增加了事前的信贷繁荣。他们发现事前信贷增长是预测金融危机唯一的也是最好的预警指标，但是信贷繁荣和经常项目失衡的相关性在近几十年变得更加紧密[7]。此外，在一国（"孤立的"）危机和全球性的危机爆发前，信贷增长显著升高。经常项目账户在一般危机前期恶化，但是在全球性危机中却不一定，可能是因为盈余国和赤字国都被卷入了全球性的危机中。重要的是，在他们选取的样本中，四次全球性危机的前期利率都比较低。

在 Jorda，Schularick 和 Taylor 的文章的最后部分，他们研究了不断扩大的外部失衡是否可以成为一个对政策制定者的预警：金融不稳定的风险正在上升。正如我们前面指出的，事前信贷增长——而不是经常账户——被证明是金融不稳定的最佳预测信号。在资本自由流动的全球化经济中，信贷周期和外资流量相互促进的作用可能比任何时候都强。一个强劲又持续的信贷繁荣，其融资需求不能被本地存款和财富满足（尤其是非良好基本面驱动的信贷繁荣）；来自外国的流动性，或者源于扩张性货币政策或金融创新（例如，资产证券化）的流动性，往往与信贷周期呈相互作用之势。

历史数据确实表明，信贷高速增长加上严重的金融失衡给金融稳定带来更高风险。在 2008 年开始的危机中，许多国家信贷繁荣和大量经常账户失衡，短期和长期的低利率，以及不断增加的对证券化的依赖，加上资本流入形成了大量的系统性风险。Maddaloni 和 Peydró（2011）通过对欧元区国家、美联储和地方联储对商业银行的贷款条件和标准调查分析，研究了这些趋势。其中，他们着重探究了始于 2007 年的金融危机中软贷款条件和标准的决定因素。他们发现在危机中经济表现更差的国家都是那些事前贷款约束更加软化的国家。但是，经常账户赤字或更低的长期利率与贷款约束软化不相关。

金融危机的历史证据仅仅存在于国家相对较少的面板数据之中，这其中高收入国家占大多数。大量的跨国数据分析虽然覆盖的时间很短，但是对于分析金融危机很重要。Laeven 和 Valencia（2008，2013）分析了一个包含从 1970—2011 年系统重要性银行危机的数据库，指出这些危机爆发时期的一些典型事实。他们提出了一种方法来确定银行危机发生的时间，这种方法不仅基于银行体系财务困境的主观测度（就像 Reinhart 和 Rogoff 2008 所做的），而且包括金融部门政策反应的客观测度，比如存款冻结和/或银行休业、银行国有化、银行资产重组、流动性支持、政府担保和资产购买。他们进一步通过修改政策干预的阈值，以及把确定日期的方法和信贷及产出增长作比较，来检验这种方法的稳健性。他们的数据库还补充了外债危机以及同时期的货币危机的日期。最后，他们鉴别出从1970—2011年总共发生147次银行危机，211次货币危机和66次主权债务危机。

除了确定银行危机爆发的时间外，为了比较用于解决银行危机的政策组合与银行危机对实体经济的影响，他们还列出了147个危机的某些子集信息，包括与银行危机相关的经济成本和政策应对。Laeven 和 Valencia（2013）的数据库有别于 Reinhart 和 Rogoff（2008）、Schularick 和 Taylor（2012）的数据库，前者包含了危机中的政策应对信息，后两者虽然包含更长的时间序列但并不包含此类信息。

Laeven 和 Valencia（2013）收集的数据显示出发达国家和新兴经济体之间政策应对的显著差异。作者发现，相比新兴的、发展中经济体，银行危机时期货币和财政政策在发达经济体运用得更密集。一种解释是，发达经济体有更好的融资方案来实施逆周期财政政策，有更大的灵活性来实施扩张性货币政策。此外，他们发现，尽管在发达经济体中存在规模更大的银行体系，发达国家对金融部门干预（包括用公共基金对银行资本重组）的财政支出只有新兴的、发展中经济体的一半。这个结论与发达经济体更多的依赖扩张性宏观经济政策的结论是一致的，这种扩张性政策间接地支持了金融部门。

他们还发现，相对于发展中经济体，发达经济体和新兴经济体会遭受更大的产出损失。这些巨大的产出损失在某种程度上是因为更复杂的银行体系，这让银行危机具有更大的破坏性（见 Kroszner，Laeven 和 Klingebiel，2007 的论文，他们使用了一个较小的样本）。发达经济体也经历了比新兴和发展中经济体更大幅度的公共债务增长，这可能与更多地使用逆周期财政政策有关。虽然扩张性宏观经济政策通过增强银行增长预期的办法间接支持银行，这些政策也会放缓实际中银行的资产重组。

Laeven 和 Valencia 还比较了不同类型金融危机的产出损失，发现主权债务危机往往比银行危机具有更高昂的代价，银行危机又常常比货币危机具有更大的产出损失。另外，与"双生子"危机（这里的 twin crises 是指货币危机和银行危机同时发生，详见 Reinhart 和 Kaminsky AER，1999）的产出损失相比，独立危机的产出损失更大。

近期的全球性危机也激发了对收入不平等、信贷繁荣与金融危机之间关系的研究兴趣。Rajan（2010）和 Kumhof 等（2015）对美国的研究发现，在21世纪前 10 年里，持续加剧的收入不平等导致信贷繁荣并以金融危机收场，就像 1920 年代发生的那样。然而，Bordo 等（2001）对 14 个发达国家 1920—2000 年的数据分析发现，关于美国两场危机的研究结论不具有普遍性。结果显示，信贷繁荣增大了银行危机的概率，但没有增加收入不平等。相反，他们发现低利率和经济扩张是仅有的两个引起信贷繁荣的稳健的决定因素，也就是众所周知的繁荣－萧条模式：利率下降—强劲的经济增长—信贷上升—资产价格泡沫—金融危机。

使用 57 个新兴市场经济体和 22 个发达经济体 1973—2010 年的数据，Gourinchas 和 Obstfeld（2012）也发现，迅速增加的杠杆增大了金融危机发生的可能性。他们发现不论该国是新兴国家还是发达国家，国内信贷总量扩张和实际汇率升值是最稳健的金融危机预警指标。对新兴经济体来说，更高的外汇储备预示着后续危机发生概率很低。

信贷繁荣显然是一个与金融危机相关的事前相关变量。但是否所有的信贷繁荣都会以危机收场？Dell'Ariccia 等（2012）用近 40 年 170 个国家的数据来分析信贷繁荣。他们的研究并非只针对危机的出现，相反不管信贷繁荣是否带来危机，都纳入分析范围。

这里的关键问题是如何定义信贷繁荣。信贷繁荣是经济活动中信贷异常正向波动的时期[8]。文献采用的方法大多是比较一国信贷 GDP 比率与其长期趋势[9]。实际中用于定义信贷繁荣的一个更加简单的方法是依据信贷增长的绝对阈值来判断（Dell'Ariccia 等 2012）。另一种分析信贷繁荣的方法是基于资产价格（Stein，2013a），其中的关键变量是时变的信用风险价格变异数（variations）。然而，即使价格很低也可能不是信贷繁荣。另外，使用资产价格面临的问题是在许多国家跟信贷挂钩的资产价格数据难以获得。

Dell'Ariccia 等（2012）通过比较国家每年的信贷/GDP 比率与采用回溯、滚动、按国别分类和三次方趋势估计法估计的 t－10 到 t 年的趋势来识别信贷繁荣。他们认为一个时期是否为信贷繁荣需要满足：（1）偏离趋势的波动是否大于 1.5 倍标准差，并且信贷/GDP 的年增长率超过 10%；或者，（2）信贷/GDP 的年增长率超过 20%。因为只用了 GDP 和银行对私人部门信贷的数据，这种定义在实际中可操作性较强。他们收集了 170 个国家 40 年的样本，识别出 175 次信贷繁荣的发生，换算下来，在给定的年份中，一国经历信贷繁荣的平均概率为 14%。

Dell' Ariccia 等（2012）的论文还发现如下典型事实：（1）中等信贷繁荣会持续 3 年，相应的信贷/GDP 率每年增长约 13%；（2）信贷繁荣不是近年才发生的现象，自 1980 年代金融自由化和放松管制起，经历信贷繁荣的国家比例呈上升趋势（在最近全球金融危机之前的 2006 年比例达到史上最高）；（3）大多数信贷繁荣发生在中等收入国家，这与追赶效应是一致的，但是高收入国家对信贷繁荣也不能免疫，这表明有其他因素在起作用；（4）大多数信贷繁荣发生在相对不发达的金融系统中；（5）相比其他地区，东欧在最近几年信贷繁荣频率出奇的高，这反映了欧盟扩张和一体化进程以及许多新成员国和准成员国的追赶进程催生了信贷繁荣，金融一体化有可能是信贷繁荣的驱动力；（6）重要的是，三分之一的信贷繁荣以金融危机收场。

与上述用历史数据做出的分析相反，Claessens 等（2010b）分析了 2008 年全球金融危机中 58 个发达国家和新兴市场，他们的主要结论是：危机根植于一系列因素，有些因素跟以前的金融危机一样，有些因素是新发现的。跟以往危机相同的因素，像信贷繁荣、资产价格泡沫，以及经常账户赤字，有助于解释不同国家经济影响程度的差异。新的因素，比如不断增强的金融一体化和对批发融资的依赖，有助于说明危机的放大和全球性蔓延。

他们发现跟美国金融体系紧密联系（或者跟 MBS 市场直接相关）的那些国家是最先被影响的。此外，那些自身增长失衡，例如快速的信贷和高杠杆增长、资产价格泡沫，以及经常账户失衡的国家受到的危害最为严重。他们的研究结论表明，资产价格泡沫（尤其是信贷增长引起的资产价格泡沫）、信贷和债务累积、对外部融资和批发融资的依赖性增加，以及没有在经济好时期建立起财政腾落空间可以作为早期的预警指标[10]。

4.1.2　历史数据与跨国数据的局限性

因为金融危机是相对罕见的事件，所以我们着眼于较长的历史数据和跨国数据分析。信贷繁荣对系统性危机很关键，但是——正如文献所示——许多信贷繁荣并没有以危机收场。迄今为止研究方法上的问题是，仅使用历史或跨国的总量数据，很难将过度风险承担行为或"坏"的信贷繁荣与"好"的信贷繁荣（好的投资机会）区分开来。

因此，我们回顾了一些研究了一定数量系统性危机、且基于非加总微观数据集的文献，它们能使我们对危险信贷繁荣的决定因素有更好的理解。这些因素包括：信贷供给和需求不匹配，信贷结构的变化（包括过度风险承担），贷款标准比如贷款数量、利差、期限、条款、抵押品条件，不同贷款之间的相关性（分散化或缺乏分散化），基于杠杆——尤其短期批发杠杆——以及金融机构之间的风险敞口网络（包括直接的和间接的网络）。

因为需要根据因果关系来设计最佳预防性政策工具，所以理解潜在危险信贷繁荣和过度风险承担的决定因素不仅对于学术界（检验不同的理论），而且对政策制定者都至关重要。正如我们在本章将会看到的，非加总的微观数据有助于从实证上识别造成商业周期和其他金融失衡的原因。信贷繁荣不是随机现象；形成于金融部门内部的金融失衡大部分源于内生风险决策，这些决策总体上是对宏观、金融以及监管环境变动的反应，这改变了金融中介显性和隐性承担过度风险的动机。

非加总的信贷数据（加上外生冲击）可以用来区分因果性和相关性。基于历史或跨国数据集的研究只能给出相关性证据，但是无法给出基于因果推论的决定性证据。对于早期预警信号而言，相关性已经足够帮助预测系统性风险。但是，为了改变普遍动机，政策制定者需要确切知道金融机构过度风险承担的真正决定因素。例如，资本充足率的增加是减少了事前的过度风险承担，还是减少了信贷供给？这一问题只可以通过微观层面分析得到答案。

在下一节讨论信贷繁荣和其他金融失衡的决定因素时，我们会对基于微观数据的实证研究进行综述。

4.2 信贷繁荣和其他金融失衡的决定因素

大量历史和跨国的实证研究表明过度的信贷增长是金融不稳定最好的预警信号。这个结论提出一个问题，为什么会有信贷繁荣？为什么贷款标准和条件在信贷周期中会有变化？我们需要从偏好（信念）和代理（动机）理论之间的相互作用视角来理解信贷市场上过度风险承担的动态过程。而且，因为银行从事高杠杆经营，并从显性和隐性的政府担保中获利，所以银行不仅与投资者，而且和债权人之间也存在代理问题。

4.2.1 偏好渠道

贷款标准是随时间变化的，这反映了金融中介经理人和最终投资者比如家庭的偏好和信念的变动，而这其中关于经济前景的信念可能是，也可能不是完全理性的。经理人和家庭的高风险容忍度与财富增长使得信贷资源过剩且廉价。习惯养成模型具有这种性质（Campbell 和 Cochrane, 1999; Stein, 2013a）：当经理人和家庭认为当前的繁荣会持续到未来并忽视小概率的尾部风险时，信贷资源就成为过剩并且廉价，这与行为金融理论是一致的[11]。

Campbell 和 Cochrane（1999）假设投资者效用大小取决于过去加总消费，

在此基础上建立了投资者时变风险厌恶模型，其中假设来源于投资者的攀比动机。模型发现投资者在经济衰退中变得厌恶风险，而此时消费与过去总消费相比较低。在经济繁荣时他们风险厌恶程度较低，此时消费较高。风险容忍的顺周期性使投资者在衰退时可以通过持有风险资产来获得补偿。因此模型的结论是投资者在衰退时期具有高预期收益，在繁荣时期呈现高风险承担。信贷繁荣则可能出现在信贷回报很低的时期（Stein，2013a）。

在 Campbell – Cochrane 模型基础上，Manganelli 和 Wolswijk（2009）分析了大萧条之前欧元区政府债券收益率的利差。他们发现利差与短期货币利率、市场流动性、周期性条件相关，并且当流动性条件充裕时投资者有动机获取低风险利差。Chen，Collin – Dufresne 和 Goldstein（2009）也运用 Campbell – Cochrane 模型分析了公司债市场。他们发现 Baa 级债券的收益率大幅高于 Aaa 级债券，尽管 Baa 的违约率仅仅比 Aaa 债券高一点。具有时变的风险厌恶模型能够解释高 Baa – Aaa 利差，因为 Baa 的违约更可能发生于衰退时期，此时投资者的风险厌恶程度很高，因此他们想要从高收益率中获得补偿。

如果我们抛开完全理性的假设，建立在心理学研究上的行为金融可以解释繁荣时期过度风险是怎样形成的——例如 Robert Shiller 所提出的非理性繁荣[12]。Kahneman 和 Tversky（1982）的代表性理论提出了预期外推解释，投资者认为趋势将会延续（参见 Barberis，2012）。同样，投资者对股票预期也直接证明了预期外推（例如，Vissing – Jorgensen，2004）。外推法也被用于理解资产价格泡沫（Kindleberger，1978）、估值过高和高速成长股的暴跌（De Bondt 和 Thaler 1985；Lakonishok，Shleifer 和 Vishny，1994）。证券市场的数据显示，股价走势会持续数月，也就是所谓的动量效应，但是股价在更长的时间段上会出现反转（Cutler，Poterba 和 Summers，1991）。更准确地说，在股市表现好时，投资者将钱投入表现好的共同基金和股票基金中（Frazzini 和 Lamont，2008；Yagan，2014）。这种现象被用于描述投资者"趋炎附势"（Jumping on the b 和 wagon），相信"趋势才是朋友"（the trend is your friend），拒绝承认"树不会长上天"（trees do not grow to the sky），换句话说"上去的总会下来"（goes up must come down）（见 Shleifer，2012 的综述）。在下一小节我们讨论资产价格泡沫的不同理论，其中行为金融能够对这些现象提供一个更好的解释。

Gennaioli，Shleifer 和 Vishny（2013）建立了一个影子银行模型，模型中的银行买卖贷款，然后把它们打包成分散化的组合，用外部无风险债务对其融资。在他们的模型中，无风险债券以及资产证券化的需求来自外部投资者。作者证明在理性预期假设下影子银行系统是稳定的，可以提高社会福利。然而当投资者和金融中介忽视下跌中的尾部风险时结论就会改变，因为他们无法想象在歌舞升平背后可能出现的损失，系统性风险因而极大地上升。

Gennaioli，Shleifer 和 Vishny（2013）认为对尾部风险的忽视是理解近期金融危机的关键。一些证据表明，即使是最精明的投资者，在危机前也没考虑到房地产价格的急剧下跌（Gerardi 等，2008），即使他们有资产证券化债务定价的可靠模型（Coval，Jurek 和 Stafford，2009a）。Gennaioli，Shleifer 和 Vishny（2013）考虑了忽视下跌风险的投资者，这意味着这些投资者相信抵押品的收益在最坏的情况下也比他们的实际收益高，因此他们坚信债券是无风险的，并大量买入。当金融中介意识到实际要比预期更坏时，他们不得不面对下跌风险，然而中介也必须得承受这些风险，因为他们已经将"无风险"的债券卖给投资者。当宏观经济风险造成所有金融中介一起倒闭时，系统风险就演变成了系统性风险。

因此，Gennaioli，Shleifer 和 Vishny（2013）认为当投资者忽视下跌（尾部）风险（downside risk）时，金融创新提供了对真正安全债券的虚假替代品，所以金融创新可能会减少社会整体福利。随着资产证券化加速和银行资产负债表的扩张、银行间的金融关联度提升，系统性风险不断增加，而且，随着投资者的情绪变化，金融系统的脆弱性达到极致。

在心理学和社会学之间还有其他一些有趣的理论能部分地解释金融危机。例如，Benabou（2013）研究群体、组织和市场中的集体否认（collective denial）和故意视而不见（willful blindness）——也就是群体思维[13]。他的研究表明，当对其他人有害时，痴心妄想（拒绝坏消息）是有传染性的；当其有益时，则是自我限制的。而且传染加剧会蔓延至整个资产市场，造成投资者的疯狂和崩溃。

对于最近的危机，有证据显示在房地产泡沫中下了大赌注的群体存在集体过度乐观（与 Benabou 的模型一致），这不同于传统观点如道德风险或羊群效应。Cheng 等（2014）发现：在抵押贷款证券化的业务中，中等级别的管理者更会在泡沫顶峰时期买房，并且在价格开始下跌时迟于转手，他们甚至比房地产律师或研究商业地产的金融分析师还慢。Foote 等（2012）证实发行 MBS 的银行和做市商持有大量此类证券，导致了巨大的亏损。此外，即使价格已经开始下跌，他们仍然认为出现糟糕结果的概率极低。

Berger 和 Udell（2004）实证分析了一个跟银行更为紧密相关的行为假设——机构记忆假设（institutional memory hypothesis），它可以用来部分解释银行贷款顺周期性。机构记忆假设指的是在银行贷款周期中信贷员经验的恶化会导致信贷标准放松[14]。特别地，随着时间演变，银行倾向于忘记他们从上次危机中得到的教训。信贷员的经验恶化部分地是由于没有经历过贷款危机的职员人数成一定比例增长，另一部分原因是由于能够培训他们且有经验的老雇员离职。当信贷员不能把低质量的借款从高质量的借款人中区分时，信贷员的经验恶化可能造成贷款标准放松。

作者用美国的银行数据检验这个假说，数据包含了 1980—2000 年，超过 20 万份银行层面商业贷款增长数据，超过 200 万份贷款层级的利率溢价数据，以及超过 2 千份从银行管理层调查反馈得来的信贷质量和贷款利差数据。实证分析支持 Berger 和 Udell 的机构记忆假说。

4.2.2　代理理论

虽然偏好理论十分有意思，并且有大量的经验和事实证据支持它的存在，但是我们相信——至少对于银行业——过度风险承担的关键驱动力是代理理论。理由是有限责任和高杠杆下的银行运作模式使得银行管理层有强烈动机去设计鼓励冒险的合约。例如，在 2008 年危机之前的西班牙（在其他国家也一样），信贷员的薪酬架构是基于贷款量。这意味着信贷员有动机去通过过度贷款来赚取短期利益，甚至不惜以未来贷款违约为代价。Agarwal 和 Wang（2009）和 Agarwal 和 Ben – David（2014）在外生给定薪酬结构的变化下使用模型证明贷款量激励机制会鼓励过度冒险和增加违约发生。

但是为什么银行选择鼓励信贷员过度风险承担的薪酬结构呢？为什么银行业公司治理存在不足？这些问题只能使用代理理论来解释，而不是偏好理论（参见 Stein，2013a）。

我们相信对贷款标准过度松弛的解释少不了考虑代理理论。因为信贷决策几乎都是委托给银行和其他金融中介内部的代理人，所以为了识别金融中介过度风险承担的起因，我们必须分析由监管、央行政策、会计标准、金融竞争和创新、公司治理（包括薪酬结构）所形成的金融中介的动机。许多动机问题其实在危机之前已经被注意到（例如，见 Rajan，2005；Freixas 和 Rochet，2008），其他人在危机后也注意到了这些问题（例如，Stein，2013a）

在金融媒介过程中，许多量化标准对代理人来说是脆弱的，他们可以通过出售对不可能事件的保险来增加可测的收益，也就是说，出售一份深度虚值看跌期权（Rajan，2005；Stein，2013a），这意味着具有长期风险的短期即时可得利润。既然银行贷款中的信贷风险涉及看跌期权［譬如带有入门费的长期气球贷款（long‐term balloon loan）]，那么借款者可以靠简单地续借或者延长贷款到期时间来推迟违约。此外，这些代理问题可能因为同业之间的竞争和相对绩效评估的原因而加剧。

共同基金文献中有典型的此类案例，其中即使竞争对手一个很小的相对优势表现也能吸引大量新增管理资产的流入，在基金经理报酬与所管理的总资产挂钩前提下，这意味着更高的短期利润。如果这些收益差别并不反映实际管理水平，而是提高了尾部风险，那么资产增加的竞争只会加剧过度风险承担（见 Chevallier 和 Ellison，1997；Stein，2013a）

Rajan（1994）给出了一个经典的银行案例，他质疑为什么银行信贷政策会有波动？为什么信贷政策的变动与信贷需求条件的变动相关？正如他所解释的，在一个理性的、追求利润最大化的世界中，当且仅当借款人的项目净现值（NPV）为正时银行才应当维持一个信贷标准不变。因此，只要借款人的信用质量改变（基本面，信贷需求驱动）了，银行的信贷水平才会改变。当央行货币政策没有改变时，银行对信贷的供给不应该对信贷水平有独立的影响。

Rajan 认为理性而短视的银行管理层所设定的信贷政策会在银行间相互影响，同时也会影响需求方信贷条件。需求方信贷条件导致了由银行信贷政策驱动的低频率商业周期。除了银行收入最大化，银行管理层还会关注他的声誉。这里一个关键的现实性假设是，除了银行收益，市场无法观测到银行贷款组合和借款人的特定表现。

因此在 Rajan 模型中银行管理层可能通过操控当期收益来改变市场的认知。如果银行调整它的信贷政策，这种操控很容易做到。例如，通过贷款延期或借新还旧来掩盖贷款的不良程度，或者靠弱化借款条款来避免承认违约，即贷款持久化或僵尸贷款[15]。相似地，银行可以追加贷款软条款，这些条款会产生以牺牲未来信贷质量为代价的大量预付账款。

这些信贷政策以牺牲未来收入来增加当期收入。如果整个经济已经遭受系统性的负面冲击，那么市场便会饶恕银行的糟糕表现。当多家银行对同一个部门放贷时，市场就会通过每个银行的收入来获知不确定性的系统性部分。这种信息外部性让银行信贷政策变得相互依赖。当其他银行承认低盈利时，一家银行的声誉便对糟糕的盈利不再敏感。因为当借款部门陷入困境时真实收入不可能太高，所以银行之间便会对借款人的负面冲击进行集体协调（或者通过合谋），收紧信贷政策。此外，正如我们在第九章解释的，当其他银行宣布贷款违约时，一家银行也会急于做出同样动作，因为许多银行倒闭会使其更容易获得救助。在代理理论下，金融中介的有限责任、薪酬结构、和政府政策决定了信贷供给周期，而信贷供给周期催生了系统性风险。

4.3 影响系统性风险的因素

对于审慎政策，我们不可能察知导致过度系统性风险的每一种可能性。在本节，我们将从时间维度（信贷和资产价格周期）和横截面维度分析影响系统性风险的一般因素。这些因素包括：竞争、放松监管（金融自由化）和政治经济学的考虑，公司治理和缺乏市场约束，金融创新，以及经济环境的改变（包括我们在第十章分析的货币政策）。

4.3.1 竞争

一些银行理论认为银行竞争的增加会增加风险承担，危害金融稳定性。在 Rajan（1994）的模型中，银行竞争是过度信贷供给和风险承担的关键驱动因素，因为高管薪酬往往基于银行的相对绩效评估。银行间的激烈竞争可能对金融稳定性形成致命影响，因为竞争（通过减少垄断租值）削弱了银行的牌照价值，减少了风险恶化造成的负面影响。Keeley（1990）分析了美国 1980 年代的存贷危机，发现银行的倒闭缘于若干放松监管的措施，这使得银行的垄断收益减少，增加了以存款保险资金为标的的看跌期权价值。相似地，Edwards 和 Mishkin（1995）论证了 1980 年代在美国银行业观测到的过度风险承担行为可能缘于金融市场过度竞争导致的利润减少。

其他模型得出银行竞争和风险承担行为的反向关系。缺乏竞争除了带来低效外还会导致对非金融公司的贷款高利率，这会使得企业为了一赌生死而选择过高的风险[16]。此外，当银行竞争增加时，银行可能因承担过高风险而破产，这会使银行通过谨慎小心增强市场地位成为最优策略（见 Perotti 和 Suarez，2002；Inderst，2013）。

的确，银行竞争对金融稳定性可能有正面或负面的影响（Martinez - Miera 和 Repullo，2010）。事实上许多金融危机都是在增强银行竞争的金融自由化时期爆发的，这也影响了银行业监管政策，被大多数国家采用应对 1930 年代银行和金融危机的立法改革有一个共同的基本理念：为了保持银行和金融产业的稳定性，竞争必须被抑制。这条基本主张是当时美国、意大利和许多其他国家改革的基础（Padoa - Schioppa，2001）。

竞争也会影响银行对潜在借款人的甄别。通过甄别出不能充分满足借款标准的借款人，银行减少了逆向选择，这对银行避免过度风险承担是至关重要的。但是，正如 Dell'Ariccia 和 Marquez（2006a）发现的，由于甄别需要付出成本，所以银行坚守充分的借款标准必须从减少不良贷款中获得的利益来弥补。作者给出了一个模型，其中银行拥有一些"已知"借款人风险的私有信息，但是对其他"未知"借款人则没有。当市场中"未知"借款人比例较低时，银行担心给予放款的借款人对于其竞争对手来说是"已知"借款人，而且这个借款人可能被其他所有银行拒绝，尤其被关系银行拒绝贷款，这种情况对放款银行来讲是一种赢家诅咒，所以他会选择甄别借款人。这种情况下甄别会使得只有好的借款人能获得贷款。

然而，当这部分"未知"借款人比例很高时，就存在一个混合均衡。这种情况下银行不担心其他银行拒绝差借款人，因为对于许多新借款人，银行都是不了解的。在信贷繁荣时很多新的借款人进入市场就是这种情况。因为银行之间的竞争，银行可能选择不去甄别转而追求利润最大化。贷款标准松弛将会带来信贷繁荣，以及事后信贷违约和金融不稳定。Ruckes（2004）也给出一个相关的模型，其中在景气的时候银行没有动机去甄别，因而得出在周期中贷款标准的时变性。

Beck，Demirguc-Kunt 和 Levine（2003），De Nicolo 等（2003）分析了银行竞争和稳定之间的关系。两篇文章均假设一个国家只有一个银行市场，并使用集中度作为测度银行竞争的指标来分析银行业危机的可能性[17]。Beck，Demirguc-Kunt 和 Levine（2003）用 logit 模型来解释银行危机发生的概率是银行集中度（和一些宏观以及结构控制变量）的函数，他们用包含 70 个国家 1980~1997 年的面板数据，发现集中度与银行危机负相关。然而，其他测度竞争的方法则得出相反的结论，因为他们发现新银行的准入约束显著增加了危机概率，这导致作者质疑集中度是否是一个好的衡量银行竞争的指标（也可参见 Claessens 和 Laeven 2004 质疑集中度作为对竞争测度有效性的证据）。

De Nicolo 等（2003）用"z-score"测度了样本国家中五家最大银行连续发生危机的概率，他们用这个指标衡量这些大银行遭受的共同损失大到能够摧毁其总资本的概率。z-score 指的是银行的 ROA 下降到银行破产程度的标准差数值，作者采用 1993~2000 年 97 个国家的数据，采用五家银行的集中度测度其竞争程度，他们发现，一个更加集中的银行业更易引发银行危机，这和 Boyd 和 De Nicolo（2005）的结果相似，但是与 Beck 等（2003）的结果完全相反。

综上文献所述，银行竞争和银行危机发生率的关系仍然没有确定结论。

4.3.2　金融管制松绑和政治经济学

历史上许多金融危机都发生在金融自由化和管制松绑后[18]。这可能预示着过度竞争下，银行会过度风险承担。纵观过去 30 年，金融系统经历了显著的自由化进程，加剧了金融系统在地域上（在一国之内和跨国间）和金融产品（通过废除 Glass - Steagall 法案和其他相关的管制，基本上所有金融中介都进入了贷款、投资、保险、存款和其他领域）上的竞争。

金融全球化的度量指标——跨国总持仓头寸——在过去几十年大量增加，尤其是在 OECD 国家。Lane 和 Milesi - Ferretti（2006）发现高收入国家总的外部资产和负债对 GDP 的比率100% 从 1976 年到 2006 年达到了 600%，然而在中等和低收入国家这个比率增长则比较温和。这背后的主要原因是资本账户开放和重要的金融市场改革。例如，在欧洲，提供金融服务（包括金融服务行动计划）的单一市场和欧元的普及是驱动跨境资本流动的重要制度变迁（Kalemli - Ozcan，Papaioannou 和 Peydró，2010）。此外，在危机发生的前 10 年，金融全球化的程度达到有史以来最高，而且跨国银行业务已经成为金融一体化的主要来源（见 Kalemli - Ozcan，Papaioannou 和 Peydró，2010；Claessens 等 2010a）。

金融全球化可能增加，也可能降低系统性风险（Kalemli - Ozcan，Papaioannou 和 Peydró，2013）。从事前（危机前）的观点来看，金融全球化的正面效应是允许国际化的风险分担（分散化），增加竞争和效率，以及推动"好的"风险承担（发挥国家的比较优势）。负面效应是潜在的危险的信贷繁荣更容易得到融资支持，因为国内的财富和存款增长不会约束信贷增长。大体上，信贷繁荣会获得外部的短期批发融资，从而增加金融脆弱性[19]。对于在 2008 年全球金融危机中遭受沉重打击的国家（如冰岛、爱尔兰、波罗的海国家、西班牙、英国、美国），这些效应有明显的证据。而且，一旦危机开始，系统性风险就会因为金融传染和其他效应不断膨胀，这些我们将会在第五和第七章看到。

导致系统性风险的一个关键风险因素是杠杆的增加，这在某种程度上是由过去几十年的金融全球化所引起的。在许多欧洲银行中，在危机之初杠杆超过 30:1，这其中有相当一部分的短期杠杆来自（国际）批发市场上其他金融中介的短期求偿权（short - term claims）。如此高的短期杠杆不仅使得单个金融中介的财务状况非常脆弱，而且密集的中介之间的短期联系——既有全国性的，也有始于 1990 年代的国际性的——使得系统性风险非常高。这些风险不仅通过金融中介之间的直接金融联系产生，而且间接地通过金融中介持有的相似风险资产生成。这些相关的风险可能是金融中介内生选择的结果，所以一旦发生负面冲击，将会导致相当多的机构破产。

但是为什么有这么多放松金融管制的措施？有意思的是，1945 年后的 30 年中几乎没有银行破产，这可能是源于自大萧条开始的严格管制（参见 Bordo 等，2001 和本书第六章）。然而，有些管制可能是无效率的，有些金融风险也有益于长期增长。例如，Ranciere 等（2008）表明遭受金融危机的国家更可能出现随后的高速增长，同时 Jayaratne 和 Strathan（1996）也发现在 1980 年代废除一些始于 1930 年代的美国银行业管制加快了经济增长。因此金融放松管制的一个关键动机是增加金融部门的效率。

另一个解释可能是存在放松金融系统管制的强有力游说。Johnson 和 Kwak（2010），Acemoglu（2011）清楚地解释了美国过去 30 年放松金融管制的历程就是一个游说推动金融改革的历程。一方面，管制是必要的，因为他们能通过去除代理问题造成的扭曲来解决市场失灵。另一方面，放松管制更可能强化现有强大的金融部门（见 Accmoglu，2012）。

放松金融管制起初是一些小的改变，例如在 1975 年终结股票交易中的固定佣金制度，继而改变越来越大，在 1980 年废除了 Q 条例（它限制了储蓄量的利率）[20]。此外，得益于放松管制，金融中介得以快速增长。1994 年的 Riegle - Neal 洲际银行和分行业务效率法案和 1999 年的 Gramm - Leach - Bliley 法案引发一大波兼并与收购，催生了规模巨大的金融机构。

在放松管制和金融创新期间，金融部门的规模和利润正如 Johnson 和 Kwak（2010），Acemoglu（2011），Philippon（2009）所示得以大幅增长。例如，在 1980—2005 年金融部门利润增长了 800%，相比之下非金融部门利润增长只有 250%；并且金融部门的规模从 GDP 的 3.5% 上升到了几乎 6%。当银行变得更大时，它们也极大提高了游说能力和政治选举中的贡献：截至 2006 年，它们为选举贡献了 2.6 亿美元，相比之下第二大金主——健康医疗，仅捐献了 1 亿美元，而且在华尔街和政府之间存在旋转门（a revolving door）（Johnson 和 Kwak，2010；Acemoglu，2012）。正如 Acemoglu（2012）所解释的，比放松管制更重要的可能是缺乏对金融创新产生新风险的监管。例如，监管可以改变基于 MBS 和 CDS 的 CDO 的估值和风险认知，这样做可以降低金融系统的风险。这项监管空白和放松管制，连同我们在本章解释的其他代理问题，创造了一个鼓励过度风险承担的环境，而后者则引爆了 2008 年的金融危机。

金融体系的规模在危机之前被视为对经济增长有促进作用，但是自危机发生后，由于银行系统规模相对较大的国家（塞浦路斯、冰岛、爱尔兰、荷兰以及瑞士）出了不少问题，这个观点在某种程度上受到质疑。此外，尽管有大量的实证文献发现经济增长与金融深化之间的正向关系，但是最近的证据表明：当金融发展到高水平时，金融对增长的正面效果会出现递减（例如，见Beck，Degryse 和 Kneer，2014）。

信贷周期和过度风险承担也能通过政治经济学渠道产生。一个著名的例子是由 Agarwal 等（2012）给出的。他们发现美国社区再投资法案（CRA）的通过导致高风险借贷。作者用监管检查日期前后银行执行 CRA 标准动机的外生变化来识别 CRA 对信贷供给的影响。他们发现遵守这个法案导致银行的贷款风险更高（更高的贷款规模，以及之后更高的违约率），而且在私人证券化市场蓬勃发展期间这个效应最强。

Fernández – Villaverde，Garicano 和 Santos（2013）发现了另一个联系信贷周期和政治经济学的机制。他们认为，对欧元的延迟采用非但没有加速欧元区外围国家的经济改革，反而导致这些国家重要机构的恶化。他们认为，危机前汇率风险和利率风险的大幅降低意味着这些外围国家面对的预算约束被放松（因为这些国家可以廉价地借钱），因而延迟了可能会带来阵痛的改革。这创造了外围国家的信贷繁荣，同时削弱了其经济基本面，为欧元区危机埋下了种子。

系统性风险的一个重要方面显然是银行监管的质量和监管银行的专门机构。例如，2014 年 11 月欧洲央行（ECB）成为大中型银行的新监管者（与各国央行合作，后者在 2014 年前是欧元区银行的主要监管者）。谁是更好的监管者？为什么？Agarwal 等（2014）研究了美国银行监管当局的监管决策，详细考证了在一个法定的固定时间段内，分配给联邦和州监管者同一家银行的监管轮换政策有什么不同。作者发现，联邦监管者更为严格，降低监管评级几乎比州监管者两倍还要多。他们发现监管行为的差异主要体现为监管者对本地经济的在意程度，以及在监管中投入的人力财力的差异。他们的结论不仅对美国，而且对欧洲和世界上其他国家银行监管制度的设计都有重要的借鉴意义。

4.3.3　金融创新，市场约束和公司治理

银行的公司治理和非银行公司的公司治理有一些关键性的不同，我们还会在第八章针对微观审慎政策讨论这些不同。银行有更多的利益相关者，杠杆经营程度很高，而且银行的（表内和表外）的资产和负债是不透明且复杂的，并会迅速转化为风险[21]。

大多数银行有超过 90% 的负债资产比，相比之下非金融公司（其中资本比率没有经过风险调整，例如，纯杠杆率）只有 40%（甚至更低）。银行相比于非金融公司有更多的利益相关者。这些银行利益相关者包括债权人，大部分银行债权人是零售储户及其他金融中介。正因为如此，存款保险机构非常关注银行的健康。

因为银行的破产会对金融系统整体甚至整个经济体产生负面影响（对关联的大型金融中介更为相关），因此政府也是银行中的利益相关者。银行借款人例如公司和家庭也是利益相关者，因为一旦银行出问题（信贷供给下降），他们很难换到其他银行，尤其是在危机之中更是如此（例如，根据 Shaffer 1998 所说的赢家诅咒）。但是只有当一家银行的倒闭传染到其他关联银行时（例如，通过银行间市场），这些银行的借款人和储户时才会成为利益相关者。Iyer 和 Peydró（2011）的研究表明银行倒闭的社会成本比银行倒闭的私人成本更大。此外，因为零售储户一般规模小往往表现出搭便车行为，其他债权人施加的市场约束的重要性更为显著。股东只是一小部分利益相关者，他们在银行中尤其在欧洲银行中仅持有总资产的 3%~4%。

尽管利益相关者成分复杂，受制于监管约束，但银行董事会只能代表股东的观点（这对于董事会还对其他利益相关者负信托责任的国家除外，例如德国的共同决策体系，其中职工代表也要在公司董事会占有席位）。银行股东的风险承担动机与其他利益相关者的分歧很大。我们可以把银行股东的收益看作是一个以银行资产为标的，执行价格等于债务水平的看涨期权（Merton 1973）。正如期权定价所示（例如，Black – Scholes），波动率更高，尤其是带有高杠杆，看涨期权的价值更高，即是说，银行股价更高。

虽然在 Modigliani – Miller 世界中债务和股权成本相等，但是在银行中却不是这样，因为储户可以利用显性和隐性的存款保险，他们不需要重大风险的补偿，这意味着债务是更廉价的资金来源，因而使银行更倾向于高杠杆的融资决策[22]。实际上，因为银行中严重的道德风险，短期批发债券是第二廉价的融资来源，相比之下正如 Calomiris 和 Kahn（1991），Diamond 和 Rajan（2001）所示，长期借款（或者股权融资）对银行融资来说更昂贵。

董事会和 CEO 的薪酬体系代表着股东对高风险的偏好。Laeven 和 Levine（2009），Ellul 和 Yerramilli（2013）证明机构投资者的存在增加了银行的风险。然而这种偏好与其他利益相关者的偏好是相互冲突的，特别是对债权人和纳税人。最近的证据表明需要改革和加强银行风控的角色，还有证据表明在最近几年，有些银行用债权而不是股权给他们的高管付薪水可以减少他们的风险偏好[23]，所以与债务价格挂钩的高管薪酬能减少过度风险。

债权人的市场约束能够减少银行股东过度风险承担的偏好。尽管银行扩大了他们的规模、范围，增加了复杂度，但是市场约束却更加无效。银行既不透明又很复杂，正如 Levine（2004）所述："银行比其他非金融行业能更快地改变它们资产的风险成分，并且银行更容易通过向无法负担债务的先前客户发放贷款来掩盖问题。"（关于这两个问题的模型，见 Rajan，1994；Myers 和 Rajan，1998；Morgan，2002）表明评级机构对银行债券评级的分歧要比对非金融公司债券评级更严重[24]。另外，资产证券化业务的不透明度显著增加，因而使不透明问题更加严重。此外，大银行面对更小的市场约束，因为市场会认为一旦出现危机政府会出手救助，比如爱尔兰的危机。正如我们在本书第八章要讨论的，可置信的银行处置机制可以部分解决这个问题。在这个方向迈出的重要一步是新欧盟指令（继塞浦路斯决议之后），在股东、债权人和存款大于10 万欧元的储户之间促成内部纾困。

更高的资本要求也是一个市场约束的来源，因为股东的风险分担会增加，所以会减少过度风险承担的偏好。另一个补充的方式是监管银行的董事会，规定董事会不仅对股东有被委托责任，而且应该对防范违约赋予更多的权重，包括评估和审议管理层的风险相关项目和业务，增加其他利益相关者的出席，因而统一其他股东与银行 CEO 和其他高管的激励。然而，伴随着影子银行系统的发展，其被越来越多地作为美国银行资本监管套利的方式（Acharya 和 Schnabl，2009），银行会发现新的方法来规避新的资本要求，这就削弱了市场约束的效果。例如，银行资本监管的套利对影子银行系统的发展很关键，因为巴塞尔协议是依据资本要求对信用风险进行处罚，但是表外的流动风险却不需计入。私人动机会在银行中起作用，再加上缺乏市场约束，因此严格的监管对银行和其他金融中介的正常运转极为重要。

最后，金融创新也很重要，正如 Kindleberger（1978）强调的金融创新和泡沫之间的联系，过度的信贷创造通常源于传统货币替代品的发展。越来越多的经济史学家意识到金融创新在金融中介促成信贷繁荣和随后的金融危机中扮演了重要角色（例如，White，1996；Calomiris，2009；Bordo，2008；Kindleberger 和 Aliber，2005）。最近，Kohn（2009）指出金融自由化或创新导致的泡沫会增大金融危机发生的可能性。

最新文献研究了资产证券化对银行贷款和冒险的效果。例如，Keys 等（2010）用美国的证券化次级抵押贷款合约检验了这个问题，对于识别问题，他们使用信贷市场上的经验法则（例如，在借款人信用评分中存在一个阈值，低于此分数时内部贷款规则将阻止 GSE 进行贷款，因而高于此分数的贷款比低于此分数的贷款被证券化的概率更大）来生成外生的变化便于进行资产证券化，并比较在这个特别设定的阈值附近借款人投资组合的成分和表现。一旦证券化，被证券化的组合违约概率比证券化可能性较低的组合超过 10% ~25%。

资产证券化因此与 2000—2009 年抵押贷款市场（Mian 和 Sufi 2009）和商业借款市场（Jiménez 等，2014b；Maddaloni 和 Peydró，2011）上的贷款放松和过度信贷创造有关。我们在第七章回顾如何测度系统性风险这方面的部分文献，在第十章回顾货币政策和信贷周期的内容。

4.3.4　经济环境

我们现在讨论经济环境变化如何改变银行的风险承担动机和其他中介的信贷决策。例如，长时间的低利率会让银行有动机为了获取更高收益承担更大的流动性或信贷风险，或使用额外的财务杠杆（参见 Rajan，2005；Diamond 和 Rajan，2012；Stein，2013a；Allen 和 Rogoff，2011）。例如，在长期低利率下时，保险公司承诺它的某些产品的最小回报率会增加它的偿债能力风险，因此增加它冒高风险的动机。（参见 Rajan 2005 和 Stein 2013a 在这方面和其他案例的研究）

银行信贷周期中一个典型因素是贷款绩效问题的可观察测值是顺周期的，贷款违约、逾期贷款、拨备和坏账冲销在大多数扩张时期非常低，而在衰退时期呈指数增长（Laeven 和 Majnoni，2003）[25]。

与这些典型事实相符合的是，当 Alan Greenspan 还是美联储主席时，他指出"最坏的贷款是在商业周期见顶时形成的"（芝加哥银行结构会议，2001 年 5 月 10 日）。事实上 Jiménez 和 Saurina（2006）说明在经济扩张期间银行承担了更多的风险，但是这些风险直到后来才被披露。Berger 和 Udell（2004）指出："人性就是那样，借款人和贷款人时常假设强劲的增长持续不减。经济周期尾声放出的贷款，往往是基于不切实际的对经济增长的假设。"（Furth 2001，p. 31）这些解释部分与我们本章之前的行为经济学观点有关。此外，Greenspan 还指出，在周期顶峰时期，"问题不在于发放不良贷款……问题在于无论好的还是不好的贷款，都不再发放给信用良好的消费者"，这与衰退时期的信贷紧缩相吻合。

这些典型事实也与美联储高级信贷员调查（SLOS）和欧元区银行贷款调查（BLS）的数据吻合。美国和欧元区银行在景气好时放松它们的贷款标准，在经济下滑时收紧。这个结论在控制需求端的改变之后仍然成立（Lown，Morgan 和 Rohatgi，2000；Jordan，Peek 和 Rosengren，2002；Lown 和 Morgan，2002；Maddaloni 和 Peydró，2011）。最后，Maddaloni 和 Peydró（2011）指出，在解释贷款标准松弛时本章前述的主要因素是相互关联的（尤其是低利率、银行监管弱化以及金融创新的高杠杆）。

4.4　资产泡沫

在危机之前的一段时期不仅有信贷繁荣而且还有资产价格泡沫（Kindleberger，1978；Reinhart 和 Rogoff，2009a）。最糟糕的信贷繁荣通常伴随着包括不动产和股权价格在内的资产价格泡沫。因此，防范未来系统性风险的一种可能的方法是设计政策来确保资产价格泡沫最小化。然而，就像信贷繁荣一样，不是所有的资产价格泡沫都有负面效果，某种意义上除了泡沫破灭时或者引发金融危机的时候（即使假定人们可以在事前识别它们）它们可能相反地会对经济增长产生正面的影响。因此，正如我们在前面几章所论证的，我们需要建立在金融部门内部（和对实体部门）引入外部性的泡沫并具可操作性的模型，以此作为政策分析的基础，但是到目前为止建立这样的理论被证明是具有挑战性的任务。

正如 Allen 和 Rogoff（2011）在综述中所解释的，早先的理论模型显示了资产价格泡沫不会在标准模型中产生。例如，Tirole（1982）显示，在有限理性或有限数量代理人的条件下，资产价格偏离基本面的泡沫与理性行为不一致；事实上 Santos 和 Woodford（1997）表明，在标准的一般均衡框架下泡沫发生的条件是非常特殊的。此外，在 Samuelson（1958）的 OLG 的基础上，Tirole（1985）表明泡沫能够在代理人都理性的无限期模型下存在。基于这一模型的改进文献有 Caballero 和 Krishnamurthy（2006）；Farhi 和 Tirole（2012b）；和 Martin 和 Ventura（2012）。

例如，Martin 和 Ventura（2012）证明，当投资不足（而非过度投资）是金融部门的主要问题时，通过增加借款能力导致的金融泡沫是有益的。他们建立了一个带泡沫的经济增长模型，其中投资者情绪的改变导致宏观泡沫的形成和破灭。作者证明了这些泡沫如何缓解金融摩擦的作用。在泡沫时期，低产出的投资者需要泡沫，而高产出的投资者提供它们。这种资源的转移在经济运行中提升了效率，增加消费、资本存量和产出。当泡沫结束，转移过程停止，而消费、资本存量和产出收缩。

正如 Allen 和 Rogoff（2011）所解释的，这些模型的一个关键问题是，他们的框架在多大程度上契合由 Kindleberger（1978）、Reinhart 和 Rogoff（2009a）记录的房地产和股票市场泡沫，在这些市场中银行信贷起了很重要的作用，尤其在与系统性风险有关的泡沫中。

而另一类关于泡沫的文献建立了更多基于信息不对称的实际模型，其中所有人理性地相信他们能够以更高的价格卖出资产，即使价格高于其基本面价值。Allen，Morris 和 Postlewaite（1993）建立了一个离散时间、有限期限模型，证明共同信息的缺乏导致了资产价格泡沫[26]。Abreu 和 Brunnermeier（2003）也提出一个模型，表明了尽管有理性的套利者存在，但资产价格泡沫依然可以持续。泡沫随着时间反弹是因为套利者暂时无法调整他们的卖出策略。这一同步性问题，连同个人市场择时的激励，一起导致了泡沫在市场中可以存在很长一段时间。

另一部分关于泡沫的文献运用带扭曲信念的行为金融模型。正如 Barberis（2012）在行为金融综述中所解释的，当投资者对资产未来展望产生严重分歧并且存在卖空限制时，泡沫便会形成（Miller，1977；Harrison 和 Kreps，1978；Scheinkman 和 Xiong，2003；Hong 和 Stein，2007）[27]。其基本原理是乐观的投资者会买入，但是悲观的投资者受制于卖空约束不能卖出，因而资产价格只能反映积极一方的观点，那么结果自然就是估值过高。

Fostel 和 Geanakoplos（2008）也假设投资者被分成（一小群）乐观者和（一大群）悲观者，其中乐观者代表资产的买家。两组投资者都完全理性，且具有前瞻性，都追求期望效用最大化，但是具有不同的优先考虑（priors）。异质性和市场不完备在模型中很重要，因为这样资产的价值才会取决于经济体中潜在的一小部分人对资产的看法。在这些假设下，他们证明了在一个反复无常的阶段即所谓的焦虑经济（anxious economy）中，杠杆周期如何导致金融传染，并传导到抵押品和发行配给。

泡沫产生也可能是因为投资者根据过去的产出（回报，或违约率）推断未来（Lakonishok，Shleifer 和 Vishny，1994；Barberis，Shleifer 和 Vishny，1998）。正如 Barberis（2012）所解释的，这种假设来自 Kahneman 和 Tversky（1974）的代表性启发理论，人们总是期望用小样本数据去反应总体的性质，因而导致过度外推。Barberis 和 Shleifer（2003）证明一场泡沫的形成是基于对过去回报的过度外推，它本身机制由代表性启发所推动。此外，泡沫也能基于对预期精度的过度自信而形成（Daniel，Hirshleifer 和 Subrahmanyam，1998）。当投资者获得和分析信息来估计资产的基本面时，他们可能对这些信息的有用性过度自信，导致他们对资产价格过度高估。

虽然前面关于泡沫信息的行为模型是基于扭曲的信念，但是也有一些具有与我们在本章之前讨论过的 Campbell - Cochrane 模型机制相似的基于偏好的模型。例如，当投资者持有的资产有获利时，他们的风险厌恶程度可能降低，因为未来的损失有历史的收益做缓冲，这减少了他们的风险厌恶从而接受高资产价格（Thaler 和 Johnson，1990；Barberis，Huang 和 Santos，2001）。此外，正如 Barberis 和 Huang（2008）表明的，泡沫更可能出现在跟新的发明或技术有关的股票上，因为投资者可将这些股票视为某种彩票。按 Kahneman 和 Tversky（1979）的解释，投资者对彩票型收益具有的强烈偏好可能源于大脑过于看重小概率事件的发生。

理解美国和其他发达经济体房地产泡沫的最好模型可能是代表性启发模型，它认为泡沫出现是因为当要对未来做预测时，人们倾向于根据过去过度外推。如买房者过度外推过去的房价增长，就会对他们的房子支付过高。但是对于泡沫的增长则意味着提供抵押贷款的外部投资者对房地产价格同样过度外推。另外一类文献建立了泡沫的代理理论[28]。这些模型看起来跟银行这样的金融中介尤其相关，正如我们前面所知的，因为银行有大量的代理冲突。Allen 和 Gorton（1993）建立了一个连续时间、有限期限模型，其中即使所有参与人都理性，投资者和组合管理者的代理问题也能产生泡沫。Allen 和 Gale（2000c）建立的包含代理问题的模型中泡沫的产生是信贷扩张的结果，而 Barlevy（2014）将其扩展，允许更一般的债务合同和动态机制。Allen 和 Gale（2003，2004c，2007）、Adrian 和 Shin（2008b）明确关注贷款和资产价格泡沫之间的关系，这个问题我们将在本书第十章回顾。为了消除有限责任与高杠杆的负面影响，银行会支付高于基本面的价格，参与净现值为负的投资，产生某种形式的风险转移，这会增加资产泡沫。

4.5 结论

系统性金融危机不是由外生事件触发的随机事件，它们一般会发生在强劲的信贷增长之后。信贷（以及其债务和杠杆）加速器效应显著地增加了金融危机发生的可能性，而且危机一旦发生，信贷增长对经济的系统性负面效果将会加剧。此外，最糟糕的信贷繁荣会伴随着包括不动产和股权价格在内的资产价格泡沫。

金融全球化和经常账户赤字也是与系统性金融危机发生重要的相关变量。

在一个快速全球化的经济体中，伴随着资本自由流动、信贷周期和外资流量相互加强的可能性，外部债务在银行危机之前会急剧增加，并且银行危机易于导致主权债务危机。对于新兴经济体，高额外汇储备可以降低次生危机发生的概率。

有缺陷的银行公司治理结构和管理层薪酬，缺乏市场约束、银行竞争、金融自由化和放松管制、不完善的金融监管（也源于政治经济学问题）、金融创新、以及好的宏观金融环境是贷款标准过度松弛和产生其他外生的金融失衡比如资产价格泡沫的重要原因。然而，尽管偏好渠道有助于理解信贷和资产泡沫，但是我们的结论是如果不采用银行和其他金融中介过度风险承担的代理理论就很难去解释系统性信贷和资产泡沫的发生和扩散。

因为系统性风险不是外生事件，而是来自金融部门内部因为金融中介自身动机产生的失衡所导致的，所以对过度冒险和产生金融失衡的事前预防将是宏观审慎政策的重要使命，而不仅仅是事后的危机管理和处置。因此仅有事后干预是治标不治本的，并且可能会通过道德风险产生很高的事前系统性风险。因此事前的宏观审慎政策对控制系统性风险和避免代价高昂的金融危机至关重要。

注释

1. 参见 Laeven 和 Valencia（2008），Reinhart 和 Rogoff（2009a），Schularick 和 Taylor（2012）。

2. 关于过度冒险的银行，它们所实施政策的解释和模型，参见 Rajan（2005，2010），Calomiris（2009），Allen 和 Gale（2007），Pagano（2010），Acemoglu（2012），Stein（2013a），Perotti 和 Goodhart（2013），Brunnermeier（2009），Shin（2009）。研究信用周期的优秀书籍参见 Gorton（2012），Mian 和 Sufi（2014b）。

3. 评论这次危机的主要优秀学术论文，参见 Gorton 和 Metrick（2012）和 Lo（2012）。参见 Barro（2010）对极端事件的分析和证据，本部分来源于 Gorton 和 Metrick（2012）。

4. 这本优秀的书中至少分析了 6 个国家。他们采用了从 1945 年以来的数据，数据是由 Kaminsky 和 Reinhart（1999）和 Gerard Caprio 等（2005）确定的。银行业危机事件包括：西班牙（1977）、挪威（1987）、芬兰（1991）、瑞典（1991）和日本（1992），这五大危机都是系统性危机；还包括其他银行危机和金融危机：澳大利亚（1989）、加拿大（1983）、丹麦（1987）、法国（1994）、德国（1977）、希腊（1991）、冰岛（1985）和意大利（1990）和新西兰（1987）、英国（1974、1991、1995）和美国（1984）。

5. 本文使用的数据集涵盖了 1870 ~ 2008 年的 14 个发达经济体的年度数据：美国、加拿大、澳大利亚、丹麦、法国、德国、意大利、日本、荷兰、挪威、西班牙、瑞典、瑞士和英国。

6. Jorda，Schularick 和 Taylor（2013）研究表明：过去积累的信用影响的不仅是产出，而且包括如投资、贷款、利率和通货膨胀等其他主要宏观经济变量。除了无条件的分析，他们使用基于 Jorda（2005）的局部投影方法（local projection methods）对一组广泛的宏观经济条件变量和滞后变量进行了控制。

7. 与以前的论文有一些差异，首先，Jorda，Schularick 和 Taylor（2013）运用新统计工具来描述危机时间和地域的模式，并识别了过去 140 年里五次全球金融动荡。其次，危机之前他们研究了宏观经济动态，展示了信贷增长往往是和压低名义利率相伴随的，这导致了全球金融危机。再次，他们的研究表明，相比于正常衰退，那些与危机相伴随的衰退将导致更深程度的衰退和更加严重的失衡。最后，正如前面提到的，他们检查了外部失衡是否有助于预测金融危机。

8. Dell'Ariccia 等（2012）的分析关注了银行信贷。尽管经济中还有其他的资金来源，然而有一些例外，尤其是美国，银行信贷占总信贷的份额最大。

9. 在一些不同方面使用的方法都有所不同，例如：趋势和阈值是否能够确定繁荣应依国情而定，繁荣时期的信息用于识别是否有效，以及信贷和国内生产总值（GDP）是否应该单独过滤或直接作为一个比例。IMF 论文确定繁荣所使用不同方法是相当稳健的。参见 Gourinchas，Valdes 和 Lerretche（2001），Mendoza 和 Terrones（2008），Barajas，Dell'Ariccia 和 Levchenko（2008），Jorda，Schularick 和 Taylor（2011），Claessens，Kose 和 Terrones（2012）。

10. 其他学者也调查研究了 2008 年金融危机中各国初始条件是否可以解释金融危机影响的差异。例如 Rose 和 Spiegel（2009a，b）这两篇论文中发现初始经济条件在经济危机时期的解释力是相当弱的，并得出全球因素起主导作用的结论。那些承受了大宗资产价格飙升和巨额经常账户赤字的国家更有可能遭受严重的打击。他们的一些证据还表明较高的信贷增长与危机的严重程度呈正相关。Giannone 等（2011）采用事前度量方法对全球危机做出类似的观察并得出结论，信贷市场的自由化促进了金融深化和经济增长，降低了经济免受金融冲击的能力。

11. 行为金融相关的综述有 Dell'Avigna（2008），Barberis（2012）和 Shleifer（2012）。同时可参见 Kahneman（2012），Akerlof 和 Shiller（2008）。

12. 在过去该领域的研究主要集中在以下三个领域：金融资产的定价、投资者的投资组合选择和交易决策、公司经理的行为。Barberis（2012）从行为金融学角度对金融危机进行了解释，Rei Shleifer 和他的合作者研究了心理学影响金融机构过度冒险行为和金融市场过度冒险行为的具体渠道。

13. 在 Benabou 的模型中，具备预期偏好的经济主体通过交互结构相关联，选择解释和回顾关于未来前景的公共信号。与此相反，在标准的羊群模型和级联模型中（Banerjee 1992；Bikhch 和 ani 等 1992；Caplin 和 Leahy 1994；Chamley 和 Gale 1994），投资者是理性信息处理者，只有在最优推断的保证下，才会追随起其他人。

14. Berger 和 Udell 假设"机构记忆（institutional memory）"问题可能是由商业借贷驱动的，商业借贷模式与银行恶化的贷款识别能力有关系，并且商业借贷模式与银行在信贷周期中放松信贷标准的能力有关系。

15. 参见 Aghion，Bolton 和 Fries（2000）；Mitchell（2000）；Caballero，Hoshi 和 Kashyap（2008）。

16. 参见 Boyd 和 De Nicolo（2005），Allen 和 Gale（2000b），Stiglitz 和 Weiss（1981）。有关银行竞争和过度银行冒险行为关系的理论研究参见 Matutes 和 Vives（1996，2000）。

17. Claessens 和 Laeven（2004）评价了使用集中度比率作为银行竞争度量的方法，显示集中度比率与基于由简化模型推导得来的竞争行为度量方法相关性不高。

18. Demirguc – Kunt 和 Detragiache（1998）用 53 个国家 1980～1995 年的面板数据分析了银行业危机和金融自由化之间的关系。他们发现银行业危机更有可能发生在金融自由化的系统里。但是在制度完善特别是尊重法治、低水平腐败、合同执行良好的环境里，金融自由化对银行业的脆弱性影响较弱。他们检验了在自由化后基于银行特许权价值的银行行为，他们也检验了金融自由化、银行危机、金融发展和经济增长之间的关系，其结果支持如下观点：即使宏观经济状况稳定，一些国家的法律行为、合同执行保障，有效的审慎监管与监督并未完全建立，金融自由化在这些国家应该谨慎推行。

19. 对银行而言，短期债务是成本最低的融资方式（在保险零售储户之后），甚至比由外国提供的流动性成本更低（参见 Diamond 和 Rajan 2001，2002）。

20. 参见第九章，解释了为什么在一场危机中对存款利率的限制可能是一个好的宏观审慎工具。

21. 本章节部分是基于 Mehran，Morrison 和 Shapiro（2012）优秀文献综述之上的。银行流动性资产很容易转换，因此银行风险可以快速、轻松地改变，参见 Myers 和 Rajan（1997）。关于银行的透明度的文献，参见 Morgan（2002）。

22. 外部融资构成会影响银行融资成本的原因，参见 Morrison 和 White（2005），Adrian 和 Shin（2010），Shleifer 和 Vishny（2010b），Tirole（2011），Adrian 和 Boyarchenko（2012），Jeanne 和 Korinek（2012），Malherbe（2014）。债务融资税收优惠和银行状况、银行前景的非对称信息意味着，对银行而言，相比于债务融资，外部股权融资成本更高。（Tirole 2006；Freixas 和 Rochet 2008；Aiyar，Calomiris 和 Wieladek 2014；Hanson，Kashyap 和 Stein 2011）。因此提高资本金要求将提高银行融资成本。Admati 等（2013），Admati 和 Hellwig（2013）质疑银行股权资本成本是巨大的。

23. 更广泛的总结参见 Mehran，Morrison 和 Shapiro（2012）和本书第八章。

24. 然而 Flannery，Kwan 和 Nimalendran（2004）表明，银行的交易属性和银行分析师对盈利预测的准确性和非金融企业类似。之后 Flannery，Kwan 和 Nimalendran（2004）发现，这种相似性消失于 2007 年中期开始的金融危机之后。

25. 信贷周期由经济表现良好、信贷增长强劲（平均7%）到经济衰退与危机，信贷收缩（平均 – 2%）（Schularick 和 Taylor 2012）。信贷周期源于：（1）银行代理摩擦（例，参见 Rajan 1994；Holmstrom 和 Tirole 1997；Diamond 和 Rajan 2006；Allen 和 Gale 2007；Shleifer 和 Vishny 2010a；Adrian 和 Shin 2011；Gersbach 和 Rochet 2012）；（2）公司代理摩擦（例：参见 Bernanke 和 Gertler 1989；Kiyotaki 和 Moore 1997；orenzoni 2008；Jeanne 和 Korinek 2010）。

26. 参见 Conlon（2004）和 Doblas – Madrid（2012）对此类模型的更稳健版本。

27. 这部分是基于 Barberis（2012）行为金融学对资产泡沫的优秀总结。

28. Hau 等（2013）表明评级机构倾向与他们业务联系更紧密的银行提供更好评级，这表明此次危机前的信用评级膨胀是利益冲突的重要因素。

第五章 金融传染

这一章讨论金融机构之间的传染问题。金融传染是造成银行危机的主要外部因素，也是银行和金融监管的核心。这就是为什么有效处理银行危机需要非常好地理解传染渠道，这样可以尽量降低在清算金融机构时增加纳税人负担，并建立起必要的防火墙保护其他金融机构。此外，只有当传染渠道被完全理解时，宏观审慎策略才能被应用到防范系统性风险的外部性问题中。

传染，严格意义上是指一家银行破产对其他银行和金融中介的"多米诺效应"。所以传染会加速银行破产或增加银行破产的概率，至少会提高银行的资金成本并减少利润，从而增大银行系统的脆弱性。由于银行是金融系统的中心，是对冲基金的主要经纪商，并且从事跨国融资，其传染问题可蔓延至所有金融中介机构。例如，2007年的影子银行系统也发生大量危机。当然，这类事件影响程度取决于整体的宏观经济和金融环境。

我们先把金融传染与流行病学进行一个简单的对比。流感传染也类似于经典多米诺效应，但流感和传染在寒冷天气中会更严重，这里的严寒天气即等同于一个脆弱的宏观金融环境。我们也可看到不同之处：如果把银行危机与流感等同思考，则会得出大量生病的人会导致更加寒冷的天气，进一步放大效应的推论，显然流感不会这样。与流感相同的是，人们可以快速改变自己的活动以避免暴露于流感之中（例如：小孩不去上学），同样，金融中介也可以快速改变内生的金融关系，因为大多数这些关系都是短期的。因此，我们必须考虑到，银行（金融）网络是内生的并随着时间变化而变化。从上面的比较中，我们得出两个结论：第一，多米诺骨牌效应的重要性将取决于银行系统整体的脆弱性；第二，由于银行系统的总体健康程度会影响银行的金融脆弱性，并且多米诺骨牌效应可以改变银行网络的结构和联系，所以银行体系的整体脆弱性取决于多米诺效应的程度。

我们接下来阐述传染和宏观经济脆弱性之间的关系。银行危机的特点是大量银行一起倒闭。不过严格来说，这不一定是由于传染问题。宏观脆弱性可能源于银行执行了糟糕的投资策略（如第四章中讨论），他们面临同样的外生冲击。所以是这些风险投资的失败而不是传染本身导致了系统性风险。为了更好地说明多米诺骨牌效应，我们会分析由宏观金融的冲击触发的银行业危机，并且金融脆弱性与传染无关的情况。不同于股票市场，我们不会关注银行盈利能力的联动性，而是关注其收益的相互依存性，[1] 这对精确定义传染现象是很有必要的，因为从理论上讲，银行危机与资产（房地产、股票、公司债券）价格下降和投资者"逃向安全资产"（即投资者从风险资产转移到安全资产）往往同时发生。由于传染和金融脆弱性之间的边界有些模糊，所以实际上，传染很少发生在完全安全的金融环境，同样，宏观金融冲击也很少同时影响所有银行。由于这些原因，用非实验的数据来识别和衡量传染比较困难，尤其是在一个银行体系整体基本面都显脆弱的金融危机当中（关于金融脆弱性的其他观点，例如，信贷标准的强化，见 Lown 和 Morgan，2006，以及 Maddloni 和 Peydro，2011；我们在第四章也强调了商业周期和信贷周期之间缺乏一致性）。

传染的大小程度取决于银行业的特质。当然，当银行监管标准非常严格时，传染的蔓延会小很多。然而，接连不断的金融管制放松的浪潮可能事与愿违，并且增加传染的可能性，这在影子银行的例子中可以清楚地看到。

在本章中，我们将回顾由预期变化、交易对手违约、流动性短缺、信贷供给的减少、其他市场的反馈作用、信息披露、跨国效应产生的传染问题。在 5.1 节，我们讨论传染的机制；在 5.2 节中，我们将讨论这些机制如何相互影响和促进；5.3 节我们将重点讨论作为传染风险决定因素的网络结构。

5.1 传染机制

我们讨论不同的传染渠道，包括经典的渠道，和近期危机中出现的新的渠道。需要强调的是，不同的渠道之间的区别主要是基于学术上的考量：首先，由于传染渠道都同时发生并互相加强，对渠道进行区分常常是相当困难的。其次，由于监管部门迅速干预和阻止危机蔓延，我们难以辨认出一个确凿的证据并发现起作用的传染渠道。例如，Goodhart 和 Schoenmaker（1995）在研究了超过100家银行倒闭的案例后得出："所有发达国家的货币当局更偏向救援那些可能导致传染性、系统性瘫痪的银行。"

在研究不同渠道之间如何互相影响和促进之前，我们先单独讨论每一种渠道：（1）预期，（2）交易对手违约，（3）流动性，（4）信贷供给，（5）传染到其他市场，（6）信息披露，和（7）跨国传染。

在对各渠道分析之前，我们先用图形演示不同的渠道如何进行相互影响。图 5.1 显示了宏观经济和金融环境、银行业绩和资产负债表、获得资金的能力之间的相互作用以及对资产价格的影响。图中介绍了从银行业到宏观金融环境的两个反馈效应，并且强调经典宏观变量和宏观脆弱性特征变量之间的不同，前者短期之内可以看作外生变量，后者如预期、银行的资金成本、杠杆和风险承担，能迅速对银行业的特殊环境做出反应并直接影响金融稳定性。这些反馈有时一个起作用，有时两个同时起作用。因此，银行信贷标准的改变对真实产出的影响呈现滞后性，而银行损失则立即增加自身的杠杆和整体宏观经济的脆弱性[2]。

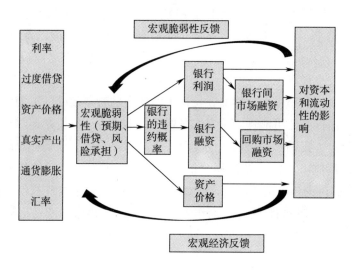

图 5.1　传染渠道

5.1.1　通过预期与银行挤兑进行传染

19 世纪中叶欧洲中央银行作为最后贷款人的角色直接和传染相关。储户一般会认为，银行的破产是正相关的，银行的破产会使他们重新判断其他银行的偿付能力。由于持有活期存款，储户的反应便是撤出存款，这可以保证他们持有黄金或对中央银行进行索赔。换句话说，银行破产引致的传染性问题给其他银行的储户提供了同类资产相同的信息（Chen，1999）。

即使当银行的资产不相关时这个机制也可以生效。正如 Diamond – Dybvig（1983）模型所示，储户极有可能认为银行挤兑是一个自实现的预测。不过，Gorton（1988）用 19 世纪的数据证明对具有偿付能力的金融机构进行投机性挤兑是一种例外，大部分挤兑还是发生在宏观经济基本面疲弱时偿付能力差的机构中。Goldstein 和 Pauzner（2005）提出的全球博弈模型，证明了当银行的基本面较弱时协调问题（恐慌）更加重要。

从理论的角度来看，在今天的法定货币的世界里，通过对有偿付能力银行的预期而产生的传染应该不再会发生。事实上，从一家银行取钱将会流向另一家银行，然后具有偿付能力的银行将会通过银行间市场借钱给遭受挤兑的银行。此外，由于央行能够管理流动性的供给总量，它允许在宏观层面将存款兑换成现金。但是，以上论点取决于完美运行的银行间市场，银行间市场可以重新将流动性从一家银行分配到另一家银行，从而补偿由不理性储户造成的不稳定走势。

众所周知，存款保险和暂停兑换可以通过预期立即阻止传染。暂停兑换很少使用，但零售存款通常是由存款保险来保护。因此，在发达的金融体系中，传染的渠道主要是无担保的银行间市场，或者更广义的批发市场。由于批发资金主要是短期，它们可以立即从一家银行转移到另一家银行，从而给一些金融机构造成巨大的流动性短缺。当然，这种机制可以看作是"市场约束"积极的一面。不过，最近危机中的雷曼破产事件，以及欧元区危机中的爱尔兰和西班牙危机，都使得监管部门相当谨慎并且对无担保债权持有人提供了隐性或显性保险[3]。

5.1.2　通过交易对手风险进行传染

作为风险管理专家，如同保险公司在再保险市场的做法一样，银行也在市场中交易风险。言下之意，任何银行系统的资产、负债都处在一个交易网络当中。一个运作良好的支付系统要求银行能够快速地将流动性从一家银行转移到另一家银行，流动性在这里可以理解为中央银行准备金。除了对流动性的关注外，由于风险管理的要求，银行也会相互持有其他重要头寸，这意味着可以利用衍生品来进行对冲和投机。

在 2007 年危机之前，交易对手风险被认为是传染的主要渠道。简单来说如果 A 银行倒闭了，那么与 A 银行有对手方风险的所有银行将蒙受损失。如果这些损失的程度足够大，债权人银行的资本减少超过一定临界值，将导致债权人银行破产。风险是通过无担保银行间市场还是通过衍生品市场传染在这里是次要的问题，首先应考虑的是银行传染问题。唯一相关的事实是，A 银行破产所产生的损失是如此之大以至于引发其他一些银行的破产。当然，在 2008 年危机时，一些非银行金融中介机构在市场中很重要。例如，保险公司 AIG

签订了很多 CDS 合约，结果其破产导致了许多金融中介机构，尤其是银行的巨大损失。

Allen 和 Gale（2000）针对交易对手风险问题建立了模型，证明了一旦银行系统受全球流动性短缺影响，交叉持有银行存款就成为系统流动性危机的根源，尽管这一机制从另外一个角度讲也是一种有效解决流动性风险的方案[5]。Allen 和 Gale（2000）的模型具有多重均衡，并且事前传染的概率是零，这并不适合做政策分析。Dasgupta（2004）建立了基于全球博弈模式的银行传染模型，传染降低了银行使用银行间市场应付特质流动性问题的可能性。Brusco 和 Castiglionesi 拓展了 Allen 和 Gale 的框架，考虑到了过度风险承担的道德风险。

Iyer 和 Peydró（2011）检验了由于银行同业往来导致的金融传染问题。他们结合银行同业间数据详细分析了导致印度大型银行倒闭的特质冲击。首先，他们的研究发现，与破产银行的同业往来会导致大量的存款提取，这将进一步导致同业往来频繁的银行有更大的传染风险。其次，基本面较弱的银行传染的程度较高。第三，幸存下来的银行同业交易会进一步扩散冲击，他们发现在第一轮（直接）传染轮效应之后存在第二轮传染。最后他们发现存在负的实体经济效应。总而言之，他们的研究表明银行同业之间的联系是传染的重要渠道。

Freixas，Parigi 和 Rochet（2000）用不同的方法建立了银行间市场交易对手的风险网络。他们认为存款人可以选择持有流动性，而不是依靠银行间市场，来将存款从原来的地方转移到他们想消费的地方。当储户选择撤资时，银行间市场会冻结，并导致效率低下的"困局平衡"。

在这样的背景下，一个重要的问题是要考虑为应对金融不稳定性，货币当局所注入的流动性总量（这个问题第十章还将讨论）。流动性总供给决定利率、信贷供应、到期前清算的项目，和提前终止所导致的效率成本（Holmstrom 和 Tirole 1998，2011；Allen 和 Gale 2000a），所以对这些流动性供给进行充分的管理也许可以解决危机。然而，与该观点形成对比的是，Freixas，Parigi 和 Rochet（2000）的分析框架受到空间设置（spatial setup）启发，认为不仅流动性注入本身很重要，而且在哪儿注入也很重要。

因为在第一种情况下，公开市场操作将足以恢复金融稳定性，而在第二种情况下，流动性必须直接注入到流动性不足的机构，以避免僵局均衡（gridlock equilibrium），所以政策含义也有很大的不同。需要注意的是，这并不意味着必须向处于困境的银行提供流动性。相反，它可能意味着处于困境的银行宣告破产，而所有对其有短期到期索偿权的交易对手，则会获得他们需要的流动性以避免市场的僵局。例如 Iyer 和 Peydró（2011）认为，公共的流动性应该直接注入与倒闭银行直接挂钩的银行，因为在银行间市场第二轮的流动性灾难将不再允许私人流动性轻易地流动。

银行之间的资金网络及其复杂性已经成为传染的主要渠道之一。衍生品以及 CDS 市场的爆发性增长使得一个关键机构（如 AIG）的破产就可以危及整个银行体系，并且通过银行的损失进一步放大危机。出现这种情况是因为用 CDS 对冲的贷款的信用风险被视为是很低的，因此，它的资本要求非常低。很明显，在最近的金融危机中，由于在 CDS 合约里包含了保护卖方交易对手风险的条款，这些对冲其实远不完美。另外，如果衍生品交易是在一个有组织的、公开透明的、有充足的保证金要求和熔断机制的集中市场进行，风险会低很多，这是近期监管改革考虑的关键点。

5.1.3　通过流动性短缺进行传染

当前危机的另一教训是，传染问题也可能源于流动性短缺。贝尔斯登和雷曼兄弟破产了，而这些机构确实按照巴塞尔 II 标准拥有足够的资本，他们的破产可能是由于延迟的会计信息所致。无论如何，当他们处于财务困境时，这些机构必须满足资本需求，所以流动性危机的速度和深度对于这些机构倒闭与否至关重要。当然，学术文献一直强调无法区分资不抵债的银行和流动性不足的银行。大多数人认为流动性危机只会影响有限数量的银行（如北岩银行的情况），而不会影响到能够获得央行流动性供应的整个银行系统。

正如 Diamond – Dybvig（1983）模型中所示，由于银行的主要职能之一是期限转换，单一银行提供活期存款，并为他们的客户提供支付系统对应的接口。因为银行持有的是非流动资产，这就使得银行面临着流动性短缺的风险。为了有效应对该风险，除了如同货币市场基金运作的一般批发市场，现代银行制度为银行的流动性提供了两个主要市场，在这里持有超额准备金的银行可以为那些流动性短缺银行提供短期的流动性供给。第一个是回购市场，这里贷款是全额抵押的，并且对方的偿付能力并不重要（即将破产并且可能有行政和法律费用的对手方除外）[6]。第二个是无担保的市场，市场中交易对手的偿付能力是一个关键问题，银行被期望发挥相互监控的作用，因此通过同业监控来施加市场约束（Rochet 和 Tirole 1996）。另外，证券市场，特别是货币市场，为面临流动性不足的银行额外建立了一个筹集资金的机制。因此，在危机发生之前，关于流动性问题需要达成的共识是，如果金融体系中一家银行面临清算，那么银行间市场将允许这家银行单独处理银行挤兑问题，因为该银行能够以市场利率获得流动资金。当然，以前的一些事实证明情况并非总是如此[7]。

Diamond 和 Rajan（2005）得出，银行破产之所以会传染，不只是因为储户恐慌或银行之间的合同联系，还因为银行破产会使得公共流动性缩水，制造或加剧总流动性短缺，可能导致破产传染以及整个系统的完全崩溃[8]。

对金融脆弱性的形成，我们已经强调了降价销售，以及抵押品价格在信贷供给减少情况下被放大的重要性。现在讨论在三个市场中导致机构破产的流动性机制。首先是无担保的银行间市场，然后分析其他两个市场中银行的行为，以及流动性短缺或资产价格下降如何促使银行出售其资产，因而发生抛售。正如我们将在后面看到的，央行注入流动性可以解决这个问题，但同时也要激励银行承担额外的事前流动性风险（Diamond 和 Rajan 2012）。

无担保银行间市场中的信息不对称 如果不存在明显的流动性管理失误，只有当流动性的三大来源（回购、无担保银行间市场、证券市场）同时出现问题时，银行才会面临流动性短缺问题。而这发生的可能性在危机之前微乎其微。然而，这是对这三个市场之间联系错误的看法。事实上银行持有的许多资产（ABS、债务抵押债券等）是高度复杂的，并且客户很难评估其违约的真实概率。正如 Holmstrom（在讨论 Gorton 论文时）指出，如果市场上的所有代理信息对称并且风险可忽略不计，那么就不妨碍客户在市场上进行交易。但是，一旦资产被认为是有风险的，一些人可能有比别人更好的信息（高盛遵循鲍尔森指令创造的结构性基金 ABACUS 是一个很好的例子）；如果一些投资者有了更好的信息，那么不知情的投资者将会质疑交易，市场流动性会突然干涸。这解释了 ABS 和 CDOs 在市场的流动性枯竭问题。但随后回购市场的流动性立即也跟着恶化，因为这些"有毒资产"不能用作抵押。事实上，投资者变得越来越担心标的结构化证券的真实现金流以及风险，证券回购协议上的折扣不断增加，直到它们不能再在回购交易中使用。图 5.2 解释了这种现象。

Krishnamurthy，Nagel 和 Orloz（2014）得到了与 Gorton 和 Metrick（2012）不同的结果。他们用非银行现金贷款者和银行交易商之间的回购数据详细分析了金融危机期间短期债券市场的挤兑现象。他们发现，在危机之前这些回购的抵押品大部分是政府证券而不是风险较高的私人部门的资产。随后私人部门抵押资产的回购在总量上并未减少太多，和资产抵押商业票据市场的萎缩相比显得并不太显著，但它的影响主要集中在遭受风险的经销商银行。

第三个市场是无担保的市场，其流动性变差的原因有两个。首先，为了防止可能的流动性冲击，每家银行都倾向于囤积流动性，而不是向银行间市场借款，除非隔夜市场的交易量增加。其次，因为每个银行被怀疑持有大量难以定

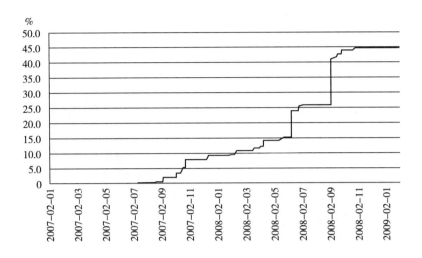

资料来源：Gorton 和 Metrick（2012）。

图 5.2 回购折价指数

价的"有毒资产"，所以"同行监督"功能也许不会真正起作用。图 5.3 来自 Heider，Horoeva 和 Holthausen（2004），显示了从 2007 年 8 月流动性危机开始，基于报价（欧元区银行间同业拆借 Euribor）而非实际利率的银行间市场利率是如何体现风险溢价的（以三个月银行间市场和没有主要风险的三个月 EONIA 互换市场之间的差别测算），以及雷曼兄弟破产之后这一风险溢价是如何出现上升的。他们还研究了银行为何将流动性储存在欧洲央行，尽管存在其他的替代品，比如在银行间市场配售。银行间存款比欧洲央行存款利率更高，但由于涉及交易对手风险，而被视为风险更高的选择。

Afonso，Kovner 和 Schoar（2011）研究了在 2008 年金融危机期间美国隔夜银行间市场中流动性囤积和交易对手风险的重要性。他们的研究结果表明，交易对手风险比流动性囤积更为关键：在雷曼兄弟破产后的第一天，贷款条件对借款人特征更加敏感。尤其是表现不佳的大银行利差增加了 25 个基点，借贷平均少了 1%。

Abbassi 等（2015）使用欧元区目标 2 数据（target 2 data）显示，雷曼倒闭后，定期存款大量减少。之后的枯竭主要集中于隔夜存款的可获得性、期限和成本。主权债务危机时出现了跨境贷款流动性枯竭。在此期间，与雷曼危机期间定期和隔夜存款一样，银行间市场关系借贷，有助于减轻银行同业拆借流动性不足的问题。尤其是对规模较小的银行。

Freixas 和 Holthausen（2006）、Malherbe（2014）建立模型指出逆向选择如

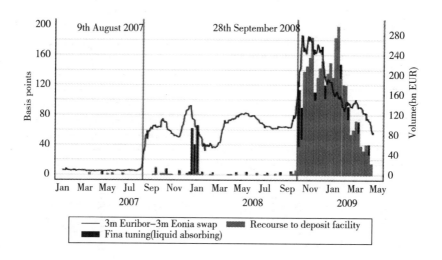

银行间市场价差和超额准备金（取决于欧央行存款便利和吸收流动性的微调操作），每周日均数据，2007 年 1 月至 2009 年 4 月。

资料来源：Heider，Horoeva 和 Holthausen（2004）。

图 5.3　欧元银行间市场的动荡

何在银行间市场导致多个均衡的存在，在跨境交易的情况下均衡甚至更多。这一结论与预言的自我实现有关。如果大多数银行因为流动性的原因进入银行间市场，那么市场的流动性是充足的，而且只有小部分银行在发现自己资不抵债时进行借款，那么逆向选择只是一个小问题。然而，如果多数银行不再使用回购市场或靠出售他们流动性证券取得流动性的话，同样的银行间市场也会出现流动性不足，把无担保银行间市场留给了无力偿债的借款人，最终形成一个柠檬市场。

从字面上看，纯粹的流动性风险并不是传染的主要渠道，因为监管机构只要简单贷款给每一个缺乏流动性和偿付能力的银行即可解决问题。不幸的是，如前面提到的，这种理想的情况不会发生。由央行贷款给银行是有风险的（例如，在 2012 年欧元体系贷款 400 多亿欧元给西班牙银行，高出西班牙 GDP 的 40%！）。因此，我们不得不在偿付能力危机的背景下想到流动性传染，它伴随着严重的银行交易对手风险，并且由于能够加剧银行债权人对银行偿付能力的悲观预期，所以资产市场中的甩卖也会加剧流动性传染。

市场中的现金和降价销售　金融经济学主要基本原则之一是，资产价格是未来的现金流使用正确利率贴现得到的，因此资产价格是取决于基本面而不是流动性。相反，Allen 和 Gale（2004 年）假设市场中现金供给固定，建立了一个简单的现金短缺模型，这与通常的完全市场和净现值分析不同。这些假设意味着资产销售收入始终是不变的，因此，无论增加多少的资产销售量，相应的价格下跌使总收入相同。

当面临流动性短缺时，被迫出售其资产的银行将引起价格的下跌，这将影响到所有的银行并可能迫使其他银行出售额外的资产。当银行的流动性总需求大于有效需求时，将不存在瓦尔拉斯市场均衡（如果银行相继出售，将存在一个没有反复试验的均衡），所以只有更多的来自外部投资者的现金可以稳定住螺旋式下降的价格。

Acharya 和 Yorulmazer（2008a）在简单的框架下建立模型分析了这种现象，证明了银行危机是如何在流动性短缺和低价甩卖资产的相互作用机制下被放大。他们认为解释这个机制简单的方法是，假设破产的银行不得不清算自己的资产，只有经营稳健的银行才有能力购买这些资产。当足够多的银行破产时，甩卖资产将触发额外的银行破产，从而导致系统性危机。

Adrian 和 Shin（2010）发现，基于美国的投资银行的数据，另一种机制可能会促进银行资产的抛售，即使并不源于银行流动性短缺。这一机制涉及银行关于杠杆选择的行为。他们认为用在险价值（VaR）方法管理风险的银行会在资产价格低的时候，被迫去杠杆（并且当价格高时有动机提高杠杆）。他们的实证分析表明，这种投资银行行为与观察到的资产价格与投资银行杠杆正相关的现象是一致的。要注意的是，该分析是基于账面价值而不是股权（和杠杆）的市场价值，但采用这种股权计算方式是因为资本要求管制是基于股权账面价值的。现在，当所有银行的行为一致时，价格的下跌会产生损失并且银行将降低杠杆率，从而产生大规模抛售并开启下行周期。

Mian，Sufi 和 Trebbi（2014a）也得到了近期危机甩卖价格的证据。那些位于没有抵押品赎回权司法要求的州的银行，他们取消拖欠房主抵押品赎回权的可能性是其他银行的两倍。与接近具有不同抵押品赎回权州边界的地区比较，他们发现当进入没有抵押赎回法律的州时，无抵押赎回偏好和住房库存会出现非连续的跳跃[10]。无抵押赎回州的止赎率至少 5 年连续增长。使用司法/非司法作为抵押品赎回权的工具变量，他们发现止赎导致房价、住宅建设投资和消费需求大幅下降。

回购市场　回购市场允许银行凭借良好抵押品和法律确保收回担保借款。从这个角度来看，这似乎是一个在市场上提高流动性的完美工具。然而，回购市场的良好运转可能诱使金融机构低估了它的风险和促使用长期资产来抵押短期借款，创造出了事后的过度期限错配。如 Brunnermeier 和 Pedersen（2009）

表示，在回购市场借入可能导致两种类型的流动性螺旋变动，因为在危机期间，折价回购将会增加，并且其价格将会下降。这会使得在批发市场上融资的银行突然失去流动性，进一步迫使他们出售资产，从而增加了对价格的下行压力。

在解释 Brunnermeier 和 Pedersen 的观点之前，我们先考虑一下折价的作用。举一个极端的例子，假设一个持有 5% 权益股份的金融机构在批发市场上融得资金。资产的利息足以偿还回购市场借入资金的利息，长期利率和短期利率之间的利差带来更高的股权报酬。如果内生冲击出现且增加了回购的证券的波动性，市场将面临 10% 的折价，这导致金融机构无法滚动回购头寸。在我们的例子中，这将迫使金融机构出售 50% 的资产。

表 5.1

初始 5% 折价		随后 10% 折价	
资产	负债	资产	负债
ABS 100	回购 95	ABS 50	回购 45
	所有者权益 5		所有者权益 5
100	100	50	50

表 5.2

初始价格：100		随后价格：95	
折价 10%		折价 10%	
资产	负债	资产	负债
ABS 100	回购 90	ABS 50	回购 45
	所有者权益 10		所有者权益 5
100	100	50	50

类似的，资产价格的下降将使金融机构不能在批发市场上筹得展期其回购债务所需的资金。伴随着价格 5% 的下降，回购滚动将只能允许金融机构在批发市场筹得 85.5 的资金，这不足以偿还其 90 的债务。

Brunnermeier 和 Pedersen （2009） 在动态模型中考虑了这两种效应，其中，一些客户的禀赋受到流动性冲击，不得不出售其资产。这些客户的交易需求通过投资银行完成，这些投资银行往往扮演的是传统的投机者角色，投资银行平滑价格波动并从市场价格和基本价值之间的差额中盈利。如果投资银行可以获得他们所需要的资金，会使得所有偏离基本面的价差消失。然而，投资银行需要流动性，因为他们必须通过回购操作来进行金融交易，所以当他们从金融机构借款时，将折价作为资产波动的函数，并可能从价格的分布而不是基本面来推断风险，这将导致市场的不完善[11]。在这种情况下，平滑价格的投资银行会缺乏短期的流动性，并且不愿持有大量折价证券的头寸。由此使得市场流动性下降，将导致更高的资产波动率以及让谨慎的金融机构要求更高的折价，从而降低了投资银行获得流动性的能力。

这样会出现一个不稳定的流动性螺旋，市场流动性和融资流动性相互作用。不稳定的流动性螺旋会从一个证券扩散到另一个，由于投机者被迫进行跨资产去杠杆，从而导致广义流动性干涸（Covitz 等，2009；Duygan - Bump 等，2013）。

5.1.4 通过信贷总供给传染

系统性危机的一个典型特征是资产价值下降，有时远低于基本价值。也就是说，资产被低价抛售。这具有两种效应：一方面，由于银行持有这些资产，这会产生损失从而降低银行的资本[12]。另一方面，它降低了敏感借款人为了获得信贷而质押的资产的价值。这两种不同的作用导致了同样的结果：两种情况下，银行的反应都会是降低信贷供给（我们将在下一章更详细地看到）[13]。暂时削减信贷供给本身不是传染的原因，即使它产生了真实的效应（Peek 和 Rosengren 2000），因为对企业来说用一家银行去代替另一家银行是不容易的。然而，一旦信贷总供给量减少了，将会导致企业和家庭投资的减少，由此降低经济的增长速度。

上述状况会使得公司节流、减少活动并产生失业，从而放大对银行和其他金融中介的反馈效应。从时间跨度上来看，市场传染往往是瞬间发生的，而反馈效应则通过实际部门产生作用（甚至有时实体部门是通过信贷额度来维持），可能需要几个月[14]。

信贷紧缩　在 20 世纪 90 年代初，美国经济出现了一个新现象：银行倾向于投资安全的资产尤其是美国国债，而不是传统的工业和商业贷款或按揭贷款。这当然对宏观经济有着重大意义，因为这降低了投资总额。这种现象被称为"信贷紧缩"，作为巴塞尔协议 I 资本监管的意外后果首次被 Bernanke 和 Lown（1992）发现。自 90 年代初以来，银行必须遵守新巴塞尔协议 I 的资本管制（通过于 1988 年）。其中资本损失的银行不得不以巨大的成本额外增发资本（因为这些成本在危机期间很高）或者以贷款业务为代价，通过投资更多的低风险资产来重新平衡投资组合。由于增发股权意味着过度稀释成本，银行选择投资国债，那么就意味着私人总投资的减少。

在 1997 年亚洲金融危机以及近期的危机后，均出现了信贷紧缩。事实上，尽管认为巴塞尔协议 I 的资本监管是信贷紧缩的主要原因，但应该强调的是，银行有效的资本管理模型也会引起相同的结果：当银行的资本耗尽时，银行的最优行为将取决于他们资产和负债的相对收益和风险。因此，如果他们的权益成本太高，他们会选择重构其投资组合，以降低整体风险，并通过减少风险贷款的规模来满足资本要求[15]。Holmstrom 和 Tirole（1997）假定最低资本要求来保证银行履行监督作用，从而对银行的最优资本决策建模。Jiménez 等（2012）使用贷款申请级别数据发现，由于银行的低资本水平导致的西班牙近期的危机中，信贷供给确实减少了（信贷紧缩）。

债务紧缩⎜ 债务紧缩的概念是欧文·费雪（1933）在 20 世纪 30 年代危机时提出的关键的观点之一。观察到信贷供给与经济增长和资产价格的相关性，费雪提出一个因果关系：如资产价格下降，由抵押品支持的信贷量将降低，这又会降低随后的资产价格。只有当资产价格下降足够充分后，这种恶性循环才停止。债务紧缩的严格模型最近由 Kiyotaki 和 Moore（1997）提出。他们的模型假设贷款需要有 100% 的抵押（他们使用的是土地），非金融企业现在可以得到的信贷取决于对土地明天价格的合理预期。土地价格的周期决定了信用和经济活动的周期。

当然，通过资产价值的角度来考虑金融传染时，很难将其与由金融部门摩擦加剧的传统商业周期区分开来。从这方面来看，20 世纪初由 Bernanke 和 Gertler（1989）提出的"金融加速器"概念也应与资产价值传染有关[16]。在这里，认识到传染的其他渠道是共存的至关重要。因为在流动性的传染中，通过资产价值的传染贯穿始终。在危机中，应将两者结合起来进行分析，资产价格降低的传染机制加强了银行流动性的短缺并迫使他们以抛售价格出售资产。三个主要的由流动性驱动的传染渠道——通过做市商参与减少引发传染（如 Brunnermeier 和 Pedersen 2009 年），通过抵押物下跌引发抛售的传染，以及通过破产期望引发抛售的传染——在近期的文献中已经获得了关注，预计在这一领域会有更多的贡献[17]。

5.1.5 向非银行金融机构的传染和反馈回路

银行破产的一个重要影响是它向其他非银行金融机构的传染，如保险公司、财务公司、共同基金、对冲基金、股权基金和影子银行部门。这个问题在一些国家尤为突出，如美国，非银行机构在数量上比银行更重要，其中许多非银行中介比银行受到更少的监管和监督。

每当银行业陷入困境时，它对实体经济活动的传染意味着资产价格的下降。除了总体实体经济活动和资产价格，银行破产对股市和贷款有着广泛的影响。银行破产所产生的流动性问题会导致资产的抛售，这会影响到其他金融机构的偿付能力。但非银行金融机构的市场份额也可能增加，当然代价是这些陷入困难的银行很难履行其经营目标并留住客户。

在本节中，我们将不考虑银行危机对不同非银行金融机构的影响，而是着眼于对这些金融机构流动性和偿债能力的直接影响以及可能的反馈效应。当然，结果会依赖于金融市场和金融机构的复杂程度。如果银行业采纳最近英国提出的银行监管的围栏提案（ring fenced），或者是有防火墙的话，冲击会小很多。

最近的金融危机已经表明，在某些特殊情况下，对非银行金融机构的传染可能非常剧烈。三个直接影响渠道值得提出来：影子银行、货币市场共同基金以及政府资助的银行，比如房利美和房地美。

影子银行 影子银行使得危机传染问题特别重要。随着影子银行的发展，一部分传统银行的活动目前正在外包给其他金融机构。特别是，银行和非银行金融机构在证券化的过程中，以及通过 CDS 信用保护条款开展合作。发起银行和持有资产的载体之间的合同义务对传染而言是非常关键的。

首先，关于证券化，在美国和英国，银行对特殊目的机构（SPV）或通道提供流动性便利，目的是使 SPV 可以发行资产担保商业票据（ABCP）[18]。这一流动性渠道被证明涉及非常高的风险，资本监管要求也并未考虑到这一部分资产。事实上，在 2007 年的时候，次级贷款违约率飙升，投资者对 SPV 发行的债券避之唯恐不及，银行被迫从投资者手中买下它，从而将其吸收回资产负债表中，因此面临额外的资本损失。

其次，我们从 AIG 危机中获知，CDS 的操作连接了银行与担保的卖方（在这种情况下是保险公司）。雷曼兄弟的破产导致了信用风险和 AIG 评级的下调。根据 CDS 合约，降级后需要保险公司追加额外的抵押品，但此时保险公司并没有抵押品。因此，AIG 濒临违约，这反过来意味着使用 CDS 保护的银行资产的风险突然大幅增加，银行需要补充资本。这将导致银行业的资金短缺，因此，美联储和美国政府不得不释放信贷额度以防止该公司崩溃。事实上，对 AIG 进行救助好过让其破产并引发危机。

货币市场共同基金 货币市场共同基金（MMMFs）从银行购买资产和负债，特别是通过购买 ABS／CDOs 来为银行提供流动性，它并不是影子银行的一部分[19]。从投资者的角度来看，货币市场共同基金构成了存款的替代品；从银行的角度来看，其是短期的 AAA 证券的天然买家。

货币市场共同基金提供的合同中，赎回股由保荐机构以每股 $ 1 担保。这个可能是由于基金资金投资于风险低、高流动性的证券从而可以最大限度地减少出资人的风险。9 月 15 日，很明显所有货币市场共同基金组合中有很大一部分投资于雷曼兄弟的证券，将会得到低于 $ 1 的份额值，因此基金赎回他们的投资。根据 Duygan－Bump 等（2013）研究，这构成一大波货币市场共同基金的赎回潮，导致了主要基金管理机构的总资产在短短几天中减少了 4000 亿美元。由于货币市场共同基金不受存款保险或最后贷款人的保护，投资者唯一的保护是主办银行（或其他金融中介）的隐性担保。这也是为什么当一些货币市场共同基金出现"破发"（即，其净资产值跌破 $ 1），美联储决定通过"资产担保商业票据货币市场共同基金流动性便利"（Asset－Backed Commercial Paper Money Market Mutual Fund Liquidity Facility）提供流动性，因而承担类似于银行最后贷款人的作用[20]。而且在美国和欧洲，已经有政策建议限制由这些基金产生的系统性风险[21]。

政府资助的特殊金融机构　2008 年金融危机对政府资助的金融机构产生影响，其影响的程度取决于这些机构的承诺和任务。在一些给小企业提供贷款的金融机构中，银行的信贷总供给的普遍减少使他们在为企业提供资金时发挥了重要作用，这些配给是通过贷款的严格条件和信贷紧缩相结合实现的。然而，市场上已承诺购买证券的机构被迫承担了巨大的损失。

房利美和房地美（作用是通过向银行购买、捆绑和再销售来证券化贷款）的危机解释了前一点。在发起——分销商业模式倒塌后，这两个机构仍然有支持市场的任务，因此并没有停止证券化业务。根据 Ashcraft 等（2010 年）的研究，房地美直到损失大量堆积，并在 2008 年 9 月 6 日被接管，一直扮演着最后贷款人的角色。

5.1.6　通过信息披露传染

有人认为，最近的危机中基于公允价值的会计准则的使用加剧了传染。逐日盯市的放大效应通过以下方式起作用：银行遭受损失，这会立即反映在其账户上，银行资本金因此而减少，银行债权人要求更高的额外溢价才会继续对银行融资。这个溢价挤压了银行的利润，从而导致额外的损失。该机制在有甩卖的情况下更加明显和持续（在最近的全球金融危机中该机制与所谓的有毒资产一起发生）。的确，在这种情况下，这些证券产生损失后，导致银行卖出它们，从而产生额外的损失。这一观点的关键在于，这种资产的价值在市场失灵条件下并没有反映出该资产的折现现金流，因此盯市制度导致损失报告言过其实。虽然这个观点在理论上可能是正确的的[22]，但目前的研究并没有确认公允价值会计信息就一定会增加传染，所以这一观点还不完整，仍然具有争议（见 Laux 和 Leuz，2010；Freixas 和 Laux，2012）。

首先，这种观点似乎忽略了投资者的理性预期。隐含的假设是，当没有信息时，投资者预期银行是可以清偿的。虽然这在一般情况下是真实的，但是在银行危机的框架下是不一致的。悲观投资者持相反的假设，将信息的缺乏解释为一种结果差于预期的证据，特别是在最近一次危机中，逆向选择被证明是问题的重要部分的情况下，这样的假设似乎更为合理。然而，目前尚不清楚的是在，金融危机中即使基于历史价值，投资者会信任银行的财务账目，而且就算使用了盯市制度，银行也不会报告他们损失的真实价值。为了说明了这一点，Huizinga 和 Laeven（2009）发现，在 2008 年，投资者将银行房地产贷款的报告值折价超过 15%，抵押贷款支持证券超过 13%。显然，投资者意识到公允价值会计中操纵的可能性，所以相应地从账面价值进行折价。

其次，这个观点是基于对盯市会计和公允价值会计概念的误解。事实上盯市制度是应用于流动性市场中交易的证券，这被称为"第 1 级"资产。"第 1 级"资产主要应用于投资银行，对商业银行而言，大部分（根据国际货币基金组织的全球金融稳定性报告，大致占 69%），是持有 2 级资产和 3 级资产。2 级资产的估值是基于使用可观察变量的模型，3 级资产的估值是采用银行内部模型。此外，持有到期证券使用摊销成本法计入报表，所以历史成本会计原则适用这种情况。

第三，公允价值会计为银行提供了大量实质性的自由裁量权。在危机期间，银行认为有关抵押贷款和其他证券的损失是暂时的，并获准使用模型来衡量这些资产。2008 年第四季度，花旗集团报告了可用于出售和持有至到期的资产损失是 28 亿美元，而当时这些资产的公允价值大约减少了 190 亿美元。因为这一点，一般的看法是公允价值会计准则留给银行足够多的自由度，以避免盯市制度对他们的收入和权益的直接影响（Huizinga 和 Laeven，2009；Laux 和 Leuz，2010）。

第四，在 2008 年 10 月，银行被允许可以用 2008 年 7 月末的资产市价来对他们的资产进行重新分类，因为这一价格没有受到雷曼银行破产的影响。虽然从理论方面来说这一做法可能是正确的，但需要更深入的研究来确认其有效性。

5.1.7 跨国传染

显然，汇率变化会影响银行的收益，这与任何类型的跨国传染不直接相关，[23]这与形成金融脆弱性的宏观经济环境有关。因此，跟之前一样，假定宏观经济环境是给定的，分析主要集中在传染的机制上面，然后再理解危机中这两种效应会相互加强。

伴随着危机，对于跨国银行在某种程度上限制银行危机的共识已经被完全改变了。理由是危机前的标准范式是一国之内的银行危机。如果有什么区别的话，跨国银行将会提供便利来把流动性从流动性过剩的国家转移到流动性短缺的国家（Kalemli - Ozcan, Papaioannou 和 Peydró, 2010, 2013）。但对此次危机的经济分析不得不面对一个多国同时发生危机的局面，显然单个国家的系统性危机和世界范围内的系统性危机有着明显的不同——或者涉及多个金融市场中的关键国家——差异可归因于对局部均衡和一般均衡的关注点不同。

单独一国中的系统性危机　从理论方面来说，标准的新古典观点足以阐释外国银行的存在为何可以帮助减少单独一国所发生的系统性危机的影响。

单独一国的系统性危机的确意味着信贷供给的减少，要么是因为银行缺少运营资本，要么是因为金融中介的资金可用性受到限制。无论如何，这都暗含该国经风险调整后的回报会上升。这对外国银行及不受同样的流动性和资本枯竭限制的外国分支机构（无论是在国外还是国内的）是个机会。同样地，跨国银行在危机中有非常正面的影响，因为其可以扮演减震器的角色。

Morgan, Rime 和 Strahan（2004）将 Holmstrom 和 Tirole（1997）的标准银行模型拓展到包含多经济体的情形，并且用全美国跨州银行的敞口数据对模型进行了检验。他们证明，如果某些州的公司受到正向冲击，其抵押品价值会增加，那么在金融一体化的情况之下，他们会获得来自州内和州外银行更多的信贷。因此受影响地区相对于其他地区来说产出增加更多，这也使得周期分化。[24]Morgan, Rime 和 Strahan（2004）的模型还预测，银行整合会导致更多的同步产出周期。如果冲击发生在银行部门而不在公司的生产力/抵押品上，这种周期就会出现。如果银行资本受到负面冲击，产生的信贷供给紧缩将对国内经济产生实际的负面影响。如果国内信贷供给显著减少，在银行一体化的环境下，两个相互联系的地区/经济体的商业周期会变得更加同步，因为同时在金融上相互联系地区中经营的银行会从未被影响的地区抽出资金，用来给受影响地区放贷。

经验证据证实了这个理论。De Haas 和 Van Lelyveld（2010）表明在单个国家的危机之中，与国内的银行不同，财力雄厚的母公司银行的分支机构能运用他们的内部资本和流动性市场，从而不减少他们的贷款供给。

当然，这可能会导致外国银行母国的信贷供给意外减少。当大型国际银行给面临银行危机的小国贷款时，这种效应是微不足道的，但是当危机影响大国时，可能就变得十分重要了。Peek 和 Rosengren（1997）的开创性贡献是建立起日本危机如何影响美国金融市场的理论。

跨国银行在全球性系统性危机的影响　对全球性系统性危机的研究在某种程度上让人想起 Allen 和 Gale（2000a）以及 Freixas，Parigi 和 Rochet（2000）的分析，他们提供了一个对货币问题的抽象，考虑的是国家而不是单个的银行。Allen 和 Gale 框架下银行提供的流动性保险与跨国流动性保险机制相同，可能源自全球性的流动性危机传染，其中的每一家跨国银行倾向于收缩国内市场。

对于外资银行的行为，De Haas 和 Van Lelyveld 的研究（2014）表明，跨国银行子公司不得不以两倍于国内银行的速度减缓信贷增长，而国内银行有更多关键存款基础，这使他们的资金供给和贷款更加稳定。Laeven 和 Giannetti（2012a）进一步表明，在金融危机期间国际银行倾向于收缩到国内市场，即便那些国内市场也经历着金融危机。

Cetorelli 和 Goldberg（2011）使用 2007 年次贷危机前的数据，观察了美国银行世界各地的分支机构的表现，得出结论：国际大型银行依赖于内部资本市场和他们的外国子公司来缓解国内流动性冲击，国内流动短缺的问题可以通过流动性回流到母银行来解决。同时，在另一篇文章中，cettorelli 和 Goldberg（2012）针对国外银行分支机构建立了相似的模型，在这个模型中，银行平均经历了 12% 的净内部资金"提取"，这对他们的贷款有相当大的影响。

kalemli Ozcan，Papaioannou 和 Perri（2013）研究金融一体化（通过银行）对于国际商业周期传导的影响。在 1978—2009 年间 20 个发达国家的样本中，作者发现，在没有金融危机时，双边银行之间的金融联系的增加与更具差异的产出周期有关。这种关系在金融动荡时期明显减弱，这意味着金融危机导致金融一体化国家更具有联动效应。他们也指出，与美国具有更强的直接和间接金融联系的国家，在最近 2008 年的金融危机中，经历了与美国同步的周期。然后他们使用一个考虑到国际经济周期和银行活动的冲击的简单一般均衡银行模型来解释这些研究结果。这个模型表明，一体化和同步之间的关系取决于影响世界经济的冲击类型，对全球银行的冲击在 2008 年金融危机的触发和传染中起着很重要的作用。

Ongena，peydró 和 Van Horen（2013）研究在全球金融危机期间，从银行到实体行业的冲击在国际间的传导。为了识别，他们使用相匹配的银行—公司水平的数据，数据包括许多在东欧和中亚中小型规模的公司。他们发现，从事国际借贷的国内银行和外资银行在危机期间比只吸收本地资金的银行信贷缩减更多。依赖信贷的同时，与国际借贷的国内银行和外资银行（相比本地提供资金的国内银行）有关系的公司在其融资和实际表现中会遭受到更多困难。只有单一银行关系的公司、小公司和有无形资产的公司遭遇到的困难最多。对于信贷独立的公司来说，没有明显的影响。他们的结果表明，金融全球化加强了有实质性后果的金融冲击的国际传导。

一种新的跨国银行维度被引入到风险承担行为的分析中。受到严格管制的银行是否会在国外也谨慎从事？根据 Ongena 等（2012）的研究，情况恰恰相反。他们的研究结果表明，面临严格监管的银行有着更多的进入壁垒，更严格的银行业务限制，以及在国内市场更高的最低资本要求，他们选择在监管标准不那么严格的东道国采取更多的风险。换句话说，他们的研究认为存在一个输出冒险的途径。

5.2　强化循环

尽管为了说明原因我们分别提出了不同的传染渠道，很明显的是如图 5.1 所示所有的渠道是相互关联，彼此之间是相互加强的。所以局部均衡分析可能隐藏关键的问题，而这些问题在一般均衡被引入后变得非常明显。

银行的流动性短缺导致他们去杠杆化并出售他们的资产，这会引发抛售和资产价格下降。抛售导致的损失和金融机构的资本耗尽会使得交易风险增加，这反过来会导致无担保银行间市场的流动性枯竭（也会发生在担保市场，因为抵押品的资产价值在抛售中会下降）。因而，越来越多的银行开始陷入财务困境。在这一阶段，任何金融机构的破产都会通过银行间的网络引发恐慌。在 AIG 的案例中，破产引发所有已经购买了信用风险保护的金融机构遭受损失。这就促使 AIG 成为一个系统重要性的非银行金融机构。此外，其他的效应比如国际传染与信用供给效应也起到了负面影响。

我们可以去尝试构建一个涵盖不同传染渠道的全球模型，这显然也是应该走的正确方向。然而应该在模型考虑到多重均衡和非线性。更具体的是，这意味着经济会受到突然的、非连续的状态改变的影响，而这种状态的改变会引起所有商品弹性的改变，使得模拟和校准传染渠道更加困难。在联合考虑传染的不同渠道的共同影响的时候，分析是很接近于衡量系统性风险的挑战，这个问题我们将在第七章中继续讨论。

这里有两种基本的方法来衡量系统性风险。期权理论允许从银行股票价格的变动中计算银行违约的可能性。虽然这种方法有牢固的理论基础，又考虑了所有金融不稳定性来源联动的情况，但是这个方法就像是黑箱子，很难识别出金融机构所面临问题的主要来源，因此就很难定义最好的监管和宏观审慎政策。而且只有在金融市场趋于完美的时候期权定价框架才是充分的，但是在系统性危机中显然不是这种情况。这也是为什么一些中央银行另外提出了基于资产负债平衡表的方法。

资产负债表方法考虑了银行资产负债表结构，试图衡量受宏观因素影响的违约概率。宏观变量包括实际产出、通货膨胀、实物资产的价格、隔夜名义利率、长期利率，以及一些关键的汇率。

英格兰银行针对系统性机构的风险评估模型（Risk Assessment Model for Systemic Institutions，RAMSI）强调除了金融机构自身所考虑风险以外的风险。它考虑银行间风险暴露的渠道，资产价格和资产负债表之间的相互影响，还有使用多轮措施来解决共同破产的问题。这些渠道的整合让我们可以辨别在未整合情况下会被忽略的金融威胁。这种方法可以获得不连续性和非线性的证据。Aless 和 ri 等（2009）认为，它提供了对系统和个人损失的分布以及银行资产价值更加严谨的模型，"这个双峰模型的特点是，有与健康的银行部门关联的主要峰值和一个与传染性破产爆发相关的较小的尾部次要峰值。"

5.3 传染的程度

首先，传染的程度取决于银行的金融脆弱性。在经济好时期所建立的放贷、羊群行为和风险承担等事前盈利策略将决定传染效应在危机发生时的重要性。这些问题我们在第四章中已经讨论过了。

然而既然银行并不是在完美的匿名市场中运行，而是要和其他的金融机构和客户之间建立起联系，所以这是要考虑的第二个重要的问题。因此，传染的程度还是取决于金融机构网络以及与其他经济主体之间的联系，这种结构有时被称为"金融系统架构"（the architecture of the financial system）。这也是为什么识别现有金融机构网络可以帮助我们理解银行违约对其他金融机构可能造成的影响，并且为这样的可能性做好准备。

一个网络可以定义为一个结点和节点关联的集合，节点关联代表经济主体间的相关关系。网络理论已经成功被运用到经济分析的其他领域，网络的构成已经变成这类分析中有趣而重要的部分。当被运用到金融传染的时候，即便对于网络形式的事前辨别结果有限，网络理论还是可以提供关于传染更严谨的观点和关于系统风险更清晰的视角（参考 Allen 和 Babus 2009 和 Cocco 等 2009，他们证明了银行间市场网络同市场参与者的流动性冲击之间只有较低的相关性）。将其应用到金融传染中来，事前的网络构成对金融传染并未提供十分重要的见解。

由于网络代表了经济主体之间的合约结构，很显然节点及其关联取决于经济主体的交易合同类别。而且正如任何图形描述的那样，经济主体的规模也很关键。因为银行 A 对银行 B 的传染效应将与银行 B 持有 A 银行资产的占比正相关。因此银行的网络会因为参与者的规模、是否分析对手风险和流动性风险，或 OTCs 的相互关寸等因素而不同，也取决于历史因素和技术因素。

现有的银行网络也取决于不同的金融结构，比如在美国大部分公司直接从金融市场获取资金，而从银行融资在欧洲则比较普遍。银行网络也可能是银行业监管的结果，比如说美国格拉斯－斯蒂格尔法案限制商业银行在股票市场的业务。银行网络也可能取决于是否获得中央证券存托和清算便利。不管什么原因，这种架构对于危机的传染程度来说非常重要。

我们感兴趣的主要是银行相互之间的资产和负债网络。它的结构将决定哪些银行将受到违约银行的影响。从理论角度来看，Allen 和 Gale（2000a），Freixas，Parigi 和 Rochet（2000）都在论文中强调了无担保的银行间拆借市场这种金融结构对于危机传染和金融稳定的重要性。Freixas，Parigi 和 Rochet（2000）论文用下图说明了这一点，通过分析三家规模相近的银行：在第一种情况下，贷款是顺时针运行的，所以每一家银行的资金都依赖于另一家银行的偿付能力；另一种情况下，银行 1 是举足轻重的，占据了货币中心的核心地位，银行 2 和 3 处于次要地位。

结论是，尽管三家银行是相同的，但这两种结构却是不同的。它们的不同在于其抗风险能力，一家银行的破产可能会或可能不会影响到其他银行。不同之处也在于金融系统中心的结点或经济主体不同，因为引发系统性恐慌的关键性流动性冲击是不一样的。而且他们之所以会不同，还因为在第二个图中，如果由于过于相互关联而不能破产，那么银行 1 就可能是系统性的。

鉴于危机传染的主要风险被认为是多米诺效应，因此银行同业交易对手风险被中央银行用来评估一家银行的破产对银行系统中其他银行的影响。这需要使用详细的银行交易对手风险的数据来模拟某个特定银行破产后的影响。[25]模

图 5.4　银行网络结构和金融传染

拟必须考虑到几轮的影响，因为银行 A 的冲击可能影响到银行 B 继而影响银行 C，联合破产的冲击是由 A 发起，但现在包括了 B 和 C，对其他银行也必须考虑到这点。总之，结果是相当令人信服：除了大而不倒的银行，没有严重的系统性风险来自于银行同业网络的交易对手风险（见 Upper 2007 和 Iyer、Peydró2011 的评论）。

这一研究结果受到广泛批评，原因有三：首先，违约损失（LGD）在系统性危机中比平常要高。第二，研究认为通过银行间同业网络的交易对手风险传染的渠道是与其他渠道独立的。第三，这些模拟中银行的行为是非常被动的，而银行的内生反应（例如，挤兑）在批发市场中是至关重要的。

这项研究的发展已经慢慢缓和了那些批评。Cifuentes 等（2005）考虑到了银行折价销售导致的资产价格下降。Eisenger 等（2006）的研究纳入了宏观经济冲击。还有其他的贡献将融资风险包含在内（Chap – Lau 2010）。英格兰银行的 RAMSI 模型银行可能是最完整的模型，它集合了所有可能的传染渠道（Aikman 等 2009）。尽管如此，通过假设其为随机变量，可以将违约损失的变动考虑进去。Memmel 等（2011）使用这种方法，证明了在随机 LGD 模拟的假设下，银行系统更为脆弱。

银行网络分析也有助于理解银行间的流动性的传递。通常的假设是，银行间市场是一个匿名的市场，参与者的交易对手风险可以忽略不计。然而，Rochet 和 Tirole（1996）认为无担保的银行间市场使银行可以互相监督，银行可以主要通过与同一对手进行交易来避免重复监测成本。依据 Cocco 等（2009）的研究，事实的确是这样的：银行建立借贷网络，因此更倾向于从具有关系的银行以较低的利率获得借款。这尤其适用于那些小银行和不良贷款过多而在银行间市场中受限的银行。Abbassi 等（2015）分析 2008—2012 年危机期间的欧元区银行间市场，并发现关系型借贷是非常重要的。通过探索银行间市场的发展，Mistrulli（2005）发现银行间市场结构从一个几乎"完全"的网络（所有银行在财务上都是对称地连接）变成了"多货币中心"的结构。

很明显，无担保的银行间市场并不是唯一一个金融架构至关重要的市场。事实上，该分析可以延伸到任何类型的交易对手风险。因此，AIG 处在银行信用违约互换合同网络的中心地位，这使得其在 2008 年 9 月的信用违约危机中至关重要。

决定传染程度的另一个重要网络是关系银行。这个网络很简单，因为在关系银行制度下公司主要通过其主办银行获得资金，而其他情况下公司的融资对象可以是任何银行。对于不同类型的公司，关于信贷供给减少而产生的传染其影响有很大不同。如果所有的银行都限制其信用，它们往往会给其关联企业提供更优惠的贷款条款（Berlin 和 Mester 1999；Bolton 等人 2013）。相反，如果一家银行破产，那些和这家破产银行保持关系的企业会受到更大的影响，因为他们会很难向其他银行证明自己的信誉。

Slovin 等人（1993）发现伊利诺伊大陆银行的破产对它们的美国企业客户造成 2% 负面股价影响，这也证实了上述最后一点。他们的研究结果也被 Djankov（2005）证明，Djankov 分析了东亚危机中 31 家银行倒闭的影响，发现"银行的关系增加公司的价值，而投资者对银行相关企业的信心取决于投资者对其与银行关系的确定性。"

当一些银行减少它们的信贷供给时，企业很难用一个关系借贷来替代另一个。在一个自由融资的银行体系中，这一影响十分有限。相反，在关系型银行体系中，这会使得企业向银行借款产生巨大的困难。Peek 和 Rosengren 将日本银行业危机作为自然实验获得了这方面的证据，试验中日本银行业信贷供给的减少与美国商业周期是毫无关系的，这样才能最终确定从日本的贷款供给冲击对美国经济活动具有实际影响。

一种特定类型的网络是整个银行和金融体系依赖于系统重要性金融机构。这些金融机构就是众所周知的大而不倒的银行；或者最近所说的，太大、太复杂，或者太关联的非银行机构，AIG 的危机就是典型例子。

根据金融稳定委员会，系统重要性金融机构（SIFIs）是"因为他们的规模、复杂性和系统性的相互关联，这些金融机构的困境或者破产会造成更广泛金融体系和经济活动的显著破坏"（金融稳定理事会 2011 年）。全球 SIFIs（G－SIFIs）具有更强的跨国活动，以至于他们的破产会影响其他国家的金融稳定。

根据定义，大而不倒的银行破产是很罕见的，因为它们通常能够在财务困难下获得救助。像雷曼兄弟这样的机构倒闭是很少见的，因为它是系统性的机构，市场预期其会得到救助。在这种情况，个体清偿风险和系统性风险是同一风险，影响是立即体现的，股票、公司债券价格剧跌，交易对手风险普遍增加。但是，正如我们在这一章和本书其他内容所讲述的那样，2008 年的危机不是简单地由雷曼兄弟的倒闭的金融传染引起的，这是一个信号，西方银行在21 世纪初所承担的相关高风险（房贷和短期融资贷款）正在实现。[26]

我们都知道1984 年陷入金融困境的伊利诺大陆银行，一家类似的银行，在那个时候扮演着近1000 家银行的对应银行。按照 Schoenmaker（1998）的研究，66 家银行的无担保存款超过其资本的100%，另有113 银行占其资本的50% 到100% 之间。可以想象，如果伊利诺大陆银行的无担保存款没有被美联储和联邦存款保险公司（FDIC）保护，它的倒闭将会造成银行的连锁倒闭。

5.4 结论

本章的讨论表明金融传染有多种维度。它可以产生于多种来源并通过多种机制起作用，并且这些机制可能相互作用并相互增强。然而，确切地测量传染是一项挑战，这既是因为它的一些影响是间接通过反馈循环实现的，也是因为关于网络结构和直接风险暴露的数据是有限的。展望未来，监管者和宏观审慎政策决策者需要更好的数据来监控这些网络和衡量传染渠道产生的系统性风险。

注释

1. 与分析跨国传染中使用的定义不同，解释股票市场指数残差的定义是："这个残差的相关性可以解释为一种控制了基本面因素之后，具有传染性的、与跨国传染相关的不可解释的联动。"（Pritsker 2001）。

2. 关于银行问题参见这本书第六章和第七章，特别是如何影响宏观经济的问题。

3. 在雷曼破产的当天，Libor – OIS 息差开始急剧扩大，该息差扩大持续直到10 月10日，并于该日达到顶峰。10 月10 日七国集团财长和央行行长会议在华盛顿宣布，他们将"采取果断行动和使用所有可用工具来支持系统重要性金融机构，防止他们破产"。

4. 20 年前，支付系统产生了交易对手风险，因为它在每一天营业结束后进行结算，潜在要求银行之间对彼此的日内贷款进行展期。这在现代发达金融体系中是一个小问题，大部分支付系统都能实时进行总清算。

5. 参见 Brusco 和 Castiglionesi（2005）。

6. 稍后我们将看到，回购市场存在问题，主要是在流动性问题发生时，抵押品的质量可能大幅下降。

7. 由于国际商业信贷银行的欺诈行为，1991 年英国央行关闭了国际商业信贷银行，其关闭行为也不应具有传染性，但是英国其他相关银行也不得不关闭，因为它们失去了在英国主要银行里的占比巨大的核心存款，而且也无法从主要银行那里获得银行间贷款。

8. 鉴于危机的成本，政府干预有积极的作用，但不幸的是，流动性和偿付能力问题互相作用，导致很难确定危机的根源。他们因此提出一系列强有力的干预措施（参见 Diamond 和 Rajan2005）。

9. 参见 http：//www. sec. gov/news/press/2010/2010 – 59. htm.

10. 其他房屋所有者的信用评分、收入水平、教育水平等没有发生跳跃。

11. 市场流动性不足通常发生在以大幅折扣出售资产的时候，而正常时期这些交易的价格变化很小。这个概念视具体的资产而定。融资流动性通常发生在难以通过借贷来满足偿付交易对手的到期负债中。这个概念视具体的机构而定。特定资产的流动性不足遍及整个市场（尽管在某些资产上面表现更甚），而机构性的非流动性仅限于某些机构（尽管一些机构可能同时被影响）。参见"市场和融资流动性不足：当私人风险成为公众风险"（《国际货币基金组织全球金融稳定报告》，2008 年 4 月，第三章），其给出了该定义和在未来银行如何通过风险管理去缓解这些问题。

12. 正如我们前面说的，这些通道大多数适用于其他金融中介机构。

13. 如前所述，另一个解决方案是减少流动资产。然而，在金融不稳定时期，批发市场可能不会正常工作，因此银行更愿意增加流动性（囤积流动性）。

14. Ivashina 和 Scharfstein（2010）指出在 2008 年 9 月雷曼兄弟的破产后，发生了银行短期债权人的挤兑，银行难以滚动其短期债务。他们记录了借款人的同时挤兑，借款人下调了其信用额度，导致银行资产负债表所反映的商业和工业贷款数量出现一个尖峰。他们分析了是否这两种银行流动性压力会迫使银行减少放贷。特别是，他们发现如果银行能更好地获取存款融资，那么减少放贷的幅度会更小，因此他们不依赖于短期债务。作者也表明因信用额度下调而体现得更脆弱的银行，往往是其信用额度与雷曼兄弟相关联的银行，它们的贷款减少得更多。

15. Jiménez 等（2013）文献表明：在西班牙，银行在金融危机期间减少了资本要求。然而他们的研究结果表明一些银行并未增加他们的信贷供应，因为银行要遵循市场约束力的资本要求，这些银行的风险是最大的。

16. 参见 Jiménez 等（2012）实证论文的主要总结，他们分析了金融加速器和商业周期对信贷周期影响的因果联系。

17. 这些新的贡献参见第三章。

18. SPV 通过该方式可以从评级机构取得 AAA 级别。商业票据是一种金融企业和非金融企业使用的传统短期信用工具。自 1990 年代初以来，银行和其他金融机构就有了结构化资产支持商业票据的计划，并拥有了融资渠道以购买商业票据资产池，该资产池是用于发行和滚动基于抵押资产的商业票据。为获得高的短期信用评级，银行或金融机构发行或结构化资产支持商业票据项目，它们通常致力于提供流动性或信贷支持，其涵盖了所有渠道的债务。参见 Duygan - Bump 等（2013）。

19. 根据 Duygan - Bump 等（2013），截至 2008 年 9 月 10 日，不同类型的美国货币市场共同基金名下管理的资产总计 3.5 万亿美元。

20. Duygan - Bump 等（2013）分析了两个独特的微观数据，利用时间序列和横截面的变化来评估资产支持商业票据和货币市场共同基金流动性便利（AMLF）。AMLF 将抵押贷款拓展到存款机构，这些存款机构从货币市场共同基金那里购买资产支持商业票据的抵押贷款，以此帮助这些基金应对雷曼破产后的大量赎回。该计划在最初的 10 天里借出 1500 亿美元，而后稳定下来。该计划也没有造成美联储的信用损失。他们的研究表明 AMLF 是有效的，且实现了其双重目标：它帮助稳定货币市场共同基金的资产流出，同时又提升 ABCP 市场的流动性。用双重差分（difference in difference）方法，作者表明在 AMLF 实施以后，对那些持有更多有效抵押品的货币市场共同基金，它们的资金流出减少得更多。同样他们发现，在 AMLF 之上的合格资产担保商业票据的收益率相对于那些不合格的商业票据显著降低。

21. 在美国，美国证券交易委员会（SEC）2014 年 7 月 23 日通过修改管理货币市场共同基金的规则。SEC 新规则对机构货币市场基金的流动资产净值（NAV）提出了要求。允许这些基金的日常份额价格与基金资产的市场价值共同波动，并为非政府货币市场基金理事会提供了新工具——流动性费用和赎回门槛——来解决挤兑问题。货币市场基金主营政府债务和零售资金，与此同时，可以保住固定的 1 美元的估值。在早些时候拒绝了由前主席 Mary Schapiro 提出的包括资本缓冲的计划后，SEC 新规则才被提出。

2013 年 9 月 4 日，欧盟委员会（EC）提出了货币市场基金的欧洲框架。欧盟提案规定，所有欧洲基金每日评估其资产价值并建立至少资产价值 3% 的资本缓冲区来吸收潜在的损失。欧盟提案还设定了最低流动资产的要求，包括 10% 当天到期的资产和额外的 20% 一周内到期的资产，并限制此类基金的投资。这些新规则应该防止银行和其他机构发行货币市场基金来支持它们的份额价格，欧盟希望防止基金的问题传染至金融部门的其他领域。然而，欧盟委员会的提议低于欧洲系统性风险委员会（ESRB）建议的标准，欧洲系统性风险委员会是一个设立于金融危机后的机构，其主要监控市场风险。根据 ESRB 建议，货币市场基金提出保持一个常数资产净值对金融体系构成了"系统性风险"，应该逐渐过渡到浮动的份额价格。

22. Allen 和 Carletti（2008）分析了公允价值（盯市）会计和危机传染的关系。当金融危机发生时，流动性扮演了非常关键的角色，一些市场的资产价格反映了市场的流动性状况，而不是资产未来的盈利能力。因此在这种情况下以市价为会计准则可能不是一个理想的方式来评估金融机构的偿付能力。作者认为保险业的冲击会导致当前银行资产的价值小于当前负债的价值，致使银行破产。相反如果使用历史成本会计银行可以继续经营并能满足他们所有的未来债务。作者同时认为盯市会计可以导致风险传递，历史成本会计下该情况则不会出现。

23. 最近的例子是匈牙利（和其他东欧国家）以较低的利率大量借出瑞士法郎，瑞士法郎升值导致了所有以瑞士法郎计价的贷款风险增加。

24. 如果某地区的担保品出现一个负向冲击（例如因为生产力下降），然后本地和不在本州的银行都将远离受影响的地区，把该区域的非对称性商业周期同样传递到其他区域。

25. 有时这些信息是不可用的，所以研究人员必须使用在银行间市场的银行总头寸的加总信息，做出交易对手总风险是如何分配到单个银行的假设，这会减少了整个模拟的可靠性。Mistrulli（2005）表明这种近似引入了大量的偏误。

26. 而且，重要的金融机构在雷曼兄弟之前就已经倒闭了，2007 年房地产价格下降，批发市场的流动性问题在 2007 年开始出现（例如，2007 年 8 月 9 日欧洲银行间市场开始出现流动性问题）。

第六章　系统性风险与金融危机的实际成本

由于受损的金融体系会减少储蓄向实体经济的中介传输，而且金融机构去杠杆也会给资产价格和信贷流动带来较大的压力，所以金融危机不仅对金融体系，而且对实体经济都会产生显著的危害。此外，金融危机经常发生在家庭部门和非金融企业高杠杆率之后，随之而来的债务积压问题（debt overhang）将会减少总需求和总投资。而且总需求的下降将会通过抑制资产和抵押品的价值反作用于金融体系，在金融部门与实体经济之间形成一个互相增强脆弱性的恶性循环。

金融危机会迅速对总产出和就业产生强有力的负面影响，而且这些影响都会持续很长一段时间，一般需要经过数年，经济活动和财富水平才能恢复到危机前的状态。因此，一个至关重要的问题是，什么导致了这些金融冲击的持续性？为什么一些国家的人均 GDP 至今仍然没有恢复到危机前的水平？

国家应对金融危机的经验是成功失败各占一半的，政府政策有时会加重危机而不是缓解问题。有些政府政策只针对于金融体系，比如区分坏银行（a bad bank）或者银行资产重组；而其他一些政策则是宏观导向，包括扩张性的货币政策和财政政策。扩张性政策有助于将危机的短期影响最小化，但同时也会产生重要的跨期影响，可能埋下下一轮泡沫的种子。其他一些干预手段，比如迫使银行持有更多资本可能在经济繁荣时期而不是危机时期会更加有效。结构性的公共政策对于恢复金融与经济稳定也发挥着重要作用，例如金融体系多元化，或者增强劳动力市场的灵活性。

本章将回顾现有研究金融危机对实体经济影响的文献，尤其侧重系统性危机对实体经济的影响。需要强调的是，虽然我们这里仅单独讨论金融危机的成本，但这只是金融发展总体成本收益分析当中的一部分，所以我们还需要把金融自由化和金融深化的收益纳入考量。

6.1 金融危机实际效应

金融危机的实际成本可以用产出损失、新增失业、资产价格、银行救助付出的财政成本和新增公共债务等来衡量。这里我们考虑的社会成本主要涉及就业和债务积压问题（见 Atkinson 等 2013）。

产出损失和新增公共债务体现了危机在实体经济和财政上的总体后果。Laeven 和 Valencia（2013）发现，自 1970 年以来，从拯救银行的财政支出看，银行危机平均会耗费纳税人的支出大致占 GDP 的 12.4%，其中占比最高是 1997 年东南亚金融危机中的印度尼西亚，共花费 GDP 的 56.8%（见图 6.1）。从产出损失指标看，他们估计危机造成损失平均占 GDP 的 30.1%，而爱尔兰和拉脱维亚 2011 年的累积产出损失超过了各自潜在 GDP 的 100%。在公共债务增加的国家中，平均公共债务增长达到了 GDP 的 26%，其中几内亚在 1995 年的危机中债务增长高达 108.1%，乌拉圭在 1981 年危机中债务增长达到了 GDP 的 83.3%，冰岛在 2008 年危机中债务增长达到了 GDP 的 72.8%。但是，也有许多国家在银行危机期间公共债务并没有增长。

这些成本的估计假设了政府会采取潜在的政策行动，因此不是严格意义上的直接比较。还有，这些估计不包括纳税人用于控制危机而处于风险中的资金（包括政府担保的银行债务和补贴的存款保险），也不包括为救助银行体系而采取的适应性宏观政策所带来的财富转移（比如通过通货膨胀或者低利率的方式，将财富从债权人那里转移给了债务人，或者通过增加公共债务将财富从青年人那里转移给老年人）。根据初始冲击的大小、冲击在国家之间通过金融体系传导的方式以及政策干预力度等方面的差异，产出损失各不相同（Laeven 和 Valencia 2008）。

Laeven 和 Valencia（2008，2013）关于金融危机的分析非常详细，尤其是针对政策响应和世界范围内发生的危机，但是从时间上来看，分析只限于 1970 年以后的危机。对于这之前的金融危机情况又是怎样的？这些危机和最近的危机有何不同？如果不同，又是为什么？就这些问题，Schularick 和 Taylor（2012）以及他们同 Oscar Jordà 的后续文章分析了过去 40 年 14 个发达国家的金融危机的情况。

他们发现金融危机对实体经济的影响在 1945 年以后从绝对水平来看显得更加温和，但同时具有相当的趋势性。以产出下降来衡量，1945 年以后的金融危机的程度始终很严重。虽然在 4 年之后强劲复苏，但是实体投资活动的最大下降程度比"二战"以前要显著得多。从金融危机中的通货膨胀来看，前后两个时代有显著的差异。战前的金融危机同通货紧缩还有狭义、广义货币的增长停滞有关系（这些发现不是简单地从大萧条中得出的）。相反地，由于更积极的货币政策响应，通过狭义货币的扩张可以看出，战后的金融危机总是伴随着相较于平时更高的通货膨胀。更加积极主动的货币政策立场能够帮助避免债务—通货紧缩的恶性循环（Fisher 1933），这通常是金融危机早期的一般特征。通过增加债务的实际价值，通货紧缩进一步加重了债务积压和信贷紧缩的问题，而这些问题在银行危机中更加严重（我们将在下一部分详细地讨论这个问题）。

Schularick 和 Taylor（2012）总结得出，政策制定者的确从大萧条当中吸取了教训。更加激进的货币政策以及对金融部门的快速支持，均可以缓解金融部门剧烈的去杠杆效应。事实上，20世纪后半叶的危机所表现出的特征均是通货膨胀、更高的货币增长和金融部门更小幅度的信贷紧缩。

因此，即使拯救金融部门会产生高额的财政支出，快速应对危机也是必要的。此类行动的延迟，不仅会拖累复苏，还将增加信贷紧缩，及反复恶化的增长乏力与债务积压的风险，这些都将增加危机的实际成本（Calomiris，Klingebiel 和 Laeven，2003；Laeven 和 Valencia，2008）。但是，积极的货币政策给脆弱的银行和政府提供流动性的同时，可能拖延重建金融体系所必需的政策实施。

如果只看实体经济效应，一个有趣的现象是，尽管在战后的危机当中政策响应要激进得多，但金融危机对实体经济的累积效应却更强。在战后的金融危机中，相对于趋势来看，产出累积下降了6.2个百分点，实际投资下降超过了22个百分点。1930年代以前的金融危机实体效应更低，也是因为当时金融部门在经济当中并没有发挥核心的作用。这同时也印证了另一个观点，同1930年代相比，特别是在1913年以前，经济较少地受制于名义刚性，因此能够更好地适应名义冲击，比如由危机引发的债务紧缩（Chernyshoff 等，2009）。

尽管中央银行和政府的政策更加宽松，但为何现在的产出损失会如此之大？一方面，政府和中央银行吸取了1930年的教训，采取积极主动的政策来防止经济的负面反馈。另一方面，正如我们在第四章看到的，金融部门的规模和杠杆在持续增长。因此现在金融体系的冲击会对实体经济产生更大的影响。而且政府对银行负债的显性与隐性担保，助长了金融系统杠杆率和风险承担。虽然发达经济体在危机之后的去杠杆过程从某种程度上使得金融体系规模有一定的缩减，但是金融体系在整体上依然保持着较高的杠杆率，而且还在通过并购来提升集中度。相比于之前规模更小、杠杆率更低、更简单的系统性风险来说，当下的系统性风险的成本甚至更高，所以对于限制这些系统性风险，宏观审慎政策的作用日益重要。

Reinhart 和 Rogoff（2009b）研究了金融危机的后果。这些后果有着三个共同的特征。第一，资产市场持续暴跌，实际房价在 6 年当中平均下跌了 35%，股权价格在三年半之中平均暴跌了 55%。第二，产出和就业大幅下降，在周期的衰退阶段中，失业率平均上升了 7 个百分点。尽管产出的衰退期比失业要短，平均持续 2 年时间，但是产出从最高点平均下落了 9%。第三，政府的实际债务膨胀，在 1945 年以后的重大危机当中，政府债务平均上升了 86%。债务增量中的实质性部分不是来自救助和重组银行体系，而是来自于弥补经济衰退所导致的税收收入锐减，和用来抵抗衰退的大规模反周期财政政策（Laeven 和 Valencia 2012）。

6.2　传导渠道

因为金融系统在实体部门中发挥着多重重要功能，所以金融系统整体的受损，会对企业和家庭部门带来多重的实际成本——比如，支付体系的平滑功能、风险分担功能和储蓄产品的丧失。金融部门危机的主要传导途径在于，危机破坏了金融系统将储蓄资金分配给企业进行投资以及分配给家庭进行消费的配置功能。这种资金配置的主要方式是银行信贷，当然在一些国家比如德国和日本，银行也会持有企业的股份。此外，在一些国家，金融市场构成了重要的备选融资方式，当银行部门陷入困境时，可以充当企业外部融资需求的"备胎"。

信贷紧缩是金融危机的一个重要负面溢出效应。由于经济前景日趋黯淡，投资机会和消费需求均在减少，所以信贷需求的减少导致了信贷紧缩。但是，由于公司在危机时的现金流更低，所以处于萧条时期的公司可能会有更高的外部融资需求。然而，尽管企业存在融资需求，由于抵押品和资产价格降低，借贷的代理成本升高，仍然会使得信贷紧缩。这也被称为（企业或家庭）资产负债表传导效应。

此外，系统性风险一般发生在高速信贷增长与加杠杆之后，所以危机带来的债务积压以及资产价格的暴跌可能会导致总投资和总需求的减少，当然这部分是因为外部融资机会减少所导致。同样，金融中介和投资者的风险偏好也可能有大幅地下降，这会降低风险项目的外部融资可获得性，而这些项目中有些是经济增长强劲复苏所必需的。最后，因为银行的流动性困境与破产将削减信贷的供给，即信贷紧缩，所以即使企业和家庭继续对信贷有积极的需求，同时也具有偿付能力，但他们可能还是不能获得必要的信贷。金融系统内部的传染将进一步加重银行资本的短缺和流动性难题，这些问题与资金和市场的流动性还会相互加强。在极端严重的系统性危机中，金融体系的损坏程度可能导致其不能再发挥主要功能：吸收存款，再将资金引导到产出最高的投资和消费中，所以这意味着极大的实际成本。

银行从借款人那里收集个人信息，用来发放有价值的关系贷款，从而增进借款人的福利（Sharpe，1990；Rajan，1992；Bhattacharya 和 Chiesa，1995；Boot，2000）。如果银行倒闭，这些信息也将会丢失（Bernanke，1983）。例如，Bae 等（2002）提出，在 1997 年韩国金融危机当中，同银行保持密切关系的公司能够从银行那里更容易地获得信贷，并因此而受益。所以，银行倒闭会对其客户产生负的外部性，倒闭银行客户的借贷成本或者信贷配给将会上升。

在危机中失去主要关系银行的企业可能会不成比例地遭受损失，因为幸存下来的银行处于信息的劣势，所以不愿意借钱给这些企业，特别当这些企业是小公司以及透明度不高的公司。因此银行系统的问题将会改变借款人的生产决策，这就会产生实际效应。

已有大量实证文献指出金融状况会产生实体经济后果（King 和 Levine，1993；Rajan 和 Zingales，1998；Levine，2005）。Bernanke（1983）、Calomiris 和 Mason（2003）发现大萧条中美国的银行危机降低了信贷配置的效率，导致了更高的成本和更少的可用信贷，这些后果抑制了总需求，因此降低了国内产出水平。尽管相关研究还不太多，但 1931 年的欧洲银行危机的实际后果可能同样严重，维也纳信贷银行（Vienna of Kreditanstalt）倒闭以后，被奥地利政府接管，这不仅动摇了对其他奥地利银行的信心，还动摇了对德国银行的信心，随后德国出现了一系列银行倒闭和公司破产，造成了很高的失业。

Bernanke 和 Lown（1991），Peek 和 Rosengren（1995），Hancock 和 Wilcox（1994）等使用美国银行业数据发现了与假说一致的结论，当银行资本过低或者银行部门遭受重大资本损失的时候，银行借款会缩减，即信贷紧缩。但是，危机中借款者的质量会恶化，这也意味着银行借款会下降，所以不能确定两者的因果关系。Klein 等（2002）、Peek 和 Rosengren（1997，2000）将日本股票市场暴跌导致的日本银行损失作为日本银行在美国子公司借款的外生冲击，发现银行资本的负面冲击，会通过紧缩信贷而产生实质影响。Ashcraft（2005）把倒闭银行控股公司的稳健子公司的停业作为信贷供给的外生冲击，发现这对当地收入有重要的消极经济影响。但是，从问题银行借款的公司其投资机会也可能较差，所以因果关系仍不清楚。

Jiménez 等（2012）使用申请贷款数据分析了 2008 年西班牙的信贷紧缩。为了建立银行资产负债表强度和信贷供给之间的因果联系，他们专注于同一借款人在同一个月向不同资产负债表强度的银行提出的一系列贷款申请。在这一系列贷款申请中，借款人的潜在质量是固定不变的，他们研究经济状况如何影响在不同资本和流动性状况下银行贷款的发放情况。此外他们还分析了初次贷款申请被拒绝的公司是否可以通过成功向其他银行申请到贷款来消除被降低的信贷可获得性。（如果是这样的话，那么就表明和信贷紧缩有关联的实际效应该是很小的。）他们发现越低的 GDP 增长会减少贷款申请通过的概率，特别在危机时期更为显著。贷款发放的负面效应对资本水平较低的银行在统计上更显著，这意味着银行资本的紧缩会导致信贷紧缩。他们还发现，初次贷款申请被拒绝的公司不能通过向其他银行申请到贷款来撤销可获得信贷被削减的状况，尤其在经济相对紧缩的时候。

Jiménez 等（2013）分析了最近的西班牙危机中，基于贷款损失拨备规则的银行资本差异是如何影响信贷供给和实际效应的。从贷款水平上看，他们发现在危机刚开始时就有充足动态贷款损失准备金（dynamic loan loss provision funds，这属于二级资本的一部分）的银行，相比于有较少贷款损失准备金的银行，会在危机冲击过后更大程度维持已承诺的信贷发放。同时，有更多准备金的银行会缩短贷款期限并且提高抵押品的要求，尽可能地补偿在危机中由于宽松信贷额度所带来的较高风险。

对于实际效应，他们发现贷款信用水平的变化受制于公司信贷合约的信用水平，特别是对于那些从事前动态准备基金更低的银行借款更多的公司，这表明公司不能获得其他的融资去替代失去的银行融资。与此解释一致的是，他们发现公司的总资产、雇佣员工数和生存概率也会受到负面影响。这些结果表明大规模银行资本准备金（建立于危机之前）的存在，在危机中能够帮助银行吸收冲击，具有很强的实际效应。

银行借贷中的摩擦也可以影响就业。Chodorow - Reich（2014a）分析了2008 年危机中美国银行和就业之间的关系，采用雷曼兄弟倒闭后银行稳健状况的离差作为对借款人信用可获得性的外生变量，发现在危机前与稳健状况较差银行有关系的公司在雷曼兄弟破产以后获得贷款的概率更低，即使借到款，要支付的利率也会更高，而且会裁减更多雇员。对于不同类型的公司，这些效果会不同，公司规模越小、信息越不透明，这些效应就会越大。在雷曼破产后的一年，银行撤销贷款可以解释中小公司就业率减少的三分之一到二分之一。

对于大公司，以上结果则不显著。这是因为大公司可以利用金融市场和其他融资手段替代银行信贷吗？Kashyap，Stein 和 Wilcox（1993）提供的证据表明，当货币条件收紧时，相比于银行贷款，资本市场发挥着"备胎"的作用。趋紧的货币政策导致公司更多地发行商业票据，银行发放给公司的贷款就会回落。Becker 和 Ivashina（2013）用公司层面的数据分析了公司的银行债务与非银行债务（公共债券）之间的替代性。任何新增债务的公司一定有明确的外部融资需求。因此，他们将公司从贷款转换到债券的行为解释成银行信贷供给的紧缩。研究发现，当银行收紧借款标准，不良贷款水平和贷款补贴会升高；当银行股价低迷，或者货币政策收紧时，有显著证据证明债券是贷款的替代融资方式。

这些结果表明围绕商业和货币周期，信用供给有很大的变动，但同时又像 Adrian，Colla 和 Shin（2012）指出的那样，其他融资方式（这里指债券）可以部分抵消银行信贷紧缩所带来的负面影响。由此得出，一个市场与银行并行的多元金融体系可以限制金融危机的负面影响。同时，如果银行与市场之间相互作用产生的风险没有被高度监控，那么银行与市场的混业也会提升系统性风险。公司对外部融资（从银行或者从市场）的依赖程度至关重要，特别是在危机当中。Kroszner，Laeven 和 Klingebiel（2007）和 Dell'Ariccia 等（2008）考察了在跨国环境下银行危机的实际效应，发现更多依赖外部融资的经济部门在银行危机中受损更为严重。Kroszner，Laeven 和 Klingebiel（2007）还发现这些效应在发展中国家、在金融体系深化程度更高的国家和银行危机更严重的国家中尤为显著。Raddatz（2006）进一步提供的证据表明金融发展会降低经济波动。他发现在金融发达的国家，有更大流动性需求的部门波动和所经历的金融危机更小。

正如我们在第五章详细讨论的，银行的破产会产生负的外部性：一家银行破产会使得人们对整个金融体系的稳定失去信心，银行间市场和对倒闭银行的衍生品敞口会使得其他银行损失，危机银行被迫甩卖资产也会导致其他银行的资产损失。这是和其他产业不同的，因为一般竞争者可以从其他公司的倒闭中获利。这些和银行倒闭有关的负外部性为金融监管提供了主要的理论基础：防止有极高社会成本的银行倒闭（Dewatripont 和 Tirole，1994；Bhattacharya 等，1998；Gorton 和 Winton，2003；Freixas 和 Santomero，2004）。最近一次全球金融危机就是一个典型的例子，加剧的交易对手风险给银行间市场和其他批发市场上带来过度的压力，对银行的资金流产生了负面后果。另外 Allen 和 Gale

（2004a）指出因为银行为消费者提供了针对特有流动性冲击的保险，所以银行倒闭有重要的福利含义，而市场一般不会起到相同作用。

Iyer 等（2014）分析了银行间市场的冻结是否会导致信贷供给的下降，以及中央银行的政策能否缓解这样的僵局。他们研究了 2007 年到 2009 年的银行危机对商业信贷供给的影响。为了解决实证中的识别问题，作者使用葡萄牙银行部门的贷款数据，将公司与银行的资产负债表进行匹配，分析了 2007 年 8 月欧洲银行间市场未被预期到的冻结。基于危机前在银行间市场的风险敞口，他们分析了对银行间市场冲击有着不同敏感性的银行在危机前后的借贷情况。对于同一借款人，他们发现在危机前更多依赖银行间市场融资的银行，在危机中的贷款减少得更多。总体上来看，他们认为中央银行对信贷供给的流动性援助作用有限，而对银行间市场依赖度更高的银行会囤积流动性。

此外，对于更小、更年轻，与银行关系薄弱的公司贷款供给减少得更多，而且不能从其他受影响较小的银行那里获得信贷来弥补被削减的信贷供给，也不能通过其他来源获取债务，包括贸易信用贷款和债券。对大公司并没有显著的信贷紧缩。这些结果表明，2007 年到 2009 年的金融危机的流动性冲击对规模较小、不透明和年轻的公司的影响比规模大、更完善的公司影响要大得多。在某种程度上，这些公司也往往是最具创业精神的公司，这些结论意味着流动性冲击对经济增长有很大的抑制作用。

基于公司质量和风险的特质，比如公司的资产回报和贷款利息覆盖，Iyer 等（2014）发现银行根据公司的利润来全面削减信贷供给。但出人意料的是，他们发现对于贷款利息覆盖很低的公司，银行不但不会削减反而继续为其提供信贷。一个可能的解释是贷款持久化，或被称为"僵尸"贷款（"zombie" lending），即用来形容给陷入困境的借款人的贷款展期，以避免贷款被核销。对这些公司削减贷款，也许会增加潜在的违约风险，这可能会反过来增加对银行资本充足率的要求，并且/或者增加银行高管被解雇的概率。

Albertazzi 和 Marchetti（2011）发现的证据与最近一次危机中意大利银行的贷款持久化是一致的。银行对困境中的公司延长其现有贷款的期限，这种情况下产生的贷款持久化会避免使得这些公司出现贷款违约，同时也允许银行经理人通过将贷款展期的方式把不良贷款隐藏在资产负债表当中。

"僵尸贷款"这个术语最早被发明来描述 20 世纪 90 年代日本的银行危机。Caballero，Hoshi 和 Kashyap（2008）认为僵尸贷款在日本引发了极为严重的负面效应，拖延了消除金融危机所需要的时间，还增加了相关的成本。他们指出僵尸贷款让那些本应该退出经济的公司继续经营，进而减少了本该分配到那些产出更高新兴部门的信贷。因此信贷供给结构的变化降低了 GDP 的增长，而且金融危机和系统性风险的成本也随之增加。一些评论者甚至提出，最近欧元区的政策正是通过监管宽容（regulatory forbearance）和欧元区国家中央银行的信贷宽松人为地维持着僵尸银行的运营。这里的"僵尸银行"指的是陷入困境的银行，而不是那些非金融性借款者。若不把僵尸银行（或者不良资产）从金融系统中移除，不仅会拖延经济重建与复苏，而且僵尸银行还有动机进行"起死回生的赌注"（Gamble for Resurrection）：陷入困境的银行有动机利用银行有限责任这一特点选择高风险的资产组合，如果赌赢了，将会获得高利润的回报，如果赌输了，将会给债务人、存款人和纳税人带来损失。这样的风险转移行为对陷入困境的银行来说是最优策略，因为如果赌赢了，银行将恢复偿付能力，如果没有，银行将继续维持无力偿还的状态，对于股东和和经理人来讲不会有任何重大的损失。

Kane（1989），Cole 等（1995）证明了在美国 20 世纪 80 年代的储贷危机（S&L Crisis）中银行就操作过这种起死回生式的赌注。20 世纪 70 年代后期，也就是在 Volcker 被任命为美联储主席以后，因为储贷银行持有的组合中大多是长期固定利率的抵押贷款，这些抵押贷款的利率低于短期存款的利率，所以不断上升的利率吞噬了储贷银行的利润和资本。为了避免破产，储贷银行通过发放高风险高收益的贷款，将业务拓展到风险更高的活动中去（例如商业地产），结果给银行造成了巨大损失，而这些损失最终变成了纳税人的财政成本。

2007 年到 2008 年的金融危机也同样证明了起死回生式赌注的存在。Baldursson 和 Portes（2013）分析了冰岛银行危机时银行的起死回生式赌注，在 2008 年 10 月冰岛银行危机中，冰岛三家大银行倒闭了。而就在他们到闭之前，这些银行还在飞速扩张，提交的资产负债表看上去也非常稳健。实际上，2007 年 8 月批发市场的流动性出现枯竭，冰岛银行为了起死回生孤注一掷，扩张他们的资产负债表，为他们的股东甚至大的借款人投资提供再融资。银行还在股票市场上回购自己的股票来防止他们的股价暴跌。在 2008 年 10 月即崩盘前的一个月，这些银行出具的报告还显示他们的流动性状况非常好。Baldursson 和 Portes（2013）发现这些报告是具有误导性的，监管者对这一切显然毫无察觉，银行资金快速增长几天后，这些银行的倒闭变得不可避免。不像其他发达经济体，冰岛并没有资源去救助银行，这也在事后总体上减少了金融危机的成本。

对于最近欧元区的危机，Acharya 和 Steffen（2015）的证据表明在主权债务市场上银行的套利交易（carry trade）行为同样具有投机动机。用多因子模型对 GIIPS 国家（希腊、爱尔兰、意大利、葡萄牙和西班牙）的股权收益和德国政府债券的利率关系的估计，表明银行通过在短期批发市场上融资来买入周边国家的主权债券，这一"套利"的头寸只有当 GIIPS 国家的债券回报出现显著恶化，给银行造成了重大损失时才会出现。他们指出，有融资压力的银行，比如有更多批发融资的银行和资本不够充足的银行，和有着更强的动机通过套利交易来投机的银行会持有特别大的敞口，甚至在 2010 年 3 月和 12 月两次欧洲压力测试之间他们还在增加敞口，利用主权债券市场不断变宽的收益率价差来获利。

随着危机的演进，他们发现"本土偏好"（home bias）在增加，即国内银行更多地投资于本国的主权债券。总的来说，他们的结果表明存在一种冒险形式的道德风险，就是资本充足率低的银行通过利用低风险权重和中央银行的资金投资于有风险的政府债券头寸。

为了处理大规模受困银行的资产，政府经常寻求建立所谓的坏账银行来收购受困银行的资产。将问题资产从银行的资产负债表中移除，这其中的一个重要好处是可以释放借贷能力，给更有潜力的借款者提供贷款，由此可以减少僵尸借贷。但是，设立坏账银行或者资产管理公司来管理问题银行资产的国家成败参半，部分原因是治理问题（政府控制下的这些主体让管理陷入困境），或者是因为在资产价格低迷的市场中这些问题资产很难再恢复价值。比较成功的案例是那些有着充分动机去最大限度修复购买资产价值的情形（Calomiris，Klingebiel 和 Laeven，2003）。

金融危机的另一个重要效应是其对公共债务的影响。这些效应的产生源于修复金融体系（如银行资本重组和资产购买）产生的财政成本和总体经济活动的下降。增加经济中的公共债务会有什么样的后果呢？存在对私人投资的挤出效应吗？和外国投资者相比，为什么有些国内银行会增加他们在国内公共债务市场的头寸？2007 年欧元区中的外围国家有着稳定的增长、低赤字和低价差。而金融危机爆发后，这些国家陷入了严重的经济衰退，推升了他们的财政赤字和公共债务水平。到 2010 年，这些国家面临着严重的主权债务问题。价差不断扩大，同时国内债权人所持有的主权债务的份额也在增加。信用重新从私人部门流入到公共部门，投资减少，更进一步地加深了衰退。这在脆弱的银行和脆弱的主权信用之间构成了恶性循环，脆弱的银行增持主权票据（sovereign paper），而主权信用的压力又会使得银行持有的这些票据贬值。

为了解释这些事实，Broner 等（2013）提出了一个债务可以在二级市场交易的主权风险模型。该模型嵌入了债权人歧视（creditor discrimination）和挤出效应。债权人歧视的产生，是因为在动荡的时期主权债务给国内的债权人提供了比国外债权人更高的回报（在违约的情况下，国内债权人比国外债权人更受照顾，或是国内银行在政府破产的情况下，因为隐性担保将会消失，所以即使没有公共债务也会同样遭受损失）。这给国内投资者购买债务提供了激励。

挤出效应的产生是因为私人借款受到了金融摩擦的限制。如果私人信用市场可以完美运行，那么国内债权人可以通过向外国债权人融资购买主权债务。但是，在私人借款中存在代理成本，特别是对抵押品有限的小公司而言。结果国内债权人购买主权债务可能会挤出有效高产的投资。因为即使债权人可以从国内债务中获取高回报，但从经济整体而言，会由于失去私人投资机会而蒙受损失，所以挤出效应是福利的损失。

银行危机经常和抵押品价值的暴跌有关，通常这些抵押品是房地产。抵押品价值暴跌会导致公司和家庭可获得信贷的急剧减少，更低的资本净值和非金融借款人更高的风险也会增强这一影响。Bernanke 和 Gertler（1989）和 Bernanke 等（1996）发现，在借贷双方之间存在信息不对称，信用市场的状况可以传导并放大对非金融借款者财富的负面冲击。所以私人部门的资产负债表传导途径对于信贷驱动的实际效应来说可能很重要（Bernanke 和 Gertler，1995）。Kiyotaki 和 Moore（1997）发现抵押品资产价格冲击会减少基于该抵押品的可借资金量，导致资产价格螺旋式的下降。Caballero 和 Krishnamurthy（2001）提出这种负向螺旋在新兴市场国家特别严重，因为公司需要维持大量的抵押品来进行国际借款，这限制了他们在本地借款中可用抵押品的数量。

Mian 和 Sufi（2014a）分析了美国家庭部门在最近一次衰退中的资产负债表传导效应（Mishkin 1978）。他们发现由家庭部门资产负债表冲击造成的总需求下降是 2007 年到 2009 年美国就业和消费下降的主要原因。他们还发现在有高杠杆率的郡，受资产负债表冲击（债务过剩问题）非贸易部门的失业更高，而贸易部门的失业分布在这些郡中很均匀。他们的估计表明由家庭部门的资产负债表冲击引发的总需求下降解释了 2007 年到 2009 年之间几乎所有的 400 万失业，这一数字占宏观加总数据的 65%。

总之，证据表明银行和非金融部门（公司和家庭）之间每一个资产负债表途径都发挥着重要作用，在金融危机中可以引起负面的实际效应。Maddaloni 和 Peydró（2011 和 2013）用美国和欧元区的贷款调查数据发现，信用状况会随着商业周期而变化，部分反映了信贷供给的变动（即银行的借贷途径），以及信用需求和公司与家庭净值及抵押品的变动（即资产负债表途径）。两个途径相互作用，相互加强，脆弱的公司与家庭资产负债表会消极地影响到银行的资产负债表，反过来又会减少存款人和市场借钱给银行的意愿。因此经济中债务积压问题越严重，这两个途径的效应也就越强（Myers，1977；Bernanke 和 Gertler，1995）。在系统性危机中，债务积压会紧缩信贷：因为公司的杠杆过高，好的投资机会（有正的净现值的项目）不会被实施，从而拖累经济增长。所以事前的杠杆越高，不仅金融危机发生的可能性更大（正如我们在第四章看到的），而且当危机发生时，对实体经济造成的负面效应也更大（证据见 Schularick 和 Taylor，2012）。

过多的非流动性资产经常同银行危机相关，他们会造成信贷市场的冻结。持有大量非流动性资产的银行面对负面的流动性冲击时，可能会触发低价抛售。Diamond 和 Rajan（2011）认为那些被迫在将来出售非流动性资产的受损银行，有私下持有这些资产的动机，尽管这会降低他们现有资产的价值，他们也不会立即出售这些资产。原因在于，如果现在被抑制的资产价格得到恢复，那么银行出售这些资产将会牺牲掉价格回升带来的收益。与此同时，这些资产的潜在买家（包括状况良好的贷款人）预期到潜在的抛售，将会要求更高的回报，降低他们借贷的意愿。结果是，更加严重的抛售大大超出必要的借贷降幅。Holmstrom 和 Tirole（1998）发现当信用市场被中断后，比如在银行危机中，经济可能会遭受到效率损失，不能再为受流动性冲击影响的公司提供资金，而这些公司恰恰需要通过外部融资来避免破产。这些破产会引发严重的负面实际效应。与此一致的是，Jiménez 等（2014b）发现持有更高比例非流动性资产如房地产的银行给公司提供的信贷更少。

遭受严重损失的银行不仅要面对攀升的成本，可能还要面临负债的减少。这也许是整个资产负债表规模缩小的效应，也可能是无法从市场获得资金的结果（从积极意义上看，这是市场约束好的表现形式）。这样的配置也许表明存款人在面对损失风险时更偏好在其他地方安置资金。反过来，银行会以紧缩可获得信贷的方式将流动性短缺传导到他们的借款人那里（Valencia，2014）。昂贵的信用使得借款人和银行更可能陷入财务困境。Iyer 等（2014）提供的证据显示流动性配给可以对公司造成信贷紧缩。

相反地，Acharya 和 Mora（2015）发现状况更差的银行可能上调存款利率来获得零售的流动性。他们研究了 2008 年全球金融危机中银行存款利率和资金流入的行为。结果表明当银行面对资金紧缩时，会使用更高的利率来吸引存款。开出更高利率的银行，正是那些更多暴露在流动性需求冲击中的银行（流动性需求用他们的未使用承诺、批发市场资金依存度和有限流动资产来度量），而且他们的资产负债表也更脆弱（更高的不良贷款）。因为这些银行会导致其他银行也提高利率水平，所以利率提升会增强竞争效应。

因为中央银行和政府试图救助金融部门的政策一般都意味着财富从纳税人转移到银行，从存款人转移到借款人，所以银行危机通常会对分配有重大影响。比如，重组破产银行就构成了从纳税人到银行的财富转移，扩张性的货币政策（包括更高的通货膨胀或者更低的利率）就预示着从债权人到债务人的财富转移。这些分配变化在金融危机中会影响到系统性风险。对于收入和财富平等来说，还存在其他系统性风险的事后效应，例如高杠杆的家庭会减少总需求（Mian 和 Sufi，2014a）。因为政策制定者想要推高信用来减少消费的不平等，所以系统性风险也可以有事前效应，但这反过来会导致有更高风险借款人的信用不断膨胀，也许最后以成本高昂的金融危机收场（Rajan，2010）。

最后，通过外国的银行和银行间市场，一个国家的银行危机也可能意味着对其他国家的外部性。由于银行业的国际化以及跨国银行的增长，这种传染的风险也在增加（Laeven 和 Valencia，2008）。跨国套利监管和跨国安全网的竞争也会产生外部性。Peek 和 Rosengren（1997，2000）发现日本银行贷款的供给冲击发生在日本，对美国的经济状况来讲是外生的，然而这些冲击会通过日本银行在美国的分支机构外溢到美国，并导致其在美国的信贷与经济活动收缩。

Kalemli‐Ozcan，Pappaionannou 和 Perri（2013）研究了金融一体化（通过银行）对国际间商业周期传导的影响。1978 年到 2009 年间 20 个发达国家的样本中，他们发现在没有金融危机的时期内，银行双边联系的增加同更加差异化的产出周期有关。这个联系在金融动荡时期内显著变弱，意味着金融危机引起了金融一体化程度更高的国家之间的传染（同方向联动）。他们还指出，在最近 2008 年金融危机中，同美国有更强直接与间接金融联系的国家经历了和美国更为同步的周期。同时，Cetorelli 和 Goldberg（2012a）证实跨国银行可以通过他们的内部资本市场充当流动性冲击的缓冲器。他们发现业务遍及全球的美国跨国银行的贷款，对货币政策导致的流动性状况变化的敏感度，远没有那些仅仅是全球活跃的美国银行高。

6.3 金融危机的积极作用

我们目前为止都在关注系统性风险和金融危机的实际成本，但是是否在经济增长和金融稳定之间存在一种权衡？通过筛选和给予有正净现值风险投资项目发放信贷，银行可以为经济增长做出贡献（King 和 Levine，1993；Levine 和 Zervos，1998）。因此当银行陷入困境的时候，比如在银行危机中，会对经济增长产生负面影响。但是，银行危机也同样具有净化效果，它可以迫使不能生存的银行退出市场。例如，Calomiris 和 Kahn（1991）提出银行挤兑是有益处的，因为挤兑挽救了银行的一些价值。其他关于商业周期和银行危机的理论发现，存在最优的金融危机（Allen 和 Gale，1998），并且这些危机允许熊彼特式创造性破坏的发生。

Ranciere 等（2008）的确证实了那些偶尔经历金融危机的国家比金融稳定的国家增长要更快。因为金融危机是下行风险的实现，通过信贷增长的偏度（skewness of credit growth）来度量发生率（incidence）。与方差不同，负偏度（negative skewness）独立于与危机相关的大规模、罕见的突然信用破产。他们采用 1960 年到 2000 年包含大量国家的样本，发现系统性风险（用信贷增长的偏度作为度量）对增长有积极作用。为了解释这个发现，他们建立了一个模型，模型中合约可执行性的问题产生了借贷约束和增长阻力。在金融自由化同时有适度合同执行性的经济中，承担风险可以鼓励和促进投资。这会带来更高的平均经济增长，但是也更容易导致金融危机的发生。数据显示，在这样的经济中，信用增长的偏度和 GDP 增长的联系是最强的。

6.4 结论

即使存在大规模的政府干预和扩张性的宏观经济政策，金融危机往往还是和巨大的经济成本联系在一起。但是金融危机也有一些净化效果，一些证据表明从长期来看金融危机也许不会对经济增长产生负面的影响。的确，自熊彼特以来，大家已经承认危机会使无效率公司退出和新兴公司进入。这意味着危机管理政策（包括宏观审慎政策）面临着重要的权衡，包括规避事前道德风险与避免为下一次系统性金融危机埋下种子。因为金融危机中低增长和脆弱的资产负债表会引起债务高企的问题，并且产生总投资和总消费的螺旋式下降，这会延长金融危机的时间，推迟复苏以及增加危机的实际成本与财政成本，所以拖延金融危机的解决，容易增加最后的危机成本。

从宏观审慎的角度来看，一个关键的问题是如何设计一套一致的监管规则，用来降低宏观经济成本（从经济增长来看），同时降低金融危机发生的概率和危机成本。确定的是，因为防范系统性风险的收益比系统性风险的成本高，所以宏观审慎政策非常重要。毕竟，为防范金融危机而带来管制存在显著的事前成本，这些成本来自于资本错配和金融部门低效率所带来的监管扭曲，以及一些成本不太高的金融危机（非系统性危机）。因为剧烈的系统性风险有很高的事后实际成本，所以我们相信新的预防性宏观审慎监管政策在许多情况下可以用来控制系统性风险。因此，我们的观点是，宏观审慎政策不仅应该用来进行危机管理，而且通过在经济繁荣时期减少系统性风险的形成来防范危机的发生。

注释

1. Laeven 和 Valencia（2013）计算了实际偏离 GDP 趋势的产出损失，以及在危机开始的 4 年内公共债务增加以及公共债务占 GDP 比率的变化。

2. 参见第四章，有关数据描述来源于 Jorda，Schularick 和 Taylor。

3. 排除战前的事件分析，即使对于大萧条，这个结论也成立。

4. 观察"二战"后的危机，在危机开始一年后的 5 年里，广义货币的水平比平均趋势要低 14%，银行贷款则低了 24%。然而在战后一段时期，广义货币下降了 6%，银行贷款下降了 15%。不过金融危机对银行资产负债表资产端的影响更大，在战后银行资产下跌超过 24%，而战前只有 11%。Adrian 和 Shin（2008a）清楚地证实了该发现，认为金融机构资产负债表上的不良资产是显著顺周期的。

5. 注意到正如我们在第四章解释的，Schularick 和 Taylor（2012）也发现金融危机通常发生在强劲信贷增长之后，那段时期金融体系承担了过多的风险。

6. 数据集的定义，请参阅 Reinhart 和 Rogoff（2009a）和本书的第四章。

7. 一些实证论文使用自然实验来分析信贷可得性。Slovin、Sushka 和 Polonchek（1993）研究了伊利诺伊大陆银行在 1984 年失败和被救助之后，借款人股价的反应。随后的论文使用了日本房地产泡沫破灭后的贷款源变化（Peek 和 Rosengren，1997，2000；Gan，2007；Amiti 和 Weinstein，2011），对 1998 年巴基斯坦核试验的反应（Khwaja 和 Mian，2008），对 1998 年俄罗斯危机的反应（Chava 和 Purnandam，2011），对阿根廷公共政策冲击的反应（Paravisini，2008），和对 2002 年世通公司破产的反应（Lin 和 Paravisini，2013）。

8. 加总信贷数据不可能区分信贷的需求和供应。事实上在 Schularick 和 Taylor（2012）的数据中，"二战"前危机开始后的一年里，平均贷款的负增长与危机相关，但是这个结果受大萧条的影响。一般来说，贷款增长变化的二阶导数而不是一阶导数在危机期间符号发生改变。因此，由于现金流和其他资金来源较弱，危机时信贷需求可能较高，所以正向的信贷增长与信贷紧缩一致。

9. 参见 Garicano 和 Steinwender（2013），Ivashina 和 Scharfstein（2010），和 Greenstone，Mas 和 Nguyen（2014），Giannetti 和 Laeven（2012b）。

10. 与这一结论一致，Stulz 等（2012）发现对美国较大的公司而言并无信贷紧缩现象。

11. 参见示例，《宽松货币政策"僵尸银行"的生命线：国际先驱论坛报》，2012 年 2 月 12 日，Veron 和 Wolff（2013）。

12. 参见 Akerlof 和 Romer（1993），Hellman，Murdock 和 Stiglitz（2000），他们认为银

行如果没有资本化将有更高的赌博动机。

13. Gennaioli, Martin 和 Rossi（2013）使用 Bankscope 的数据分析了 185 个国家逾 18,000 家银行持有的公共债券，这些债券涵盖了 1998 年到 2012 年期间的 18 次主权债务危机。他们发现：（1）银行资产中持有相当大比例的政府债券（平均约 9%），尤其是经济发达程度较低的国家持有比例更高；（2）主权危机期间，银行持有债券平均增加 1%，但这种增长集中在大规模盈利银行；（3）在正常时期银行持有的公共债券及其未来贷款是正相关的，但在发生违约时变成负相关。在违约期间银行债券持有每增长 10%，其未来的贷款量将降低 3.2%，而在正常时期债券购买只有违约时的 75%。

14. Aguiar 等（2009），Aguiar 和 Amador（2011）研究表明，较高的公共债务水平会增加政府违约动机和没收私人资本，进而减少私人投资。

15. 不但抵押品价值，广义金融资产价值对金融危机也很重要。所谓的财富效应是指金融资产价值改变和消费支出水平之间的关系，这意味着财富（金融资产）减少将导致总消费减少。参见 Carroll 和 Zhou（2010）。

16. 但是请注意，作者认为与金融危机相关的信贷增长偏度并不能完全刻画本书所写的系统性金融危机。

第七章 度量系统性风险

我们已经分析了什么是系统性风险、它的来源以及发生系统性风险的后果。然而，我们该如何度量系统性风险呢？[1]比如，就稳定价格而言，中央银行对通货膨胀有一个精确的目标，并知道如何测度通胀。[2]而为达到金融稳定和宏观审慎政策目的，监管者和中央银行需要测量系统性风险。正如我们在前面的章节中所述，系统性风险是一种由多维、时变的外部效应造成的，在金融部门内，以及从金融到实体部门间传染的内生风险。由于对这些内生风险的了解仍不充分，现有的系统性风险的测度尚处于早期阶段。我们不仅缺乏合适的系统性风险测度方法，也缺少进行正确测量所必需的数据。带着这些问题，我们对现有主流的系统性风险测度方法进行了总结。

我们应该在系统性风险测度中探寻什么？首先，如我们在第四章所示，系统性风险往往始于经济向好时期聚集起的过度风险承担，此时信贷（杠杆和债务）繁荣、资产价格泡沫正在形成；此外，金融机构在其固有动机下承担了过度关联的风险（比如，羊群效应），并建立起短期的整体联系。因此，系统性风险随着经济繁荣和金融机构的网络关联而呈现出内生性的变化。因此，好的度量方法应该能刻画出系统性风险内生性的时间变化，从而为过度积累的金融失衡提供早期预警信号。

其次，一些金融机构由于规模巨大、与其余机构的金融联系更紧密而具有系统重要性，所以对系统性风险的测度还应提供系统性风险的横截面变化等信息，从而使监管者可以实时了解哪些金融机构为整个金融体系的风险贡献最大（比如，对最具"系统性"的金融中介进行排名）。

然而，正如本章所述，从概念和数据可获得性的角度来看，现有系统性风险的测度存在明显的局限性。事实上，Greenspan（2002）认为，尽管中央银行不能实时识别资产价格泡沫，但它可以清理泡沫破裂后的残局。这存在几方面的不确定性：资产价格高涨和信贷繁荣是基于基本面还是泡沫？如果是泡沫，是否将导致金融危机或经济衰退？

我们在书中表达的核心观点之一是，考虑到源于信贷泡沫和资产价格泡沫的系统性风险所带来的实际代价巨大（产出和就业的损失），在繁荣和资产价格高涨的早期进行干预可能是合理的。中央银行和监管者或许将以较高的Ⅰ型错误（即，他们对没有泡沫风险也采取应对信贷和价格上涨的预防措施）换取较低的Ⅱ型错误（即，存在泡沫时却没有事前的预防措施）。[3]

我们认为监管者应该关注信贷与资产价格双双高涨时的杠杆化泡沫，历次金融危机表明此类现象尤其危险。比如，由房地产和信贷泡沫导致的2007~2009年危机的破坏性远远高于主要通过股权融资的互联网泡沫。原因在于，除了道德风险问题，股权可以作为一个缓冲来吸收资产损失，而杠杆降低了原本可以抵消资产损失的股权份额，从而加剧资产价格的冲击，并且产生债务积压和风险转移问题。此外，正如我们在本章指出的那样，有些测度方法实时衡量金融机构过度的信贷供给和风险承担，有识别信贷泡沫的潜在可能。更进一步地，不仅上涨的资产价格泡沫关乎系统性风险，大量抛售和过度的资产价格急剧下跌这一反方向的紧缩也同样需要引起重视（Allen和Gale，2007）。这种负的溢出效应在金融危机过程中影响巨大，市场还可能就政府将采取何种措施复苏最脆弱的机构进行博弈。由此，不仅在金融危机前，在危机过程中进行系统性风险的测度同样意义重大。可见，宏观审慎政策也有重要的事后危机管理作用。

值得强调的是，区分系统性风险和其他类型的金融风险（信用风险、流动性风险和市场风险）的差异十分重要。系统性风险并非独立于金融机构所面临其他形式的传统风险。当某一极端风险扩大到影响金融体系很大一部分（进而经济体）时，将被认为是系统性的。系统性风险（Systemic Risk）不是某个金融机构所面临的特殊风险，但也不等于系统风险（Systematic Risk），因为（系统风险变化时）商业和市场周期的变化并不一定意味着对金融体系有足够大的损害。此外，系统性风险的很大组成部分涵盖了金融机构间的关联风险敞口。

我们对现有的系统性风险测度进行概述，凸显它们的优缺点，并考察在实践中衡量系统性风险的问题。重要的是，实践中数据受限是首要因素。例如，我们并没有一个有关所有金融机构间财务关联信息的详细图谱。随着金融体系在很大程度上已国际化，极难获得一张反映微观金融联接的图谱，更糟糕的是，绝大多数国家连全国层面的数据也没有。[4]

此外，即使数据可得，重要的是收集到高频率数据，因为相比大多数非金融公司而言，金融机构拥有高流动性的资产，他们还可能在前面章节所提到的道德风险问题下，将流动性资产迅速转为收益更高、风险超标的金融资产

（Myers 和 Rajan，1998）。因此，本书的目标是为监管者应如何在实践中度量系统性风险提供指导，这种实际情况包括数据受限下的环境，比如新兴市场和场外交易市场，以及金融中介之间诸如金融资产、信贷敞口、回购和无抵押银行间市场交易等金融关联数据缺失的实际情况。[5] 我们给出每一个现有的系统性风险测度的基本假设和数据要求，并在可能的情况下，评估每项度量方法在预测经济下行结果的相对表现。

大致地讲，有关系统性风险测度的研究主要集中在我们前面提到的两个目标上：（1）衡量整个金融体系的系统性风险的指标发展；（2）识别个体机构对系统性风险的贡献。这始于后金融危机时代对新近提出的金融监管政策的密切关注，包括试图确定所谓的具有系统重要性的金融机构（SIFIs）。第一类测度捕捉整个金融经济体系面临的系统性风险的时变性，第二类则捕捉金融中介之间横向维度的风险传染，包括系统重要性金融机构以及通过资产负债的财务关联而联接的金融机构群。这两种类型的测度是相关的，因为当整个金融体系脆弱的时候财务传染的风险也更高（Iyer 和 Peydró，2011），而且大多数横向测度也可以计算系统性风险随着时间推移的变化以捕捉系统性风险的时变性。

比较不同系统性风险的经验测度的挑战在于，他们对系统性风险的定义大不相同。文献中已提出了几个具有竞争性的定义，但并未达成共识。大多数对系统性风险定义的共同特性是，这种风险将危及整个金融系统的功能，并对实体经济产生巨大的负外部性（见我们在第一章和第二章对系统性风险的定义）。

系统性风险的测度可以基于基本面或直接来自市场数据。前者基于我们在前面章节所看到的理论模型推导而来（比如，金融机构间的相互关联或证券中的交叉风险暴露），不过也可以基于以前的系统性金融危机的现象进行测度。例如，可以从危机前贷款价值比率（LTV）或者债务收入比率的历史数据中得出家庭、非金融企业和银行不可持续的高杠杆率水平。

系统性风险的测度也可以直接来源于市场数据（基于每一时刻所有信息中的相当大一部分被认为反映了市场价格的理念）。因为金融市场的深度和复杂性，对金融价格的统计信息，比如收益的相关性，为监管者提供了关键信息。事实上，如果强式有效市场的假设成立（Fama 1965、1970），在理论上这些测度方法可以通过更好的方式发现和测度系统风险。然而，像资产价格泡沫、或者加入诸如潜在救助（银行因此缺乏市场约束）的政策预期而导致的市场有效性偏离，会降低这些基于市场测度的吸引力。

特别是当市场价格被政府可能的救助和央行对金融部门的干预所影响时，

基于市场价格的系统性风险测度将会反映公共政策修复系统性风险的意图，从而低估系统性风险。比如，最近对金融机构关于纾困债券（Bail – in Bonds）和或有资本的政策措施，不仅可以提高对金融机构的激励，而且还提供了市场信息使得系统性风险的测度更为准确。但是，市场价格也可能被扭曲，我们不应该仅仅依靠市场价格，而应与数量测度互为补充，包括基于信贷和短期杠杆繁荣的早期预警信号以及金融系统之间的相互关联，也就是说，基于基本面因素的测度。

此外，即使这些测度加入了所有市场信息，监管者可能不知道为什么一些银行比其他银行更具系统性。也就是说，没有非常精确的微观数据（比如，金融联接数据），政策制定者不知道系统性风险问题是源于规模大小还是金融联接的类型（比如，衍生品或银行间风险敞口）。为了实施适当的审慎政策，了解系统性风险的机制至关重要，由此监管可以致力于解决那些引起系统性风险的外部性因素。

另一方面，基于基本面因素的测度可能会受到卢卡斯批判（Lucas，1976）。比如，贷款调查对于发现并非由强劲的经济基本面带来的信贷繁荣十分有用。不过，一旦银行知道中央银行使用这些信息来监督贷款，他们可能将不会提供真实信息。因此，根据基本面和市场数据进行系统性风险测度都是必要的，但是依然应该牢记所有先前提到的问题。

本章其余部分安排如下：我们首先总结和评述系统性风险的不同测度方法。其次，我们将比较不同系统性风险测度方法的相对表现。然后，我们将讨论现实中的系统性风险和系统性风险测度面临的挑战（包括模型和数据）。最后是一些结论性评语。

7.1 系统性风险的测度

已有文献提出了很多方法来测度系统性风险。我们可以根据测度旨在捕捉系统性风险的性质或者所使用的数据类型的不同，将现有方法进行分类。

就第一种方法而言，我们可以区分出三套指标来评估系统性风险的积累：（1）对财务稳健性的总体测度；（2）对个体机构风险的测度；（3）对金融机构之间的系统性联接的测度（IMF，2009；Gerlach，2009）。

总体的财务稳健性指标关注金融资产的数量及价格的变化，包括资产价格、利率水平、信贷增长、资本流动、贷款调查和宏观经济指标，以此来衡量金融体系作为一个整体的脆弱性。这些指标数据在之前的金融和经济危机中已表现出脆弱性。而且这种脆弱性在一定程度上与经济周期有关，在经济繁荣时期积聚的金融贪婪可能在金融危机或经济衰退时戛然而止。例如，我们在第四章讨论过的数篇由 Jorda、Schularick 和 Taylor 撰写的论文表明，与金融衰退相关性最高的是伴随着资产价格暴涨尤其是房地产价格暴涨的大规模信贷繁荣。

这些指标数据虽然容易获得，但没有涉及单个金融机构的状态或机构之间的联系，因此无法通过观测这些数据来抵御由金融传染导致的系统性风险。例如，美国政策制定部门和监管机构主要关注的是美国抵押贷款市场整体，在次级抵押贷款市场中只占很小一部分的证券化过程几乎被忽视，却最终引发了系统性风险。所以计算子市场之前的统计数据是十分重要的。

通常来说，在测量金融部门的广义信贷趋势时很难区分推动因素是源于供给还是需求效应。但是这种区分又十分重要，因为信贷增长可能反映的是强劲的经济基本面。事实上，许多信贷繁荣并没有在金融危机中结束（Dell'Ariccia 等，2012）。识别系统性风险驱动因素的一个关键疑问是，金融变化是遵循经济周期的结果还是引起经济周期的部分原因，也就是说，金融部门自身的问题是否会引起强烈的经济衰退；或者金融危机只是经济大萧条的副产品。最近的一些研究集中于将需求效应从供给效应中分离出来，其目的是评估银行个体对金融体系内系统性风险的贡献程度。比如，可以通过 100 多个国家的信贷登记记录里有关信贷供应成分的变化来分析和测度银行的过度风险承担行为，进而可以单列出那些主要导致过度风险承担的银行（见 Jiménez 等，2012、2014a，b）。

无论是基于会计信息还是基于市场价格，金融机构个体风险的测度方法已经相当发达，包括骆驼法（资本、资产、管理、收益、流动性和敏感性，CAMELS）和基于市场价格的资产波动及杠杆测度。然而，当前的危机已经证明了这些方法的局限性，因为他们所基于的机构间相互独立的假设可能很少在危机中成立。例如，出售 CDS 保护产品的 AIG 公司是否具有偿付能力还是或已破产，可能会使得银行个体的资本充足率完全不同。

直到最近评估金融机构间相互关联性的测度方法才得以发展。这些方法包括网络模型（Network Model）和相互依赖模型（Interdependency Model）；前者跟踪财务困境通过关联性（比如，在银行间市场）在金融体系中的传递，后者研究单个机构的违约风险如何通过关联性受到其他金融机构违约风险的影响（IMF 2011）。对于这些问题，压力测试也可以分析，但到目前为止，由欧洲银行管理局（EBA）和美联储进行的测试在本质上仍主要是微观审慎的，没有实质性地关注金融中介机构之间的相互关联，也没有体现出金融和实体经济之间关系的宏观审慎视角（见 Greenlaw 等 2012 对压力测试的精彩评论）。

大多数评估相互关联性的模型测度的是由传染引起的系统性风险。一般来说，未被市场定价的银行破产所导致的外部性问题不在测度之列，银行和其他金融机构相互联接所导致的溢出效应在银行间风险敞口中得不到反映，也不被测量。这种溢出效应的例子包括资产甩卖导致的货币外部性、衍生品交易对手风险以及促使银行承担相关事前风险或使用流动性聚集池的银行间策略互动（De Nicolo，Favara 和 Ratnovski，2012）。

当前已有文献反映出发展测度方法和实证检验的困难在于，明确区分出严格意义上的传染和由相关联风险引致的系统性风险，这种关联风险包括共同冲击或当信息不对称且存在高不确定性时投资者对预期的修正（De Bandt 和 Hartmann，2000；De Bandt，Hartmann 和 Peydró，2015）。

根据测度所使用的数据类型，我们将系统性风险的测度分为基本面类型或基于市场类型。一方面，基于基本面因素的测度试图通过以下方式衡量系统性风险：（1）使用风险结构模型，这种模型能够识别出经济中风险的特定渠道，或者风险是间接地基于金融和/或宏观模型；（2）使用从先前的系统性金融危机中得来的经验证据。这些测度方法可以进一步通过应用加总的宏观信息或更精确的微观层面信息得以细化。另一方面，市场化测度则从收益和资产价格的经验分布中推断出风险。这种测度基于市场价格反映了所有可获得信息的假设，试图提取这些信息以构造衡量系统性风险的金融困境指数。

使用宏观数据的基本面测度方法着眼于对金融失衡累积的传统测度，比如信贷过度增长、杠杆化以及资产价格暴涨等。这些计算可以针对经济整体也可以针对特定行业，比如房地产、家户或跨境风险敞口。如果数据可获得，可以使用诸如信贷登记数据等微观信息来识别信贷供应是否过度繁荣。其他倾向于使用基本面信息的系统性风险测度包括：（1）针对银行间流动性传染的网络模型，基于跨机构流动性风险矩阵的网络分析来跟踪金融体系内流动性冲击的传递轨迹；（2）基于经济和金融的情景分析，对金融体系的资本和流动性在面临可能发生的极端冲击时的缓冲能力进行压力测试；（3）使用市场价格对部门资产负债表进行风险调整的或有权益分析（Contingent Claim Analysis）。

基于市场数据的测度则主要包括：（1）尾部测量（Tail Measure），捕捉一系列银行在一个或多个银行处于困境时产生极端负回报的概率，或者当金融体系整体处于困境时，个体金融机构对整体风险的风险贡献；（2）联动测量（Comovement Measure），捕捉包括金融网络在内的金融机构之间回报的相互关联性。[6]

7.1.1　基于基本面因素的测度

行业的测度：信贷、杠杆率和资产价格繁荣　在第四章我们看到，在某些特定的行业聚集的金融失衡现象是系统性风险的主要来源，比如，过度的信贷增长和在相互关联资产里（短期批发性）杠杆率的使用使得（包括房地产在内）资产价格的繁荣。因此，那些就行业失衡现象提供早期预警信号的系统性风险测度主要是基于基本面信息。

传统的金融失衡测度主要在宏观层面进行，包括衡量信贷增长、财务杠杆和资产价格繁荣（比如，Kaminsky 和 Reinhart，1998）。部分测度方法也可以用于行业层面（比如，房地产价格繁荣或购房者负债比）或者机构层面（比如，机构个体的杠杆率或利润率要求）。然而，宏观加总的测度方法，尽管能提供更多信息甚至至关重要，对于衡量系统性风险而言仍缺乏精确性。举个例子，信贷增长可以说是对金融危机的最佳预测，但我们在第四章的详细分析所看到的是，如果以信贷的加总测度为准，那么只有三分之一的信贷繁荣最终以银行业危机结束（Dell'Ariccia 等，2012）。

信贷繁荣可能由强劲的经济基本面引起（信贷需求驱动），因此不会造成系统性风险。将信贷供给驱动和信贷需求驱动区分开来是很重要的，因为如果银行信贷变化是由真正的需求方面因素驱动的，比如生产率冲击，那么以信贷供应方面出错（比如，银行的道德风险问题）为前提而采取的政策干预将会完全适得其反。所以，仅仅依靠总的信贷增长作为系统性风险的衡量指标是不正确的。

不过，有一种方法可以帮助政策制定者更好地理解在信贷的总体波动中受信贷供给因素所驱动的程度，只是这种方法需要获得像信贷登记那样的及时而全面的信贷数据（见 Khwaja 和 Mian，2008；Jiménez 等，2012、2014a、b；Mian，2014）。虽然很多国家有这种信贷登记数据，但美国等主要国家还没有公开可得的信贷登记或类似的数据。此外，各国信贷登记信息的详细程度差别很大。因此，为了避免这种方法的适用性受到限制，我们通过在借贷发生时期的贷款规模这一最为普通的数据进行说明。

这里列出的方法来源于 Jiménez 等（2014b）。[7] 其基本目的是测试供给因素在观察到的银行信贷波动中所起的作用。从计量经济的角度来讲，该方法具有两点优势。首先，它是对供给驱动的银行信用渠道的无偏估计；第二，它考虑了在借款人层面上对银行贷款渠道效应的反应所作出的一般均衡调整，是对借款人层面的银行贷款渠道的净影响的有偏纠正。我们将通过以下的一些应用进行简要说明。

考虑一个经济体包括银行和企业，分别以 i 和 j 标示。企业 j 在 t 时期向 N 家银行借款。简便起见，我们假设该企业向这 N 家银行的借款额相等。经济体在 t 时期经历了两类冲击：一是企业特有的信贷需求冲击 η_j，反映企业基本面变化对信贷需求的影响；二是银行特有的信贷供给冲击 δ_i，反映银行的融资情形和偿债能力的变化。

若 y_{ij} 表示银行 i 贷给企业 j 的信贷的对数变化，则面临信贷供给和需求冲击的信用渠道的基本方程可以写成：

$$y_{ij} = \alpha + \beta \times \delta_i + \eta_j + \varepsilon_{ij} \tag{7.1}$$

方程（7.1）假定银行 i 提供给企业 j 的信贷变化由一个经济面的长期趋势 α、可观察的信贷供给冲击 δ_i、不可观测的借款者基本面（作为信贷需求冲击的代理变量）η_j 以及一个特征冲击 ε_{ij} 所决定。虽然方程（7.1）本质上是简化模型，但可以通过直接建立信贷供给和需求模型来得到该均衡条件。

在一个无摩擦的世界里，银行贷款与信贷供给条件无关，只取决于公司的基本面（信贷需求因素）。在这样的世界里，金融中介对经济没有影响，因而不存在银行传导渠道，也就是说，方程（7.1）中的 $\beta = 0$。但现实世界是有金融摩擦的，这使得银行会将其信贷供给冲击传递给借款企业，即 $\beta > 0$。

正系数 β 可以看成是银行信用渠道存在的替代，它是关键的供给侧参数。它往往不能通过简单的 OLS 回归估计出，因为有人会怀疑供给侧冲击与不可观测的需求侧冲击存在相关性。[8]Khwaja 和 Mian（2008）通过分析 $N_j > 2$ 条件下的公司解决了这个问题，这种情形下公司基本面的冲击被公司固定效应吸收，也就是说，方程中的需求冲击被公司固定效应消除了，固定效应下的估计系数提供了一个无偏的 β 估计。

然而，先前的估计值并没有完全反映（信贷供给）银行信用渠道对经济的净影响。特别是，受到银行负面信贷供给冲击的公司个体可能会从新的银行关系中寻求融资，以弥补贷款损失。银行信贷供给冲击对借款者 j 净（或总）影响的无偏估计值可通过估计以下方程得到：

$$\bar{y}_j = \bar{\alpha} + \bar{\beta} \times \bar{\delta}_j + \bar{\eta}_j + \bar{\varepsilon}_j \tag{7.2}$$

其中，$\bar{y}_j$ 表示所有银行提供给企业 j 的银行信贷的对数变化。[9]这并不是对方程（7.1）中 y_{ij} 的简单平均，因为一家企业可以通过建立新的银行关系来获得新借款。$\bar{\delta}_j$ 表示企业 j 在 t 时期经历的平均银行业冲击，此处的银行业由冲击发生前与该企业有信贷关系的 $\bar{\eta}_j$ 家银行组成。系数 $\bar{\beta}$ 则捕捉了信贷供给渠道的总影响。如果企业面对银行特定的信用渠道冲击时未调整信贷关系，则 $\bar{\beta} = \beta$，但通常情形下 (7.2) 方程中的系数的绝对值要低一些，因为公司会寻找其他未受影响的银行或其他金融渠道来替代受影响的贷款。而且，我们也可以通过一个纠正信贷供给和信贷需求冲击不可观测的调整项，来得到 $\bar{\beta}$ 的无偏估计（见 Jiménez 等 2014b）。

该方法的一个关键优势是它可以实现实时估计。另一个优势是，它所依赖的信贷登记（或类似的贷款层次）数据在许多国家存在。我们接下来以西班牙为例介绍该方法的应用。实际上，文献中已有相当多的例子将该方法运用到其他国家。[10]

Jiménez 等 (2014b) 将上述方法应用到西班牙，并检验 2000 年时期的房地产证券化浪潮是否使得拥有大量房地产资产的银行通过证券化它们的地产组合来扩大信贷供给。他们用季度频率 t 时期的借款者固定效应来估计方程 (7.1)。y_{ij} 被定义为银行 i 贷给企业 j 的信贷规模的对数变化。这个变化涵盖了从某个固定的季度（比如 Jiménez 等选择的是证券化扩张期的 2004 年第 4 季度）到第 t 季度。信贷供给冲击被定义为银行 i 持有的房地产自先前（2000 年）的变化，房地产敞口象征着银行在证券化繁荣时期资产证券化的能力。他们的分析使用了西班牙银行（the Bank of Spain）的信贷登记数据，涵盖从 1999 年第四季度到 2009 年第四季度期间全面的信贷季度数据。

从 2004 年开始（此时西班牙的证券化发展迅速），由于获得批发性融资的便利性增加，银行存在大量的房地产敞口，从方程 (7.1) 估计得到的信贷供给效应强烈为正。然而，这种信贷供给效应在 2008 年全球证券化市场崩溃时转正为负。借款者层面的证券化净（总）影响（通过估计方程 7.2 得到）由于挤出效应而被消除。有趣的是，这些影响可以在危机前的 2004～2007 年间实时获得。

只要可获得的基础贷款数据详细到能够使借贷双方相匹配，即使像美国一样不存在公共的信贷登记，该方法仍有用。Mian 和 Santos (2011) 使用从美联储的 SNC 项目中的基础贷款数据，并通过借款者和贷款者固定效应吸收需求和供给冲击，发现信贷额度上升不仅仅出现在 2007—2009 年危机期间，也同样存在于 1990—1991 年间和 2001 年的两次经济衰退时期（后者没有出现银行危机）。同样地，Ivashina 和 Scharfstein (2010)，De Haas 和 van Horen (2012)，Giannetti 和 Laeven (2012a) 使用辛迪加基础贷款商业数据来识别信贷供给冲击。[11]

正如所有的研究所表明，通过使用可得的实时信息，中央银行是有可能在

2007 年第一批次级抵押贷款借款者违约前识别出过度信贷繁荣的。尽管随着时间推移，优质借款人与次贷借款人之间的家庭收入差距越来越大，特别是资产证券化更盛行和房地产价格并没有增长的地区（Mian 和 Sufi，2009），信贷仍特别流向了次级借款者。而且，信贷繁荣并不仅仅是由强劲的经济基本面所推动，甚至也不完全是由房地产价格驱动（见 Dell'Ariccia，Igan 和 Laeven，2012）。[12]

当然，事后看来这些观点是有益的，因为我们现在知道证券化、信贷增长以及贷款给次级借款人时的风险。然而，决策者明白有一些风险是随着房地产、证券化和信用而变化的（西班牙银行，2003；Rajan，2005；欧洲央行的金融稳定报告，2006）。并且，之前对历史上金融危机的分析表明，信贷繁荣、风险的过度承担以及金融创新都被看成是促成系统性金融危机的关键因素（Kindleberger，1978）。

能够匹配借款人和贷款人的详细底层贷款数据能更好地识别信贷供给。因此，面对信贷泡沫，最大限度地减少与金融危机关联的 I 类和 II 类错误是很有可能的，并且还能预防金融危机的爆发。当然，对于资产价格泡沫来说，其鉴定要比信贷扩张困难。但是，如果除去动态价格汇总数据，存在买方、卖方和交易条款已知的情形，监管者就能够获取经济泡沫中买卖方的有用信息，并且可以就过度的风险承担进行推测。

对金融稳定而言，不仅信贷繁荣的总体规模重要，其配置效应（例如，它在经济中不同行业的集中度或承担的风险）也同等重要。以前的研究分析了信贷供给的平均效应，但关键还是要弄清信贷供给中的数据构成变化。该异质效应可以在银行的风险承担中找到例证，而银行的风险承担对于系统性风险有决定性作用。Jiménez 等（2014a）通过涵盖贷款申请和合同信息的西班牙详细贷款登记数据，分析了货币政策对信贷风险承担的影响。他们从信贷供给规模的变化中分离出信贷供给的构成变化。这个过程中，他们通过大量的固定效应控制未观测到的公司基本面和银行基本面中随时间变化的异质性，并且通过两阶段模型控制需求的质量和总量，即在第一阶段分析贷款申请，在第二阶段分析已确定发放的贷款。他们还分析了信贷供给是否偏爱具有较高事前（和事后）风险的借款人。

他们还认为仅仅使用存在的信贷数据进行信用渠道分析可能得到的是有偏估计，也就是说不使用信贷供应的两阶段模型可能得到的是有偏估计。他们的估计表明，如果不控制住第一阶段样本偏差（即批准贷款申请），那么第二阶段风险承担估计值的绝对值将会显著偏小，因为贷款结果的风险承担与贷款申请批准的风险承担相关。[13]因此，衡量银行信贷的系统性风险的理想方法是使用信贷申请和批准结果的数据，尽管这些数据可能不一定能获得。

在信贷周期、贷款条件变化、贷款标准变化以及贷款需求变化方面，央行收集的贷款调查数据传达了非常有用的信息。举个例子，在最近的全球金融危机发生前，欧元区的银行贷款调查（the Bank Lending Survey，BLS）和美国的高级贷款专员调查（the Senior Loan Officer，SLO）都提供了非常有用的信息来分析贷款标准是否软化以及其变化背后的原因（见 Dell'Ariccia、Laeven 和 Suarez 2013 使用 SLO 调查中的底层贷款数据来分析货币政策对美国的银行风险承担的影响）。

欧元区各国央行以及地区联邦储备银行要求银行提供适用于企业和家庭的贷款标准及贷款条件的季度信息。调查中报告的详细信息是相当可靠的，并不只是因为调查是由中央银行执行的，银行监管者能够对收到的详尽银行硬数据（hard banking data）进行交叉检查。事实上，Del Giovane 等（2011）用详细的意大利银行借贷数据给出了一个例证，对公开可得贷款调查数据的交叉检查。与前文结果一致，调查结果显示，借贷标准不仅与实际信用价差有关，也和总量有关（见 Ciccarelli 等，2013），它还能预测信贷和产出增长（见 Lown 和 Morgan，2006 对美国的分析，和 De Bondt 等，2010 对欧洲的分析）。

对所有的借款者，包括那些被拒绝的申请者来说，信贷调查提供的信息不仅包括借贷条件是否变化（以及变化多大），还包括为什么条件变化了。[14]比如，他们提供的信息包括，借贷条件的紧缩是由于非金融借贷者的风险增加了，还是因为银行资本、流动性或者竞争（供应方）起了变化。

美国和欧元区的信贷调查显示，随着时间的推移，在贷款条件和贷款标准上，不同地区与国家之间存在着极大的异质性。特别是，企业和家庭的贷款条件在经济向好时变得宽松，而在经济低迷时期紧缩。在欧元区国家，核心国家与外围国家的借贷条件形成了鲜明对比。例如，在危机时期，德国的贷款条件宽松并且贷款需求增加，而意大利由于企业风险大和银行财务问题，其贷款条件非常严苛。

信贷调查的分析表明，当贷款数量和价格宽松时，其他贷款条件——如贷款期限，合同条款以及抵押品等也会相应放松。因此，高杠杆或低利润要求可以被看作是系统性风险集聚的补充指标，从而形成了杠杆和信贷周期（见 Fostel 和 Geanakoplos，2008；Geanakoplos，2010；Geanakaplos 和 Pedersen，2014）。总而言之，信贷调查可以针对过度宽松的借贷标准提供预警信号。不幸的是，如果银行知道央行将利用这一信息来评估金融稳定性，他们报告真实信息的动机可能发生变化。从某种意义上说，理想的监管措施应该能够"预防卢卡斯批判"。

信贷扩张同样影响着资产价格。按照（需求）基本面观点来看，资产价格不会受到信贷供给的影响，它只是对未来现金流量折现值的反映。然而，资产经常通过杠杆（信贷）获得融资，正如在20世纪20年代股市泡沫中，股票大部分都是赊来的一样，发生在本世纪初的美国房地产泡沫也是如此。因此，贷款条件的放松可能会提高资产价格，特别是房地产这一块，从而有可能产生信贷和资产价格的双重暴涨。反过来看，危机期间信贷紧缩可能诱导价格甩卖。因此，信贷融资和资产价格的螺旋走势可能会基于抵押品价值下降（Kiyotaki和Moore，1997）或者市场流动性不足（Brunnermeier和Pedersen，2009）而彼此加强。

然而根据经验来看，要想确定（并以此量化）信贷投放对房地产价格的影响是很难的，因为通过增加借款人的抵押物来提高房地产价格同样会增加信贷的可获得性，也就是说，存在一个反向因果的识别问题。[15]Favara和Imbs（2011）利用20世纪90年代管制放松范围扩大的变化来确定信贷供给和房价之间的因果关系，发现美国管制程度放松更大的州经历了更大的房价上涨。有意思的是，这些结果本可以在21世纪初很快获得，并以此来分析房地产泡沫是否在一定程度上由信贷供给导致。

Adelino、Schoar和Severino（2012）将常规贷款限制条件的外在变化作为更低的融资成本（和更高的信贷供给）的工具变量，发现在美国信贷可获得性增加会使房价上涨。[16]当控制了一系列的房产特征因素后，发现满足常规贷款融资要求的房子在房屋价值上每平方英尺平均高出1.1美元（每平方英尺的平均价格是224美元），整体房价也会更高。这些系数与局部的房屋价格的利率弹性低于10一致。

然而，在危机中，信贷供应（一般是融资流动性）减少可以迫使金融中介机构以低于基本面的价格出售资产（甩卖），以获得流动性。当资产基于信息（逆向选择问题由此凸显）、有资产购买能力的金融中介机构的流动性受到约束时，这些影响显得尤为巨大。Brunnermeier和Pedersen（2009）在理论上证明了市场流动性和融资流动性的相互作用机理，以及它们是如何引发流动性螺旋、脆弱性、安全投资转移还有系统性风险的。

回购市场上的融资也隐含着巨大的系统性风险，比如在美国最近一次的金融危机中，因为抵押资产价格下降，交易对手增加了保证金要求，迫使银行贱卖资产以追加保证金。这又进一步降低了抵押品的价值，激发了更高的保证金要求。负向的流动螺旋开始，并向其他持有类似资产的金融中介机构传导了负外部性（Garleanu 和 Pedersen，2011；Brunnermeier 和 Pedersen，2009；Gorton，2009）。与这些理论一致的是，Gorton 和 Metrick（2012）发现 LIBOR 和作为交易对手风险代理变量隔夜指数互换（OIS）利率之间利差的变化，与信贷息差和证券化债券的回购利率之间的变化密切相关，这意味着银行偿付能力的不确定性越大，回购抵押品价值越低。

经济萎缩时期金融机构之间的竞争亦能够影响资产甩卖，从而引起系统性风险。[17]Favarahe 和 Giannetti（2015）表示，在抵押贷款市场集中度较低时，银行更倾向于取消违约抵押贷款的抵押品赎回权。银行个体做出的赎回抵押权决定可能会增加经济体系的总损失，因为（价格）更高的赎回权可能造成房价下降，由此衍生出金融外部性（Pecuniary Externality）。相反，在集中的市场，随着银行大量放贷于房地产行业，他们吸收了取消抵押品赎回权对当地房价不利的影响，所以他们更倾向于重新协商风险抵押品。Favara 和 Giannetti（2013）利用 2007 年到 2009 年房地产崩溃时期美国县域的抵押数据为这个理论提供了一致的实证证据。

总而言之，存在事前的实时指标来衡量信贷繁荣，包括信贷供给的变化和贷款标准的软化。从公共信贷登记或私人来源获得的底层贷款数据是必要的。央行的信贷调查也同样有用。更进一步地，信贷增长会影响资产价格，它往往是金融危机的前兆。事实上，历史上最糟糕的资产价格泡沫往往是那些基于信用（杠杆）的资产价格泡沫。最后，为了避免系统性危机，监控资产甩卖、融资流动性不足和信贷紧缩是很重要的。

银行间流动性网络　产生于银行同业之间相互关联的传染是系统性风险的重要来源，而这种传染已经得到广泛研究。Allen 和 Gale（2000a）、Freixas 等（2000）写的关于金融传染的开创性论文提出了一个重要的观点，这种传染的可能性依赖于银行间市场精确的网络关系。一系列的文献通过银行间市场的仿真模拟，研究了由于银行同业关联导致的金融传染概率。[18]

Furfine（2003）作出了一个重大的贡献，他通过银行间隔夜支付构造了隔夜银行间风险敞口的模型，并基于银行间联邦基金的风险敞口模拟了金融传染。举个例子，假如在 t 时刻银行 A 向银行 B 支付资金量 X，在 t + 1 时刻 B 支付 A 资金量 X（r + 1），可以推断，有可能存在一笔利率为 r 的银行隔夜拆借。绝大多数监管者利用这种方式获取银行同业隔夜数据。然而，银行的其他直接金融关联，比如中期或长期权益、衍生品头寸，则不可得。如果我们想要正确的测量系统性风险，这些数据至关重要，这样我们才能拥有完整的银行与其他金融机构之间直接（以及间接）关联的风险敞口图谱。

Furfine（2003）的研究结果认为，传染是可以忽略的。相比之下，Humphrey（1986）采用 CHIPS（the Clearing House Interbank Payments System）的数据模拟支付系统中某个主要参与者结算失败的影响，结果表明，这个失败是会导致更为显著的、更多的结算失败。

Upper 和 Worms（2004）研究德国银行间市场中银行间风险敞口引起的传染问题。通过一个反事实的模拟，他们发现一家银行破产可能导致银行体系15%概率的崩盘。Elsinger 等（2006a）采用奥地利银行间市场的详细数据，研究了由于特殊冲击导致的传染引起失败的风险。他们的仿真模拟表明，传染导致的违约概率很低，尽管如此，在某些情况下，高达75%的违约是由于传染引起。

尽管上述文献通过银行间风险敞口探索金融传染的问题，但是他们并没有在金融危机期间捕捉（批发和零售）储户及债权人的内生响应，恰恰这才是传染（异质冲击的扩散）的关键。[19]许多有关银行间市场的研究先于本次危机，低估了银行间传染的重要性。最近以巴西银行体系为研究对象的 Cont、Moussa 和 Santos（2013）采取了不同于这些早期文献的网络方法，他们发现传染明显增加了巴西的系统性风险。正如作者所说，他们的结果与先前的已有研究并不矛盾，只是以不同的方式表现出来：虽然早期大多数的研究使用的指标将银行平均化，但巴西的例子表明，鉴于银行个体的系统重要性不同，样本平均值不足以代表传染的程度，因此，应该对风险进行条件性测度。此外，他们认为上述提到的大部分研究对于恢复率（资产恢复到违约前的价值）的假设过于宽松，在危机时期，银行间短期无抵押同业存款的恢复率几乎为0。

此外，除了 Elsinger 等（2006a，b），危机前的文献衡量单个银行因异质原因违约的影响。危机后，Cont、Moussa 和 Santos（2013）强调资产负债表受到共同冲击的影响，这与 Iyer 和 Peydró（2011）的观点相一致，后者提出整个银行系统越脆弱，传染越强劲的观点。和 Elsinger 等（2006a，b）一样，Cont、Moussa 和 Santos（2013）发现，传染的概率虽然很小，在某些情况下传染造成的损失会很大。[20]

Chan – Lau 等（2009）指出，为了识别和量化系统性风险，应该使用几种互补的方法：（1）网络方法，这依赖于中介机构层面数据以评估相互关联如何会引起意外的问题。（2）条件风险（Co – Risk）模型，测量的是当卖方机构的信用违约互换（CDS）价差非常高时，可能导致的买方机构的 CDS 价差的增加。（3）违约强度模型，捕获机构之间合同和信息的系统性联系的影响以及在不同的压力困境下他们的违约率表现。[21] 作者认为每种方法都有自身的缺陷,但是这些方法可以作为系统性风险的共同监控手段。

Battistion 等(2012)认为现在还没有一种被广泛接受的方法用来确定在金融网络中的系统性重要节点。为填补这一空白,他们介绍了一种通过反馈中心来提示系统性影响的新测度方法,叫 DebtRank。作为应用,他们分析了美联储在 2008—2009 年向全球金融机构作出的 1.2 万亿紧急贷款计划的数据集,梳理出获得资金最多的 22 家机构群。这些机构形成一个很强大的关联网,里面的每一个节点在危机的巅峰之时都具有系统重要性。结果表明,与机构太大而不能倒同样重要的是机构太核心而不能倒的问题。

简而言之,上述所提及的大多数论文将整个关联网络看成既定形式,从而分析的是外生风险(比如:给定网络下的传染)。然而,最近的一些文献通过建模已证实金融网络是内生的,至关重要的一个因素是内生风险,比如存款挤兑和流动性枯竭。

压力测试 自危机以来,压力测试已经成为一个用来识别金融风险的重要测度方法。例如,多德-弗兰克法案现在要求美国联邦储备委员会定期进行压力测试,在欧洲则通过欧洲银行业管理局(EBA)与各国监管机构合作来执行。作为欧元区的中央监管者,EBA 在 2014 年 10 月首次发布资产质量审查(Asset Quality Review)结果。

正如 Greenlaw 等(2012)所述,最近对美国和欧洲银行实施的压力测试在本质上大多是微观审慎而不是宏观审慎的,因为他们主要集中在金融中介机构个体的偿付能力上,而没有将金融体系作为一个整体看待。[22] 例如,评估系统性风险的一个关键问题是银行的风险敞口,我们在上一小节用反事实的模拟方法对此进行了分析。尽管可以通过数据对整体的流动性枯竭和传染进行压力测试,然而,压力测试并不能处理这些问题。

2011 年,美联储要求美国最大的金融中介机构向其提供一份全面的基于压力测试框架的资本计划。这个框架考虑了一系列的经济和金融情形,包括非常严重的情景。以监管要求下限和 5% 的一级普通对风险加权资产的比值这一参考水平为参照,来评估压力测试出的资本结果。Greenlaw 等(2012)强调,压力测试未考虑不同金融机构之间、金融与经济之间的反馈效应。对实体经济部门的信贷限制或者整个金融机构之间的短期批发业务头寸等的相互关联,被压力测试忽略,但对系统性风险有至关重要的外部性。

同样地,EBA 在 2011 年发布来自 21 个国家的 90 家欧盟银行的第二次压力测试结果。Greenlaw 等(2012)解释,压力测试的目的在于评估资本在面临可能出现的负面情形时的弹性。比如：大幅恶化的国内生产总值、失业率和房价，以及出现一些温和的主权压力时（排除意大利和西班牙的问题）将主权风险敞口打折计入交易账簿中，并且在银行账簿中增加对主权风险敞口的限制条件。

在欧洲，尽管银行间市场的整体流动性充裕是显而易见的，但关键部分在于跨境，和美国一样，压力测试集中在评估单个银行面对资产方面冲击时的偿付能力。所以，压力测试仍主要是微观审慎的。无论如何，早期欧洲银行压力测试受到的主要批评是缺乏可信度。因为当初德克夏银行（Dexia）和爱尔兰银行（Irish）通过了测试，但随后产生了巨大问题（德克夏银行以10%的核心一级资本充足率（远高于5%的门槛要求）通过了压力测试，但是没过几个月便宣告破产）。

宏观压力测试应重点关注整个金融系统，以及它与整个经济的关系。2008年全球金融危机的一个重要教训是，若系统性重要银行发生来自批发业务储户的存款挤兑，则可能导致投放实体经济的信贷紧缩。Greenlaw 等（2012）认为，为了规避危机中整体的去杠杆化，政策措施应关注增加新的美元或欧元资本。否则，银行可能会通过削减信贷或大量贱卖资产来满足资本充足率要求，这将对经济及其他金融机构产生强烈的负外部性，比如进一步的信贷紧缩或资产大甩卖。总而言之，压力测试对系统性风险的测度尤为有用，但不幸的是，到目前为止它们仍主要是微观审慎的。

未定权益法 Lehar（2005）没有用标准风险管理工具度量中介机构个体的风险，而是度量了金融体系的总体风险。他效仿 Merton（1974）的做法，把权益解释为银行资产的一种看涨期权。这里有三个关键参数：（1）银行的各个资产组合价值之间的相关性，这是为了计算银行同时违约的概率；（2）财务稳健性，这是为了计算银行破产的概率；（3）银行资产的波动性，这也是为了计算银行破产的概率。Lehar 使用 1988 到 2002 年时期的国际银行样本数据并估计了银行资产组合之间的动态变化和相关性。为了研究系统性风险，他在模型构建中把银行个体的破产作为银行资产的未定权益，同时也考虑了各种破产之间的相关性。他发现风险在一段时间内非常高，这段时间就是始于 1997 年的亚洲金融危机。

Gray 和 Jobst（2011）提出了一种新的宏观审慎分析框架，它使用风险调整过的资产负债表并考虑了各个金融中介机构之间的联系。这个系统性的未定权益法（Contingent Claims Analysis，CCA）通过综合金融机构个体经风险调整过的资产负债表以及他们之间的相互依赖关系，来量化一般的偿债能力风险和政府或有债务的大小。他们给出了使用 CCA 框架对欧洲银行进行系统性风险的压力测试的结果。

Merton（1974）曾针对银行个体提出安全网补贴模型。Hovakimian、Kane和 Laeven（2012）将其扩展至银行组合的模型，并以此为基础测度金融机构的系统性风险。具体来说，他们把由于系统性违约风险引起的银行部门损失的价值看作是一个看跌期权的价值。这个看跌期权以总的银行资产组合为标的，其执行价格等于总的银行债务的面值。于是，银行个体的系统性风险计算的便是该银行对整个银行业的看跌期权价值在金融安全网上的贡献。为了寻求安全网的保护，银行普遍支付一笔显性的存款保险费用。不过，他们乐意支付的往往是最小额度（在最近的危机前，美国参加 FDIC 保险的机构中 97％ 的成员向其支付了零溢价）。这些看跌期权的价值在绝大多数情况下可以被理解为银行个体从安全网攫取的补贴。

这个方法类似于一种未定权益法，但并入了包括最后贷款人政策、大而不能倒政策和其他隐含的政府担保等在内的任何作用于银行的安全网补贴价值。他们将模型运用到 1974～2010 年时期美国银行业的季度数据，发现美国银行业整体的系统性风险在 2008 年到 2010 年的金融危机期间达到了前所未有的高点，并且发现银行规模、杠杆率和资产风险是系统性风险的关键驱动因素。

7.1.2 基于市场数据的测度

为了测度系统性风险，拥有金融联接的数据就显得很重要。比如，我们在之前所述的银行间风险敞口和底层贷款数据，虽然这些数据不一定能获得。由于负外部性对系统性风险很关键，没有详细的金融关联的数据就很难对传导机制进行精准的测度。相比之下，有关银行股票和债券价格的数据通常可得。因此，一些文献以市场指标为基础来间接衡量外部性。例如，Aharony 和 Swary（1983）、Swary（1986）使用事件研究法来辨别特定银行的倒闭或某些银行的利空消息对其他银行股价的影响，以此来衡量银行股票价格的溢出效应。[23]

许多基于市场的系统性风险的测度方法，以两两金融机构之间的股票、信用违约互换合同和债券价格为基础，分析银行与其他中介机构之间的关联程度。一个非常简单但是有局限性的方法就是计算线性相关性。当计算得到的数据显示出时序相依性（比如，由于共同动能所致），并不一定意味着变量之间存在相关性。而且，像 Hartmann、Straetmans 和 de Vries（2007）强调的那样，系统性风险是与左尾风险相关的。这意味着需要使用极值理论（Extreme Value Theory，EVT）或者分位数回归来对尾部相依进行计算和度量。

这次危机也促使人们寻找新的方法来度量系统性风险。比如，条件风险价值 CoVaR 和 SRISK 测度方法（Adrian 和 Brunnermeier，2009；Brownlees 和 Engle，2015），使用市场数据来量化金融体系在面临大冲击时的市场资本损失，而不是仅仅通过金融体系高程度的相互关联来识别系统性风险。这类测度方法试图根据股票价格和资本负债表的数据来推断潜在的资本损失。

如本章开头所述，市场参与者是一群对获取和处理信息有着强烈兴趣的人，基于市场的测度可以从市场参与者那儿挖掘可用信息。尽管这些信息有许多缺点，比如对市场价格来说不得不考虑的市场非有效和价格扭曲，这包括市场反映了一些关键金融中介机构存在救助的可能。而且，对监管者而言，没有非常精确的有关金融联接的微观数据，就不可能分辨出金融企业对系统性风险的贡献是来自于它自身规模大小还是来自于它与金融体系关联的类型和紧密程度。然而，我们坚信基于市场的系统性风险度量是十分重要的。带着这些问题，我们继续解释主要的一些方法。

极值理论 基于市场数据来测度系统性风险的早期关键性贡献来自 Hartmann、Straetmans 和 de Vries（2007）。他们研究了当一定条件下其他银行处于困境中时，特定银行获得最大收益的概率。他们使用的方法即是极值理论（EVT），是一种统计学方法，可以量化诸如严峻的银行问题等罕见事件同时出现的概率。这个方法之前被 Hartmann、Straet－mans 和 de Vries（2004）还有 Poon、Rockinger 和 Tawn（2004）用来评估银行体系的风险强度。[24]为了度量系统性风险，他们估计了其他银行股价或者市场崩溃的条件下银行股价暴跌的概率。

极值理论方法使他们能够估计银行之间产生溢出效应的概率、其在总冲击下的脆弱性以及风险的时间变化。[25]他们将一家银行处于关键时刻定义为它的股票价格出现崩盘式暴跌，然后通过银行股价极端的负向共振识别出一家或者几家银行的问题蔓延到其他银行的风险（"传染风险"）。他们也使用 Straetmans、Verschoor 和 Wolff（2008）提出的"尾部贝塔"（Tail－β）理论来鉴定银行体系在总体冲击下呈现不稳定的风险状态。"tail－β"理论以一个总体股价指数（或者系统风险的其他测度）而不是银行个体的股价为条件，来测度条件崩溃的概率。基于估计的个体条件崩溃概率和 tail－β 值，他们可以分析一段时期的系统性风险。

他们使用 1992—2004 年期间欧元区和美国最重要的 50 家银行的数据，来估计这个系统性风险测度方法。结果显示：第一，美国银行间的多元极端溢出效应更高。因此，虽然欧洲地区有更高的银行间风险敞口，但是美国的银行体系更倾向于产生银行间的溢出效应。第二，欧洲银行间较低的溢出风险的原因是跨境关联相对美国较弱。这个结果可能随着 21 世纪欧洲银行业整合大量增加而有所不同（Kalemli – Ozcan 等 2010）。第三，跨境溢出概率倾向于比国内的溢出概率小。第四，对指标结构稳定性测试表明，无论是通过国际银行间的溢出效应还是由总风险得到的系统性风险，随着时间的推移在不断增加，其断点就在 20 世纪 90 年代后期。

正如作者所承认的那样，这个方法存在一些局限性。由于重要的金融中介机构没有上市（因此得不到股票价格）；并且这种方法需要观察到一些负面冲击，才能分析冲击对其他银行的传染。但是，系统性风险聚集于经济情况较好时，此时我们也许找不到负面冲击。此外，这个方法假定股票（当然还有债券）的价格是对所有私有和公开信息的反映。但是，如我们在之前的章节中所述，银行经常缺乏市场约束（部分原因是存在监管扭曲，比如类似 LoLR 或 TBTF 的公共补贴）。尽管存在这些问题，EVT 方法依旧不失为一种计算系统性风险的重要工具。

尾部网络　Hautsch 等（2014a，b）则将系统性风险和极端事件用尾部网络联系起来。他们基于股票价格信息评估金融中介机构的财务困境风险，并通过股票收益分布的极端条件分位数，分别量化金融中介机构个体和整个金融体系的风险。从这个意义上说，他们的分析框架建立在条件风险价值（Value at Risk，VaR）的概念上，而 VaR 是被广泛接受的尾部风险测度方法。他们将宏观经济基本面、金融中介机构具体的特征、来自竞争者和其他企业的风险溢出等看作影响金融中介机构 VaR 值的最小集合，以此识别出每个金融中介机构所谓的相关（尾部）风险驱动因素。

通过测出每个金融机构的关联方和相关程度，可以构建整个金融系统的尾部风险网络。一家公司对系统性风险的贡献程度被定义为，以公司在金融网络中的位置以及整体的市场状况为条件，公司个体尾部风险的增加对整个体系的 VaR 的总影响。其使用的统计方法是两阶段分位数回归法。第一步，估计金融机构个体的 VaR 值，并且通过银行的超额损失捕捉其尾部风险溢出。所有金融机构之间可能存在高维度交叉关联，他们使用套索估计技术（the Least Absolute Shrinkage and Selection Operator，LASSO，见 Belloni 和 Chernozhukov 2011）将其降低到一个可行的关联维度。LASSO 可以帮助他们识别出每个金融机构的相关尾部风险的驱动因素。由此产生的风险关联是整个体系（他们将其应用到美国 57 家最大的金融公司）的网络图谱的最好的代表。

第二步，为了测度机构个体的系统性影响，他们将金融部门的价值加权指数的 VaR 值分别对金融机构个体的 VaR 值进行回归分析，同时控制其他的变量。机构个体的 VaR 对金融体系的 VaR 的边际效应即为金融公司的系统性风险贡献。实证结果显示，美国金融机构之间存在高尾部风险关联，而且这些网络风险关联效应是金融机构个体风险的主导因素。更重要的是，对监管部门而言，这些潜在风险溢出渠道涵盖了所需的基本信息。根据估计得到的网络结果，他们将机构分类为：主要风险传递者、风险接受者、以及同时接收和传递尾部风险的公司，这对于宏观审慎监管是非常有用的。

主成分分析和格兰杰因果　　Billio 等（2012）中用主成分分析法（Principal Components Analysis，PCA）和格兰杰因果网络（Granger–causality Networks）来测度机构之间的相互关联性，并运用于对冲基金、公开上市银行、经纪人/经销商和保险公司的月度收益之上。他们使用主成分分析法估计出驱动这些中介机构收益的共同因子，再用两两格兰杰因果检验识别出中介机构间具有统计显著性的格兰杰因果关系网络。[26]

对于银行、经纪人、经销商和保险公司，他们使用的是各个部门中 25 家最大的上市公司每月的股票收益率。对冲基金是私人伙伴关系，他们利用的是基金费收益净额的月度报告数据。实证结果表明，四个部门内部以及之间的联系是高度动态变化的。随着时间的推移，高度相关的这四个部门为冲击在体系中传播增加了渠道。

他们的研究结果还表明，银行和保险公司的收益率对对冲基金和经纪人/经销商的收益率有更大的影响，反之并不成立。这种不对称性在 2008 年金融危机前夕变得尤其明显，这意味着这些测度方法可能是有用的系统性风险样本外指标。此外，这种影响模式表明，银行比所谓的影子银行体系更是系统性风险的核心，这可能是因为银行更易成为其他金融机构的主要贷款机构。[27]

方差分解　　大多数资产收益表现出非线性动态变化，特别是随时间变化的波动。Diebold 和 Yilmaz（2014）使用已实现波动率（Realized Volatility）面板数据和基于 VAR 框架的测度方法，分析收益未来的波动率。他们通过方差分解去衡量金融中介之间的相互关联，方差分解可以将总预测误差的变化分解成系统各个组成部分的贡献。作者展示了如何将方差分解映射到网络中，并基于方差分解提出了一系列的网络测度指标。

他们运用此方法测度了在最近的金融危机中美国金融体系相互关联的程度和系统性风险。结果表明，美国大型金融机构的波动性具有较高的关联度。更重要的是，分析还表明，最大的商业银行在网络中与其他部门的关联度最高。此外，在危机时刻，关联度还在不断增加。简言之，上述两篇文献使用格兰杰因果和方差分解方法表明，即便在像美国这样高度市场化的金融体系里，就系统性风险而言，银行都是最重要的金融机构。

信用违约互换结构形式 信用违约互换（Credit Default Swaps，CDS）是一种针对违约事件投保的合同，并且一般都是在柜台市场交易。通常大型金融机构通过 CDS 的买卖交易应对非金融企业、银行甚至国家的违约。正如 Giglio（2012）所述，因为出售 CDS 的银行也可能违约，所以 CDS 的买方同样存在交易对手的风险。因此，CDS 价格反映的是信用违约事件发生以及 CDS 卖方也违约的联合概率。[28] 这样的交易对手风险在系统性风险发生时会显著降低保险的价值。另一方面，正如 Giglio（2012）所述，银行债券价格不受交易对手风险的影响，因为它们仅反映个体的违约概率。因此，银行对其他银行售出的债券价格和 CDS 价格一起，涵盖了这些银行个体和成对违约风险的信息。

Giglio（2012）说明了如何使用 CDS 和债券价格的数据来推断几个银行的联合违约概率。但是，并不能仅凭个体和成对违约概率来确定导致金融不稳定的多家银行同时违约的概率。若通过债券和 CDS 的价格估计系统性风险，我们需要对违约的联合分布函数做出详细的函数设定。不过，Giglio（2012）介绍了在没有对联合分布函数作任何假设的前提下，如何构建几家银行共同违约的概率界限。[28]

Ang 和 Longstaff（2013）建立了一个多元 CDS 模型来捕捉系统性风险和个体违约风险，并应用它来分析美国国债和主要欧洲国家的违约风险。研究结果表明，欧洲的系统性风险高于美国。此外，系统性主权风险与金融变量密切相关强度超过宏观经济基本面。

CoVaR、SES 和 SRISK 从危机中得到的主要教训是，金融体系中资本水平的大幅下降意味着对整体经济产生负外部性。CoVaR，SES 和 SRISK 指标旨在衡量系统性事件发生后金融资产价值的下降程度。CoVaR、SES 和 SRISK 之间的不同体现在估计策略，以及对组成系统性事件的定义方面。

CoVaR 是由 Adrian 和 Brunnermeier（2009）提出的系统性风险测度方法。机构 i 的 CoVaR 被定义为当它的收益率为 C 时市场的条件在险价值（VaR）：

$$\Pr(R_{tm} \leq COVaR_{ti}^p \mid R_{ti} = C) = p$$

其中，p 表示 VaR 的置信度。上述作者所提出的系统性风险测度基于 ΔCoVaR，被定义为当 C 对应的风险价值分别为 VaR_{ti}^p（即，机构 i 处于困境）和中值（即，机构 i 处于常态）时，机构 i 的 $CoVaR$ 的差值。拥有最大 ΔCoVaR 值的机构被认为最具系统性。

　　CoVaR 通过分位数回归模型估计得到。作者在文献中展示了如何估计非条件的 CoVaR 以及采用状态依赖变量（state dependent variables）估计时变的 CoVaR。他们将该方法运用于美国金融机构 1986—2010 期间的样本中，结果发现，危机时期的传染效应更为强大。而且，CoVaR 与 VaR 的相关性较弱，因此捕捉的是不同的风险维度。

　　Acharya 等（2010）提出的模型考虑了单个金融机构在困境时期出现资金短缺对经济产生的系统性风险。他们的测度被称为系统性期望损失（Systemic Expected Shortfall，SES），是边际期望损失（Marginal Expected Shortfall，MES）和杠杆率的一个线性组合。金融机构个体的 SES 是当整个系统的资本不足时该金融机构出现资本不足的倾向性。其理念是：如果一家金融机构面临着资本短缺而此时整个金融体系正处于困境，则该机构会对实体经济产生强大的负溢出效应，因为此时金融系统总体十分脆弱，其他金融中介机构亦无法替代它向私人部门补充比如信贷和流动性。因此，就实体经济和金融体系而言，此时对这家机构去杠杆化的代价是巨大的。

　　Brownlees 和 Engle（2015）则在 Acharya 等（2010）的基础上提出了 SRISK 指标，该指标旨在测度金融中介机构在市场下行时可能经历的未来预期资本短缺。以 D_{it} 和 W_{it} 分别表示机构 i 在 t 时期的债务账面价值和权益市场价值；k 表示资本缓冲参数，以确定金融机构为满足监管要求所必须保持的资产市场价值的占比。机构 i 的资本缓冲被定义为：

$$CB_{it} = W_{it} - K(D_{it} + W_{it})$$

　　如果资本缓冲为正，那么金融机构可以正常运作；但是，如果资本缓冲为负，则该机构将陷入困境。如果一家金融机构在市场低迷时期陷入了资本短缺，就会产生系统性风险，因为当市场下行时，其他一些机构也同时遭受困境，这可能损害整个经济金融体系。

　　因此，计算当市场遭遇重大修正时单个机构可能遭受的预期损失是有意义的。SRISK 指标就是以市场下行到低于阈值 C 为条件的预期资本缓冲，R_{it+1} 是下一期总的股票价格收益：

$$SRISK_{it+1} = KD_{it} - (1 - K)W_{it}E(R_{it+1} \mid R_{mt+1} < C)$$

　　在实际运用该指标时，Brownlees 和 Engle（2015）考虑了 k 为 8%，C 为在一个月内达到 20% 的情形。作者通过 SRISK 指标对金融机构进行排序：在危机情形下预期资本短缺越高的金融机构的系统性风险越大（系统性风险的横截面维度）。此外，整个金融体系的加总 SRISK 水平还可以作为系统性风险的时变指标（系统性风险的时间维度）。更重要的是，将美国大型金融机构在

2000—2010 年期间的实际数据用于该指标时发现，SRISK 排序与美联储向单个金融机构注入的资本额大小高度一致，并且加总 SRISK 指标的上升也与实体经济活动的下滑相匹配。[29]

7.2 系统性风险测度的相对表现

前一节所讨论的系统性风险测度方法有其各自的优点和局限性。此外，这些测度方法在预测关键的金融宏观变量时，体现出极为不同的预测能力。首先来看两种最有代表性的系统性风险测度方法——CoVaR 和 SRISK。它们所测度的系统性风险在 2007—2009 年金融危机前夕及期间是明显增加的（图 7.1 和图 7.2）。这表明，这些方法在衡量系统性风险的时间维度上做得相当不错。

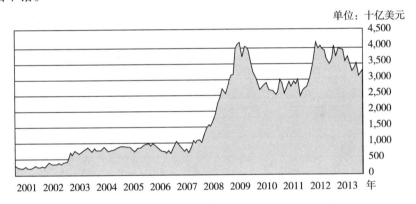

来源：纽约大学斯特恩 V–Lab。

图 7.1 世界金融体系 SRISK，2000 年 6 月至 2013 年 6 月

由这些测度可看出，金融机构之间存在着相当大的差异。平均来讲，大型机构对系统性风险的贡献更大，与该机构在规模大小和金融关联方面具有的相对重要性相一致。的确，规模似乎是与 CoVaR 和 SRISK 都相关的一个重要因素（图 7.2 和表 7.1）。这意味着这些测度方法也捕捉到了一些在系统性风险在横截面维度的些许变化。

然而，在估计更长一段时间的数据后，CoVaR 显示在更早时期已出现过明显的系统性风险，比如 1997 年期间（见图 7.2）。这与普遍认为最近的一次金融危机是自 20 世纪 30 年代大萧条以来史无前例的观点不一致。另外，这两个变量随着时间演变的过程背后可能是由一个共同的风险因子驱动，而这与二者的预测能力毫无关系。对各种包括 CoVaR 和 SRISK 在内的测度系统性风险的相对表现进行评估，需要对其预测能力进行包括样本内和样本外的更详细分析。

系统性风险测度的一个关键问题是他们是否能产生有用的早期预警信号。再者，对于已有文献中提及的不同测度方法进行评估和比较的研究仍处于起步阶段。而且，不幸的是，对这些评估的一大挑战在于系统性事件十分罕见，这使得推断结论更加困难。接下来完全参照 Giglio、Kelly 和 Qiao（2014）的做法，使用分位数回归方法对具有可能替代性的系统性测度方法进行经验评估，考察其在反映宏观经济活动关键变量的分位数预测能力。事实上，我们对风险的定义意味着系统性事件对实体经济活动会有一个显著负向的影响。系统性风险与经济活动的极端萎缩之间存在的联系值得挖掘。

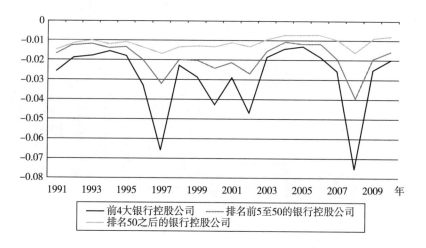

来源：Adrian 和 Brunnermeier、芝加哥联邦储备银行（美国银行控股公司财政报告），作者的计算

图 7.2　美国银行的 CoVAR

银行 i 的 ΔCoVaR 是美国 1991 年至 2010 年期间银行控股公司样本按规模分类的系统性风险贡献的 CoVaR 估计值。请注意，ΔCoVaR 是指当银行 i 处于困境时相对于银行 i 处于中值状态时整个银行体系的 VaR 值的变化，这意味着银行 i 对银行体系的整体系统性风险的边际贡献。ΔCoVaR 值负得越多表示对系统性风险的贡献越大。按大型银行（资产规模排名前四）、中型银行（资产规模前五至前五十）、小型银行（资产规模排名五十之后）进行分类取平均值。

表 7.1　　美国具有最大系统性风险的金融机构（SRISK），2013 年 6 月

TOP 10	SRISK%
美国银行	16.4
摩根大通	16.1
花旗集团	14.9
大都会人寿	8.3
摩根斯坦利	7.9
保诚金融集团	7.8
高盛集团	6.2
哈特福德金融服务公司	3.1
美国第一资本金融公司	2.8
林肯国公司	2.5

注：排名前十的机构 SRISK %，SRISK 以美国金融业中总 SRISK 的百分比表示。

来源：纽约大学斯特恩 V – Lab，数据截至 2013 年 6 月 20 日。

　　Giglio 等人（2014）用现有的 18 种系统性风险测度方法研究美国，用 10 种方法考察英国和欧洲。他们尽可能使用最长的历史数据，有的美国样本数据甚至追溯至二战后。作者认为，分开来看这些测度，表明我们对宏观经济衰退的预测能力较低。他们提出了一种方法（基于降低不同测度方法汇总后的维度）将这些测度方法加总成指数，得到无论样本内还是样本外的预测均优于单个测度方法的表现。[30] 此外，就系统性风险测度而言，他们的实证结果具有正的结论。加总各方法后，系统性风险的测度对预测未来宏观经济衰退的概率提供了有用的信息。重要的是，他们的结论是基于样本外测试，组合排序、样本选取和变量控制具有稳健性。这种测度方法追踪了政策制定者的内生反应，因为作者发现系统性风险指标预测到了政策决策，特别是系统性风险的上升预示了联邦基金利率大幅下降的概率增加，这意味着美联储在风险水平升高时采取了预防措施。

　　和我们在本书中的观点一致的是，他们的研究结果表明，系统性风险呈现出多面现象。首先，系统性风险测度当中的某些方法，比如金融部门权益波动率的测度，具有显著的预测力；其他变量包括杠杆率和流动性测度，仅在某些情形下表现良好。其次，系统性风险的测度更多是关于宏观经济冲击的左侧尾部趋势，而不是他们的中间趋势。这里的宏观经济状况通过工业产出创新或芝加哥联储全国活动指数（the Chicago Fed National Activity Index）的创新进行衡量。

另一个得到相关结论并做出重要贡献的是 Allen、Bali 和 Tang（2012）。他们试图评估比较微观与宏观汇总的系统性风险度量的有用性。关于金融部门的系统性风险进行简单加总的测度方法是否能预测出实体经济活动的萎缩，他们考察后的回答是肯定的。他们的论文调查了金融部门系统性风险的简单加总方法是否能够预测实际经济活动的下降，他们的回答是肯定的（虽然微观的系统性风险测度并不能预测宏观效应）。他们还表明驱动系统性风险的是金融公司的风险而不是非金融公司的风险，因为添加一项等价的非金融公司系统性风险指数并不能提高预测能力。

7.3　使用系统性风险的测度方法监控系统性风险

衡量系统性风险存在一系列的挑战，包括数据的局限性、如何从不确定性和系统风险等其他因素中区分出系统性风险。现有方法需要详细的数据，但是在非上市银行、新兴市场经济体和银行之间直接或间接的金融关联，以及金融体系中不受监管的部分，比如影子银行、OTC 衍生品市场以及对冲基金等领域，数据常常不可得。虽然我们在前述章节讨论数据要求时涉及到了这些问题，本部分将进一步探讨在数据受限的情况下系统性风险估计的可能方法。

现有的绝大多数系统性风险测度方法要求的详细数据，无论是高频数据，还是金融机构的风险敞口水平值，往往无法获得。举个例子，网络模型所需要的机构间详细的风险敞口数据通常不可得（比如，两两银行间的衍生品或同业头寸）。一个解决办法是用基于市场的方法来衡量系统性风险。不幸的是，并非所有的金融机构都发行可交易的证券，这限制了以市场价格作为输入变量的模型的应用。不过，可以应用外推方法，而且相互关联的大型金融机构通常在市场都有交易。如此，对于那些可能更易形成系统性风险的部分金融机构而言，市场数据受限不会太严重。

Brunnermeier、Gorton 和 Krishnamurthy（2012）给出了风险地貌（Risk Topography）的概念，并通过描绘数据采集和传播的过程来设计风险地貌，以此提供系统性风险的信息。他们强调的系统性风险是：（1）不能根据资产负债表和利润表项目被检测到；（2）通常在危机发生前的背景下聚集（如第四章所述）；（3）由市场参与者对各种冲击的反应来确定（如第五和六章所述）。他们建议从市场参与者那儿获取参与者的（局部均衡）风险、相对于主要风险因子的流动性敏感度、以及流动性状况。他们强有力地论证认为，使用这个面板数据可以校准出一般均衡的反应和经济系统的效应。

正如本章在第一部分所解释的，如果监管部门使用央行调查中的贷款标准，那么监管者就会看到"卢卡斯批判"的现象。因为银行将试图不报告在问卷调查中软化的信息，以此来掩盖其潜在的过度软化的贷款标准。此外，如我们在本章中所述，系统性风险的测度总是局部的。所以，一旦银行和其他金融中介机构知道监管者采用的测度方法，银行的股东和经理（甚至其他员工）会有承担过度风险的动机，即减少被监管者监控的风险承担行为，增加未被监控的风险承担行为。

当然，市场数据对于系统性风险的测度同样重要。然而，如我们在第四章和第九章讨论的，银行业的市场约束太少，至少直到最近，市场仍预期政府会救助和流动性支持。因此，使用市场数据测度系统性风险可能反映不出多少风险，因为他们包含了来自纳税人的潜在救助和来自中央银行的流动性支持。

本章所讨论的系统性风险测度方法各有优点和局限性。单独来看，现有的系统性风险测度的预测能力顶多算差强人意（Giglio 等 2014 年）。在实践中，如果数据允许，建议综合使用各类测度方法来追踪系统性风险的时变性、跨机构跨市场的差异性等不同方面。单个测度方法对宏观经济衰退的预测能力较低，但将其汇总并组合成指标后，样本内和样本外的预测能力均表现突出（Giglio 等 2014 年）。

然而，在预测宏观经济活动的关键变量和其他相关变量时，这些测度方法的预测能力有本质上的区别。因此，系统性风险测度方法的选择也依赖于想要衡量系统性风险的哪个方面，是时间变化还是跨机构、跨市场、还是跨国家。说到此，系统性风险还可能在意想不到的地方出现，因此建议采用一组包含广泛指标的指数来跟踪系统性风险跨越时间和跨空间的全方面变化。

事实上，与中央银行为达到价格稳定和通货膨胀目标所采取的常规货币政策措施一样，系统性风险测度方法众多，可能出现相互矛盾的信号，所以应该按重要性进行排序。我们认为，短期应关注所有不同的测度方法。监管者应该将不同的测度方法汇总成更为全局的测量方法，但当某个特定的测度方法释放出了（严重警戒）信号时他们也应该提高警惕。

系统性风险的测度方法不应被孤立，应在宏观审慎政策框架内予以考虑。特别是，系统性风险委员会（或在该国负责监控系统性风险的监管机构）应决定在使用不同系统性风险测度时，如何将系统性风险的状态通告市场。监管者不仅要关心金融部门的（金融）稳定，也要关注对宏观经济的真实效应。因为这是系统性风险的关键要素，也是宏观审慎政策的动机所在。

如果数据是一大问题，简化的方法可以派上用场。例如，Duffie（2014）

提出并讨论了以"$10 \times 10 \times 10$"网络为基础的系统性风险监测方法。使用这种方法，监管部门可以分析具有系统重要性的金融机构构成的核心组在面临10种压力情景下的风险敞口（数字"10"可以调整以适应环境）。每一种场景下，被指定的金融机构将报告他们的收益（或损失），并提供10家交易对手的身份，以及指出在该情景下获得收益或损失最大的机构。每种情景下，每家交易对手的损益也被报告。

收益和损失既可用市场价值进行衡量也可用现金流进行衡量，这使得监管部门可以对经济价值和流动性施压来评估风险程度。此外，在抵押担保之前和之后，均应对风险敞口进行测量。场景设定中应涉及交易对手破产的情景。这个场景下，"十大"交易对手应该是那些一旦违约对报告机构造成最大损失的机构。有了这样一个监控系统，负责系统性风险的监管部门会获得至关重要的信息。但由于没有硬数据，仍不清楚金融机构是否有动机在问卷调查中如实回答所有的细节。

7.4 结论

建立一个完全可靠的实时系统性风险的测度是十分困难的，因为并非所有必要的数据一定可得，也因为系统性风险是一种复杂的、内生的、多方面的风险。这种风险取决于多重外部性和金融中介机构做出的相互关联的内生决策。不过，也有部分方法可以帮助克服这些问题，从而使得系统性风险测度具有可行性。正如我们在本章所解释的，对测度结果进行交叉检查十分关键，应基于基本面和市场数据、价格和数量、宏观加总变量和微观变量、单一金融机构数据或机构之间相互关联的数据等多方面进行考察。然而，为了给宏观审慎政策制定者提供合适的工具来监控系统性风险，我们坚信系统性风险的测度（和第三章的金融宏观模型、第九章的宏观审慎政策的有效性一起）是一个需要继续向前推进的领域。

系统性风险的测度对于宏观审慎政策至关重要。没有系统性风险的可靠测度，不可能形成有效的宏观审慎监管。正如本章所解释的，我们通过给出不同测度方法的优缺点，展示了已取得较大进步的一些领域以及进展甚微的其他领域。比如，通过加总不同测度方法可以减少误报，即使在缺少高质量数据的环境下，基于信用对资产价格泡沫进行测量也是可行的，而以市场为基础的测度和网络方法也取得了显著进步。此外，关键性的一大进步则是越来越多的数据可获得。宏观审慎政策需要在每时每刻对正在发生的主要负外部性事件有精准鉴别，精确的数据对测度而言至关重要，具有非常重要的政策意义。

注释

1. 本章得益于 Christian Brownlees 大量的评论和建议。

2. 当然，也存在一些问题，如是否包括能源价格、房地产和金融资产价格等易波动因素。然而，很明显，相比于系统风险，通胀风险很容易测量。

3. 参见 Blanchard，Dell'Ariccia，Mauro（2013）。

4. 例如，在整个欧元区短期银行间市场内，最近的第二目标数据（Target Ⅱ data）可用来衡量系统风险。然而，在欧元区银行间到期日较长的银行间交易、金融机构对手的安全性批发往来、衍生品的仓位，并没有完整的数据。

5. 系统性金融危机后，数据的限制往往变得不那么严格，监管机构将要求新数据收集。例如，2007 年至 2008 年危机后通过了 Dodd–Frank 法案，美国当局获得了至关重要的金融数据来衡量系统风险（欧洲央行在欧洲也做了类似的事情）；在金融危机之后很多信贷被登记（例如，在 1980 年代初严峻的西班牙银行业危机后，1984 年西班牙银行开始注册）。然而风险只是后见之明，收集的详细数据只是用来学习以前危机的特征而不是如何预防未来的危机。

6. 现有的评论和类似系统风险的分类参见 Bisias 等（2012），Hansen（2014），Giglio，Kelly，Qiao（2014）等。

7. Amiti 和 Weinstein（2013）表明，供给侧的金融冲击对公司投资有很大的影响。他们发明了一种新方法，采用大样本公司贷款数据，将公司信用冲击从贷款信用冲击中分离出来。他们将 1990 年到 2010 年间的日本贷款变化分解为银行、公司、行业和共同冲击。较高的金融机构集中度意味着相对于整个经济规模单个银行的作用比较大，容易形成颗粒冲击效应（granular shocks），所以特质的银行冲击（和借款人特征和一般信贷条件无关的银行贷款供给变化）可以对总贷款供给和投资产生很大的影响。他们表明这些特质的银行冲击解释了 40% 的总贷款和投资波动。

8. 例如，如果遭受正流动性冲击的银行更容易贷款给遭受正信贷需求冲击的公司，那么 OLS 估计量将会向上偏误。

9. 取决于数据可得性，它可能包括非银行信贷数据。

10. 其中的研究包括：Cetorelli 和 Goldberg（2012b）研究了 2007 年和 2008 年信贷供给冲击的国际传染，Lin 和 Paravisini（2013）研究了美国银行声誉的信用供给效应，Paravisini（2008）研究了阿根廷信用供给效应，Schnabl（2012）研究了秘鲁信用供给冲击的国际传染。

11. 参见 https：//www.loanpricing.com，http：//gib.dealogic.com

12. 系统性风险的测度应同时分析繁荣和萧条。例如，Mian 和 Sufi（2014a）表明，消费需求急剧下降扩散了经济衰退，家庭层面的急剧去杠杆化加重了传染，并进一步导致公司倒闭，失业率增加。他们的所有观点都总结在他们的杰出专著《债务之家》（House of Debt）中（Mian 和 Sufi 2014b）。

13. 一个可观测的有较高风险的借款人的贷款申请获得批准时，尤其在货币政策从紧时，他肯定有一些不可观测的好特征，可以让他得到更好的贷款条件（即第一阶段和第二阶段的回归误差是正相关的）。

14. 银行必须回答的主要问题是："在过去的三个月，银行用于审批企业贷款或信贷额度的信用标准改变了吗？"（这包括：对中小企业、对大型企业、短期贷款、长期贷款、家庭购房、家庭消费信贷，等等）。该方法的量化指标是银行报告的净信贷标准收紧的百分比（相当于银行报告的信贷标准放松与信贷标准收紧的差异）。最后，不清楚银行关于信贷条件的回答是基于水平数据还是变动数据，因为他们通常不会报告贷款标准的软化。但是，在不同的时间和不同的银行，的确存在信贷标准的不同。

15. 从 2000 年到 2006 年美国名义房价增长了两倍，抵押贷款利率大幅下降，贷款标准大幅放松，特别是对次级借款人（Mian 和 Sufi 2009；Dell'Ariccia，Igan 和 Laeven 2012）。一些作者认为其他（非信贷）因素对房地产价格可能是至关重要的（Glaeser，Gottlieb，Gyourko 2013）。也参见 Adelino，Schoar 和 Severino（2012）。

16. 按照法律规定，房利美（Fannie Mae）和房地美（Freddie Mac）只允许在一定限额内购买单户家庭按揭贷款，这被称为一致贷款限制。贷款超过这个限额就被称为大额贷款。参见 Adelino，Schoar，Severino（2012）。

17. 参见本书第四章，关于金融稳定与竞争。

18. 参见欧盟使用网络分析对系统风险建模的最新研究（2010）。http：//www. ecb. int/pub/pdf/other/modellingsystemicrisk012010en. pdf。

19. 参见 Iyer 和 Peydró（2011）在分析银行间市场传染时使用反事实模拟的缺陷，因为他们不能捕捉储户的内生反应，但在危机中这是至关重要的。

20. Cont，Moussa，Santos（2012）提出了一个分析相互关联的金融机构网络中的风险传染和系统性风险一个定量方法，该方法用传染指数来度量系统重要性机构。他们将这种方法应用在 2007 年到 2008 年巴西金融机构资本水平和相互风险敞口的数据集上。他们的研究结果强调网络结构的异质性和交易对手风险敞口的集中度是系统重要性银行一个重要的解释。

21. 模型由一个随机违约概率来模拟，在信用事件发生时会发生跳跃，这反映出由于溢出效应增大了进一步违约的可能性。

22. 这部分是主要基于 Greenlaw 等（2012）的研究：微观审慎压力测试强调银行资本缓冲损失的传统角色。

23. 参见 Wall 和 Petersen（1990）和 Docking，Hirschey 和 Jones（1997），De Nicolo 和 Kwast（2002）。他们研究了美国银行业整合过程与银行股票价格变化的相关性，他们在文献中使用了其他市场化指标来评估包括银行债务风险溢价在内的银行传染（参见 Saunders 1986；Cooperman，Lee，和 Wolfe 1992）。）我们参照 Hartmann，Straetmans 和 De Vries

（2007），他们为我们提供了一个很好的文献综述。

24. Gropp 和 Moerman（2004）使用有序对数估计了一些银行违约距离对其他银行违约距离的冲击影响。

25. 他们的实证分析涵盖了欧元区国家和美国，银行系统稳定性作了国际比较，他们还运用 Quintos，Fan，Phillips（2001）对尾部指数进行结构检验的方法，研究了多变量情况下的极端联动，并进一步评估了随时间变化的银行体系稳定性。

26. 参见 Billio 等（2012）的论文。主成分分析（PCA）是一种将样本中的资产回报分解为解释力逐步衰减的一系列正交因素的技术。为了调查冲击的动态传染，衡量这种关系的方向性很重要，所以他们用了格兰杰因果检验，格兰杰因果检验是基于两个时间序列预测的统计因果关系的概念。如果时间序列 j 包含的信息在时间序列 i 包含的信息之前，有助于预测结果就称为"格兰杰因"。在信息高效的金融市场，短期内短期资产价格的变化不应与其他滞后变量相关，因此格兰杰因果检验无法发现任何因果关系。然而由于摩擦的存在，他们会发现金融资产与价格变化之间有格兰杰因果关系。由于摩擦的存在，这种预测性并不能实现精准的套利。Danielsson，Shin，和 Zigr 和（2011），Battiston 等（2012b），Buraschi，Porchia，Trojani（2010）认为格兰杰因果的程度可以被视为市场参与者间回报溢出效应的代理变量。Castiglionesi，Feriozzi，Lorenzoni（2009），Battiston 等（2009）认为随着这种效应被放大，金融机构之间的关联和一体化不断加强，加剧了系统性事件的严重性。

27. 正如作者认为，另一个可能的解释是，因为银行和保险公司被高度管制，它们的资本要求对风险价值的变化更敏感；它们的行为对其他金融机构产生外部效应和溢出效应的同时，也会产生内生性的反馈循环。

28. Duffie，Pedersen，Singleton（2003），Pan 和 Singleton（2008），Arora 等（2012）对信用违约互换模型有重要的贡献。

29. 这个方法综合了单个金融机构资产负债表数据和简化时间序列模型，以此来计算市场下行对金融机构资产市值的影响。

30. Iglio 等（2014）提出两个降维估计指标，以从系统风险横截面度量中生成系统性风险指数。第一个估计是使用主成分分位数回归（PCQR）。他们从系统性风险度量的面板数据中提取主成分，然后在预测分位数回归中使用这些主成分，结果得出了对温和条件下的宏观经济冲击一致的条件分位数估计。他们提出的另一个偏分位数回归的估计量（PQR），利用比 PCQR 更少的因素得出了一致的分位数预测值。

第八章 系统性风险与微观审慎监管

这次危机的一个重要的教训是传统银行监管的失败。失败的原因主要是忽视了溢出效应：在资产证券化市场和银行间市场，前一个市场的崩盘直接导致后一个市场的冻结。另外在一般均衡效应下，银行陷入困境对经济活动和公司破产产生直接冲击，但这种冲击也被忽视了。监管机构犯的一个主要错误是，认为只要建立了基于模型并且看上去非常严谨的资本监管，并辅之以机构层面的监督与市场约束，就可以保证总体上的金融稳定；对于银行风险缺乏宏观审慎的视角是银行监管的主要缺陷。微观审慎监管的失败主要体现为：允许银行在高杠杆水平运营，因监督不力而允许监管套利，以及缺乏对失败金融机构恰当有效的处置框架，等等。从金融危机尤其是这一次金融危机中获得的教训，将有助于分析监管结构中的每一个环节在缓解或者放大危机效应中的作用。因为宏观审慎与微观审慎政策具有密切的联系但并不显而易见，宏观审慎风险是微观审慎监管的输入变量，而微观审慎缓冲器和防火墙又是宏观审慎监管的输入变量，所以两者都非常重要。

系统性风险的一些方面只能通过宏观审慎监管来处理，比如单个银行不会把他们对于整个金融体系和顺周期金融监管有风险的行为内部化。但是系统性风险的其他方面可以部分地通过微观审慎监管来减少。为了减少银行倒闭的负面溢出效应和传染风险所导致的系统性风险，有效的微观审慎监管仍然有很长的路要走，比如通过限制单个银行倒闭的概率，增加可使用的准备金来吸收倒闭产生的冲击，帮助倒闭机构进行快速有序的处置，等等。通过修补针对金融机构的微观审慎监管框架而让金融机构个体更加稳健，我们也许只需较少的宏观审慎监管（假设被监管部门中的风险确实减少了，而不是被金融部门中其他未被监管部分中更高的风险所替代）就可以让宏观审慎监管更加有效。从这个意义上讲，修补微观审慎监管可以被认为是对宏观审慎监管的补充。所以讨论新宏观审慎监管框架的需求，应该从讨论传统的微观审慎监管的作用开始。

　　本章将讨论微观审慎监管框架的理论基础以及减少（加剧）系统性风险的效果，并将讨论传统微观审慎监管在管理系统性风险中的局限，讨论巴塞尔委员会和20国集团倡议下成立的金融稳定理事会（Financial Stability Board）通过的新监管框架效果，以及 Dodd - Frank 法案和新欧盟指令（new European Directives）的执行情况。

　　正如我们在第一章中提出的，银行监管的最终目的是构建一个金融稳定框架作为稳定经济增长的必要条件。所以，宏观审慎监管同微观审慎监管都不是目的本身，而是中间目标。即使经济稳定会促进增长，在增长和金融监管成本之间还存在一个权衡，这将影响微观审慎和宏观审慎监管的设计。银行监管的宗旨是在两个极端之间达到一个平衡：一端是完全的金融稳定，很高的资本金水平，银行零破产风险，昂贵的贷款和简化的银行业务；另一端是低资本金水平，具有高度竞争力并伴随高系统性风险的庞大银行业。只有当达到风险（针对稳定性）和收益（针对市场规模）之间的有效边界的时候，这个信贷市场规模和稳定性之间的权衡才变得重要。因此针对现有监管操作的改进要着眼于增强金融稳定性的同时又不妨碍长期的经济增长。这是为什么设计良好的微观审慎和宏观审慎政策对于长期稳定的增长来说至关重要。

　　微观审慎监管主要考虑的是单个银行破产的风险，只有较少涉及银行破产的社会成本因素会被考虑进来。宏观审慎政策度量和监测的是银行体系整体的风险水平，必须直面和识别风险的来源，比如金融传染、金融市场的溢出效应和被风险管理人员所忽视的一些资产泡沫，而这些在单个银行层面的风险模型中是看不见的。

　　微观审慎和宏观审慎政策的区别是复杂的，而且是多维度的，两者在目标、关注点、外部性类别和需要的输入变量上都有所不同。具体表现如下：

　　1. 目标不同。根据定义，微观审慎监管关注的是银行个体的倒闭风险及其结果，而宏观审慎监管关注的是系统的整体风险。

　　2. 关注点不同。微观审慎监管关注的是局部均衡框架，银行破产的社会成本是可以被预期到的，考虑了可能的金融传染和对银行客户的外部性，却忽视了对价格和市场（包括可能的市场暴跌）的影响。与之相反，宏观审慎监管关注一般均衡的问题，避免犯合成谬误（composition fallacy）的错误，即在个体层面是有效率的则在集体层面也是有效率的。

　　3. 针对的扭曲不同。微观审慎视角考虑的是单个银行倒闭的社会成本，但没有考虑间接的后果。宏观审慎视角则考虑的是银行倒闭对资产价格和经济活动的影响，以及对银行风险的反馈作用，所以这和商业周期相关，金融加速器机制通过不完全的金融市场、银行战略（依赖于银行监管）的顺周期特性和资产价格的变动放大了商业周期。

4. 必要的输入变量不同。微观审慎监管是基于外生给定的资产价格的概率分布（在完全严格的模型中包括资金成本或者负债的价格）以及价格之间的相关性。宏观审慎方法基于完全不同的视角，因为至少有一部分风险是内生的。例如微观审慎方法可以把房地产价格视为给定的，而宏观审慎方法则要考虑均衡价格还会由羊群效应和泡沫的积累而决定。

微观审慎与宏观审慎监管之间呈在多维度的差异，也存在多个区域的重叠。

明显地，我们对于风险的看法是完全不同的，这取决于经济是否运行正常（即使是在经济低迷时期）或者是否处于系统性危机中。但更重要的是，基于金融稳定的宏观审慎视角应该是监管过程中的一个关键性输入变量，以便让银行使用考虑了失衡和系统性风险概率的风险评估（内部）模型。因此，一些明显属于微观审慎监管的工具具有重要的宏观审慎效果。比如，限制贷款价值比和贷款收入比，既是微观审慎又是宏观审慎措施；甚至初看起来明显属于微观审慎的消费者保护措施，在金融稳定方面（比如外币按揭抵押借款所带来的系统性风险）也有积极意义。

了解了这些既微妙又有些模糊的区别后，我们将在本章探讨为什么传统的微观审慎监管框架会失效，以及现行提倡的微观审慎补救措施是否可以创造出一个改良的金融环境使得系统性危机会被避免，或者至少最小化系统性危机的影响。宏观审慎监管将会在下一章里讨论。我们的分析将会同时考虑监管的公共利益视角和私人利益视角。

8.1 为什么需要金融监管？

在单个银行层面，审慎监管分析需要证明的是为什么银行不能完全有效率地发挥在资源配置当中的作用。对于银行来说，为什么股东对资本（或杠杆）水平的选择是不恰当的？还有，一旦我们赞同金融监管是必需的，那么我们应该采取什么样的监管视角呢？监管应该最大化社会总福利还是在不同的利益团体之间达到一个平衡的结果？

8.1.1 银行业的市场失灵

我们需要讨论的关于微观审慎监管的第一个问题是为什么银行业需要监

管？市场若是完全的话，一个完全竞争市场会产生最优的资源配置，Modigliani－Miller 条件是成立的，所以银行的负债结构不重要，最大化利润的银行会选择给所有正净现值的项目融资（见 Fama 1980）。

银行监管的存在，恰恰是因为完全市场不存在，而且金融机构的破产会产生外部性。金融机构的破产还会导致金融传染（正如我们在第五章看到的），会摧毁银行和他们的客户之间关系的价值。因此银行的审慎监管旨在于：（1）限制银行破产的概率，（2）限制银行破产的影响。一旦银行的负债变得安全（比如通过存款保险），债务持有人的市场约束性就会消失，这为过度承担风险提供了激励，反过来又额外需要更多的监管，所以这个问题变得非常复杂。

从微观审慎视角来看，监管的目的是提升资金配置的效率，特别是引导市场和金融机构的行为保持合理的风险水平（和纳税人在银行破产情况下的潜在成本），无论银行采用股权还是债务方式投资，都应选择经风险调整后有正净现值的项目，并内部化银行的外部性。通过受监管约束的市场在风险—收益边界上的套利可以反映出所有单个银行倒闭和发生系统性风险的社会成本。我们将在下面同安全网的失效一起来分析这个问题。

与认为金融市场是和谐（idyllic）的观点相反，任何试图抓住危机精髓和识别其监管基础的人都会同意宏观审慎和影子银行的监管是不足的。事后看来，当下金融危机的根源在于有缺陷的银行监管。

8.1.2 微观审慎监管的公共利益和私人利益观点

Barth，Caprio，和 Levine 在《Reforming Banking Regulation：till Angels Govern》一书中阐述到，为了理解银行监管有必要区分两种世界观：公共利益视角和私人利益视角。

微观审慎监管的公共利益视角 公共利益视角的基本假设是，金融监管的目的是在给定制度结构或者有限信息等前提下，通过最有效率的方式来提高公司的资源配置，最大化社会福利。

微观审慎监管的私人利益视角 同福利最大化的监管观点相反，Stigler（1971）认为监管应该被看作是一种商品，它的需求来自消费者而供给来自监管机构。因为相比于消费者，生产者是一个强势得多的并组织有序的利益团体，所以"作为一个规则，行业需要监管，并且其设计和运行主要是为了行业的利益"（Stigler 1971，1973）。这引申出了私人利益理论（private interest theory）、寻租（rent－seeking）和监管俘获的观点（capture theory view of regulation），这些观点认为监管被行业用来增加其可以捕获的租金（rent）（Peltzman 1976）。对于生产者，因为政府能够实施补贴（例如救助银行），通过限制准入来减少竞争，或者减少生产成本（例如一个有 AAA 评级的 CDS 对冲的贷款），所以游说的成本—收益相当可观。在某种程度上，监管俘获理论陈述的是，人们将只能够观测到自利监管（self-serving regulation），即便这是通过监管机构所执行的。总体上的含义在于，许多类型的监管并没有服务于公共利益，而只是简单地增加了社会中特别强大的利益集团租值。

根据私人利益理论的视角，有效的监管来自于监管机构和利益集团之间的合谋以及租金的再分配。因此，监管机构合谋的激励应该被明确出来。出于这个原因，两种理论是共存的。用 Barth 等（2006）的术语来说，政客通过他们可支配的竞选资金和投资项目来收买政治支持以获取收益，另外监管机构主管的职业履历可能带来在被监管公司中高收益的职位，凭借这些就能够来区分"系统性腐败"和"收买型腐败"。

不管怎样，政客和监管机构经理人的合谋动机的确存在，因此为监管俘获理论提供了一个严谨的基础。

尽管如此，仍然要考虑到一些注意事项：

第一，公共利益和私人利益的视角是两种极端情况，我们极有可能观察到的是介于两者之间的某种状态。这种状态会随着机构的类型，要么偏向利益集团，要么偏向公众意见，并随时间变化（比如，安然事件的爆发，导致 Sarbanes-Oxley 法案出台，合谋在此时就无太大空间）。

第二，监管动机可能存在同义反复（tautological snag）识别的困难：在一场监管改革当中，总会有赢家和输家，将赢家当作"强大的利益集团"，并为其贴上"监管俘获理论"的标签可能有失偏颇。

第三，监管是个动态博弈的过程。利益集团的行为会随着时间而改变，他们会发现漏洞并创造出新的产品来规避监管，保护其他的利益集团，这也会引发再监管（re-regulation）。

总之，监管的私人利益视角是否重要，我们必须对其进行检验。鉴于我们已提到的三个注意事项，检验这个理论是困难的。虽然我们应该分析监管是不是一个消费者也获益的双赢情况，但是理想情况下，我们应该首先定义好利益集团，然后检验他们是否是监管改革的受益主体。

Kroszner 和 Strahan（1999, 2001）做了两个有趣的研究。在他们的第一篇文章中，他们考虑了放松分支机构限制的时机，然后发现在小银行扮演重要作用的州会推迟放松监管。他们在 2001 年的文章中分析了美国国会众议院的投票行为，发现监管法案（1991 年联邦存款保险改进法案）的通过部分取决于小银行和大银行，以及保险与银行在每个选区内的重要性。Stratmann（2002）就废除 1933 年的 Glass - Steagall 法案的 Gramm - Leach - Bliley 法案做了一个类似的分析。Heinemann 和 Shüller（2004）使用私人利益方法来解释银行监管与跨国监督，发现在欧洲存在同样的现象。

上述证据有道理。但是，如果不能证明福利因为一些利益集团而减少，它就不是一个确凿的证据。很明显，在一些情况下，某些类型的监管中私人利益会占主要部分，但不会总是这样。所以更现实的观点是将监管的私人利益视角当成一种可能起作用的力量，把监管看成讨价还价博弈的均衡结果，同时还要认清既没有纯粹公共利益的监管方法，也没有纯粹的私人利益的监管方法。

8.2 监管实施

监管的实施意味着赋予具体的部门行使监管权力。这个过程首先需要清晰界定监管对象，其次是如何进行监管，既要具体界定监管者的权力，又要明确权力的范围，以保护被监管银行不受随意监管决定的影响。

8.2.1 监管的类型

传统意义上有两种不同的类型监管：行为监管（conduct regulation）和结构性监管（structural regulation）（Kay 和 Vickers 1990）。顾名思义，"行为监管"是为了规范市场运营机构的行为；"结构性监管"的实施则是为了规范市场结构和促进竞争。

商业行为 商业行为的监管建立了公司如何对待他们顾客的规则。有这样的规则以及违规情况下的处罚，在金融领域中是十分重要的。在金融行业，顾客只拥有有限的信息，而金融机构经常同时扮演金融产品的销售者和财务顾问，所以会存在利益冲突。金融监管不仅限于银行，还包括了其他金融机构及其与顾客之间所有的金融业务。监管应该规定金融机构从顾客利益出发如何诚信开展业务，以及在为顾客提供金融服务中如何做好尽职调查。

在最近的危机当中，违反监管的商业行为在次级抵押贷款事件上表现充分，他们被诱导相信很低的初始"诱惑"利率（teaser interest rates），再被灌输房地产价格上涨的"保证"，让其认为肯定是安全盈利的。类似的利益冲突在其他市场中也存在，作为存款的替代品，次级债（subordinated debt）和短期无保险债券（short - term uninsured debt）被卖给银行的顾客。在东欧国家，特别是匈牙利，银行顾客以很低的利率获得了瑞士法郎计价的抵押贷款，却没有被确切地告知瑞士法郎的重新估值风险。

这些案例表明，利益冲突不应该被低估。缺乏适当的商业行为有两个重要的后果：第一，在事前阶段，资金被引导到无效率的用途上面，这是以其他项目不能得到融资为代价的。第二，在事后阶段，顾客不履行还款义务，这是构成系统性风险的一个重要因素。

结构监管 当市场的竞争结构受到威胁时，市场中的结构监管是必要的。对于银行市场来说也是如此，但我们还必须要顾及到一些额外的考虑。

第一，为了防止银行破产，市场准入与合并必须要监管。第二，理论与实证文献都强调了在竞争与金融稳定之间可能存在一个权衡。

直观地，如果银行享受着垄断租金所带来的更高的利润，那么破产的机会就会减少。因为一旦银行破产，他们将失去未来租金的现值—特许价值（charter value），所以这也促使银行谨慎行事。

审慎监管 因为银行业的主要外部性是源于银行破产，所以监管机构主要关心的是如何减少银行破产的可能性，或者如果一家银行倒闭了，要限制其对支付体系、公众信心、整个银行业和经济活动的影响。微观审慎监管被定义为通过所有监管措施减少银行破产的概率以及对其他银行和经济主体的影响。

8.2.2 法律基础

一部具体的法律（通常是银行法的一部分）定义了委托给监管部门的权力和对权力的限制。法律确立了监管机构的特点，尤其是其独立的程度、信息的权限（比如审计信息）和对那些不符合现行监管机构的制裁能力。

在这次危机之前，分配权力给监管部门的法律是被设计来专门应对银行机构的。但是在影子银行问题上的适得其反证明这明显是一个错误，不过改变法律以适用于一个新的经济环境，这一过程既缓慢又昂贵，所以监管的变化是有限的，并且在实施上有着重大的延迟。但是，应该注意的是，英国的反应非常迅速，在2009年就变更了其银行法，特别是为银行破产定义了一个新的制度。在美国，这个过程也几乎同样迅速，但是 Dodd – Frank 法案的复杂程度以及其委托给不同委员会或者证监会的权力是如此的广泛以至于难以衡量其未来的效果。

因为权力的委托必须基于立法，所以监管只能局限于一国。诸如巴塞尔委员会一类的机构是由于各国为证明其银行符合更高监管标准的动机才被授予权力。事实上，各国的兴趣只是证明其银行是按照国际标准被适当监管起来，是遵守国际准则的。但是由于监管的法律结构总是在国家层面决定，这会导致国家之间存在重大的差异。

监管机构 银行业的演进以及其通过创建金融集团的方式与金融市场一体化使得一些国家重新审视传统金融监管的结构。经常被称作"机构方法"的传统方法是基于被监管金融实体的法律地位。公司的法律地位，通常是一家银行、一家经纪商或者一家保险公司，决定了由三个监管机构中相对应的那一个来负责监管。这个基于分业监管的模式被逐步地废除，转而倾向于一个可以更容易处理金融集团的统一方法。这正是英国所选择的结构，在英格兰银行的主导下，金融服务监管局的功能是负责整个系统的金融稳定和风险。北岩银行的倒闭揭示了英国金融监管模式可能存在的弱点，促使政府重新修订了两个机构的作用，英格兰银行全面接管了金融服务监督局。

现在很清楚地看到，监管机构的结构很重要，为了考虑宏观审慎监管必须重新对其结构进行审视。因为宏观审慎监管是建立在中央银行的信息之上的，所以即使"系统性风险委员会"或者"系统性风险监督委员会"独立于中央银行，其所有的信息都是从中央银行这个机构获取的。类似的，因为宏观审慎监管的作用是来评估隐藏的风险，评估是否存在泡沫、是否期限不匹配或者评估其他事项，所以在计算银行实际风险中，微观审慎机构依赖于宏观审慎的变量输入。

8.2.3 安全网

因为银行运营产生的外部性主要体现为银行倒闭产生的社会成本，所以银行业发达的国家已经逐步运用一些机制来防止银行倒闭和限制倒闭带来的最坏影响。安全网的构成至少包含以下六个方面：

1. 银行业务的严格准入
2. 银行监督
3. 存款保险
4. 资本要求
5. 最后贷款人
6. 救助和银行关闭政策

因为安全网减少了个体银行破产的概率和随之引发的金融传染效应，所以安全网不仅是减少个体银行破产的社会成本的一个机制，还是遏制系统性风险和金融传染的主要决定因素。

但从最近危机中得到的一个教训是，安全网的各种措施可能有助于遏制危机，也有可能催生错误的激励，并且对市场主体和金融机构营造出一种过分自信的文化，加重了尾部风险并放大危机的效应。

8.3　风险评估和资本监管

为了评估危机中安全网的表现，我们必须解决两个不同的问题。第一，安全网是否如所设计的那样能在危机的极端情况下充分发挥作用。第二，进一步，安全网自身的设计是否能够应对系统性风险。

从积极的角度看，存款保险和货币政策（见第十章）有助于限制广义上的银行恐慌以及减少抛售和抛售带来的银行损失。在美国和欧洲，存款保险的范围在增加，通过这种方式避免了存款者的"向优质资产转移"（flight to quality）。还有中央银行改革了其作为最后贷款人的功能，提供流动性并延长货币互换协议，阻止了全球性的挤兑。

从消极的角度看，必须要承认安全网中有些手段失效了。首先，尽管开展了压力测试，但是银行监督者明显地低估了银行所面临的风险，尤其是同影子银行、资产证券化和信用违约互换相关的风险。其次，因为低估了所需要的风险权重，加上在巴塞尔协议 I 中资本的定义高估了二级资本和三级资本的作用，甚至在一级资本中，对普通股和留存收益限定了非常有限的作用，所以资本监管也失效了。最后，用快速有序的方式处理陷入困境银行的程序也许是无效率的。尤其是考虑到有跨境业务的银行，这是一个关键问题。冰岛银行危机充分说明了这一点：其显示了在危机中，跨国银行如何成为国有银行，监管和财政部门仅关心最小化该国纳税人的成本。事实上，冰岛宣布了其存款保险公司的破产，签发了紧急立法来保护冰岛存款者，却将英国和荷兰的存款者置于不顾。

8.3.1　巴塞尔协议 II 逻辑下的资本

银行资本有多重作用。一个是控制银行所承担的风险：有更多共同投资（skin - in - the - game）的股东去冒险的激励更低一些（Marcus 1984；Keeley 1990）。另一个是促进风险分担：资本扮演着缓冲器的作用，用来吸收损失，通过允许有序清算和在财务困境下的资产处置等方式，避免陷入困境银行对整个金融体系和实体经济的溢出效应（Gale 和 Ogur 2005）。另外，有更多资本的银行可以更好地吸引资金，增加可贷资金的数量来支持实体经济发展（Holmstrom 和 Tirole 1997）。

在 Modigliani – Miller 世界中，银行如果只通过股权来融资，那么银行倒闭的概率为零，与之相关的外部性也不会存在。根据 Admati 等（2013）的研究，这个观点并没有银行家和政策制定者接受，因为一旦考虑了金融市场的不完美性，股权就比债务的成本更高。具体有如下一些原因。一个是税收。例如，股权会被双倍征税，而债务不会（Modigliani 和 Miller 1958）。另一个原因是信息不对称，比如与股权稀释有关的成本，现任股东有新股东所没有的公司信息（Myers 和 Majluf 1984）。代理冲突也会提升股权相对于债务的成本，例如较高的股权会减少对管理层的激励效率（Jensen 和 Meckling 1976）。另外从流动性和安全性看，银行更看重具有高流动性和安全性的存款债务（DeAngelo 和 Stulz 2013；Allen 等 2014）。总的来讲，在银行的贷款成本与银行倒闭的概率之间存在一个待发现的最优平衡，这将决定社会最优资本水平。

尽管施加更高的资本要求会带来这些成本，但是许多银行在 2008 年全球金融危机之前的杠杆水平很高，让许多银行只能用微薄的利润去应对金融系统中所积聚的系统性风险，结果导致许多银行不得不用纳税人的钱来纾困。通过更高的资本要求（包括更注重资本的质量），通过限制金融机构所承受的风险和增加危机中的缓冲来去杠杆还有很长的路要走。但是较高水平的银行资本也许会触发业务从银行转移到更少受监管的潜在风险更高的非银行部门，从而放大金融监管的边界问题（Goodhart 2010；Martin 和 Parigi 2013；Plantin 2015）并增加系统性风险。这些因素必须在银行资本监管的设计中仔细地权衡。

单因子 Merton 模型 再一个需要强调的是，如果单个贷款的风险是独立分布的，当贷款的数量趋近于无穷大的时候，大数定理会保证破产概率趋近于零，这会带来高于资本平均成本的贷款预期回报，也就是说，银行是盈利的企业。这就意味着在这样一个损失独立分布的世界里，预期损失可以由贷款收取的利率所覆盖。

这个学术练习让我们可以给出有别于条款的资本定义。的确，与每笔贷款的独立风险相关的风险，即预期损失，应该被贷款收取的利率所覆盖，并被列入条款。而资本则应该被定义为覆盖未被预期到的关联风险的资金量。

独立分布的损失情况意味着任何真实的银行风险模型应该基于影响所有贷款的共同因子。巴塞尔方法采用了尽可能简单的模型，模型假定存在一个单一（宏观经济）因子，这一因子可以近似看作 GDP 增长。这是银行需要有资本缓冲的依据，资本构成了对抗单一系统因子风险的准备金。

对专业化程度很高的银行，其持有的组合是有差异的，并且有特定行业的风险。对于一个将组合 60% 投资于抵押贷款的爱尔兰银行，它的风险会高于将组合 2% 投资于这个爱尔兰抵押贷款的德国银行。单一因子模型不能把这个特点考虑在内。另外，单因子模型本身是一种近似，如果存在一系列起作用的宏观经济因素，那么每一种金融产品的风险权重将取决于不同宏观经济因素的特定比例（Gordy 2003）。

监管资本 巴塞尔协议 Ⅱ 对监管资本的定义是从巴塞尔协议 Ⅰ 继承而来的，没有任何显著的修改。但是每一家公司的资本是不同的，这取决于将公司看成是持续经营（a going concern）还是非持续经营（a gone concern）。在第一种情况下，我们可以将与公司未来现金流有关的因素包括进来；在第二种情况下，这些因素则应该被排除。

一个典型的例子是关于未来利润税收抵免的会计处理，在日本银行危机中这被认定为日本银行资本的一部分（Skinner 2008）。很明显，如果银行将继续持续经营，那么这是一项资产。但是一旦银行要是倒闭了，这就没有任何价值。这种混淆制约了银行资本披露数字的透明度，针对这一点，巴塞尔协议 Ⅲ 重点强调了高质量的资本。

另外，巴塞尔协议 Ⅱ 的机制隐含了银行信贷供给的顺周期性：当资产被降级，银行必须增加资本，恰恰这时银行很难发行新股来获得更多资本，银行只有通过削减贷款来应对。

所以这个原本在个体层面允许银行在困境中软着陆的机制，在危机发展过程中恰恰产生了循环放大效应。正如 Hanson 等（2011）所提出的，关于满足资本充足率的问题可以通过增加分子（资本），或者减少分母（风险加权资产）来满足要求。前一方式对整个金融稳定有着积极意义，后一方式则可以理解成出售资产和削减信用，会产生破坏性抛售和信贷紧缩的风险。因此为了满足资本要求，银行很大程度上应该通过增加分子（资本），而不是通过减少分母（风险加权资产）来实现。这在危机期间尤为重要，银行出售资产和削减信贷会加剧受损金融体系的螺旋式下降。事实证明，美国和欧洲在危机中有不同的做法。在美国大规模的资本被注入到美国的银行，包括通过政府资助的TARP 项目，但在欧洲没有发现与之对等的项目，银行很大程度上自行决定是通过注入资本还是通过削减资产来满足资本金要求。欧洲银行接踵而至的去杠杆过程很大程度上造成了欧洲国家最近几年低迷的增长表现。

8.3.2 监督和内部风险模型的失灵

监督是监管行动的一项重要投入，因为监督是信息到达监管者的通道，也是验证和可能触发监管行动的通道。巴塞尔银行监督委员会已经强调了监督在巴塞尔协议Ⅱ中的关键作用，将其作为第二根支柱，还发行了一份参考文件阐述了"有效银行监督的核心原则"（1997，revised 2006，2012）是"健全审慎监管和监督银行及银行系统的实际最低标准"（p.1，2012）。因为这些标准的执行是由国际货币基金组织和世界银行的金融稳定评估项目（Financial Stability Assessment Program）监控，各国有正当的动机遵守其29个核心原则。尽管有不同的侧重点，巴塞尔协议Ⅱ的第二根支柱还是与"核心原则"互为补充，同时也对一致的全球监管框架开放。

尽管巴塞尔协议旨在改进全球监督，但是巴塞尔协议Ⅱ不断增加的复杂性增加了准确评估和测度风险（如显示的那样，存在跨国间测量的差距）的困难。对银行的回报和现有监管履行情况的监督是一个复杂的工作，它涉及对金融机构报告和外部审计结果严格的使用与解释。风险从来不会被完全观测到，所以风险评估是一个非常复杂的问题。风险会出现在资产负债表上，表现为危机时被观测到的利润与损失之中，但这时看到风险为时已晚。但是，资产的风险程度、资产—负债结构以及表外的风险程度是可以被测量的，而且事后它们也应该被更准确地或者以更谨慎的方式测量。

银行风险管理者和监管者的辩护声称，不是每一家银行都能理解到金融环境（公司和银行的杠杆率、超额信贷增长、泡沫、汇率风险等）对其自身风险的影响，在缺乏相关宏观审慎框架前提下，银行的个体风险是不能被准确测量的。正如之前提到的，宏观审慎监管是危机发生之后所提出的应对之策，我们不能以此标准去评判事前各经济主体行为上的差错，应该围绕危机前我们能识别出来的因素去做客观的评价。

内部风险模型的失灵　巴塞尔协议Ⅱ的第二根支柱规定，银行有维持充足资本的责任（原则1），但是监督者应该审查和验证该过程（原则2）。危机已经表明，这种验证存在漏洞。

尽管风险管理者和监管部门都接受用复杂的内部评级模型来精确地评估风险，但是由于若干原因该方法具有迷惑性。首先，在一个银行经理人预期为股东创造价值的世界，为了从高杠杆中获益并同时遵守资本监管的规则，内部模型的目标必须是降低监管资本。第二，Haldane（2013）发现内部评级模型作为一项关键创新增加了复杂性和银行的不透明。这个复杂性不仅在于资本金比例的分母，也在于根据巴塞尔协议Ⅱ的监管规则，可以被计算为资本（一级或者二级）的混合工具的分子。

这种过度自信的第一个结果就是在内部评级模型中，用于应对银行实际风险的资本是不充分的。这随后导致了对银行业普遍缺乏信任以及银行间市场的崩溃。第二个结果是，银行在"安全运营"的基础上获得了巨额利润，即，银行回报率减去风险调整后的资本成本的价差（所谓的假阿尔法）。银行巨大的盈利能力导致其通过慷慨的股利和红利的形式发放了大量奖金，影响了资本的稳健性。现在改革银行监管的目的就在于纠正这些错误。

风险权重的错误　认为风险纯粹是由内部评级模型所决定，这意味着否认了整体基准的任何作用。向监管部门咨询、银行业游说，以及参考标准化的方法都有助于协调行业模型。现在看来，一些风险被低估了，在巴塞尔协议Ⅲ中他们被更清晰地定义和测量：

1. 信用评估调整　在巴塞尔协议Ⅱ框架下，交易对手违约风险和信用转移风险得到了解决，但是由于信用评估调整（credit valuation adjustments, CVA）造成的市场价值损失却没有得到处理。在金融危机期间，对手方违约风险造成的损失中大致有三分之二是CVA损失造成的，只有大约三分之一是实际违约造成的。这不仅导致实际损失报告的延迟，还增加了市场不透明，银行账户被认为仅仅反映了一部分有效损失。

2. 交易账户和复杂的资产证券化风险敞口　所谓的再证券化风险在银行和交易账户中都被低估了。

3. 交易对手信用风险敞口　银行的衍生品、回购协议和证券融资活动都没有被准确地评估。

4. OTC风险敞口　关于抵押品管理和初始保证金的场外交易规则，被认为和中央交易对手方（central counterparties）有同样的风险敞口，这些中央交易对手方都是由支付与结算系统委员会（CPSS）和国际证监会组织（IOSCO）所承认的。

5. 评级膨胀　评级机构在对结构化产品的评级中过分自信，金融中介减少了他们尽职调查的努力，侧重基于评级和风险回报来进行投资，而不是基于对投资的预期现金流的分析。

8.3.3　市场约束、评级机构与公允价值会计

准确可靠的信息披露是市场评估金融机构所承担风险和发挥市场约束的关键，因此我们应该根据每一个金融机构承担风险的策略来调整资金成本和资金可获得性。一家承担更多风险的银行应该有更高的资金成本。这个原理被推崇为巴塞尔协议Ⅱ的第三个支柱。

其理由很简单。在公平竞争中，一家银行的资金成本应该反映其风险。因此信息披露对于市场有效配置资金，以及决定哪些银行会扩张、哪些会缩小或

者完全消失十分必要。市场约束提升银行业的效率，如果在繁荣的时候淘汰那些无用的银行，那么在萧条的时候，危机就不会那么严重。另一个理由是能够约束银行经理人。正如在第二章所解释的，银行挤兑可以约束银行经理人，并成为保全银行资产的有效方式，这也正是 Chari – Jagannathan（1988）或者 Calomiris – Kahn（1991）的模型中证明的结论。此外，因为市场信号构成了监管者的有价值的信息输入，所以市场约束提升了监管有效性。

因为存款保险的存在，低于一定门槛的存款不存在市场约束，所以资金成本调整的责任依赖于未被保险的债务，特别是次级债务。因为这种负债有更高的下跌风险，所以对银行风险水平的变动更为敏感。

实证文献显示，市场约束在银行业中的确起到了作用。正如预期的那样，承担了更高风险的银行有更高的资金成本（见 Flannery 1998）。但是投资者对市场约束的信心在金融危机中被击碎了。

完全公允价值会计会加剧银行危机吗？ 因为银行危机恰好发生在银行推行完全公允价值之后，所以一些专家，如 Steve Forbes 或者 Brian Wesbury，都认为按照市场价值计价的会计制度产生了放大效应（见 Pozen 2009）。事实上，正如第五章提到的，这个论点是很弱的，因为：第一，完全公允价值取决于是否所有银行的资产都按照市场价值计价；第二，这个观点基于一个隐含的假设，即未保险债务持有人会更加乐观。但事实是，在缺乏信息披露的情况下，危机中的投资者对于银行的看法会更加悲观。

有一种观点认为，一旦适用了新的会计准则，建议谨慎对待银行与股利和奖金有关的支出决定。因为公允价值会计增加了金融机构利润和损失的波动性（Bernard 等 1995），所以能够预示未来盈利能力的股利政策应该根据更高的可变性来调整，并且应该更加保守制定。不幸的是，似乎银行的董事会并没有改变他们的奖金和股利政策。Acharya 等（2008）观察到，尽管有迹象表明危机正在酝酿，但是银行还是支付了巨额的股利和奖金。De Larosère（2009）的报告得出了一个类似的观点，说明了会计是在为"银行的短视行为"提供激励，代理人的行为没有适应新的会计准则，表现为一种顺周期性，股利与波动性较强的利润之间的关系仍然维持原状不变。

信用评级机构报告和市场约束 不仅公司自身财务报表可以为投资者提供有价值的信息，第三方同样可以提供信息来提升风险市场价格的精确定价。虽然"看门人"这个术语已经被广泛用在扮演这类角色的市场主体上面，但是审计事务所更多地是在后台的账户控制中发挥着作用，而信用评级机构（CRA）作为前台更了解被评估公司的风险，对市场约束有着更加直接的影响。

事后来看，危机前一年信用评级机构对 CDO 的评级做得并不好。可能的原因是：（1）基于危机前房地产价格行为的统计模型不够准确，（2）CDO 评级市场的过度增长，（3）利益冲突，发行者是否选择某个信用评级机构取决于其提供评级结果是否受欢迎，所以往往信用评级结果会偏高，即使这可能损害他们的长期声誉（在 2013 年 2 月 4 日，美国司法部民事司对标准普尔公司提出了民事诉讼，涉及其在 2007 年对一些美国债务抵押债券评级）。

无论什么原因，危机前 CDO 的评级导致了投资者的过分自信，这极有可能降低了投资者在选择组合投资策略上的努力。仅在 2007 年 2 月和 7 月之间，标准普尔对 2006 年份的次级 RMBS 评级采取了 637 个负面行动（250 个降级行动和 387 个信用负面观望行动），CDO 的突然降级，导致了未预期到的巨额损失，CDO "有毒资产" 市场完全丧失了流动性。

危机前投资者对 ABS 和 CDO 评级机构的过度自信，再加上对 AAA 证券可能的过度偏好，导致了很低的银行资金成本，进一步提升了证券化和分级过程的盈利能力，催生了抵押贷款市场的过度增长。2007 年 CDO 的突然降级导致了完全相反的极端结果：对证券化的评级以及金融产品出现了普遍的不信任。

系统性危机中的市场约束　按照巴塞尔协议 II 第三个支柱的规定，银行要披露真实可靠的信息，但这取决于披露对银行股价的影响。在正常时期，较高或者较低的利润会反映在股票价格上，不会暗示银行处于困境。但是在危机中，公众对银行偿付能力的信心可能会被披露的重大损失损害。所以银行，特别是陷入困境的银行，缺乏披露损失的激励。

注意到在繁荣时期和危机时期缺乏市场约束的原因是非常不同的，这一点很重要。正如 Freixas 和 Laux（2012）所陈述的，"在繁荣时期主要的问题很可能是市场参与者缺乏激励去使用或者索取信息，相反地，在萧条时期，占主导地位的问题似乎是，在最需要透明的时候却最难达到透明。"

Morgan（2002）认为，比起非金融公司的资产，银行的资产更加不透明，所以隐藏损失也就更加容易。这似乎是一个很合理的假设，当银行接近于困境的时候，所披露的数字是不可靠的。最近的一个例子是关于雷曼兄弟违约之前回购会计 105 规则的使用。另外，如 Aghion，Bolton 和 Fries（1999）和 Mitchell（2000）表明的，因为银行有可能对违约贷款展期，这个做法被称为持久化（evergreening），所以只有当贷款被召回后报告的损失更低，监管信息才是可靠的。但是当备选方法是宣布银行破产时，持久化明显是一种将最坏的情况推迟同时为复活而下注的方法。

总之，实证文献显示在好年景，市场约束的结果使得不同金融中介之间存在差异；但是在坏年景，投资者从银行撤回资金，完全不会区分银行之间的风险水平和能力。市场约束在好年景对淘汰"跛鸭"（lame ducks）有着积极作用，但是当市场功能失灵的时候，市场约束会助长投资者恐慌，市场会像经典的 Diamond – Dybvig（1983）模型那样达到无效率均衡。

8.4 互补的安全网监管工具

8.4.1 存款保险

2008 年全球金融危机说明了仔细设计存款保险制度是多么的重要。虽然通过共同责任引入市场约束的想法在英国的存款保险计划中开始实行，存款人也会承受部分银行倒闭的成本（3,000 英磅到 33,000 英镑存款的 10%），但是北岩银行还是未能逃脱倒闭的命运，这是自 1930 年代以来首次出现由于银行倒闭而引发的银行挤兑。尊重存款保险规则的重要性在 2013 年的塞浦路斯危机中也很明显，政府提出对 100,000 欧元保障限额以下的小额存款人进行征税，而不是增加更大未保险存款的税收。这对其他欧洲国家的金融传染效应是瞬间的。

但是冰岛危机暴露了存款保险制度的脆弱性。因为缺乏跨国监管协调，冰岛银行出现前所未有的扩张，当他们的银行体系被危机打击的那一刻，存款保险公司也破产了，存款保险没有了任何效力。这与之前在其他国家发生的或者在美国储贷危机中所发生的情况形成了鲜明的对比，在那些危机中，财政部（即纳税人）提供了资金去支付存款保险。与冰岛相比，美国的银行业规模已经大到没有其他可行的解决方案。所以教训是，只有当存款保险公司有政府支持并且承诺接管所有存款保险的理赔时，存款保险制度才会有效。这些经验在欧洲已经导致了存款保险制度全面的重建，各国之间有相等的覆盖范围并且提议建立共同存款保险基金。

8.4.2 最后贷款人和流动性供应

从积极的一面看，作为最后贷款人，中央银行确实有效地进行了危机应对。他们对流动性危机的反应是迅速的，并带有创造性思维，而且在实践中不断学习。事实上，内部流动性以及银行间市场流动性的同时崩溃要求从外部注入资金来纾困。中央银行被前所未有的银行和金融混乱所淹没，一些早期被设计来注入流动性的机制也失效了。例如，谁这个时候合用贴现窗口，反而会伤害使用者的声誉，所以这一机制已经无法有效地为银行提供流动性。

8.4.3　银行处置程序

当一家银行陷入财务困境的时候，会面临高昂的资金成本、融资困难以及受限的日常业务，监管部门和财政部门需要分析该银行的损失程度和结束危机的最好途径。我们的讨论将涉及这类监管行动，及其导致的银行重组或者宣告破产的银行处置程序。

因为关系到谁来支付银行的损失，以及银行倒闭和处置对金融稳定的影响，所以处置程序有多重维度。当对于股东和未保险债权人的损失处置不当时，还会产生金融传染，其他银行的短期债权持有人会更新对风险的感知，也许还会停止对这些银行融资。

从金融稳定的视角来设计正确的银行处置程序需要一个一致的框架来帮助受困银行最小化其金融状况所产生的外部性。首先需要考虑到的外部性就是我们在第五章所讨论到的金融传染的类型：

- 通过预期的金融传染
- 通过跨银行直接持有（银行间借贷，OTC 衍生品）的金融传染
- 抛售引发对资产价格的影响
- 流动性枯竭
- 信贷供给减少和经济活动走低的反馈效应

更一般地，一家银行的破产导致公众对银行整体信心的丧失，这将会对银行业产生影响。对于一个在资本自由流动的世界中运营的银行体系尤其如此，在这样的世界里投资者可以选择转移他们资金到另一个国家。为了最小化金融传染，我们认为一个有效率的银行处置程序必须是有序、快速和最小化公共财政负担的，以避免对救助产生错误的预期。

对此的分析是复杂的，因为监管者的目标和对银行危机损失的评估将取决于以下的因素：资本短缺的程度如何，在清算的情况下存款保险公司的成本是多少，金融机构是否是系统重要性的，以及鉴于金融脆弱性和广泛的金融传染，清算是否会触发系统性危机。

法律前提条件　银行破产程序的一个关键部分是银行法。法律结构将决定对不同类型的股东进行保护，因此它会拖延处置，并影响每个类别求偿权持有人所承担损失的不确定性。为了减少不确定性，法律的确定性将是初始条件。的确，规定明确且被投资者与监管者所知晓的银行处置程序是必需的。然而即

使有了法律的确定性，长时间的延迟同样意味着更多的损失，也许还会有关于诉讼问题的不确定性。

美国自 1991 年 FDICIA 法案通过就已经明确规定了银行破产程序。最近在 2009 年，英国引入了构建良好的银行处置工具箱（toolkit）作为北岩银行危机导致的银行法改革一部分。其吸取了其他国家的经验，给予了监管者以下四项权力（Brierley 2009）：（1）将银行部分或者全部业务转让给私人部门买家的权力，（2）创建由英格兰银行控制的过渡银行权力，用以管理全部或者部分倒闭银行的业务，（3）将倒闭银行暂时变为临时国有银行的权力，（4）关闭倒闭银行，并促成快速有序地支付存款人求偿权或者将存款人已保险的存款转让给健康私有部门银行的权力。这些规定与保护债权人权利的原则是一致的，目的是保护全部净额结算安排及担保信贷，更一般地，用"不让债权人更糟"的保护措施去保护利益攸关者（这里不是同慷慨的救助进行比较，而是同标准的破产程序进行比较，这些标准破产程序的成本比金融机构及利益攸关者违约的成本高得多）。另一个有意思的案例是丹麦的处置框架，我们会在 8.7.2 这一节讨论。

但是，立法者的任务并不容易，因为必须有足够的可用工具和针对可能出现的意外的条款，比如会涉及区分小银行与"太大而不能倒"的银行，在出现快速而没有商量余地的情形时要有解决方案，同时这必须要和保护投资者的主要立法框架一致，等等。

破产　破产法很重要，因为当遇到一家陷入困境的金融机构的时候，破产法为监管部门定义了最坏的情况。

从法律角度看，因为银行是公司，所以无论公司是非金融公司还是金融机构，负债持有人的求偿权（是财产权）不应该有差别。这个观点直到 1990 年代才被大多数国家所接受。这区别于一般法（lex generalis）下的破产法，没有区分金融公司和非金融公司。特别法（lex specialis），即为金融机构特别定义的破产法，在以前是例外，现在成为了惯例。

为什么给予金融机构特别的破产待遇？因为银行破产的状况不同于非金融公司。后者要求有更强的投资者保护措施，而前者必须平衡投资者保护和防止系统性危机。

投资者保护要求破产程序的宗旨是保证公平和效率，（1）根据由合同形成的投资者权利来公平对待所有的债务持有人，（2）通过在清算或者持续经营公司之间做出选择，最大化债权人的价值。这些是在非金融公司破产程序中想要达到的典型立法目标。

因为主要目的是抑制金融传染，所以银行监管的目标是不同的。破产程序必须有序而迅速，以防止金融传染和维持金融稳定。特别地，有序而迅速的程序意味着，除了法律上的确定性以外，还要有重新协商的自由并且在信息上的可行性。

有序处置 因为金融传染会通过预期的变化而发生，所以银行的处置应该将损失完全按照投资者预期来配置。因为监管部门倾向于强调银行是安全的，而不是告诉投资者他们面对的风险，所以可能很难达到如此的透明度。但是，有序的处置程序允许投资者们计算他们的损失程度和资产流动性的不足（因为有些求偿权只有在法律纠纷后才会被支付）。此外，一个规定明确的破产程序将会约束监管者并强迫他们行动，所以这也就减少了与监管容忍有关的损失。

允许使用银行8%的资本准备金去填补损失，而不会对银行次级债务持有人造成损失的有序处置在一般破产制度下是不可能的，这是因为如果银行有正的权益并且能够继续经营其业务，即使在持续累积损失，也是不可能从法律机制上宣布银行破产的。

美国FDICIA的及时纠正措施是一个很好的有序处置银行的例子，其有一系列的规则限制了银行经理人和监管者的自由裁量权，以此减少处置而产生的不确定性。随着资本比率的恶化，银行将会逐步面临更多的限制条件。

迅速处置 当银行陷入困境，获取资金要么代价昂贵，要么不可能。存款人的不信任和由此带来的高昂资金成本会导致银行产生负的利润。换句话说，银行的价值总有一天会被摧毁。这就是为什么监管部门必须迅速干预，通过重建市场信心，恢复银行在正常条件获取资金的原因。

从理论的角度来讲，银行的困境可以被认为是一个讨价还价博弈，监管者的目标是限制金融传染，而公司的目标是最大化股东价值。正如任何讨价还价博弈那样，在意见分歧的情况下，备用解决方案是非常重要的，这也是为何一个特定的银行破产程序构成了有序而迅速解决银行金融问题的先决条件。有序而迅速的处置会将监管部门在讨价还价博弈中置于更为有利的地位，以保护纳税人的利益。因为迅速的处置也会维持银行资产的价值，所以对于求偿权持有人也会更好。但是，即使银行资产的规模在持续缩水，为获得更大资产份额而进行冗长的议价也许是每一个债权人的最优策略。

一个冗长的处置程序也会增加不确定性和提升银行债务的风险溢价，以及银行部门在市场上筹集资金的能力。此外，当面对传统银行破产程序的时候，破产银行的流动资产持有人会突然被非流动性负债所困，其期限和价值都将取决于法庭裁决。这对于非金融公司是一个严重的问题，但对于一个通过处理短期延迟和高流动性资产来管理流动性风险的金融机构来说，可能是灾难性的。如果存款保险没有被充分管理，那么流动性不足的层面甚至可能影响到已保险的存款人（尤其是当政府因资金短缺不向存款保险方案提供支持的情况下），这时因为当存款保险公司对存款的管理和支付负起全部责任的时候，安全的存款将会被冻结。最近在塞浦路斯的危机证实了这些不确定性，通过对已保险的存款进行征税，事实上构成了撤销全额存款保险的威胁，而且还导致了银行账户为期十天的冻结，让运行良好的支付系统陷入了停顿。

处置或者重组？　无论一个有序而迅速的处置程序是否到位，监管部门必须快速决定是清算银行还是通过注入新资本进行重组。当然，成本与收益取决于破产法和到位的机构，还有可获取的信息。

当偿付能力岌岌可危时，首先抢救的应该是个人金融安排。在完美的Modigliani – Miller世界里，一份债务—股权互换可以允许银行避免危机并恢复投资者信心。但是问题在于协调：如果其他债权人将债务转换为了股权，那么保留这些债务的债权人会受益于债务价值的上升。所以，即使债务—股权互换是有效的也不会发生，互换必须被监管部门强制执行。如果债权人在事前承诺将债务转换为股权，定义明确的信用事件会发生后，协调问题将会被避免。这是当下为迅速而有序的银行破产处置所提出的新负债结构的逻辑（见 8.7 小节）。

个人金融处置　如果银行法允许监管机构拍卖违约中的银行，那么强行接管、用纳税人的钱进行注资将可避免。因为在处于困境的情况下，救助可以被预期到，因此事前投资风险资产的激励将会降低。如果银行权益的价值仍然为正，那么银行持续经营的市场价值将会比其债务的票面价值大，购买银行简单来说就是买下所有的资产并接管所有的负债。债权人将收回他们所持债权的全部价值，只有股东会遭受损失。因为通常股东会更偏好于使用所有可能的诉讼来争取更多的时间和更好的出售条件，或者稀释他们的股份，所以迅速而有序的银行破产程序是这里的关键，（见 Dewatripont 和 Freixas 2012）。强制接管将允许合并后的银行继续经营。

另外，银行可以被清算，如果非抵押资产的价值比债务的价值大，那么财政部将不会有任何成本。与此类似，如果银行法允许清算，那么监管机构可以威胁从而迫使银行在没有有利的市场条件下进行资本重组。面对这个可置信的威胁，虽然可能给股东带来损失，但银行会寻求显然优于监管资本重组的私有资本的重组。一旦银行危机的最初部分已经结束，这个机制被证明在美国银行资本重组当中是高效的。在这两种情况下，债权人的权利没有被稀释，因此应该不存在由破产程序引发的金融传染效应。

如果预期到金融传染效应会有限，这可能的原因有：（1）银行是非系统性的，（2）银行业受益于良好的金融环境，（3）出现困难的银行投资了不同的资产，那么监管机构可以决定清算银行。清算成本会影响未担保负债持有者，会对其他银行产生负外部性的金融传染，其他银行的融资条件也将会恶化。所以金融传染效应越大，银行处置程序也就更慢。

另外，尽管有大的金融传染效应，一家银行还是可能必须被清算，就像雷曼的例子，这是因为没有别的出路可以选择。在这个情况下，法律和制度结构会迫使进行有负面效应的清算。

辅助处置　作为成本—收益分析的结果，监管部门可能愿意通过一系列机制来重组银行，通常由隐性或者显性的注资构成。不管原因是好是坏，这样的救助可能都是合理的。救助可能是严格成本 – 收益分析的结果，或者是游说过程的结果，也可能是由于代理人有着错误的激励和目标（比如来自职业发展的考虑），或者只是对于救助的（低）成本和（高）收益的过分乐观的预期。

一个明显合理的理由是为了避免引发系统性风险，无论是陷入困境的机构是一个系统重要性机构（SIFI）或者是银行业的脆弱性已经到达了一个很高的水平，以至于一个非系统性银行也可能引发银行恐慌。另一个合理的理由是成本效率：一旦我们考虑到存款保险公司在银行倒闭的情况下偿付存款人的成本，可能对银行进行注资的成本会更低，然后按照持续经营的方式将其出售而不是清算。

不幸的是，也可能会出于不好的原因对陷入困境的金融机构进行支持。首先，如上所述，银行资产的不透明也许会误导监管部门对银行危机持有过分乐观的观点（可能还伴随着银行投资组合的一些关键要素披露的缺失），将其视为 Diamond – Dybvig 式的投机性危机，而不是一个根本的偿付危机。尤其是这种情况，如果监管部门不是完全独立的，那么出于政治原因，政府更倾向于推迟银行危机。其次，因为政府担心执行破产程序将会有高昂的政治成本，所以可能会进行干预。这大概是为什么在 2011 年西班牙先对其国内的信用社，即"cajas"注入了大量资金，而后于 2012 年在欧洲谅解备忘委员会（European Commission Memorandum of Understanding）的压力下被迫接受了执行银行特定的处置程序。

更复杂的是，"好的理由"和"坏的理由"之间的区别是模糊的。例如，为了避免恐慌，挽救非系统性的北岩银行就是基于英国金融服务管理局所提供的信息，虽然北岩银行是有完全偿付能力的，但是因为证券化市场的干涸而面临暂时的流动性问题，所以挽救势在必行。随后，很清楚的是，北岩银行事实上是无力偿付的。

因为使用公共资金对受困银行进行注资，通常会导致高昂的财政成本，并最终成为纳税人的成本，所以用最小的成本来遏制金融传染至关重要。这可以通过使用不同的工具来达到，根据危机的具体特点，这些工具或多或少有效，对纳税人来说也意味着或高或低的成本。特别地，我们可以列出四种不同的工具：

1. 负债担保　第一个恢复公众对银行系统信心的简单方法是让监管部门通过担保所有银行的负债来干预和结束银行危机。当发生系统性危机的情况下，政府担保也许会十分地昂贵。最近 2008 年的爱尔兰危机就是这种情况，负债担保对于爱尔兰政府的财政赤字产生了直接的影响，增加了爱尔兰的主权风险溢价。另外，因为银行持有爱尔兰主权债务，所以随后的主权债券评级下调导致了爱尔兰银行的损失，主权风险和银行风险相互作用形成了恶性循环或者致命捆绑。

2. 监管资本注入　为了支持银行，政府可能买入次级债务、优先股或者银行被迫发行的股权。这些方式增加了银行权益或者以优先股的方式减少了银行的财务成本。当然，在最初的阶段，监管部门联合财政部可能会买入债务或者次级债务，但由于增加了杠杆率，所以这并不会改善银行的偿付能力。股权注资的极端形式是银行的国有化，因为私有化的管理被认为更有效率，所以这通常会招致强烈的批评。由于这种批评，国有化经常只是暂时的，构建出一家过渡银行（bridge bank），一旦公众信心恢复过渡银行就会被再次私有化。

3. 资产重估的干预措施　政府可以通过在市场上购买资产来进行干预，这是一个设想的解决方案，但是从未在美国实施过。

4. "好银行/坏银行"重组　世界范围内多次危机管理得到的重要经验是所谓的"好银行/坏银行"分离的重要性。受困的银行被一分为二，坏的资产被分配到所谓的坏银行，坏银行可以是所有银行共同拥有，也可以是针对每一家受困银行具体的资产管理公司，而好的资产会以被动管理的形式持有到期，或者当市场条件改善后被卖出。因为好银行有足够的资本和充足的共担风险，而坏银行会处于被动管理不能够进行冒险的投资，所以一个好银行/坏银行的重组会减少银行孤注一掷的激励。一旦实现了分离，那么好银行会被允许重新开始且没有任何坏资产的负担。关键的问题是如何在好银行和坏银行之间分配负债。

跨境银行处置　对于一个跨国金融机构是该被救助还是清算，引发了一个十分困难的法律问题。

第一，如果是系统重要性银行，那么干预的成本会很高，成本如何在不同的受益者之间分摊或者"分担责任"的问题就会出现。通过雷曼兄弟的例子就可以看出，破产对世界上许多国家都意味着巨大的全球成本，但是救助却是由美国财政部完全承担。在没有事前协议的情况下，每个国家都会试图搭本国监管部门的便车，导致了无效率的决策和由于系统重要性机构可能破产而引发全球系统性风险的可能性。这两种可能的出路在最近的危机当中都发生了。一个极端是爱尔兰当局选择担保他们银行的每一笔债务，结果不得不注入大量资本，导致了巨大的预算赤字和主权债务危机。另一个极端是冰岛当局做出的决定，他们选择宣告他们的银行和存款保险公司破产，然后签署立法只保护本国存款人。

Freixas（2003）、Goodhart 和 Schoenmaker（2009）都提到过金融监管框架的不一致性。通过归纳这些分析，Schoenmaker（2011）提出了"金融稳定的三难困境"（financial stability trilemma）的概念。金融稳定的三难困境是指稳定的金融体系、一体化的金融体系和国家的金融稳定政策不能被同时达到。这是因为在一个一体化的金融体系中，要获得金融稳定，就需要在困难时期对系统性银行进行资本重组，但如果没有实现财政一体化的话，这在国内并不可行或者并不受欢迎。因此，如果我们想要有一个一体化的金融体系和国家的金融稳定政策，那么整体金融稳定就不能实现。

第二，因为不同的司法管辖区可能有不同的破产法，所以跨境银行破产导致了复杂的问题。这里最重要的问题是两类跨境破产方法——通用方法和地域方法——的冲突。在通用方法中，破产银行的所有资产和负债是联合认定的，没有考虑他们来源地的司法管辖。而在地域方法中，每个国家认定在其境内所持有的资产和负债。如果一个国家采用的是地域方法，而破产银行所在的司法管辖地盛行的是通用方法的话，结果就会存在冲突。

第三个重要的问题是跨国银行如何在不同的国家运营。一家银行可以通过设立分支机构或者设立子公司的方式进行扩张。当一家银行是一个在不同国家有分支机构的单一法人，银行破产就意味着要清算所有的分支机构。但如果银行是以母公司和国外子公司的方式构建的，那么母公司宣告破产，在每个国家的子公司是可能幸免的，或者是一家子公司破产，而母公司继续存在。

总之，有多种方法来重组或者清算一家银行，监管部门应该将他们合并起来，以限制使用公共资金。但是，除了危机的财政成本之外，设计有序而迅速的监管干预的法律和制度框架对于抑制金融传染和防止系统性风险至关重要。

8.4.4 国际环境中的安全网

在多个市场运营的跨国银行的增长，以及国际银行间业务的发展产生了银行监管与监督的国际协调问题。在历史上，这也促使巴塞尔委员会提出一揽子银行监督的最低标准，被称为巴塞尔协议Ⅰ、Ⅱ和Ⅲ框架。设立最低标准应该增加整体的国际金融稳定性，这看上去似乎非常直观。但是，Morrison 和 White（2009）通过简单地比较放任自由的政策和施加有公平竞争特征的监管标准，发现这个问题更为复杂。他们发现放任自由的政策在监管良好的经济体中更好，然而施加监管标准会让监管不力的经济体受益。这个悖论指出，设定统一监管标准的代价是通过对一个国家施加更严厉的监管，消除了其声誉上的好处受益处。

第二个需要考虑的问题是关于国际监管的分析，通过一些非合作国家联合构建的国际安全网带来了公共物品融资的问题。当每一个国家决定自身监管和监督的水平时，银行和监管者的激励就会被扭曲。在一个国家，设置不太严格的监管要求可以使银行降低他们的资金成本来获得竞争优势并扩张到其他国家，但是这样做会对其他国家产生负的外部性，其余国家将面对一个更低水平的金融稳定性和自己银行更低的市场份额（见 Dell'Ariccia 和 Marquez 2006b；Hardy 和 Nieto 2008）。

为了避免国际银行监管和监督的供应不足，增加监管者之间的协调似乎是很自然的。这意味着设置信息交换的机制以及建立相应法规。但因为这是一个非合作博弈，除非各国的利益是完全一致的，否则根本达不到最优效率（Holthausen 和 Rönde 2002）。

但是，在国际范围内，当一体化达到一定程度后安全网的局限性可能会变得很明显，欧洲主权风险危机也证明了这一点。欧盟在 1989 年 12 月的第二份银行"单一通行证"指令中规定，一家银行在欧洲某一国家获得特许执照，就被允许在任何其他国家通过开设分支机构来运营。虽然监管银行是东道国的责任，但监管者们也相信其余监管者会用他们的标准去监控在欧洲运营的银行。通过这种方式，一个银行服务的单一市场被建立起来，即使在某些方面（如监管、监督和存款保险制度等）还保留了一些差异。

不完全金融一体化的结果是，尽管每个国家的每一个监督和监管部门都被要求去维持国内层面的金融稳定和促进金融行业的发展和效率，但是欧洲各国的目标是不一致的，也就意味着跨境的外部性。那么对于一些国家（比如塞浦路斯、冰岛、爱尔兰和西班牙）监督部门，他们的兴趣在于促进银行业的增长和发展，这对于他们的经济增长至关重要。在这些国家，监管主体是否具有对抗政治压力的独立性并不重要，重要的是不完全金融一体化导致了银行业的过度增长，这埋下了扩散到其他国家的危机的种子。

8.5　金融创新和监管：影子银行的兴起和监管套利

因为银行监管部门的重点任务是防止或者限制银行机构倒闭的产生的负面影响，所以在这次危机之前，银行监管的边界和银行业的边界是一致的。政府救助会带来收益，增加了银行和非银行机构的道德风险，因为通过隐性担保给他们提供了获取便宜资金的渠道。一些银行业务，比如办理期限和/或流动性转换，接受信用风险转移以及运用回购操作，都是由影子银行业中的非银行机构办理的。雷曼的破产和对贝尔斯登与 AIG 的救助表明，大型非银行金融机构可以对整个银行业产生巨大的影响。2008 年事件的教训是，每一个系统重要性机构都应该被纳入银行监管的框架之中。修改后的术语和当前对于系统重要性金融机构（SIFIs 和全球版 G - SIFIS）的重视，都总体反映了这些变化。接下来我们想要阐明是，第一，为什么影子银行的存在原则上可以提升整体效率；第二，在什么样的条件下这个效率可以达到；第三，为什么监管不足会导致影子银行的无效率利用。

8.5.1　有效率利用影子银行的框架

巴塞尔协议 I 统一施加的资本要求是 8% 的资本，和贷款风险关联度不高，只有有限的一些例外（比如主权国家，金融机构贷款和抵押贷款）。这种"一刀切"的风险观在随后的巴塞尔协议 II 中被修正了，打开了资本重新配置的空间。首先，因为一些机构不受资本要求的限制，所以银行将一些资产转移到了那些机构（他们的破产不会有任何的社会成本），这是有效率的。但是，因为 8% 的设定是独立于资产风险的，这诱导金融机构从事监管套利，将最安全的贷款打包并证券化，同时持有最高风险的贷款。这意味着应该对证券化贷款分级并且保留次级或者劣后级。通过保留劣后级，金融机构有正向的激励去监控和筛选贷款，以最小化劣后级的风险，从而减少道德风险的现象。但是 8% 的资本充足率是通过贷款组合平均计算的，不是针对劣后级资产，监管套利破坏了规定资本要求以应对银行风险的目的。尽管我们指出的事实会导致银行资本不足，但在有着充分监管的情况下，证券化是将银行风险分散转移给其他机构的完美方式，也增加了风险配置的效率。

在危机以前，证券化被认为是提升金融行业效率的一大进步，这是因为这些金融创新使得银行可以将风险配置到共同基金和保险公司等机构，丰富了这些机构的多元化业务同时减少了银行的风险。类似地，信用违约互换（CDS）允许银行通过将风险转移给其他机构，比如保险公司，来降低自身的风险水平。通过信用违约互换，比如一家银行的组合中有通用汽车公司的债券，银行可以购买针对这家公司信用违约事件的保护，即在 CDS 合约中明确定义违约的事件，无论是通用汽车公司被下调评级还是直接破产。所以 CDS 合约构成允许转移风险到非银行机构的有效金融创新。

8.5.2 影子银行存在应满足的条件

影子银行带来两个好处。一方面，将有风险的贷款组合的收益转移到了与风险不相关的机构那里，比如保险公司，增加了整体资产组合的分散性，提升了金融体系的风险收益边界。另一方面，因为资本是有成本的，通过转移银行风险到诸如共同基金、养老基金或者家庭等实体部门，带来更分散化的又不受制于资本要求的投资组合，所以银行只需要更少的资本，同时这一转移行为为购买风险的投资者提供了更好的投资机会。

上述结论的成立需要满足两个隐含假设。第一，转移到影子银行部门的风险不应该以任何方式扭曲初始银行所承担的风险。第二，最终的风险应该被充分多元化的机构所承担，这些机构不会破产，或者其破产没有任何社会成本。他们的违约不会影响到金融稳定，也不会引发金融传染或增加整个宏观经济的脆弱性。

2008 年全球金融危机表明，这两个条件一个都没有被满足，特别是在美国，在创造了资产支持证券、债务抵押债券（CDO）的证券化行业以及信用违约互换（CDS）行业来说的确如此。事实上大量证券化产品都被银行自身持有，特别是投资银行，当这些资产具有流动性的时候，会被用来在市场上提高流动性。证券化贷款市场的突然崩盘切断了银行获得流动性的途径，同时危害到银行偿付能力。

CDS 市场的两个特征意味着同各种 CDS 有关的系统性风险很高。第一，各种 CDS 的规模比其应该被对冲的债务要大很多。如此巨大的规模意味着各种 CDS 不是用于对冲，而是用于投机。第二，CDS 风险并没有在这些合约里被充分地分散掉，AIG 就持有了巨大的 CDS 头寸，后来危机爆发时已无力偿付。

8.5.3　影子银行监管不力

事后来看，在像美国或者英国这样的国家，对证券化过程的监管存在明显不足。证券化监管失败有不同原因，但最主要的是发起银行提供了流动性，而这些银行有着极低的风险权重，只被要求了很低的资本水平。

因为发起银行可以将流动性额度扩展到 SPV，SPV 可以继续证券化银行的长期资产，并且通过短期债务来融资。期限不匹配使得 SPV 是以流动性风险为代价，赚取长期和短期利率之间的价差。换句话说，银行的一个关键功能是将短期负债转换为长期资产，而这个功能"外包"给市场了。当然，投资者必须要获得一些担保，即使最后短期债务展期出现困难，投资者也将会在最后的时候得到补偿。因此为了让 SPV 顺利发行这些短期债务，发起银行不得不提供流动性进行保证：发起银行将会到期日偿还债务而同时等待新的投资者出现。

由于提供信用额度并不需要很高的资本，特别是在巴塞尔协议 I 中，所以这项业务赋予银行较高的预期收益以换取较低的资本要求。但是，只要投资者对这个产品不感兴趣，如果突然没有投资者来接盘，银行不得不自己购买短期债务并不断展期来收回 SPV 的资产。这个证券化监管的漏洞允许发起银行只持有有限的资本来应对可能会变得巨大的风险：在坏光景的时候，SPV 资产变得"有毒"，风险将重新回到发行银行。于是，随着银行资产规模的不断增长，一家银行的资本在好光景时完全充足，但是在坏光景时却突然变得不足。事实上，他们需要更高的资本水平。

类似地，CDS 的监管也是不足的。信用保护确实可以降低相应资产的风险权重。但是，监管部门假定信用违约互换可以对冲银行的贷款风险而减少其权重，这个决定忽视了提供保护方的破产风险。危机表明这个风险的确不能忽略不计。与此同时，因为 CDS 的价格即保护的成本反映了有效的风险，所以一旦 CDS 正常交易，那么银行监控借款公司的激励就会被侵蚀。毕竟，如果是用 CDS 来对冲的话，那么贷款是否安全的唯一重要问题就是保护的成本。因此信用 – 违约互换的存在给银行提供了错误的激励，这使得银行在更低的努力水平上筛选借款人。现实的情况是，交易对手风险被低估，往往是因为一些像 AIG 的交易对手被认为是大而不倒的。从这个角度来看，美联储救助 AIG 以避免所有美国银行严重降级是完全正确的。

危机表明从公共利益的角度看，监管部门允许为 SPV 短期负债提供流动性额度是错误的。此外，他们错误的预期了证券化资产会被银行业以外的诸如保险公司或者共同基金等机构所持有。从事后很容易看出，尽管巴塞尔协议的资本要求强调了资本应该计算为银行业的整体水平，但是监管却忽略了合并考虑整个银行业的资本水平。每一家银行都假设其他银行的证券化资产是安全的，而且还对 AAA 评级的证券规定了相对较高的利率。这个错误明显与缺乏宏观审慎监管以及对整个银行业内部证券化程度的测量有关。

从私人利益角度看，银行、CDS 卖方还有信用评级机构所得利润的很大一部分都来自于受监管的商业公司、未被监管的影子银行机构和市场的交易之中。好光景时获得的高利润，以及较多的尾部损失之间的风险转移，在宽松的监管帮助下，并不能被单个银行充分地度量。

总结一下，从系统性风险的观点看，在微观审慎层面的证券化监管是失败的，主要是因为以下六个因素的组合：

1. 受监管的商业银行部门和未受监管的影子银行部门之间的紧密联系。

2. 基于不正确的风险度量监管套利（一刀切并且对于流动性额度错误的风险权重）。

3. 银行业整体的风险。

4. 非银行机构比如投资银行和保险公司（比如 AIG）风险的累积。

5. 处理信息披露的信用评级机构，本应该充当看门人，但却考虑的是最大化其股东财富的价值。

6. CDS 市场、一些承担风险的关键机构，和持续不透明且门槛不连续的 OTC 交易。

当这些效应结合在一起，不可避免地会发生"市场功能失灵的相互作用，甚至是崩溃，公允价值会计和金融机构权益资本不足，以及审慎监管的系统效应，在整个金融体系中，创造出一个恶性下行的螺旋"（Hellwig 2009，p. 7）。

8.6 公司治理

在一个信息完全的世界里，公司经理将会按照债权人的最大利益行事。不幸的是，一旦我们偏离这个完美的世界，承认经理人和公司股东之间的代理问题，我们就要质疑董事会的作用。确实，在理想状况下，董事会会监控公司的业务，并且确保经理人的行为会最大化公司股权价值。

最近几年公司治理一直是倍加关注的对象，有若干旨在加强公司治理的提议，首先是 1999 年 OECD 有个提议，然后是 2002 年的 Sarbanes - Oxley 法案，最终被接受的是 2006 年的巴塞尔委员会提出的协议。前两个考虑的是非金融公司的公司治理，后一个则考虑的是金融中介的公司治理。银行的公司治理面临着和非金融公司同样的挑战，此外还有两个额外困难。一方面，银行的运营比一般非金融公司的杠杆高，所以债务和债权人的角色更突出；另一方面，银行运营具有存款保险公司显性的保险和更广义的监管部门的隐性保险，所传达的观点是"银行是安全的"。

但是银行的资产是不透明的，这让外部投资者获取银行的财务状况非常困难；换句话说，存在管理层操纵信息，以及，代表股东来损害债权人利益的可能性很高。这也是为什么巴塞尔委员会已经起草了一份比 OECD 更为严格的公司治理守则，强调了对利益攸关方权利的保护而不只是保护小股东。

通过限制杠杆，银行资本监管确实可以提高股权占比，并因此减轻银行的代理问题。但资本要求并不是万灵药，代理问题总是潜在存在的，特别是在危机中，这个问题变得极度令人担忧（Laeven 2013）。

从最近的危机我们得到了一些关于银行公司治理的重要教训：

1. 正如媒体所报道的，高管薪酬过高。即使银行正在接受公共援助，一些银行经理人仍在不断收到巨额奖金。虽然高管薪酬这一特点值得关注，但似乎只有有限的影响，因为这只影响到少数的银行。在大多数情况下，银行经理人是拿股票和股票期权作为补偿的，所以平均来看在危机中他们会因为银行股价价值下跌而遭受重罚。但有一些证据显示银行经理人在危机前会急于卖出一部分他们的股票。例如，Cziraki（2013）报告，在 2006 年年中高风险敞口银行的内部人卖出了比低风险敞口银行内部人多出 39% 的股权，但是两个群体在前两年中并没有表现出显著的不同。内部人修正了他们对其所在银行投资的评估并选择出售股权，是美国房地产价格下跌的第一个信号。

2. 关于公司治理的总体观点是应该增加一些独立董事，减少管理者在董事会的比重。Adams 和 Mehran（2012）进一步的研究表明，不仅竞争力是银行业绩的关键特征，董事会成员的参与程度也是一个重要指标。有的银行董事会成员兼任几家机构，这些银行的表现没有那些董事会成员只充分参与一家银行经营活动的银行好。

3. 尽管一般来说股东行动主义（shareholders activism）被认为可以将公司活动和股东价值最大化相统一，但在银行业这可能要牺牲以债权人的利益为代价来达到，这至少在短期内是如此。Fahlenbrach 和 Stulz（2011）的分析表明有更高股东行动主义的银行似乎在危机中有更大的损失。

4. 风险管理包括了风险识别和风险度量，是董事会的一项关键责任。风险管理功能到底有多重要，这取决于银行内部以及银行的风险文化，这构成了董事会的重要决策。考虑到这个问题，Ellul 和 Yeralmilli（2010）考虑了风险管理功能在银行公司内部的多重度量（比如风险经理薪酬同 CEO 薪酬的比率），审查了银行的风险功能并发现对风险管理不够重视的银行在危机中遭受的损失更高。

总之，对危机前所承担风险的分析清楚地表明银行的公司治理是没有效率的。必须要注意的是，尽管巴塞尔委员会已经做出了大量的努力去重新设计资本要求的监管，但是银行的公司治理并没有受到同样的重视，在这个对于银行利益攸关方至关重要的领域没有采取重大的监管改革，这是我们需要增添的顾虑。

8.7　新监管框架

首尔 G20 金融监管议程（2010 年 11 月）将目标定为完善有效的监督，针对 SIFIs 的监管，一个通过国际机构实施的同行评审过程，以及一个更严格的银行监管框架等。这个小节将会评论影响微观审慎监管新监管框架中的关键概念，而宏观审慎的维度会在下一章分析。

8.7.1　反思巴塞尔协议Ⅲ

巴塞尔协议Ⅲ资本要求　巴塞尔协议Ⅲ是提升银行监管以防止系统性风险最坏效果的尝试。巴塞尔协议Ⅲ强调了资本的数量和质量，要求了更高比例的一类资本和更低比例的二类资本。并引入了一些随时间变化的宏观审慎准备金。

因为吸取了危机当中风险评估过程中的教训，所以巴塞尔协议Ⅲ改善了对风险的度量，而且还引入了更透明的利润和损益的会计处理。这些变化虽然都是朝着正确的方向，但是尚不清楚附属资本是否如冰岛危机显示的那样足够高，毕竟雷曼兄弟和贝尔斯登在破产的时候是满足巴塞尔协议Ⅱ的资本要求的。

巴塞尔协议Ⅲ还引入了杠杆率的限制作为资本充足率的补充。当银行面临巨大压力的时候，如果市场考虑到杠杆率的绝对水平，那么引入杠杆率的限制可以提高市场约束。

最后，除了这些传统的资本要求，巴塞尔协议Ⅲ提出了两项新的流动性要求：流动性覆盖率（liquid coverage ratio，LCR）和净稳定融资比率（net stable funding ratio，NSFR）（关于这些的更多内容在下一章）。施加流动性比率是可替代的，因为已经有证据表明对短期持有的流动性进行征税可能比施加这些比率更有效率。流动性覆盖率也要求银行持有高质量的流动性资产。危机的一个教训恰恰是流动性可能像发生在 ABS 上和随后的希腊主权债券那样突然消失。这种情况反复发生会使流动性比率触发对安全资产的抛售，从而使得情况恶化。

8.7.2 反思银行处置：内部纾困政策和应急资本

危机的一个教训是，银行处置方案必须更有效率地解决问题，以便迅速和有序的恢复秩序，进而避免金融传染。这是 Dodd – Frank 华尔街改革和消费者保护法案（Dodd – Frank 法案）第十一章的内容，它规定了有序清算机构（Orderly Liquidation Authority，OLA）的归属，并且成为美国用于处理系统性金融机构的处置机制。如果银行面临严重的困难，那么由银行提交的生前遗嘱作为一系列或操作的依据已经在英国和美国实施。美国 Dodd – Frank 法案要求所有大银行的控股股东提交生前遗嘱。这些新设计的程序应该可以帮助减少银行处置成本，同时限制金融传染。此外，通过迫使银行反思其组织结构，生前遗嘱可以改善日常的风险管理。

两个已经提出的主要工具是发行应急资本（contingent capital）以及在次级债和优先债中引入内部纾困条款。但是就这些措施本身而言，都无法在实践上对付那些大而不倒的问题。

内部纾困 同可转换债务工具相反，内部纾困条款在本质上更类似于破产程序。内部纾困必须由监管部门发起。其必须要界定明确，并且可以基于资本的会计核算办法。一旦内部纾困条款开始使用，银行自动负债的权利就会被限制，股权权利被稀释，股权持有者会获得权证以交换他们的股票，只有当未来的股票价格达到某一个门槛才能获得收益。次级债持有人变为新的股权持有人，优先债持有人可以按他们债权的一定比例变为次级债持有人，或者可以简单地减少本金的价值。当这些合约被清楚地设计并具有法律的确定性，他们就具有了合同约束力以及被不同国家司法管辖区承认的优势。因为原则上避免了跨境破产的复杂性，所以内部纾困具有明显的优势。

应急资本 应急资本授权一个公司在未来某一时间或者之前发行新的实收金融资本以换来溢价（被称作"承诺费"）。这些可转换证券的目的是自动而快速的提供资本。应急可转证券的转换可以通过以下事件触发：

1. 监管决定
2. 监管资本跌破某个阈值（基于会计）

3. 银行股价跌破某个阈值（基于市场）

应急可转换证券（"CoCos"）只会由第三个机制触发自动而快速地转换成股权，也就是说，由一个很低的银行股票市场价格所触发。关于这个问题的文献指出了一些困难。例如，Sundaresan 和 Wang（2015）发现带有市场触发机制的应急资本（这里，利益攸关者不能够选择最优的转换政策）不会导致唯一的竞争均衡。均衡的多重性（有时候不存在均衡）不仅引入了价格的不确定性，还会导致市场操纵和资本配置无效率可能性。

应急资本和内部纾困的实践 目前为止有两个应急资本和内部纾困框架被采用。

1. 瑞士大银行的资本监管

2012 年 3 月瑞士监管部门针对他们最大的两家银行实施了大刀阔斧的监管转型，Credit Suisse 和 UBS 两家银行显然是全球系统性重要银行（G-SIFIs）。增加资本的改革意味着远超过巴塞尔协议Ⅲ所要求的资本（见 8.7 小节），但是为了维护瑞士银行的声誉，使其仍被当作是特别安全的机构，这样的意愿驱动了这次改革。此外，鉴于注入资本的金额已同瑞士的 GDP 相当，这两家 SIFIs 的规模太大使得对他们进行救助是不可能的。

改革包括了以下这些资本和 CoCos 的增加：

（1）风险加权资产的 8.5% 作为资本准备金，超过了巴塞尔协议Ⅲ中 4.5% 的普通股要求。在这 8.5% 中，至少 5.5% 必须是以普通股的形式，而最高 3% 可以采用持有可转换资本（CoCos）的形式。当银行的普通股低于 7% 时，CoCos 将会执行转换。

（2）风险加权资产（RWA）的 6% 作为附属应急准备金，全部由 CoCos 组成。和第一级准备金下的 CoCos 不同，当资本水平跌至普通股的 5%，在累进成分下的 CoCos 将会执行转换。两个 G-SIFIs 会因此拥有风险加权资产的 19% 作为资本（在巴塞尔协议Ⅲ下最小资本要求是 4.5%，资本留存准备金是 8.5%，以及额外要求的 6%）。

2. 丹麦处置程序

为了引入银行处置方案，在 2010 年 6 月 25 日，丹麦修订了金融稳定法案（Danish Act on Financial Stability）。把银行分为好银行和坏银行，并且同带有内部纾困特点的负债重组合并在了一起。作为丹麦新处置框架的一部分，金融稳定公司（Financial Stability Company）会构建一个"好银行"，以便其在银行倒闭的情况下以市场价值购买旧银行的资产。

当一家银行在给定期限内不能满足资本充足的要求，它可能会选择破产。如果选择不宣告破产，那么其运营责任将会转移至金融稳定公司。金融稳定公司会采取以下行动：

（1）建立一家新银行，也就是好银行。这个新银行将以市场价值购买旧银行的资产。

（2）按照资产变现的比例，将旧银行的非次级负债转移到新银行，剩余比例部分将留在旧银行（当然，存款人被保险额最多达 10 万欧元）。

（3）给新银行注入资本。

（4）通过中央银行常规的再融资操作和银行间市场向新银行提供流动性，如果这不可行的话，就通过金融稳定公司提供流动性。

（5）如果资产的比例份额低于 10 万欧元这个金额，给存款人在新银行最高 10 万欧元的存款担保。

（6）分两阶段调整资产的实现价值。在第一阶段中，这涉及到估值的折扣。在第二阶段中，由两个独立的专业评估师开展尽职调查过程。如果有必要，允许将估值折扣减少。

（7）将新银行任何超过"正常利润"的获利返还给旧银行的负债持有人。

这是一个很好的案例，尽量减少支出纳税人的钱，同时又控制了金融传染，所以这种结构是一种创新，值得观察。一个有趣的方面值得注意，在决定实现价值的两个阶段中，第一阶段允许迅速重组，第二阶段允许公平地分配损失。

8.7.3 重新定义银行活动的限制

传统的银行监管通过限制银行可以投资的金融产品来限制金融业务范围。但是我们从跨越时间和跨越国家的银行监管限制中观察到了极大的差别。什么是有效率的监管？金融集团是好事情吗？影子银行应该被鼓励还是被限制？结构化措施比如 Volcker 规则——"21 世纪的 Glass – Steagall 法案"、欧盟 2014 年 1 月的"Liikanen"提案，或者英国 Vickers 委员会推荐的税收栅栏，应该被其他国家采纳吗？

这个问题和银行的定义有直接的关系。如果我们将银行限制为吸收存款的机构，那么限制他们涉足高风险投资的程度可能是有效率的，这些投资包括证券保险和房地产活动。相反，如果我们采用更宽泛的银行的定义，在范围经济理论支持下这些活动又是可以的。理论模型对于理解这个复杂的问题帮助有限。但是，因为监管是存在的，所以使用现有的理论框架和实证证据来考察这些问题如何被合理地解决是有价值的。

考察是否限制银行活动最简单的方法，是去考察一家银行投资于特定的金融工具时社会和私人的成本收益的差异。可以肯定的是，如果没有这样的差异，就没有理由限制银行的活动。但因为银行是带有保险的存款融资，这些安全网提供的隐性担保使得银行倾向于对债务搭便车。另外由于有限的市场约束，安全网对于银行的冒险策略并不敏感。因此将"赌场"和金融机构的"效用"函数分开可能是有效率的。

社会和私人成本之间差异的一个清晰的示例是，金融机构没有把产生系统性风险的活动考虑在内。私人和社会成本和收益评估不同的其他情况还包括：（1）银行为客户建议的利益冲突（Bolton 等 2007），（2）以有限的监督能力去充分监测金融集团（Laeven 和 Levine 2005），（3）有政治影响力的金融机构是"太大而不能约束"（Barth 等 2006），或者（4）市场势力。但是，一旦社会成本和收益被考虑了，分析就应该决定有效率的监管（注意一些监管工具的合并是可能的，比如在一些工具上施加具体的资本要求）。

Barth 等（2006，p. 48）的分析认为："大多的文献表明允许银行拥有广泛的权力会有正的收益。"另外，"更严格的监管限制和一个国家遭受重大银行危机更高的概率有关。"Laeven 和 Levine（2009）考察了银行所有权、投资者法律保护、资本、存款保险和限制银行冒险的影响，发现对银行的限制会增加银行的冒险，也就是说，活动限制和存款保险增加了银行的风险，这个结果与之前的发现是一致的。但是，这些结果是用 2008 年全球金融危机之前的数据得到的，当包括了最近这次危机的系统性效果后，结果可能会发生变化。

第二个检验这个观点的方式是，考虑到终究需要提供金融服务，所以由两个独立、分开的机构提供这些服务是否会更有效率，其中一个是存款机构或者单一银行。同样的理论框架可以用来分析金融集团和创立 SPVs 独立机构开展证券化问题。从分担损失的角度，我们可以去分析怎样最好地组织提供金融服务这个问题。

在这个框架中，现有研究得出一些观点。首先，一个金融集团面对小冲击的时候会更有弹性，但是如果发生大冲击，金融集团可能的破产会导致系统性风险。其次，Freixas 等（2007）发现一旦存款保险产生的扭曲（或者更一般地，缺乏市场约束）被明确地模型化以及资本监管被证明合理时，银行（带有存款保险）和非银行（没有存款保险，因此也没有资本要求）独立控股的结构会通过减少资金的成本来改善资本配置的过程。从政策角度来讲，唯一法人的金融集团是无效率的，而那些被构建成控股结构的金融公司则是有效率的。这个分析似乎证明了将银行活动分拆成不同的子公司是有道理的，并且肯定了英国税收栅栏提案和 Volcker 规则。

这也证明了限制范围经济活动会增加实际的系统性风险，比如自营交易。但是，我们真想拓宽限制和约束时，我们发现监管套利的存在使得这种限制本身就比较薄弱。

8.7.4 监管 OTC 风险

前面的框架让我们厘清了目前监管改革涉及的影子银行问题（见 Financial Stability Board 2013）。首先，监管部门需要清楚地识别公司部门和家庭部门所承担的风险和投资预期收益。其次，他们需要有效地将这些风险配置给愿意承担的经济主体。

关于第一个问题，监管当局必须承担起保护消费者的责任，保证对投资者就投资的风险/收益的权衡做出全面的信息披露，要保证最高标准的透明度，并限制可能在银行层面产生的潜在道德风险。

关于第二个问题，监管当局必须承担起在经济主体之间配置风险的责任。就是说，他们必须考虑社会可以承受的最优风险量，并找到最优的方式去配置这些风险。实际上，减少银行的风险意味着增加其他经济主体的风险，那么反过来可能会增加银行的资金成本。从经济效率的观点看，这不是一个零和博弈：破产成本会侵蚀部分预期收益。那么一个简单的方法就是分析影子银行的最优水平来最小化破产成本。从这个角度可以清楚地看到，尽管仍然保留在银行业内部的风险并没有改变合并起来的破产成本，由对冲基金或者养老基金所持有的证券化贷款降低了破产成本。

8.8 结论

在这章中我们回顾了微观审慎监管的失效以及目前针对银行微观审慎框架的改革，并特别强调了巴塞尔协议Ⅲ的新框架。尽管巴塞尔协议Ⅲ的方案正朝着正确的方向迈进，但其过于关注资本要求并且缺乏对银行过分冒险的微观基础作严格分析，这可能关系着监督和公司治理的质量。还有，虽然巴塞尔协议Ⅲ是设计来减少银行风险的，但是对于银行监管的成本收益需要更多的研究，尤其是对影子银行的监管、流动性要求和信息披露。

我们建议微观审慎监管应该补充并且服从于宏观审慎监管，这是因为风险必须被遏制住，我们不仅应关注金融机构的个体风险，还要考虑所有可能的溢出效应、增强的循环效应和一般均衡效应，这些都会促成系统性风险。确实，只有在强有力的宏观审慎的基础上，严格考核的银行内部风险模型才会发挥作用。当然这并不意味微观审慎监管只是实施宏观审慎的理由。确保银行监管者捍卫个体金融机构的稳定，并且在银行倒闭的早期进行干预是保护存款人和消费者权利的关键。这些都说明，在增强整体金融稳定和控制金融危机带给纳税人成本的道路上，还有很长的路要走。

注释

1. 在欧洲，"金融工具市场指令"（MiFID）和不公平商业行为指令（UCPD）是商业规则和依据客户的金融产品和市场知识对客户分类行为的一部分。

2. 银行是由"合适和适当"（fit and proper）的经理运营时，他们更有可能从事欺诈行动。在银行业并购中可能牺牲少数股东和债权人的利益，导致银行所管理的公司按照他们自己的利益运营。

3. 尽管这一观点很普遍（例如，参见 Keeley，1990），但 Boyd 和 De Nicolo（2005）提出了相反的观点，他们认为银行业的竞争更加激烈，企业面临着更低的利率，他们会在投资时减少风险，使银行贷款的投资组合更安全。

4. 在北岩银行危机中，两个机构之间合作的结构招致了严厉的批评。危机之前 FSA 担保了北岩银行的偿付能力，坚持只是有限的流动性困难。随后的一段时间很明显北岩银行需要更多的资本和被国有化。这意味在出售维尔京银行后纳税人损失大约 4.8 亿英镑。不过，虽然这可能是一个激励结构的问题，在一个机构评估偿付能力所提供的信息基础上，另一个机构注入资金，但是目前尚不清楚传统的监管结构与一个特定的银行监管机构哪个将会表现的更好。

5. 这个建立在西班牙统计之上的逻辑提供了前瞻性，但是因为它违反了国际会计准则，所以并不能作为国际规则接受。

6. 这种差距的一个例证是：在美国和英国证券化的定义更宽泛，发起人可以通过特殊目的载体发行债券提供流动性；相比于西班牙，这些资产仍在发起人的资产负债表中。

7. 至少说在系统中的存款保险是可信的和可承诺的，塞浦路斯最近的案例证明，储户损失都来源于没有强制保险的部分，强制保险的部分则没有遭受损失。

8. 更准确地说，用于交易的资产是那些市场价格可从有序交易中得到的资产（一级资产）。这证明公允价值会计是一种盯市会计的观点。然而，当一级投入不可用时，模型必须使用可观察到的投入（二级），其中包括相似资产的报价和其他相关市场数据。最后，如果观察到的投入不可用，那么就要采用盯住模型的方法（三级）。根据国际货币基金组织的全球金融稳定报告，平均而言，金融机构大约 69% 的资产价值评估是采用二级方法。然而在危机的前夕，大多数美国投资银行的资产是采用的一级方法评估。另外，贷款（包括抵押贷款）和持有至到期证券是采用历史成本原则以摊销成本记录。最后，银行可以暂时以公允价值损失来处理可供出售债务证券，如果银行不出售证券，就可以避免这些损失影响其收入和监管资本。

9. 荒谬的是，这通常是事前形成的。在一个明显的时间不一致的例子中，监管机构往往断言银行体系是绝对安全的，任何银行投资和银行运行都没有风险。结果事后来看，要让优先债券持有人或示参保存款人承担银行的损失是非常困难的。

10. Hart 和 Zingales（2011）对该机制提供了一个有趣的自动版本，一旦信用违约互换的价格达到一定的阈值就触发强制发行股票。

11. James（1987）计算了账面价值和市场价值的区别，发现了银行倒闭导致 30% 的资产损失和 10% 的直接相关费用。除此之外，他还发现银行在所有交易（这里指的是整体出售一家盈利或破产银行的资产）中的平均损失低于其他交易的损失，意味着特许价值的丧失。

12. 美国立法的复杂性很有意思，对美国银行而言，具有国家层面的普遍性，但是对外国银行而言，仅具有领土性。

13. Ongena，Popov，Udell（2012）对提出的这些问题做了一个有趣的实证分析，他们表明当银行在本国受到更严格管制时，它往往在国外承担更高风险。

14. 估计影子银行的大小取决于这些非银行机构执行银行业务的精确定义，如是否应该包括货币市场共同基金。金融稳定委员会（FSB）估计的全球影子银行系统规模在 2010 年有 46 万亿欧元，占金融总体系的 25% ~ 30%，是银行资产规模的一半。正如预期，在美国这个规模更大，它达到了 40%，比欧洲（13%）更大。

15. 另外，由于该保证金追加不再是每天一次，而是基于阈值是否被达到来要求，所以场外交易和在有组织的市场外交易的信用违约互换合约，导致了定价缺陷和风险更高的违约保证金。

16. 作为对安然丑闻做出的反应，2002 年的萨班斯—奥克斯利法案（SOX）主要贡献是设置了对于公司和与利益相关者有关系的银行经理的行为标准，尽管重点是定义个人责任以确保财务信息的准确性。然而，SOX 要求更多独立的外部审计人员负责企业的财务报表并强调了董事会的监督作用。

17. 美国联邦储备理事会和联邦存款保险公司在 2012 年第三季度提出了第一个决议计划。

18. 沃尔克规则改变了 Gramm—Leach—Bliley 法案的部分，废除了 1933 年的格拉斯—斯蒂格尔法案（Glass – Steagall Act）。

19. 基于 Liikanen 的报告。细节参见 http：//ec. europa. eu/internal _ market/bank/structural reform/index_en. htm。

第九章　系统性风险与宏观审慎监管

本章将阐述依据宏观审慎监管来管控系统性风险的"新"监管框架。本章将介绍包括其优缺点在内的宏观审慎工具的概况，并探讨选择最佳政策组合时的利弊权衡。我们强调宏观审慎政策在限制金融危机及其对经济影响方面的预防作用，同时也分析宏观审慎政策在危机管理中的事后作用。我们认为，监管政策应包括系统性风险的时间维度和横截面维度，而且对于这两种维度的适当监管有可能并不相同。所以，宏观审慎政策的实施应该与系统性风险的不同类型相匹配。比如，当过度地承担相互关联风险的动机增强时，需要实施更高强度的监督，并且应更多地直指系统重要性金融机构。

正如本书第七章所述，执行宏观审慎框架的关键问题是实时测度系统性风险。通常来说，宏观审慎政策由微观审慎政策演变而来。我们将探讨这两类政策的不同作用，以及能够限制系统性危机发生的概率和代价的互补政策，尤其是那些能够在信贷和资产价格繁荣时期自动降低杠杆率、在危机发生时减少负面影响的政策。

本章也将详细阐述过度监管可能带来的损失问题。过度监管的一个直接成本便是监管措施促进了金融稳定但却损害了实体经济。比如，限制"健康的"信贷繁荣的监管措施可能会抑制经济增长。有的监管措施可能降低了系统性风险，但却增加了金融中介成本甚至破坏金融稳定性。当监管措施使得套利活动转向监管较宽松的市场部分时，存在这样一种风险，即监管措施在限制了市场某个部分的系统性风险的同时，却增加了市场整体的系统性风险。另一种风险则在于，审慎措施的加强将会引起信贷供给减少，银行将通过承担更高的风险（以寻求更高的收益）来弥补利润损失，会对金融稳定产生负面影响。因此，本章的内容将涵盖宏观审慎政策的积极影响和（可能的）消极影响两方面。

虽然那些与导致金融失衡紧密相关的风险，以及其他种类的系统性风险在全球金融危机前已几乎家喻户晓，审慎政策（本质上主要是微观的）基本上毫无应对。这反映出几方面问题。

第一，随着以通胀为目标的机制被采纳，绝大多数发达经济体和一些新兴市场，货币政策已越来越多地专注于政策利率而几乎不再关注货币和信贷总量。只有少数几个经济体例外，例如欧央行采用的是"双支柱"政策（Two‑pillar Policy），但也被认为是受到历史政策的残迹影响，而且在实际的政策制定中仍存在争议。即使在欧央行的例子中，第二支柱并没有被认为起到了稳定金融的作用，但是，从中长期来看，货币总量却被认为是通胀的关键决定因素。[1] 正如 Adrian 和 Shin（2010）所指出的，金融危机给我们带来的警示是，只关注价格是有局限的，数量传递着有关单个金融机构和金融体系至关重要的、价格无法反映的信息。信贷、杠杆、货币数量以及跨境金融（总/净）头寸均能反映出影响金融稳定性的系统性风险敞口。

第二，已有的银行监管关注的重点是机构个体。这种方法很大程度上忽视了宏观经济周期中金融部门之间以及对实体经济的负外部性，所以应对总的动态变化的反应力较差。对于资产价格泡沫，一个被忽略但又流行的观点是，应对泡沫破裂好于抑制繁荣。所有这些意味着，过度的风险和经济繁荣时期的内生金融失衡集聚在很大程度上被忽视了。不过，依然存在例外。在不良信贷（通常伴随着高风险）累积于扩张时期的信念下，西班牙引入了"动态拨备"政策（Dynamic Provisioning）。为应对资产价格和信贷繁荣，澳大利亚和瑞典调整了货币政策，并就此在中央银行报告中明确地阐释了原因。[2] 正如我们在本章中所见，一些新兴市场尝试以逆周期的方式实施审慎原则，或者以此来应对信贷和资产市场繁荣。但这些例外毕竟是少数。而且，由于采取的措施往往幅度很小，因此很难达到预期的效果。以西班牙为例，其拨备缓冲达到了总信贷额 1% 的最大值。

第三，金融自由化使得跨境银行业务（包括资产证券化）大量增加，而经济全球化使得（国内）政策措施的效力受到限制。在一些法定或实际实行固定汇率制的国家，资本流动受限使得货币政策对信贷总量的影响渠道受阻。比如，土耳其由于受到全球资本流入的影响，要想大幅降低信贷增长，国内货币政策在很大程度上是无效的，政府只能通过强有力的紧缩性宏观审慎政策来调控。此外，审慎措施还受到监管套利的影响，尤其是在金融市场发达或全球性银行广泛存在的国家。举例来说，在美国，影子银行体系和资产证券化的扩张很大程度上是对审慎监管（主要是银行的资本监管要求）套利的结果，因为资本充足率要求计算的是信用风险而不是流动性风险，但是海外流动性（比如在德国和中国）对于吸收证券化资产十分重要。一般而言，如果没有资本的跨境流动，几乎不可能发生大规模的信贷繁荣和资产价格泡沫，危机前的西班牙和爱尔兰即印证了这一点。[3]

最后，货币政策和政治经济因素也将影响审慎政策，我们将在后面两章专门分析这些问题。在本章，我们所涉及的内容包括：对宏观审慎监管做出定义并利用第三章（以及第四到第七章）中的理论框架阐述其原理，总结出可能的宏观审慎工具，讨论选择最佳的政策组合时（包括与现行监管政策的交互）的利弊权衡和实施这些工具时的现实考虑，回顾一些国家实施审慎政策的最新经验，对新 Basel Ⅲ 监管框架中的相关条款以及欧盟和美国最近在应对系统性风险时采取的金融监管措施进行批判性评论，阐述宏观审慎监管的适用范围、局限性和缺点，探讨构建支持货币政策框架及宏观审慎框架所面临的挑战。本章接下来的内容安排如下：9.1 节阐述微观审慎监管的局限性；9.2 节对宏观审慎监管进行原理释义；9.3 节介绍宏观审慎监管工具适用于系统性风险管理的范围；9.4 节展示最新的一些宏观审慎政策的实施效果；9.5 节讨论宏观审慎监管的局限性和适用范围。

9.1　微观审慎监管的局限性

2008 年金融危机之前，有关银行和其他金融机构的监管框架的主要问题在于，金融监管过多地关注金融机构个体的风险而忽略了金融体系作为一个整体的风险。因此造成审慎监管太过注重微观层面。2008 年的全球金融危机已经很清楚地表明，金融监管应该侧重宏观层面，关注金融体系整体的风险，包括金融失衡的累积、金融部门之间和金融到实体部门的负外部性。换句话说，审慎监管的改进方向就是关注系统性风险。

有效的微观审慎政策能使系统性风险处于较低水平，因为如果金融体系中的每个金融机构都是稳健的，那么理论上整个金融体系就应该更有恢复力。然而不幸的是，情况并非如此。从 20 世纪 80 年代起，为防止银行倒闭，监管机构使用的主要手段是以最低资本要求进行银行资本监管。但是，最近一次危机的发生表明这一方法并不足以阻止代价高昂的金融危机。在现行资本监管要求下，资本充足率水平的确立所基于的隐含假设是，银行个体通过资本缓冲来吸收意外冲击后，整个金融体系会更加安全。然而，银行和其他金融中介机构仅基于个体利益应对资本监管，其行为方式可能会共同损害作为一个整体的金融体系。[4]

举例来说，银行可以通过低价出售金融资产和减少信贷供给来提高资本对资产比率，但资产甩卖和信贷紧缩会对其他金融中介机构和实体经济造成很强的负外部性。或者，在危机时刻，银行可以通过囤积流动性来提高其流动性比率，但是整个批发融资市场会因此冻结，从而阻碍金融中介之间的流动性分配。在上述两个例子中，银行个体的最优行为增加了银行体系的系统性风险。因此，对金融系统整体而言，这些行为是次优的。

此外，对系统性金融机构的资本充足要求应该更高，因为此类金融机构往往规模较大、与其他金融机构或实体经济部门的联系紧密，他们一旦破产，将对金融和实体经济部门造成更大的负外部性。微观审慎政策也忽略了系统性风险的这一横截面维度。

针对银行的现行监管框架的另一个相关问题是其过度的顺周期性，即系统性风险的时间维度。在经济大繁荣时期，整个社会风险偏好增大且资产价值上涨，银行会通过拓展业务和增加杠杆来消化资本过剩现象。用前花旗集团主席 Chuck Prince 的话来说，"只要音乐未停，你就得站起来翩翩起舞"。相反，当经济繁荣破灭，资产价格暴跌，测度到的风险增加，银行试图通过缩减其资产负债表来维持资本充足率，而此时资本已然变得匮乏而昂贵，所以只能减少对企业和居民的融资供给。结果，银行信贷周期倾向于紧跟着经济周期而变化。本质上属于微观审慎的巴塞尔协议 II 更是加重了这一问题。因为在危机时期风险很高，更难达到资本要求，所以资本监管要求会放大银行业的信贷周期和过度的顺周期性。巴塞尔协议 III 尝试体现更多的宏观审慎性，并且使资本充足要求（至少部分）具有逆周期性，即在经济向好时期提高资本要求，在经济低迷时期降低资本要求。这意味着一旦发生经济危机，银行的资本缓冲会高于监管机构的要求，从而表现出逆周期性。

因为信贷应当遵循经济基本面（信贷需求），所以就系统性风险而言，信贷周期并不一定是坏事。但是，证据表明经济繁荣时期银行存在过度的风险承担（包括借贷）现象。由于一些原因，比如受惠于显性或隐性的行政补偿契约和政府补贴，银行可能会向负净现值的项目贷款或者参与到资产价格泡沫中（Rajan 1994，2005）。实际上，正如第四章所述，负外部性在经济繁荣时期至关重要。贯穿整个金融体系的是，金融中介机构通过战胜并不完美的基准风险水平获得奖励，同时考虑到薪酬结构，管理人员的最优做法是在信贷和投资选择方面与其他银行管理人员保持一致，因为这种羊群行为能够保证这些管理人员的业绩不输于其同行。另外，由于签的是短期合同，他们的决策行为会通过尾部风险敞口来使机构承担长期风险。但是，羊群行为可能会把资产价格推至远离经济基本面。当投资经理认为资产价格突然暴跌至经济基本面是低概率事件时，他们会愿意承担这样的尾部风险甚至对其背书，令他们聊以慰藉的是许多同行都在承担着同样的风险，所以即使资产繁荣突然破裂他们的业绩表现也不会比同行差多少。正是如此，尾部风险和羊群行为在资产价格暴涨期间会相互强化。更糟糕的是，危机来临时，为防止太多机构倒闭，政府又会通过紧急救助以及最后贷款人角色提供保险，这使得危机前采取过度的（系统性）风险承担行为甚为理想。

在危机时期，负外部性甚至更加明显。投资和消费需求在危机期间会降低，由此导致更低的信贷供给。此外，危机中的银行出现资本短缺，为恢复其资本和流动性水平，银行甚至会对净现值为正的企业和居民减少信贷，进而造成流向整个实体经济的信贷紧缩。随着危机时期政府债务不断增加（由于经济增速降低、适应性财政政策实施、对陷入困境的金融机构的公共干预等造成的结果），银行和其他金融中介会参与更多的政府借贷，对私人消费和投资的信贷供给减少，从而对实际投资产生了挤出效应。

微观审慎监管旨在使银行个体的资本水平与其自身的风险敞口相一致，却无法在经济上行期抑制银行扩张和系统性风险集聚，也没能在整个金融体系趋向崩溃时起到阻止作用。巴塞尔协议 II 的强顺周期性放大了经济波动：因为风险在经济繁荣时期明显较低、经济低迷时期较高，银行的资本充足率变化又具有顺周期性，由此金融部门的行为更加顺周期，从而使得系统性风险增加。自最近的一次危机以来，越发清晰的观点是急需改变监管框架范式以弱化金融体系的顺周期特性，而监管改革目标直指系统性风险的时间维度。对于解决系统性风险的时间维度问题，巴塞尔协议 III 框架下的逆周期资本缓冲是一大进步，尽管适当的资本缓冲水平以及合适的实施条件等疑问还尚待解答。

9.2　宏观审慎监管：监督与政策

宏观审慎监管旨在限制系统性危机发生的可能性，以及危机发生时降低整个金融体系对实体经济带来的高损失，其目的是保护整个金融体系。与此形成鲜明对比的是，微观审慎监管旨在限制单个银行倒闭的频率和成本，其目的是保障小额储户的利益（Bhattacharya 和 Thakor 1993；Freixas 和 Rochet 2008）。

宏观审慎监管在应对系统性风险和金融稳定时其正当性日益凸显（Rochet 2004）。一个重要的负外部性是银行的搭便车问题，每家银行都寄希望于别的银行为金融稳定这一公共物品买单（例如，通过持有高流动性资产来降低银行自身的利润）。金融机构之间负外部性的存在，在经济繁荣时期促成了金融脆弱性的集聚，在经济崩溃时放大了负面冲击。这是宏观审慎监管的两大主要原因。同时，金融部门的损失还将由于负外部性进一步扩散到实体经济部门。

　　微观审慎监管原则上处理的是机构个体层面的问题，而宏观审慎监管则具有应对公共物品的内在属性。尽管如此，这两个层面历来均受到来自政府官方的监督和控制。这种监管行为，和监管部门承受的政治压力、监管的宽容忍耐、大而不能倒政策，以及银行危机的失当管理等一起，已经成为导致政策存在严重的时间不一致性的根源（Rochet 2008 ）。由于危机爆发时，国民选取的政府不可能按预先承诺的那样，限制对破产银行的流动性救助，政策的时间不一致问题便由此产生。比如，当保持信贷繁荣的势头符合公众利益时，央行就会面临来自政府的政治压力向经营不善的银行过度地提供流动性。同样地，当面临危机时，即使监管部门采取的及时修正政策已到位，监管者也会面临要求放松资本监管的政治压力，因为民选政府可以通过立法影响未来时代。当然，监管者也有自身的利益考虑，比如担忧职业发展前景，这可能使得他们不愿过早关闭境况不佳的机构（Boot 和 Thakor 1992 ）。这些政治压力带来的结果便是，银行倒闭过少而政府干预过多。更为重要的是，银行总是存在政府干预和监管宽容的预期从而敢于承担过度的系统性风险。

　　一方面是这些扭曲行为和道德风险问题，另一方面是政府干预以防止代价高昂的银行挤兑（以及对其他金融中介机构的挤兑）。宏观审慎的监管视角便是在这两者之间寻求平衡。正如雷曼兄弟和北岩银行危机所展现的，这种平衡很微妙。在这两个事件里，由于政府出于道德风险的考虑和避免创造过度干预的先例等部分原因，没有进行及时干预（在雷曼兄弟事件中由美国财政部提供资本支持，北岩银行事件中由英格兰银行提供流动性支持），加之媒体对北岩银行流动性问题的报道，助长了代价高昂的银行挤兑。同时，大部分的监管无作为也反映出对于金融机构破产缺乏有效的解决框架。而且，困扰微观审慎监管的政治经济学问题也同样会破坏宏观审慎监管框架的有效性。即使提出了解决方案，监管机构和中央银行也会面临政治压力要求其在危机之后不执行这些监管措施。所以，逆周期资本要求或动态拨备规则注定会遭受来自政治家的强硬施压，要求其在经济繁荣时期放松这些监管（比如，西班牙即如此），最终导致银行的预算约束被软化，并阻碍了资本缓冲的形成以应对危机时刻。

　　尽管过度的风险承担发生在危机之前（经济繁荣和金融失衡的形成时期），并且大多是受政策影响的结果（例如，潜在的救助、最后贷款人政策以及其他的政府补贴），但很显然，事后的危机管理政策也是十分重要的。金融危机发生时，若不向金融体系提供流动性支持或增加资本和流动性比率，一旦发生银行危机，将会严重加剧对实体经济部门的（系统性）冲击影响。从治愈经济金融病态的角度讲，宏观审慎政策也有事后管理功能。但是，鉴于这会引发道德风险问题，且风险承担主要发生在经济向好时期，宏观审慎政策（包括监管和监督）应该在降低系统性（严重的）金融危机发生概率方面起到更强的防范作用。此外，来自政治经济学方面的考虑因素使得在危机中实施更为严格的宏观审慎政策变得十分艰难。

宏观审慎政策是一种限制金融体系中整个系统范围内风险的政策。从严格意义上来说，包括使用的审慎工具和监管措施，均旨在应对金融体系内以及从金融体系到实体经济部门的负外部性（国际清算银行 2011；国际货币基金组织 2011a）。从更广泛的意义上讲，宏观审慎政策的目标是缓解过度的金融和信贷周期，以防范系统性危机，若危机一旦发生，则通过资本缓冲吸收不利的系统性成本。

宏观审慎政策旨在解决系统性风险的两个特定维度：时间维度和横截面维度（Borio 2009；英格兰银行 2012）。时间维度反应金融体系的顺周期性，即在金融周期的高涨阶段具有增加风险敞口的倾向，在萧条阶段则过度地厌恶风险。信贷、流动性和资产价格的周期变化以及繁荣时期总风险的积累等常表现出顺周期性，这使得整个体系更容易受到冲击，从而既提高了金融危机发生的可能性也在危机来临时增加了系统性成本。需要注意的是，正如我们在之前章节所述，过度风险在本质上是内生的，不是外生的；因此，内生风险上升可能是由于私人契约（比如，高管薪酬）和公共政策（比如，审慎政策和货币政策）的显性和隐性的动机所致。

横截面纬度反映给定时间点风险在金融体系内的分布，这可能会引起风险传染、资产甩卖及其他溢出效应。风险的分布是机构的规模、杠杆率、业务集中度以及机构间相互关联度的函数（国际货币基金组织 2011b）。其中，关联性产生于机构间直接的风险敞口或面对共同冲击时的脆弱性（比如，间接但相关的风险敞口），并通过机构间的溢出效应形成传染渠道。这些直接和间接的关联性将所有的金融中介暴露于由金融机构个体倒闭引发的瀑布效应（Cascading Effects）中，并有可能发展成整个体系内的存款挤兑和资产贱卖。

系统性风险的横截面维度并不是与时间维度之间相互独立。正如 Iyer 和 Peydró（2011）所示，当金融体系整体的基本面恶化时，银行间市场的传染效应会更强。换言之，金融体系的流动性和资本越充足，溢出效应会越弱。这意味着，异质性冲击的传递和对共同冲击的相似反应，在加大系统性风险的过程中进一步相互强化。最后，值得一提的是，很难分清系统性风险中的哪些部分是由于纯粹的传染效应，哪些部分是由于共同风险敞口引起。事后来看，雷曼的破产狭义上可以看作引发了从相关联的大型金融机构到整个金融体系中其余机构的货币传染效应，更重要的是，发出了整个金融体系存在共同脆弱性的信号（因经济繁荣时期过度的系统性风险的积聚所致）。

宏观审慎政策的另一个重要特征是它的全系统视角。这是因为微观审慎政策存在"合成谬误"：有的活动对于机构个体而言合适，但共同作用于全系统时可能会产生或加剧金融稳定性问题。这样的例子包括之前所讲的，在危机期间增加微观审慎的资本和流动性比率要求，或者资本监管在整个周期均要求逆周期性。此外，"鉴于系统性风险产生的过程复杂，而风险在整个金融体系里容易转移，所以亟须对包含金融机构（银行以及非银行机构）、金融工具、金融市场和基础设施在内的整个范畴予以广泛关注"（国际货币基金组织2011b）。这样的系统性风险有多种表现形式和伪装形式，并且在系统性风险的形成和传递过程中大量的机构都起到了关键作用。比如，对于美国影子银行的运行产生重要影响的不仅仅是美国的银行，欧洲的银行也有份；美国的货币市场基金则为欧洲的银行提供了至关重要的流动性；像 AIG 这样的保险公司则在 CDO 市场中起到了关键作用。由于银行的交易对手风险暴露、OTC 衍生品市场缺乏适当的基础设施、主权风险和银行风险之间存在重要的相互关联性等，系统性风险便在这个过程中生成。

表9.1 概括了上述（及本书前面几章）微观审慎监管和宏观审慎监管之间的主要差异。微观审慎监管考虑的是单个金融中介机构，属于局部均衡分析；而宏观审慎政策考虑了单个金融机构与其余金融机构、市场以及实体经济之间的联系。正如第三章所述，宏观审慎的一般均衡视角涵盖了金融部门和实体经济，其中金融部门不是单一的代表性机构，而是一系列异质的金融中介机构。

微观审慎视角下测度的风险是金融机构个体的在险价值（Value at Risk，VaR），与其如何获得资本和流动性以及产生潜在的负外部性无关，宏观审慎视角则测度的是系统性风险，比如 CoVaR 或 SRISK。正如在第七章所述，系统性风险的测度比个体银行的破产风险测度要困难得多。银行部门内的多元化有助于降低系统性风险，但并不一定都是如此。多元化可能对于降低机构层面的破产风险是最优的选择，但是也可能会增大金融体系层面的系统性风险，因为其牵涉金融体系中更多的部分（或更完整的金融市场，按 Allen 和 Gale（2000a）的术语）。此外，正如 Shin（2009）所述，多元化（比如，通过证券化）会增加金融体系中的内生关联风险，从而增加了系统性风险。

表 9.1　微观审慎监管与宏观审慎监管的比较

	微观审慎监管	宏观审慎监管
视角	局部均衡	一般均衡
风险	个体的风险（VaR）	系统的风险（CoVar）
扭曲现象	损失的社会化	负外部性/溢出 扩散/内生风险 金融周期/顺周期性
结果	过度的风险承担 隐藏尾部风险 复苏博弈 多样化	过度的系统性风险 羊群行为/非理性范式 创造尾部风险 差异性
合成谬误	资产贱卖是微观审慎的 去杠杆化以满足资本或流动性要求是微观审慎的 单个银行挤兑	资产贱卖对整体而言是非审慎的 需要增加权益，而不是出售资产或更新贷款 信贷紧缩和总的流动性枯竭

资料来源：Brunnermeier（2013），作者编制。

微观审慎监管考量机构个体破产及其对银行中小储户的负外部性，所以会将个体破产引起的损失社会化视为一种扭曲现象。而宏观审慎监管的主要问题则是，金融部门间以及对实体经济的负外部性、金融失衡形成过程中的内生风险和过度的顺周期性。当然，审慎政策的微观性和宏观性是相关联的。由于中小银行可能无法获得紧急救助，该类机构的主要问题可能是承担了与其他银行相关联的风险（通过参与到信贷繁荣和资产价格泡沫中），从而增加了整个体系的系统性风险。因此，微观与宏观审慎监管之间的差别有时是模糊的。

机构个体层面上的过度风险承担行为会导致机构个体经营失败（比如，银行在资本过低时存有侥幸心理，希望通过投机行为来挽回败局），但其通常不会影响金融稳定，除非本质上承担的是系统性风险，比如相互关联的风险（羊群效应），或者一家大型的金融机构的异质风险因关联性扩散到整个金融体系。此外，羊群行为和尾部风险会互相强化风险承担的动机，因为潜在的救助和最后贷款人制度会使所有机构受益。最后，以宏观审慎的视角（相对微观审慎而言）来看，特别是在系统性危机期间，囤积流动性资产（比如，撤离出批发市场）、通过贱卖金融资产以增加资本充足率、或者减少面向企业和居民的贷款以造成信贷紧缩等都是不可取的，因为这些行为会破坏金融稳定并且给经济整体造成巨大成本。

总而言之，宏观审慎政策的关键问题是，为什么会出现系统性风险（需要监管的负外部性是什么），系统性风险在何时升高（时间纬度）以及由谁造成（横截面纬度）。一般情况下，过度的系统性风险承担更多发生在经济繁荣时期，若没有事后的危机管理政策，也可能在危机期间发生大量的系统性风险承担行为。例如，为复苏进行相关的投机博弈，即在不同时期动机会改变。因此，持续监测系统性风险就显得至关重要，以帮助了解政策和结构变化如何影响系统性风险承担动机。当考虑监管套利活动时，这一点就更为重要了。从这个意义上讲，当承担系统性风险的动机增强时，提高宏观审慎政策的监督强度能起到关键性的补充作用。

9.3　宏观审慎工具

宏观审慎工具可被分为两类：（1）一类旨在减缓系统性风险在时间维度的变化，（2）另一类旨在抑制系统性风险在横截面纬度的传染。表 9.2 展示了一些分别属于这两种类别的宏观审慎工具。

表 9.2　宏观审慎工具

时间维度	横截面维度
逆周期资本缓冲	系统性资本附加要求
时变的系统性流动性附加要求	系统性流动性附加要求
特定部门风险敞口的风险权重的逆周期变化	非核心债务征收
跨周期的回购协议的利润或折扣估值	对未使用共同对手方清算所（CCP）进行结算的贸易要求更多资本
时变的贷款价值比（LTV）、负债收入比（DTI）以及贷款收入比（LTI）上限规定	基于系统性风险考虑拆分金融公司的操纵力
时变的货币错配限制或资产风险敞口限制	应付衍生品的资本要求
时变的信贷总量、信贷增长和贷存比限制	对系统性风险敏感的存款保险风险溢价
动态拨备制度	对许可的业务活动范围的限制（比如，禁止系统重要性银行进行自营交易）

资料来源：国际货币基金组织（2011b）。

从表中可以清楚地看到，宏观审慎政策中使用的核心工具是一些传统的审慎工具（详见第八章），这些工具经过校准后特意用来防范系统性风险（比如，通过使政策具有时变性来减轻金融体系的过渡顺周期性，或者将其应用到影响力更大的系统重要性机构），并且应用视角扩展到更广范围的金融体系

（比如，减少金融体系内的金融关联性，或者应用于衍生品）。

实际上，为应对金融体系的顺周期性，相当部分的国家已经修改了现有的审慎工具。特别是有些国家还对特定金融产品、行业或市场的风险敞口的风险权重做了逆周期变化的要求，以此降低在信贷高增长和资产价格变动中过度积聚的信用风险。自 2000 年以来，西班牙采用了一种基于规则的动态拨备框架，要求银行在经济衰退时下调一般拨备缓冲，以此来规避全世界范围内普遍观察到的经济景气时低拨备、不景气时高拨备的现象（Laeven 和 Majnoni，2004）。在实践过程中，想要清晰地划分宏观审慎工具和微观审慎工具是很困难的，因为同样的工具可用于达成多重目标，这主要取决于如何使用的问题。比如，西班牙的动态拨备要求可以被看作为银行个体的期望损失提供缓冲的一种微观审慎政策。然而，动态拨备具有时间维度，其目的是熨平信贷周期，这些使得它更具有宏观审慎性。

根据监管工具所追踪的目标风险不同可以将宏观审慎工具进行分类。另一种方式则根据政策如何改变金融机构在管理系统性风险时的行为，或者如何限制金融机构在催生系统性风险时的作用等来进行区分。根据这种分类方法，常用的宏观审慎工具可被分成三类（Dell' Ariccia 等，2012）。

第一类方法通过提高资本和流动性缓冲来影响金融机构负债的成本和组成。这类工具主要包括资本和流动性要求。比如，逆周期资本要求可能增加银行的融资总成本，进而潜在地减少过度的信贷增长（不过，学界对银行资本的成本问题仍存争议，比如 Admati 和 Hellwig，2013）。当银行处在发行股权成本非常高且银行利润非常低的危机时刻，影响银行负债结构的动态贷款损失拨备规则可以使银行保有较高的资本缓冲，从而减少整个信贷周期的总体成本。然而，由于这样的规则可能减少银行在经济景气时期的利润，而彼时往往是银行家们想要最大化其奖励的最佳时期，所以银行家们不会完全自觉执行，因而需要通过监管手段来实现。

如果流动性要求减少了银行和影子银行等其他金融中介机构的短期批发融资业务，那么也要将其归入第一类方法。正如 Calomiris 和 Kahn（1991）和 Diamond 和 Rajan（2001）等所述，短期批发融资业务是银行最廉价（仅次于零售存款）的资金来源，但这些方法在经济景气时可能成本较高。而银行的长期融资增长会降低再融资风险和危机中的风险传染，因此会降低系统性风险。

值得注意的是，资本和流动性要求可以通过施加逆周期性来熨平信贷周期，也可以通过对系统重要性金融机构附加更高的要求来限制系统性机构的风险积聚以及减少他们在危机中的强外部性。[5]

第二类方法改变金融机构资产的组合及风险特征（Risk Profile）。这类方法主要包括对资产集中度和资产增长的限制。典型的例子包括对信贷扩张增幅、外汇敞口风险、流动性资产、贷款组合的行业集中度等的限制。限制行业敞口的主要目的在于保持贷款组成的多样化，从而改变金融公司资产的构成。这类方法尤其重要，因为过度信贷和资产扩张已经成为了驱动历史上银行破产的主要因素（Lindgren，Garcia 和 Saal，1996）。在最近一轮的银行业危机中，像美国的华盛顿互助银行（Washington Mutual）、爱尔兰的盎格鲁爱尔兰银行（Anglo Irish）、冰岛和塞浦路斯的一些大银行、西班牙的班基亚银行（Bankia）等都是如此。其他银行，比如英国的北岩银行（Northern Rock），通过短期批发融资的负债业务为强劲的资产扩张提供支撑，这是最糟糕的业务组合。行业限制措施也起着同样重要的作用。比如，西班牙案例中，一家储蓄银行的信贷资产中超过 90% 集中在房地产行业。巴塞尔协议 I 和 II 框架最薄弱的一点就是没有对行业集中度风险和金融机构之间的相互关联实施足够的惩罚，因此银行并不害怕参与到泡沫形成中，而这是引发系统性风险的关键源头。

第三类宏观审慎工具则旨在提高借款人整体的平均质量。这类方法主要通过贷款资格标准来限制能够获得融资的借款人数量。贷款价值比（Loan - to - value，LTV）和负债收入比（Debt - toincome，DTI）即属于此类。这些限制旨在将"边缘"借款人（"Marginal" Borrowers）筛选出借贷池。通过调整资格标准可以使得贷款组合符合其风险特征要求。比如，可以根据当地房价动态设定贷款价值比，或者根据是否向未套保居民提供了外币贷款来区分对待。

前面介绍的所有这些方法，尤其是在经济景气时期，都会对整个体系产生一定的成本。而最后一种方法更因为会排除来自学生、低收入家庭或者以无形资产为资本的创业型公司等的贷款申请，而在社会平等和福利方面可能会产生消极影响。在此，我们强调对经济整体的实际效应。其不仅表现在总产出损失和财政成本方面，还包括比如系统性危机中的高失业或低融资机会等造成的不平等现象增加。Rajan（2010）认为不平等意味着金融危机发生的概率更大，因为：（1）在 1930 年经济大萧条和 2008 年金融海啸前，不平等性在增加；（2）即使收入不平等差距加大，过度的信贷供给仍是刺激消费的一大途径。[6]不过，正如我们在第四章提到的，危机的普遍现象表明，形成系统性风险的主要驱动因素是危机前的信贷繁荣而不是收入不平等。不管怎样，不平等带来的另一问题是，在系统性危机期间旨在提高资产价格的政策通常对富人（资产持有人，比如，银行家们）有利。因此，就系统性风险而言，宏观审慎政策的分布后果及其对不平等性的影响，无论是事前还是事后，都是十分重要的问题。

另一方面，过度监管也会产生相应的成本。监管的一项直接成本就是规则措施会伤及实体经济。比如，对以强劲经济基本面为基础的信贷繁荣采取限制措施，将对总产出、就业和社会福利等产生负面影响。其他监管措施可能降低系统性风险，但是会提高金融中介机构的成本甚至危及金融稳定。比如，银行通过短期批发融资业务为贷款提供资金存在一定风险，限制贷存比的目的即在于抑制此类风险，但这有可能引起更激烈的零售存款业务竞争，并导致银行利润率降低以及银行清偿力恶化，进而对金融稳定产生不利影响。此外，监管措施还存在另一种风险，即在限制市场中特定部分的系统性风险时，将促使市场活动转向监管较弱的部分，如此便会提高市场整体的系统性风险。Jiménez 等（2013）、Dassatti 和 Peydró（2013）所提供的更多启发性的证据表明，审慎政策的加强将会导致信贷供给降低，迫使银行通过承担更高风险（为寻求更高收益）来补偿利润损失，这将会对金融稳定产生负面影响。在信贷供给减少时，一个最优的金融体系不仅拥有银行作为强大的金融中介机构，还应有风险投资以及私募股权投资等对缺乏抵押物但拥有巨大投资潜力的公司提供资金。在更为严格的宏观审慎措施下为了寻求收益，金融机构的风险承担行为可能更甚，要遏制此类风险就应该增加监督的强度，并在调整监管措施政策时考虑被监管金融中介机构的动机。

其他的政策工具若被改造为明确以系统性风险为目标，并且为负有宏观审慎监督任务的权力机构使用，则也是宏观审慎工具包的一部分。事实即如此，2010 年国际货币基金组织的调查结果显示（图 9.1），各个国家已经使用了多种多样的其他工具，比如货币政策、汇率政策、财政政策以及竞争政策等来约束系统性风险。这些监管工具在被调整为明确地以系统性风险为目标之前，通常情况下并非典型的宏观审慎工具。比如，一些国家通过使用直接的货币政策约束经济繁荣时期的信贷供给，包括限制信贷总量或特定风险敞口的水平或增长率、使用增量存款准备金要求，也有使用财政政策工具的，比如征收地产印花税以抑制房地产市场投机。而同时基于宏观经济和金融的考虑而实施的资本控制，虽然并非典型意义上的宏观审慎工具，一旦以系统性风险为目标则可以视为宏观审慎工具。例如，在 2008 年，乌拉圭为了降低存款挤兑和银行脆弱性风险，提高了包括外国银行在内的非居民外币存款的准备金要求（Dassati 和 Peydró，2013）。

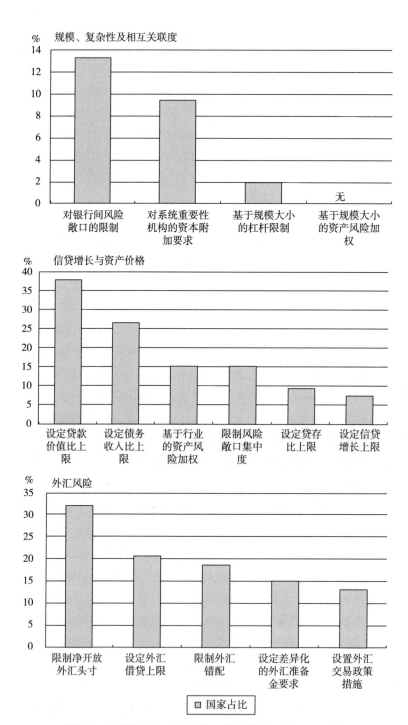

图 9.1 世界范围内宏观审慎工具的使用，截至 2010 年

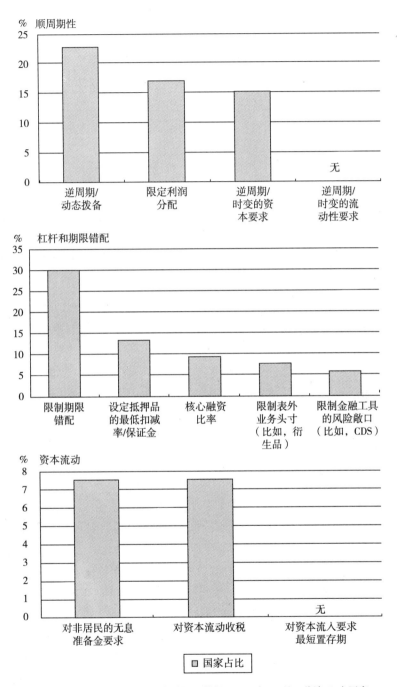

资料来源：国际货币基金组织的宏观审慎调查数据，2010年12月，共计53个国家。

图9.1　世界范围内宏观审慎工具的使用，截至2010年（续图）

那些已在实践中被应用并被主流的国际组织和中央银行所提议的宏观审慎政策，基本上都是对传统的审慎工具进行调整后再用以应对横截面纬度或时间纬度的系统性风险。不过，仍然存在一些政策工具专为系统性风险而生。

我们之前讲过，系统性重要程度高的金融危机往往更倾向于发生在强劲的信贷增长之后，并且会影响经济危机发生的概率以及危机发生后产生的经济成本。因此，过度的信贷（以杠杆和债务的形式出现）周期是系统性风险的关键来源。

伴随信贷繁荣的市场失灵往往来源于经济景气时期过度的信贷供给（比如，承担了相互关联的风险、参与了房地产泡沫的融资）。在经济不景气时期这种失灵还会进一步加剧，因为债务并不会随着经济状态变化。此外，还会存在协调问题。更为重要的是，当经济危机发生的时候，经济体已在经济向好时期积累了太多的债务，未偿债务、去杠杆化、存款挤兑以及信贷萎缩等都将对实体经济产生巨大的负面影响。

因此，受欢迎的政策工具应能够同时降低系统性危机发生的概率和成本，特别是能够自动地既在经济繁荣时期降低（过度）杠杆化的吸引力，又在系统性危机时期减少对实体经济的负面影响。

假使经济中只有一部分可以举债。如果债权人在危机中会损失部分债务，那么这将降低危机时过度债务的负面影响。因此，债权人会在经济较好时期就对潜在的债务损失进行定价，从而起到事前抑制杠杆化的作用。在各种各样的模型中，债务是最优的融资方式。但是在此我们要说的是，这些（主要是局部均衡）模型抽离了很多重要的驱动系统性风险形成的（包括在金融领域内和金融与实体经济之间）负外部性因素。

当然，在考虑如何限制经济中债务吸引力的时候，会出现很多问题。这是因为不同行业都可能承担过多债务，也因为执行这个限制政策的方式各有不同。

以最近一次全球性金融危机为例，过度杠杆化在美国主要发生在居民部门，而在西班牙则主要发生在银行和企业并随后蔓延至主权国家（Upper 等 2013）。因此，危机产生的成本取决于哪个部门背负着未偿债务：是企业、居民、金融中介机构、还是主权国家，以及外国人所持有的债务占比。比如，在债务合同中加入债务转为股本（可转换债券）的自动条款，可以是企业和金融机构之间出现问题时的最优处理方法。这意味着经济繁荣时期的债务价值以及经济萧条时期的债务水平都将被降低。另一种策略是对高级和次级债券的债务持有人进行债务纾困（即，对债务打折）。有人呼吁对批发性短期存款业务进行债务纾困，不过当真如此，将可能在自动条款生效前产生大量的批发性存款挤兑（因此，对银行来说，限制短期的批发性存款业务仍然十分必要）。其他的一些保护债权人的方法，比如发放具有完全追索权的贷款，可能会使得太多的未偿债务积累到危机中，而且当借款人（居民）拥有的信息和经验少于贷款人（银行）时，可能无法抑制经济景气时的债务发放。

有些政策措施对外国人的债务进行打折，同时又通过大量的外部债务吸引个别国家，实际执行的是以邻为壑的政策。在（高度杠杆化）金融中介机构持有大量债务时，这种政策会产生极具破坏性的传染效应。这些政策需要相互协调，一般来说，最好是能够通过事前预防过度的举借外债来避免实施这些政策措施。从这个角度讲，爱尔兰经历了惨痛教训，纳税人既承担了大量的直接损失，还为过度举借外债的爱尔兰银行承担债务。爱尔兰的经历表明国家应该采取预防措施，防止金融系统的负债以国内生产总值的数倍增长。这些政策措施包括更高的资本要求，也许会不利于经济增长（尽管他们可能会促使经济体寻求金融领域之外的比较优势），但是有助于金融稳定。

值得注意的重要一点是，减少经济中的债务目标可能需要部分货币政策的配合（我们将在下一章货币政策中看到）。经济萧条时期实行扩张性的货币政策有利于（特别是短期）债务人多于债权人，因此会降低高度举债的借款人（银行、企业、以及主权国家）的脆弱性；而经济繁荣时期实施紧缩性的货币政策会抑制信贷的积累。然而，先前的宏观审慎政策更多的是指向一些战略性行业，并且如果没有通货膨胀问题，要在经济景气时期提高货币利率会存在政治障碍。

正如第四章所述，银行间的竞争也会影响金融稳定。所以，西班牙和葡萄牙便在最近一次的危机中引入银行存款上限规定，使得银行间的竞争明显减少。难以进入批发融资市场的小银行存在高息揽储的动机，同时如果存款保险制度可靠，零售储户便会倾向于将存款从大银行向小银行转移。危机期间存款利率上升（以及贷款息差下降）、资金不断从实力雄厚的银行向更差的银行转移（与市场规律相反）都增加了系统性风险。为了抑制金融体系内的负外部性，西班牙在2011年和2013年引入了存款利率限制条款（Mencia 等，2013）。葡萄牙则引入贷存比约束，使得银行只能通过减少贷款或者增加存款来达到要求。而这又导致激烈的存款竞争，迫使葡萄牙实施存款利率上限来抑制竞争（Lopes 等，2014）。

正如 Freixas 和 Dewatripont（2010）所显示的，经济危机为银行并购交易提供了便利。实力雄厚的银行接管经营不善的银行，由此产生的兼并会缓和竞争，并使得银行利润和银行资本提高。从微观审慎的角度来讲，这或许有利于金融稳定。然而，这些政策会使得大银行的规模继续扩大，可能会加重"太

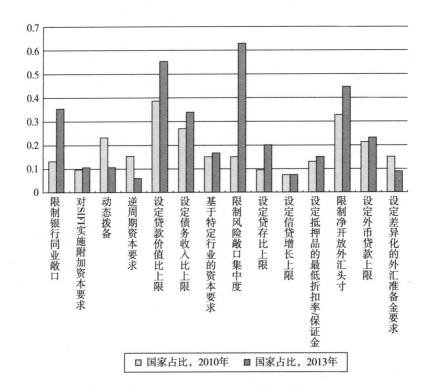

资料来源: 国际货币基金组织的宏观审慎调查数据, 2010 年 12 月和 2013 年 12 月。

图 9.2　世界范围内宏观审慎工具的使用, 2010 年与 2013 年的比较

大而不能倒"的问题。由此, 大银行更容易得到救助, 而这又会恶化横截面维度的系统性风险。可见, 需要对竞争政策、微观审慎政策、宏观审慎政策之间的交互作用进行协调。

国际货币基金组织分别在 2010 年和 2013 年针对宏观审慎工具的使用情况做了调查, 图 9.2 展示了对比结果。正如图 9.2 所示, 总体而言, 自 2008 年全球性金融危机以来宏观审慎工具的使用有所增加。调查数据显示, 对银行间风险敞口、贷款价值比、风险敞口集中度等的实行限制已经变得尤为普遍, 其中超过一半的国家如今正在执行贷款价值比限制。

9.4　宏观审慎政策的实施

9.4.1　巴塞尔协议Ⅲ框架下的宏观审慎监管

巴塞尔协议Ⅲ的整套监管, 和国家层面的立法改革 (比如像美国的多德－弗兰克法案）一起，共同推进宏观审慎工具的使用，并通过使用表9.2所示的政策工具来抑制系统性风险。这些政策的重点在于增加系统重要性金融机构（SIFIs）的资本缓冲，以及管理交易对手方风险和金融体系中的相互关联性（国际货币基金组织2011b）。被称之为巴塞尔协议Ⅲ的资本和流动性新标准兼具微观审慎性（如前述章节所讨论的）和宏观审慎性作用。要求金融机构持有更高的资本缓冲有助于减少他们的风险承担行为，进而降低其违约概率和破产引发的溢出效应。因此，更高的资本和流动性要求，通过使银行个体更加安全，来促使整个银行体系也更加安全。首先，有些理论认为一旦银行股东存在失去更多资本的危险时，银行将会在事前降低过多的风险承担（Holmstrom 和 Tirole，1997）。不过，我们在第四章看到，一些过度的风险，比如通过信贷融资而形成的资产价格泡沫，具有系统性。[7] 其次，一旦危机发生，拥有更高资本和流动性缓冲的银行将会对其他的金融机构以及实体经济产生的负外部性更少一些，因为此类银行不需要过多的贱卖资产和紧缩信贷（所以也不需要太多的去杠杆化），甚至还可以对其他的金融中介提供更多的流动性。[8]

巴塞尔协议Ⅲ提高了资本要求的数量和质量。由普通股构成的核心一级（Common Equity Tier 1，CET1）资本比率的下限要求从2%提高至4.5%。在此基础上，再增加2.5%的强制性资本留存缓冲（Capital Conservation Buffer）要求。防护缓冲要求银行在危机期间限制股利分配和奖金发放，以保持充足的资本缓冲。此外，还增加了一个逆周期资本缓冲，各国监管部门可依据自身和银行的具体情况，比如在信贷高增长时期，再增加0~2.5%的超额资本要求。逆周期资本缓冲将会因银行个体和不同期间而变化，从而使资本要求具有了周期属性。巴塞尔协议Ⅲ除了引入最低资本要求、资本留存缓冲以及逆周期资本缓冲要求，还要求系统性重要金融机构再增加1%至2.5%的附加资本。并且强调额外损失吸收能力应通过普通股来满足。

顺周期资本要求为降低时间维度的系统性风险提供了一种方法。引入逆周期银行资本缓冲的目的在于，期望同时实现两方面的宏观审慎目标。首先，提高经济高涨时期的股本要求为经济低迷时期提供了额外的资本缓冲，这将有助于缓解危机时的信贷紧缩和为去杠杆化的资产贱卖。其次，更高的银行自有资金要求能够对信贷拉动的经济繁荣降温，因为信贷违约所带来的潜在社会成本将更多地被银行内化吸收（通过投入更多来降低道德风险），或者银行会因为更高的资本成本而提高贷款利率。因此，顺周期资本要求（即，逆周期银行资本缓冲）能够减缓信贷的过度顺周期性。如果银企关系具有价值，并且企业在经济不景气时寻求新的信贷关系十分困难，则平滑银行的信贷供给周期将会对企业产生更多的、正面的实际影响。

最后，对系统性重要金融机构提出更高的资本要求的目的是减少横截面维度的系统性风险。要求规模较大和关联度更高的银行持有更高的资本缓冲，能够降低系统性危机的发生概率，一旦危机发生，还能减缓事后强烈的负面影响。

就流动性而言，巴塞尔协议Ⅲ提出了两个新的监管要求。一是流动性覆盖率（The Liquid Coverage Ratio，LCR），要求银行的优质流动性资产能够满足未来 30 日的资金净流出量。这一监管指标旨在危机或恐慌发生时，帮助银行抵御流动性冲击。该措施已获得一致同意，并将在各国陆续实施。二是仍还在开发中的净稳定融资比率（The Net Stable Funding Ratio，NSFR），要求在较长一段时间内的压力情景下，可获得的稳定资金来源应该超过支撑表内外业务所需的稳定资金来源。这一指标旨在降低流动性危机发生的概率。

巴塞尔流动性要求惩罚银行之间的短期金融关联，比如隔夜无担保银行间贷款。这使得金融中介机构之间的资产和债务关联程度以及复杂性降低，理论上传染效应也将随之下降，从而可能会降低系统性风险。而且，因为银行在危机前拥有更高的流动性缓冲，所以危机后从批发性融资市场的金融关联中退出所导致的负面效应也将会降低。此外，由于银行是影子银行部门主要的资金供给方（比如，向特殊目的载体（SPV）提供流动性需求，或者成为对冲基金的主经纪商），而与之相对应的银行业务部分会受到监管（比如，或有表外业务流动性要求），所以新的流动性监管可能会降低来自受到较少监管金融领域的系统性风险。

大量的监管工具，尤其是那些有关流动性要求和金融体系内相互关联的监管，仍然还在发展中。随着时间的推移，除了少部分监管要求的实施还存在时间上的争议，绝大多数正在被逐步采用。比如，像净稳定融资比率仍在研究中，所以截至目前尚没有确切的实施日期。[9]

总体来看，巴塞尔协议Ⅲ对系统性重要金融机构实施附加资本要求以及额外的逆周期资本缓冲要求，虽然仅仅适用于大型的和国际活跃的银行机构，并且仍然存在确定适当的资本要求水平的问题，但对于应对系统性风险而言已是一大进步。

9.4.2 宏观审慎监管的其他建议

最近一次危机所暴露出的问题之一是，无论是金融市场参与者还是其监管者都没能很好地把握金融交易过程中的交易对手风险。双方之间的许多交易都在场外交易市场进行，任何一方都不清楚对手方与第三方尚未完成的交易情况。而支付结算或者证券交割通常会存在时滞，这在平时是没有问题的，但在危机期间会存在严重的阻塞问题（Hold-up problems）。针对由交易对手风险和资产负债表关联引起的系统性溢出问题，缓解建议主要集中在构建一个稳健的市场结构，包括支付系统、结算系统以及清算系统在内的设计与监督，以此降低交易对手风险在此类系统中的积聚，或者减少系统内参与者违约产生的潜在溢出风险。这方面的例子包括：在国家支付与结算系统层面构建实时全额结算系统（Real Time Gross Settlement，RTGS）以及货银两讫交收（Delivery versus Payment，DvP），在外汇交易结算中通过持续联结结算（Continuous Linked Settlement，CLS）进行同步交收（Payment versus Payment，PvP），以及为衍生品市场中的大部分场外交易（Over The Counter，OTC）建立中央结算对手（Central Counterparty，CCP）清算所（国际货币基金组织，2011b）。

一些国家正在考虑对经营结构采取措施以直接限制金融体系中风险的集中性及关联性。对业务活动的可行范围进行法律限制已经在不同国家不同时期得以实施，虽然并不一定都是旨在应对系统性风险。比如，于1933年立法并于1999年废除的美国格拉斯-斯蒂格尔法案，便限制商业银行从事证券交易，同时禁止商业银行与证券公司之间建立附属关系。

最近的一些同属上述类型的政策法案有美国的多德-弗兰克法案下的沃尔克规则，该法案禁止其国内的系统性重要银行参与自营交易，此外还有英国的维克斯报告，以及欧盟为银行业的经营结构改革提议的新规则和利卡宁报告。正如我们在之前所述，银行总是有承担过度风险的动机（比如，通过羊群行为）。虽然银行可以通过简单的信贷行为承担过度风险，比如在西班牙危机中贷款给房地产公司，但是衍生品交易和自营业务进一步扩大了银行的投资范畴使其承担过度风险。而且，正如Farhi和Tirole（2012a）所证实的，像存款保险制度、救助措施、最后贷款人制度等这些会产生事前道德风险的政策，总的来说对于避免由信贷紧缩引起的银行倒闭进而抑制对实体经济的负外部性还是有用的，但是这些政策措施对于全能型银行的投资业务部分没有作用。

换句话说，银行的过于复杂性不仅仅因为其规模过大，还因为其参与了衍生品市场。银行的各类业务活动交织在一起便产生了价值冲突、利益冲突甚至目标冲突。投资银行的文化以交易为主导，这可能与零售银行业务的可靠性要求格格不入。各国央行和政府已经给银行输送大量资金以支持其在国内的放贷业务，但是这些银行的资产负债表显示其主要业务仍然是与其他金融机构的交易。

不过，对于监管者而言难以分清银行持有衍生品头寸（比如，CDS）的目的，是对冲过度风险还是参与到风险的投机活动中。而且，有些金融体系中的银行集中了大部分的金融功能，比如像德国的全能型银行，若限制这些银行的经营活动，对实体经济将会造成巨大成本。

最后，已有一些国家在审慎政策方面走得更远。比如，英国议会银行业标准委员会（Parliamentary Commission on Banking Standards，PCBS）已提出对其控制范围内的那些不顾一切地追求自身利益以致对其他银行造成损害的银行个体进行刑事制裁。[10]正如英国前财政大臣 Alistair Darling 所言："坦率地说，需要有更为严厉的措施，而不仅仅是丢掉爵位（意旨苏格兰皇家银行前首席执行官）。"讨论中的新法案将可能涉及判刑入狱。这一点十分重要，因为本书在基于代理问题讨论为什么金融中介会承担过度的（系统性以及非系统性）风险时，所有模型里的责任和影响力均是有限的。所以，对有限责任进行限制能够降低系统性风险。比如，之前企业里的个人和集体几乎为自身所在企业以及同一条业务线上其他企业的损失承担了无限的个人责任，所以对企业买卖债券或股票之类的冒险活动进行风险隔离，确实抑制了过度的风险承担行为（Esty 1998）。

9.4.3 实施宏观审慎工具的现实考量

识别并度量系统性风险以及脆弱性的能力是成功实施宏观审慎政策的一个关键要素。宏观审慎政策需要择机而行，否则可能导致偏离宏观审慎目标的超调或者脱靶。这里存在一个特别的问题是，不合时宜的政策启动所导致的成本很可能是不对称的，比如延迟行动通常比过早干预的代价更大。延迟启动可能导致宏观审慎政策无效，因为没有足够的时间使政策工具发挥效力，甚至有可能对经济金融失衡状态启动了无序的调整而引发危机。相反，太早实施宏观审慎政策很可能会增加不必要的监管成本，还可能削弱实施效果，因为市场参与者将会有更多的时间制定策略以规避政策或者进行监管套利。撤销宏观审慎政策同样有时间考量。过早解除宏观审慎政策可能会向市场参与者释放错误的乐观信号进而使得危机形势延长，而太晚解除则可能扩大监管政策的顺周期性效应，因为持续的、额外的宏观审慎缓冲会使银行起到的作用超过所需。

全球金融体系委员会（The Committee on the Global Financial System，CGFS）成立了由 José – Manuel González – Páramo（时任欧洲中央银行理事会成员）主持的工作组，为政策制定者提供有关如何选择、综合使用宏观审慎工具的实际指导（见 CGFS 2012 ）。具体来说，对于宏观审慎工具的选择与应用问题，出色的 CGFS 报告提出了关键的三大高水平标准，并就如何评估这些标准提供了务实的指导意见：（1）在合适时间实施或废除政策工具的择时能力；（2）政策工具在实现既定政策目标时的有效性；（3）从成本收益评估视角来看，政策工具对其他监管措施产生影响的有效性。

为了使这些标准可操作化，该报告提出了一些实用工具：

第一，为了帮助政策制定者确定合适的时机实施或停用政策工具，该报告列举出需要加强或放松宏观审慎政策设置的一些典型情景。有两种可供选择的方法（自上而下法和自下而上法）帮助识别这些情景状态，这些方法试图将系统性风险分析和政策工具选择联系起来。在确定宏观审慎政策的最优颁布时间时，考察金融周期中的衰退是否符合金融危机的特征是十分重要的前提条件。在危机背景下，或许需要适当放宽宏观审慎政策的要求以避免过度的去杠杆化。同时，要恢复市场信心还需要配之以增加整个体系资本和流动性水平。若金融周期中的衰退未表现出危机特征，放宽宏观审慎政策的立场依据则在于，减轻衰退带来的影响并且规避不必要的去杠杆化。当经济正处于繁荣期而金融周期正在转向时，政策制定者也将会面临政策的取舍问题。在这种情况下，放宽宏观审慎政策可以帮助吸收金融周期转向时所带来的部分影响，但也会存在银行提高资本和流动性的行为延迟的风险。

第二，为了帮助评价一系列宏观审慎政策中所使用宏观审慎工具的有效性和效率，该报告提出了"传导地图"（"Transmission Maps"），即程式化地展现单个工具的变化是如何朝着期望的宏观审慎政策目标的方向迈进的。比如，就资本监管要求而言，该报告总结到"经验证据……表明基于资本要求的宏观审慎政策工具能够有效影响信贷的价格和数量，即使影响的精确程度具有较大的不确定性"。

第三，该报告讨论了宏观审慎工具之间以及宏观审慎政策与货币政策、财政政策、监管政策等其他政策之间的相互作用（正如我们在 10.5 节所述）。宏观审慎政策工具往往也可以在个体脆弱性层面应对系统性风险的不同方面相辅相成。比如，提高资本要求和紧缩贷款价值（LTV）比率能够限制过度的杠杆化率。

此外，宏观审慎工具之间也存在潜在的交互作用。比如，强化资本政策工具可能会降低房价，进而影响 LTV 政策的实施强度。同样地，为了应对更严格的 LTV 比率，银行可能会改变其持有的资产，进而影响资本金要求。这说明在实践中宏观审慎政策的实施应考虑政策工具组合的作用。

最优的政策组合很可能因国别而异，并且取决于经济金融周期所处的阶段。比如，在经济繁荣时期杠杆率过度积聚，此时最为审慎的政策不仅是通过资本工具限制杠杆率的积聚，而且应通过加强对 LTV 比率或者 DTI 比率的限制来直接作用于借款者。

为了实现这样的政策组合，政策制定者需要拥有合法权力制定一系列的政策工具，以此来应对系统性风险在时间维度和横截面维度上的主要表现。但是应该限制这些权利所能使用的工具范围，因为工具之间的交互作用可能会产生意料之外的风险。尤其是像逆周期流动性要求这一类的政策，截至目前，有关其有效性和影响力的证据相当有限。

9.5　宏观审慎政策的有效性：迄今为止的证据

截至目前，经验证据虽然在某种程度上支持宏观审慎工具的有效性，但结论含混不清，部分原因是使用这些工具的国家样本有限。不过 Lim 等（2011）的研究是个例外，他们基于国际货币基金组织的调查结果，对 49 个国家自 2000 年至 2010 年的样本数据的研究表明，相当一部分的宏观审慎工具能够有效降低信贷的顺周期性和杠杆化率。

此外，随着风险不断上升和金融体系失衡现象愈加明显，作为应对措施的宏观审慎工具被频繁使用，这使得很难（从实证的角度）考察宏观审慎工具的影响力，也就是说，很难证明：如果没有使用这些工具，会形成怎样的金融失衡。此外，宏观审慎工具通常与传统的宏观经济政策同时存在，因此很难独立地区分出宏观审慎工具在控制系统性风险方面起到的作用。尽管如此，宏观审慎工具仍然在一些国家取得了成功，虽然这种成功更多地体现为降低繁荣萧条周期转换过程中的过度成本而不是防止周期转换（Dell'Ariccia 等，2012）。

从使用最多的常规宏观审慎工具所得到的经验可以概括如下：构建的资本和流动性缓冲工具，比如资本附加要求和时变的资本监管要求，为减少金融危机带来的负面影响以维护金融稳定、保障信贷资金流向实体经济等方面提供了缓冲，并取得了广泛成功。当然也存在一些例外，比如在抑制事前事件和缩短信贷繁荣持续期方面则没有那么成功。当信贷繁荣期间大量提高准备金要求时，银行不得不保持高比例的流动性资产，而这非常有利于缓解低迷时期的融资枯竭。同样的，当实施更为严格的资本要求或者拨备要求时，会使得银行体系有更强大的能力吸收贷款损失。

比如，波兰在 2016 年出台准监管性质的建议后，资本要求便被提高以应对信贷市场的蓬勃发展。这一举措有效地抑制了居民外汇信贷的增长，保证了银行体系在 2007 年至 2008 年全球金融危机中的稳健性（Kruszka 和 Kowalczyk 2011）。同样地，克罗地亚实施严格的资本和准备金要求被认为有效地增加了银行的流动性和资本缓冲，帮助该地区的银行平稳度过了全球金融危机，但在减缓信贷增长和资本流入方面则不太有效（Kraft 和 Galac，2011）。

一个非常有趣的例子是西班牙在 2000 年引入的动态贷款损失拨备规则。因为这些规则是逆周期的资本要求，从完整的信贷周期（2000 年至 2013 年）可以看到，西班牙银行的数据能够很好地区分出信贷需求和供给的繁荣与萧条，而且期间这些规则还有一些改变。Jiménez 等（2013）实证分析了这些拨备规则对信贷供给的影响以及相应的实际效应（对实体经济的负外部性）。动态拨备是前瞻性的拨备，与银行个体的损失无关。动态拨备要求在信贷损失发生之前，通过经济上行时期的留存收益为信贷提供缓冲（即动态拨备基金），以此补偿在经济下行期发生的损失（即经济上行期时的特定拨备超过了整个信贷周期特定拨备的平均水平）。所以说这样的缓冲机制是逆周期的。经济上行期时要求的信贷损失拨备高于平均水平，而在经济下行期，银行利润很低同时股东进行权益注资等方式的融资成本又很高，对拨备的监管要求会降低去（以弥补特定的拨备需求）。政策制定者和学术界等已对动态拨备有过广泛的讨论，目前动态拨备资金被纳入二级监管资本。[11]

作者分析了这项制度在 2000 年的引入，在 2005 年经济仍然向好时的变动，以及 2008 年危机冲击导致经济低迷时的变动的过程。制度的改变伴随着银行层面、企业层面、信贷之间、贷款用途等全面的数据变化，为鉴别和理解宏观审慎政策的运作提供了几近理想的分析背景。为了确定信贷的可获得性，作者使用了全面的信贷登记数据，包括所有未偿还商业贷款合同中（即银行对企业）的信贷数据，非当期借款人（Noncurrent Borrowers）的贷款用途，监管部门汇总的全部银行的资产负债表数据。他们计算了 1999 年第一季度到 2010 年第四季度每家银行对每家企业在每个季度里总的信贷风险敞口。因此，样本期包含了拨备政策首次实施前的六个季度（这对于进行对比测试十分重要）以及最近一次金融危机发生后的两年时间。他们分析了包括狭义和广义范围的承诺信贷额、信用额度、信贷期限、信贷抵押物和信贷成本等的变化。通过将企业资产负债表和登记的破产企业相匹配，他们还能够评估对企业层面的总资产、就业以及生存率的影响。

他们的估计结果表明，逆周期的动态拨备能够缓解信贷供给的周期性，并且在经济低迷时支撑企业的融资需求和生产经营。在危机时期这种效应最为明显。当银行在危机前（针对贷款）的动态拨备金提高1%时，向其贷款的企业的信贷可获得性增长提高6%，资产增长提高2.5%，就业增长提高2.7%，并且企业生存率提高1%。

Aiyar、Calomiris和Wieladek（2014）考察了英国的银行资本监管和信贷在微观层面的迹象。在英国，自巴塞尔协议Ⅰ以来，监管者已经开始实施时变的、基于银行个体的最低资本要求。由于资本要求在经济向好时会被增加，所以英国的监管被视为具有宏观审慎性。作者发现从1998年至2007年，受到监管的英国银行减少了贷款以应对更严格的资本要求。未受到监管的银行（比如外国银行在英国的分行）则在其他银行遭遇更严格的资本要求时增加了贷款。这种"套利"虽然只是局部的但有实质影响：监管变化所带来的初始响应中大致三分之一被抵消。总的来说，这些结果表明改变资本要求能够对英国的本土银行的总信贷供给产生巨大影响。同时也证实了在宏观审慎政策方面进行跨国合作的重要性，因为存在监管套利的可能（在上述例子中，套利者即为外国银行在英国的分行）。如果外国银行不承担同样大的风险且业务活动不会助长泡沫，则外国银行对国内信贷的替代可能是有效的，因为会降低信贷紧缩程度；如果外国银行正在面临同样的风险，而从不公平的、监管驱动的、竞争性的优势中获利，则是低效或无效的。

一个有趣的例子是针对资产的特定类别进行调控。2010年12月，为了抑制汽车信贷领域的快速增长，巴西当局增加了高贷款价值比的汽车信贷的风险权重，进而提高了对此类贷款的资本要求。初步的证据表明，这一举措使得汽车的贷款利率上升，同时此类贷款供给减少，达到了预期效果。

在减缓信贷速度方面，以风险在体系内其他环节积聚为代价，限制资产集中度和信贷增长的措施取得了一定成功。比如，罗马尼亚在实施了一系列措施后信贷增长依然强劲，最终于2005年9月至2007年1月实施的外汇风险敞口限制在一定程度上成功地抑制了外币贷款增长。克罗地亚则在2003年引入了对银行信贷增长速度的限制（要求银行在国内信贷的年度增长率不超过16%），并且还会对信贷增长超过最低留存收益的银行实施惩罚。由于违背这些规则的惩罚力度很大，这些措施在降低银行信贷的增长率方面取得了一定成功（从2002年的28.7%下降到2003年的11.8%）。但是，总的国内信贷增长（包括非银行机构的信贷）几乎没有下降，因为银行绕过了上述规则，将贷款直接记账于国外的总行或者通过其非银行附属机构（比如，租赁公司）为私营部门提供贷款（Kraft和Galac 2011）。而这促使了系统性风险在非银行金融部门的积聚。

有关信贷资格标准的经验介绍十分有限，但是就仅有的经验来看，特别是在信贷繁荣时期，他们还是有效抑制了贷款标准的恶化（Dell' Ariccia 等2008）。比如，香港地区银行体系在1998年亚洲金融危机期间的稳健表现则归功于使用了积极管理的贷款价值比（LTV）和债务收入比（DTI）限制（Wong等，2011）。同样地，韩国通过使用贷款价值比和债务收入比限制似乎也遏制了住房市场中的投机行为（Igan 和 Kang，2011）。波兰对外币抵押贷款的信贷资格要求使得其在全球金融危机期间保持了较低的贷款违约率，尽管兹罗提（波兰的法定货币，译者注）对这些贷款中的外币（欧元和瑞士法郎）汇率明显贬值。

由于绝大多数流动性监管工具尚未实施，几乎没有文献针对流动性监管的传导机制强度给出定量证据。但是，有的研究考察了巴塞尔协议Ⅲ中流动性要求或准备金要求的潜在效应，从中可以推断出一些结论，包括对稳定性的影响、对信贷周期的影响以及对产出的影响等。

Van den End 和 Kruidhof（2012）通过流动性压力测试模型分析了流动性覆盖率（the Liquidity Coverage Ratio，LCR）的周期性运用所带来的系统性影响，该模型考虑了银行反应以及第二轮反馈效应等引起的内生性问题（CGFS 2012 及其他实证结果对此有更为详尽的评述）。他们的研究结果表明，LCR 是有用的宏观审慎工具，特别是在压力情景下减少流动性资产缓冲，有利于减轻该比率的副作用。在困难时期降低 LCR 的最低监管要求将有助于减小银行无法满足要求的可能性，进而减缓负向的反馈式螺旋发展。所以，LCR 的周期性应用能够增加银行体系的稳健性。

根据拉丁美洲对流动性要求的监管经验，有证据表明对投保和未投保的存款施加准备金要求会降低信贷供给。比如，Gelos（2009）发现对活期存款的准备金要求增加10%，净利差（Net Interest Margin）将增加0.4%到0.7%。对于巴西的研究得到的证据似乎是，准备金要求能够影响银行的贷款利率，还会影响银行以及非金融企业的股票收益率，但几乎不会影响贷款违约率（Carvalho 和 Azevedo，2008）。在对巴西的另一项研究中，Evandro 和 Takeda（2011）认为准备金要求导致了尤其是小银行的居民信贷紧缩。Dassati 和 Peydró（2013）使用乌拉圭的登记数据发现，对包括银行间存款在内的短期外币存款实施准备金要求，使信贷供给降低并且对公司个体产生负面影响。

总的来说，宏观审慎工具在应对系统性风险积聚、进而防范系统性风险方面显示了一定潜力。特别是，相对传统的宏观经济政策而言，他们在本质上更有针对性，且在危机发生时有降低系统性成本的重要作用。不过，对于这些政策有效性的全面评估，还需要更多实证以及理论的分析。事实上，做一些政策实验可以很好理解宏观审慎政策；但是，由于这些政策十分重要，所以政策制定者不愿对政策做实验。[12]另外，宏观审慎工具更有针对性的特点所带来的一个潜在问题是，与货币政策相比，他们更容易受到政策逃避、监管套利以及政治影响力等行为的影响（见第十章）。

9.6 宏观审慎监管的边界与限制

由于监管套利，旨在为降低系统性风险服务的宏观审慎监管，也会产生不良后果。监管套利指业务活动从受到监管的部门向较少或未受到监管的部门转移，从而系统性风险在此过程中得以转移和进一步的修复。比如，为了降低系统性风险，对银行部门实施了更为严格、更高成本的监管，套利活动就可能流向保险业等其他部门。因此，系统性风险就会从监管严格的部门转移到另一个监管宽松的部门。监管套利将信贷活动转向管制较少的中介机构或者风险较高的贷款类型，最终可能掩盖或增加了系统性风险而不是使其降低（Kane，1977；Borio 2003，2009）。这样的监管套利使得系统性风险管控复杂化，并且提出了监管边界的问题。

到目前为止，市场上尚未受到大面积监管的一个关键部分是影子银行体系（商业银行、券商和保险公司等已被监管的金融机构所开展的影子银行业务除外）。影子银行体系比正规银行体系受到的监管要少，在适当条件下影子银行存在可能是有效率的（正如前面第8.5节所述）。具体而言，有效率的影子银行需要满足两个条件。首先，风险转移到影子银行部门过程中不应该使得来自初始银行的风险产生任何形式的扭曲。其次，最终的风险应该由多元化的机构承担，这些机构要么不会倒闭、要么即使倒闭也没有社会成本，如此才不会影响金融稳定性，也不会引起传染或增加整体的宏观脆弱性。显然，现实世界并没有满足这两个条件。2008年美国影子银行体系崩溃，包括批发融资市场冻结、证券化业务萎缩以及资产支持商业票据工具（ABCP Vehicle）崩溃等，导致了金融动荡并对实体经济产生影响，便是佐证。可见，有充分理由支持将金融监管的界限延伸至影子银行。

为达到监管的有效性，宏观审慎监管应该全面适用于所有杠杆化经营的机构，这样受到严格监管的银行就没有动机在经济繁荣时期将业务活动转移到监管宽松的机构。这就提出了金融监管的边界问题。

比如，逆周期资本要求在经济向好时显著提高银行资本要求、在经济恶化时则允许其有所下降，这种调控已被许多文献认为是"抵御周期"的一种监管形式（比如，Brunnermeier 等，2009），而且这种形式的宏观审慎监管已经作为新巴塞尔协议Ⅲ中的一部分被纳入其中。

然而，逆周期资本要求的有效性也并非毫无争议。迫使银行在经济繁荣时期持有更多超过市场需求的资本，他们将会把业务活动转移到未受监管的中介机构。同样地，迫使银行在危机时期持有少于市场需求的资本注定会使得监管无效，因为"市场意愿自然会占上风"（Rajan，2009）。当起草新的监管规定时必须要考虑到这些意料之外的后果。

明确监管边界是一项具有挑战性的任务，因为银行会通过将业务活动转向金融部门中受到较少监管或不受监管的部分来应对新的监管，监管范围随之也会自然地发生改变。监管力度和跨度应该以金融机构的规模大小、杠杆化率、与金融体系中其余机构的相互关联性为指引，并且需要对避免扭曲私有资本配置的愿望进行权衡。

美国在减少系统性风险积聚方面迈出的重要一步是，根据多德－弗伦克法案所设立的金融稳定监管委员会（Financial Stability Oversight Council）授权美联储有充分的灵活性将其认为具有系统重要性的非银行控股公司纳入其监管范围内。不过，执行这些新的权力仍然存在重大的不确定性，包括如何确定哪些非银行机构具有系统重要性，以及过度监管会带来成本的情况下如何设定适当的监管范围。

银行对于未受到监管机构的正常运转至关重要，也与其他金融中介机构联系紧密（监管者能够获得这些信息），从这个意义上讲，可以通过银行间接监管金融体系的其他部分。对美国的影子银行体系的监管便是如此，比如银行是对冲基金的主要经纪商。此外，如果银行通过附属机构等从事非银行经营活动，监管部门会直接监督非银行金融体系部分。美国对银行控股公司的监管便属于此类，银行控股公司旗下的非银行附属机构在证券化市场中扮演着重要角色（见 Cetorelli 和 Peristiani，2012），同时也受到监管约束。因此，相比设置简单的监管边界，通过银行（或者属于监管范围内的其他实体）来监管金融体系的一部分，监管层可以实现更深远跨度和力度的监督。

划定宏观审慎政策边界的另一困难在于，其他的公共政策也会影响金融稳定。虽然确保金融体系稳定性的主要责任依赖于宏观审慎政策，但是其他政策（比如货币政策和竞争政策）也起到补充作用。无论政策使命的构建是如何的不同，应对金融稳定和系统性风险是共同责任（国际货币基金组织，2011b）。

对于逆周期或其他的宏观审慎监管，其本身可能也无法对周期性免疫。就实施逆周期监管的愿望而言，在危机的高峰时期往往积极呼吁实施更为严厉的监管，结果往往适得其反。而在经济向好时期，一旦对当前危机的记忆减退，要求放宽监管的政治压力就会上升。

此外，由于特定监管措施比事前的宏观经济政策造成的影响更为鲜明，所以可能更容易收集和整理公众对实施特定监管措施的反对意见。于是，在应用监管措施时是基于规则方法以最小化政治干预，还是斟酌行事以更好应对监管套利，构成了一个矛盾局面。相比较而言，给予中央银行货币政策独立性是相对容易的，因为货币政策基本上就涉及一两个政策工具和一个清晰且易于衡量的目标。与之相反的是，宏观审慎政策的目标不易衡量，且可运用的潜在工具颇多。

当前的监管框架非常依赖于市场伸出的援助之手，市场帮助监管部门监管银行并维护金融稳定。不幸的是，无论是监管部门还是市场都未能采取预防性的或以公众利益为本的行动。

原则上，银行的股东和债权人都应该要求银行经理远离那些不符合他们利益的风险。这就是所谓的市场约束。鉴于股东只能在银行运作良好时获得收益，而相反情况下他们的损失却有限，所以股东会鼓励银行经理承担比社会最优状态下更多的风险。[13]而且，银行的杠杆率越高，这些股东的风险承担动机越强，比如有些银行的杠杆率甚至超过了30:1。而债权人则注定会成为银行破产的最大受损者，所以他们应会确保银行谨慎地承担风险。但是，由于储户享受着政府以存款保险制度形式对他们的投资给予的保障，以及未投保债权人享受着政府通过救助提供的隐性担保，银行监管已经在很大程度上取代了债权人约束。[14]实际上事后来讲，随着存款保险增加以及在某些情况下对大额存款甚至优先债务进行担保，一些债权人做出既不监管也不约束银行的选择是理性的。

对银行的市场约束也很困难，因为银行的风险很难被外部人察觉。由于银行的经营并不透明，并且从事着复杂的金融交易，即使银行股东和债权人等打算约束银行经理不承担过度风险，他们也很难对银行风险作出评估。比如，Huizinga 和 Laeven（2011）指出，股东仅能够在危机爆发时区分出稳健银行和坏账银行，换句话说，为时已晚，并且危机期间银行的会计信息已经恶化到一定程度，足以对投资者形成误导。[15]

此外，市场约束对于经济周期引起的宏观审慎风险几乎毫无防御作用。当音乐还在继续时市场也是一片欢愉。在繁荣时期，几乎所有金融机构看起来都不错，银行间的分化差异也较小。所以，在资产价格暴涨的经济向好时期，市场约束通常过于宽松。部分原因在于行为偏见，比如有限记忆会忽略经济向好时期的尾部风险；但也有代理问题的存在，比如批发市场中的金融机构从其他交易对手方获得资金然后再进行投资，从中赚取短期利润。可见，对银行的增量金融供给来源于另一家同样有着高风险承担动机的银行或金融中介机构。

Santos（2009）发现银行发行的债券在一级市场的（超出国债的）信用价差在繁荣时期低于萧条时期，即使比较非金融企业的信用价差也是如此。这意味着投资于银行债务的投资者在经济繁荣时期要求的风险溢价更低一些。正如世界上最著名的投资大师沃伦巴菲特（Warren Buffett）所言："只有当大潮退去的时候，你才知道谁在裸泳"。当泡沫破灭、资产价格出现内爆时，流动性不足和资产贱卖等问题使得市场反应过激，由此造成市场对银行的惩罚经常过于严厉。所以，完全依赖于市场约束以应对系统性风险是不明智的。

由于在对宏观审慎政策的实施进行权衡时缺乏普遍接受的量化框架，使得最优宏观审慎政策的确定变得复杂化。当然，也有一些强大的宏观审慎工具供监管当局任意使用，甚至还在不断开发新的工具加入到现有政策工具包中。这些措施包括资本控制、信贷增速限制以及准备金要求等。但是，这些工具大多数都比较生硬，他们在纠正目标问题失衡时，可能会导致其他畸变问题发生或有损于经济增长和社会福祉。

比如，从 Dell'Ariccia 等（2012）的研究可以得知，只有三分之一的信贷繁荣最终会转向危机状态。当然，肯定会有足够强大的工具，比如有效运用信贷增速限制以抑制信贷扩张；但是，这类工具也可能错杀"健康"的信贷繁荣，从而不利于金融深化和经济增长的可持续发展。对此类事实进行因子分解是一件困难的事，只可能从信贷登记的详细微观数据中将信贷需求（基本面）驱动的信贷繁荣从基于过度风险承担的信贷繁荣中区分开来。

9.7　结论

在本章，我们讨论了微观审慎监管的局限性和宏观审慎监管的理念。我们将宏观审慎工具分为两类，它们分别应对系统性风险的时间维度和横截面维度。我们考察了这些监管工具的优缺点，以及如何在选择最优政策组合时进行取舍。我们强调宏观审慎政策在降低金融危机的发生概率和危机发生后的负面影响方面的预防作用，并且得出结论：选择的监管工具所构成的宏观审慎政策组合，应该既能应对时间维度的系统性风险，也能应对横截面维度的系统性风险。此外，宏观审慎政策需要强有力的监督，以防止相互关联风险敞口和系统重要性金融机构的风险承担成为系统性风险累积的通道。

注释

1. Friedman 和 Schwartz（1963）表明中央银行致力于稳定货币总量和价格水平之间的关系。1970 年之前这个关系是比较稳定的，但快速的金融创新和金融中介转移，远离了传统银行，效果变得不够理想。中央银行也意识到在制定货币政策时，货币总量增长和通货膨胀之间的关系太不稳定，于是将注意力转移到利率上。正如 1982 年加拿大央行行长 Gerald Bouey 所说："我们没有放弃货币总量，是它抛弃了我们。"参见 Cecchetti（2013）。

2. 参见下一章，以及 Svensson（2013）和 Gali（2013）提出的不同观点。

3. Houston，Lin，Ma（2012）研究了跨国监管差异是否影响国际银行流动。他们发现银行会将资金转移到了监管更少的市场。这种监管套利体现出一种破坏性的"无底线竞争"（race to the bottom），这限制了国内监管部门控制银行承担风险的能力。然而，他们也发现，如果资金接收国是一个具有很强的产权和债权人权利保护的发达国家，那么监管差异和银行之间流动的联系会明显更强。这表明虽然监管的差异有重要的影响，但若没有一个强有力的制度环境，宽松的监管不足以促使大规模资本的流动。

4. 这场危机也表明作为微观审慎政策的纯粹的杠杆比率（最重要的资本充足率）监管对于降低银行破产风险的是必要的。然而在这一章里我们专注于宏观审慎政策。

5. 负债集中度限制，如限制银行在银行间市场主要依靠某一个机构进行融资，也应被视为这一系列措施的一部分。

6. 参见 Seru 等（2012），对一些美国法律诱导（被迫）给次级借款人提供更高的银行信贷的微观实证。

7. 然而，更高的资本和流动性要求可能会减少对股东的利润，银行可能需要用更高的风险补偿应对较低的预期利润（Koehn 和 Santomero 1980；Kim 和 Santomero 1988）。

8. 在本次金融危机之前时期，银行都在搭便车利用其他机构提供的流动性。Battacharya 和 Gale（1988）指出，因为正常时期的回报太低，市场上应该没有充分的激励来提供流动性。Rajan（2005）认为，投资高度非流动性资产是获得没有高风险的高回报（所谓的假阿尔法回报率）的最简单的方法。新巴塞尔协议将使银行很难再保持很低水平的流动性，但是，正如银行可以找到监管资本套利的方法，他们也很可能会找到类似的方法来规避流动性监管。因此，不仅监管本身非常重要，对监管进行审视也非常必要。

9. 英国央行在危机期间已经制定出一种新的流动性要求。参见 http：// www. bankofengland. co. uk/pra/Pages/publications/liquid. itymetricmonitor. aspx.

10. 参见 http：//blogs. ft. com/westminster/2013/06/a－one－minute－guide－to－the－ bankingcommission/.

11. 2011 年 10 月 27 日，G20 金融稳定委员会，国际货币基金组织，国际清算银行的联合进展报告将具有动态规定的"宏观审慎政策工具和框架"作为一种工具来解决系统中过度信贷扩张的威胁。2011 年 11 月 11 日，耶伦（2011b）在"追求金融稳定的美国联邦储备理事会（美联储，fed）"的一次演讲中提及了动态规定。参见国际清算银行的报告（Drehmann 和 Gambacorta 2012），欧元系统（Burroni 等 2009），美联储（Fillat 和 Montoriol-Garriga 2010），英国金融服务管理局（Osborne，Fuertes，和 Milne 2012）的讨论，以及，《经济学人》（2009 年 3 月 12 日），欧洲会计师联合会（2009 年 3 月），英国《金融时报》（2010 年 2 月 17 日，2010 年 6 月 15 日），摩根大通（2010 年 2 月），英国会计准则委员会（2009 年 5 月），和 Shin（2011）和 Tirole（2011）的学术成果。Laeven 和 Majnoni（2003）的实证表明，全球范围内银行对不良贷款计提准备金都太晚了，这时周期性衰退已经开始，因此加剧了经济周期对银行收入和资本的影响。在繁荣时期动态拨备制度增加了准备金计提，在糟糕时期银行对自有资金（资本）的需求降低了。参见 Fernández De Lis 和 Garcia-Herrero（2010）关于最近哥伦比亚和秘鲁的实践。

12. 参见 http：//www. economist. com/blogs/freeexchange/2013/06/macroprudentialpolicy

13. 换句话说，大家可以看到由银行发行的股票看涨期权的执行价格等于其债务的票面价值。期权定价指出了波动性的增加提高了看涨期权收益，因此银行股东面临更高的风险收益。

14. 对次级债务、次级债券、长期债券几乎没有更多的市场纪律（参见 Flannery 等 1996）。

15. 参见 Morgan（2002）。

第十章 货币政策与系统性风险

2008 年全球经济和金融危机动摇了人们在如何执行宏观经济政策，尤其是货币政策方面已达成的共识，也表明金了融中介机构对宏观经济和货币政策的重要性。危机前的共识是货币政策应该只盯住通货膨胀率，而不"倚靠"信贷和资产价格泡沫；相反，货币政策应该被用于清理泡沫破裂可能带来的混乱局面（如 Bernanke – Svensson – Greenspan 的观点）。[1]

信贷泡沫破裂和资产价格暴跌带来的高昂经济成本，以及对新审慎监管工具有效性的质疑，再度掀起了对信贷和资产价格泡沫"去粗存精还是总体清理"（Lean versus Clean）的争论。例如，在审慎政策方面，通过影子银行业务进行的资本监管套利是危机的重要来源之一。因此，新的审慎措施（除了几乎未经检验的）也可能由于套利而被部分规避。我们现在能更好地理解金融失衡的事前累积，其中信贷繁荣是导致恶性资产价格泡沫的关键，而货币政策从总量和风险构成上调控信贷行为，具有事前的预防性作用。

此外，货币政策在本次危机管理中的关键作用表明，货币政策可用于降低系统性风险的事后成本。中央银行的这一职责并非新生，长久以来，金融稳定就是中央银行的一个关键目标。这一目标可追溯至史上第一个中央银行，即建立于 1668 年的瑞典银行（紧随其后的是英格兰银行）。[2]直至 19 世纪末，由于英国爆发过多次银行业恐慌，从而创建了央行的最后贷款人职能。正如 Bagehot（1873）所述，中央银行以相对于危机前更高的利率，自由借贷给有良好抵押品的借款人（资产以恐慌中和恐慌前价格水平的中间值来估价）。[3]然而，由于在起初的金融系统中银行几乎承担了所有的中介职能，最后贷款人的职能仅适用于存款银行。而本次金融危机也危及了其他非银行金融机构，使得最后贷款人职能的行使出现缺陷。本次危机表明，为了维持金融稳定，中央银行在执行最后贷款人职能时需要包括其他金融中介机构，以保证整个金融系统的流动性。中央银行已从规模和范围两方面灵活增强了传统的最后贷款人职能，尤其是通过增加银行和非存款机构的长期流动性，改变抵押规则，以及将流动性扩展到特定的细分市场并（间接）进一步扩展到主权国家。[4]除了救助银行系统的非传统货币政策措施，货币利率零下限意味着向影响中长期利率的前瞻性政策迈进。此外，由于前 10 年的金融全球化，最近危机中的一个关键政策是在中央银行间建立流动性互换协议，例如为欧洲银行提供美元资助。中央银行甚至购买金融证券（例如私人和公共债券），从而大幅扩张其资产负债表，即所谓的量化宽松。

因此，在预防系统性风险的累积，以及系统性风险上升后的管理方面，货币政策发挥着潜在的直接作用。在前面的章节中，我们已经看到，系统性危机前通常呈现信贷繁荣，因此在上一次全球金融危机中信贷繁荣绝非偶然，历史证明信贷繁荣是金融危机最有力的预示。然而，由强大经济基本面（信贷需求）引起的信贷繁荣一般不会引发系统性风险。实际上只有三分之一的信贷繁荣后爆发过金融危机。[5] 与信贷繁荣相关的系统性风险最危险的源头，是金融中介机构通过杠杆和过度风险承担引起的金融失衡。历史证据表明最糟糕的信贷繁荣总是伴随着强劲的资产价格泡沫和货币扩张（Brunnermeier 和 Schnabel，2014；Jordà 等，2014）。

一旦金融危机出现，系统性风险的核心传导渠道是信贷供给减少引发信贷紧缩，从而导致由金融部门到实体经济部门的强烈负外部性。金融中介机构的资本和流动性问题，以及家庭和企业的资产负债表疲软和债务积压问题降低了家庭和企业的信贷可得性，反过来引起总产出、就业和福利的减少。一个相关的传导渠道是通过资产价格的下降发挥作用，导致资产抛售并降低总产出、就业率和福利。

因此，信贷周期（特别是供给驱动型的）可能引致系统性风险，尤其当资产价格泡沫由信贷支撑时风险更大。由于货币政策影响信贷供求，因此它自然而然地成为降低系统性风险的政策工具。可从事前（预防性的）和事后（危机管理）两个角度来分析货币政策的这种功能。在事前，货币政策可在危机爆发前的繁荣中发挥防范性作用；在事后，货币政策可降低因信贷紧缩和金融机构的流动性不足而引起的系统性成本。此外，在时间维度层面，货币政策可影响引发系统性风险的信贷和资产价格周期；在截面维度层面，货币政策可扩展至所有金融中介机构以减少监管套利，这对具有较高短期杠杆的金融中介机构，即最具金融脆弱性的机构，产生实质的影响。

回顾历史，许多学者提出美国和欧洲低水平的货币政策利率使贷款标准过于宽松，特别是在 2008 年全球金融危机形成期的房地产领域。[6]例如，国际货币基金组织（IMF）首席经济学家 Rajan 在杰克逊霍尔（Jackson Hole）发表的著名演讲（2005）中指出，低短期利率可能使无风险资产失去吸引力，导致金融中介机构出现短期追逐收益行为。[7]许多其他的学者淡化了货币政策的关联，指出低水平的长期利率（作为储蓄过剩和全球失衡的结果）是最关键的宏观影响因素（Bernanke2010）。

纵观危机的发展，货币政策显然已成为降低危机系统性成本的关键工具，包括政策利率的大幅降低和非常规货币政策措施的使用。然而，采用这些措施的代价是增强了对未来政府救市的预期，从而增大了过度冒险（道德风险）。此外，人们对这些非常规货币政策的退出存在许多担忧。特别是西方金融系统的重要组成部分愈发依赖中央银行提供的大量流动性，以至于大规模国际资本一度流入新兴市场。关于系统性风险的一个关键担忧在于如何通过提高货币政策利率，使利率由当前的历史性低水平回归到正常水平。利率的快速增长可能增加银行贷款组合的信用风险，且由于（长期）债务工具的重新定价会给银行带来损失；然而，过长时间保持低利率水平可能诱发银行使用杠杆和过度风险承担，从而不利于遏制系统性风险。找到平衡点正是中央银行的明智之举。

另外，人们也担心当政策利率从当前低水平回复到正常水平时，之前流入新兴市场的资本会撤出，这种风险已经在美国退出量化宽松政策的实施期间有所体现，关于退出量化宽松的讲话引起一些资本在 2013 年底从新兴市场国家流出。对于新兴市场，美国货币政策的紧缩可能意味着资本流动的"骤停"，尤其是对于那些经济基本面薄弱、在繁荣时期获得大量资本流入的国家。

展望未来，主要经济体中央银行（如美联储，欧洲央行和英格兰银行）在金融稳定方面肩负着新责任，其中关键是货币政策与宏观审慎政策的关系。本质上说这并非一个新的职责。历来中央银行最关心的就是金融稳定。为保证金融稳定所作出的努力会影响中央银行的组织、责任和独立性。

本章表明货币政策会影响信贷和资产价格繁荣，以及金融中介机构的过度风险承担行为。货币政策影响实际期限溢价（real term premiums）和金融中介机构的信贷供给结构。由于有限责任制和杠杆，信贷供给受"追逐收益"和风险转嫁动机（即风险承担渠道）的影响（Allen 和 Gale，2003；Rajan，2005；Borio 和 Zhu，2012；Adrian 和 Shin，2011；Dell'Ariccia 等，2014；Jiménez 等，2014a）。这一观点与标准新凯恩斯宏观经济模型不一致，新凯恩斯模型中中央银行影响实际变量的能力源于商品名义价格的黏性。在这类模型中，由于期限太长价格调整机制不会发挥作用（这一期限似乎不可能长达 10 年之久），所以货币政策变化不会影响长期的实际利率（Stein，2013b）。[8]

宏观审慎工具可以提供新的政策杠杆以抑制危险的繁荣并遏制金融失衡。然而关于宏观审慎工具有效性的证据却并不一致，不仅因为宏观审慎政策常因监管套利而被规避，而且我们对如何最好地执行宏观审慎政策的认识尚处于初级阶段。因此，眼下货币政策可能需要"逆风而行"（即降低政策宽松度）以减少金融失衡和金融脆弱性的累积，即使这一政策的针对性可能比宏观审慎政策更弱。随着时间的推移，宏观审慎政策的实施将降低对货币政策关注金融稳定的依赖。在金融危机中运用货币刺激来推动需求，同时减轻高负债借款人的利率负担，依然是控制金融危机对经济影响的适宜政策工具。然而，需要对这些措施进行权衡，因为它们可能会引发道德风险和追逐收益行为，从而可能为下一次危机埋下种子。此外，中央银行为破产银行提供流动性支持可能会使陷入困境的银行为了生存孤注一掷，从而延缓金融重组的进程，进而耽误经济的复苏。此外，非常规货币政策的国际溢出效应（如美国的量化宽松和退出）可能给全球金融稳定带来极大风险，尤其对于新兴市场溢出效应可能更为显著（我们将在十一章更详细地讨论这一问题）。重要的是，有证据表明事前的宏观审慎政策，包括建立更高的资本和流动性缓冲，减少对大量短期流动性的依赖（这是十分脆弱的），可以减少对事后扩张性货币政策的需求。

总而言之，尽管货币政策具有抵御系统性风险的职责，但一旦可靠的宏观审慎政策框架建立起来并充分使用时，货币政策的这一职责就被减轻了。

金融稳定这一目标总是伴随着中央银行的物价稳定目标。物价稳定是金融稳定的前提，这两个目标相互补充，但也可能会有冲突。例如债务积压问题和对金融稳定的担忧要求更高的通胀率，但这超过了物价稳定本身所要求的水平（其要求降低名义债务）。因此需要货币政策之外的宏观审慎工具。最近的危机清楚地表明，中央银行在制定货币政策时不能忽视资产价格和信贷运行。

本章的余下部分如下安排：首先，分析危机前对于货币政策和系统性风险的观点；其次，分析货币政策如何影响信贷周期；第三，分析货币政策的风险承担渠道，以及信贷和资产泡沫问题；第四，分析系统性风险中货币政策的事后危机管理作用；第五，分析宏观审慎和货币政策的相互关系；最后，对货币政策和系统性风险这一主题进行总结。

10.1 危机前时期货币政策与系统性风险观的局限性

2008 年全球金融危机前最盛行的观点是货币政策最适用于防止通货膨胀而非控制经济中的金融失衡，如信贷繁荣和资产价格泡沫。[9]中央银行重点关注通货膨胀的论据之一是所谓的天意巧合（divine coincidence）。央行的这一观点认为通过保持物价稳定，货币政策可以保证实际产出接近潜在产出。尽管

"没有中央银行相信存在纯粹的天意巧合，但近似巧合的存在证明聚焦通胀并追求通货膨胀目标的政策是合理的"（Blanchard 等，2013，p. 5）。

在危机前通胀率（基于消费者价格），以及产出和通胀率的波动性较低——即所谓的大稳健时期——因此当时并没有过度风险承担会导致大衰退的预警信号。自 20 世纪 80 年代开始，主要经济体中央银行，像美联储、欧洲央行、英格兰银行等，都实现了与其使命一致的空前低通胀与稳通胀。但这意味着短期货币利率处于历史低水平。

此外，一些中央银行在 2002—2005 年大幅降低政策利率。例如，美联储为了清理 2000 年的互联网泡沫将 1% 的利率一直维持到 2004 年，而由于德国的经济问题和美国的低利率，欧洲中央银行长期维持 2% 的低利率。在许多国家，名义利率处于几十年来的最低点，且低于泰勒规则预示的利率。其至在一些国家，如爱尔兰和西班牙，实际利率为负（Taylor，2007）。有观点认为政策利率与泰勒规则所示利率相比，并不是异常的低，原因在于有一些（未实现的）通货紧缩预期（Bernanke，2010）。但是，总的来说，导致 2008 年全球金融危机的主要特征是低货币政策利率和低通胀。然而，有迹象表明存在信贷繁荣和资产价格泡沫，特别是在房地产部门、主权债务市场（尤其是相对于欧元地区核心国家的欧洲外围国家、以及高风险的企业、家庭和银行资产。

尽管危机前人们认为货币政策不必针对信贷和资产价格泡沫，而且认为物价稳定是金融稳定的关键条件。因此，为了管理产出、就业和系统性风险，中央银行应该关注物价稳定。然而，"大稳健"时期之后发生的金融危机挑战了物价稳定足以保证宏观经济稳定这一观点。在危机前累积了过度的金融风险，最终导致危机爆发。随后衰退的严重性使得人们质疑危机前的善意观点，即央行只是疏于管理信贷和资产价格泡沫（Blanchard，Dell'Ariccia 和 Mauro，2013）。考虑到危机的高昂经济成本，关于货币政策目标是否应该包含金融稳定这一问题，在危机刚开始就成为政策议程的重要部分。[10]

Blanchard 等（2013）认为："货币政策利率并非治理危机前金融失衡和金融机构过度风险承担的最佳工具，它的影响面太宽，以至于成本太高。"原因在于更高的货币政策利率（不是由于高通胀的预期）可能减少总产出和就业，并且不是所有部门都受到金融失衡的影响。另外，一些研究表明货币政策在影响信贷供给方面效力有限（Romer 和 Romer，1990），而一些学者指出更低的货币政策利率实际上可能减少而非增加资产价格泡沫（Galí，2014）。[11]

人们逐渐达成如下共识，即应该运用更具针对性的宏观审慎监管来治理系统性风险，这也是本书的主题。然而，宏观审慎工具不是万能药，并且，正如我们在第九章和第十一章中解释的，它的实施面临着挑战。宏观审慎工具相对较新，其有效性还不稳定。例如，宏观审慎监管可能被套利行为部分规避，它们监管一些领域就会使金融系统的另一些领域缺乏监管。而且这些工具可能面临政治经济的约束（见本书最后一章）。鉴于所有这些局限，且因为我们已经能更好地理解低货币政策利率对过度信贷和风险承担的影响，关于中央银行是否应该使用政策利率来抵御泡沫再次引发了争论。

中央银行选择遏制泡沫的政策局限性在于"很难实时识别泡沫"（Bernanke 和 Gertler，2003；Blanchard 等，2013）。例如，Greenspan（2002）认为虽然美联储不能识别或防范资产价格繁荣，但它可以"在泡沫形成后减轻其影响，并有望缓解泡沫向下一次扩张的过渡"。对泡沫的不确定意味着"中央银行可能不知道资产价格大幅波动是由于强大的基本面还是（仅仅是）泡沫，因此难以做出迅速反应"（Blanchard，Dell'Ariccia 和 Mauro2013，p. 7）。鉴于金融危机引起的巨大经济成本，"以更高的第一类误差（假设是泡沫并采取相应措施，但实际上价格上涨反映了是经济基础面）换取更低的第二类误差（假设价格上涨源于经济基础面上行，但实际上是泡沫）可能很合理"（Blanchard 等，2013）。对于某些资产价格繁荣可能尤为如此，那些由银行信贷支撑的繁荣在历史上许多金融危机中被证明是特别危险的（见 Kindleberger，1978；Brunermeier 和 Schnabel，2014；Jordà 等，2014）。

另外，正如我们在第四章和第七章所讨论的，可利用过度信贷供给和风险承担的实时指标，实时识别信贷泡沫。例如，在美国 2007 年次级贷款放贷机构的首次倒闭前，就存在源于证券化（出售给第三方）的信贷繁荣。尤其是对于次级借款人来说，即使优质借款人和次级借款人的收入差距在扩大，或即使在房价并未上涨的地区，信贷供给都呈上升趋势，这就是一个信号（Mian 和 Sufi，2009）。西班牙的信贷繁荣主要体现为银行资本化较低、更多依赖于证券化（包括资产担保债权和 ABS）和大额融资市场（Jiménez 等，2012，2014a，b）。因此，针对信贷繁荣（和由信贷支撑的资产价格泡沫），我们可以大幅降低第一类误差进而采取预防性措施。

最后，可以说，在危机前多数宏观经济学家并不认为金融中介和金融失衡（如信贷繁荣以及市场和融资流动性不足）很重要。因此，当时关于货币政策的流行观点是其应该聚焦通胀目标而非金融稳定，且宏观审慎政策对于宏观经济学家在很大程度上还是未知领域，这些现象不足为奇。然而很明显，当时一些国家存在信贷繁荣，且信贷繁荣是金融危机的重要事前预警，并对实体经济产生强烈的负面影响（Kindleberger，1978）。

10.2 信贷周期、系统性风险和货币政策

正如第四章所讨论的，信贷周期对系统性风险至关重要。首先，信贷周期增加了系统性金融危机爆发的可能性；其次，在金融危机发生的情况下，信贷周期提高了整个实体经济的成本。因此货币政策限制系统性风险的一个重要方法是限制信贷增长。但货币政策可以影响信贷周期吗？如果可以，如何影响？

这些问题的解答对运用货币政策限制系统性风险的事前事后影响非常重要，但对这些问题的研究还没有得到确凿的结论。在上一期《货币经济学手册》（2011）中，Boivin，Kiley 和 Mishkin（p. 415）提到："……值得研究的极为重要的未解问题之一是……在我们的理解中信贷渠道在经济波动和货币政策中所扮演的角色。这一领域的文献很少，反映了阐明相关机制并找到实证证据支持的难度。"

所谓货币政策传导的银行信贷渠道说明中央银行可以改变银行信贷供给。例如，依据信贷渠道，法定准备金的提高使银行减少贷款供给，从而增加银行依赖型借款人的资金成本（见 Kashyap 和 Stein，2000）。紧缩性货币政策减少信贷供给的另一种方法是提高短期利率。中央银行通过提高利率可减少银行净值（因为银行主要通过短期债务链融资），从而降低其流动性，进而降低其给家庭和企业的信贷（见 Bernanke，2007；Bernanke 和 Gertler，1995）。

银行信贷渠道的核心在于 Modigliani – Miller（MM）（1958；同见 Kashyap 和 Stein，2000；Stein1998，2012）提出的无摩擦世界对于银行的失效。例如，当美联储从金融系统中大量吸收准备金时，银行将更难吸收需提取准备金的资金（如有担保的零售存款），但美联储无法限制银行使用不需提取准备金的负债（批发市场——例如，大面额定期存款、担保债券或银行同业存款）。在 MM 世界中，由于零售存款和大额存款的边际成本相同，因而银行对于吸收这两类存款持中立态度，从而对前者的冲击不会影响银行的贷款决策。

因此，有效的货币政策下，银行不能在无摩擦的条件下吸收未投保的资金，以弥补中央银行造成的受保存款的短缺。银行负债有几种关键种类不在存款保险承保范围内，它们不受准备金要求的限制，但是，它们可能受逆向选择问题（adverse selection problems）和信贷配给影响（这两个问题在 2008 年全球金融危机中都很关键）。换句话说，如果在大额资金市场上存在逆向选择，损失了 1 美元受保存款的银行不能通过大额融资获得足足 1 美元来弥补存款损失。

　　另外信贷渠道意味着 MM 对企业并不适用，尤其是一些借款人（如中小企业）不能找到银行贷款的完美替代品。因为银行可以监视并筛选不透明的借款人，相比市场融资，这些借款人可能更倾向于银行贷款。因此，由货币政策引起的银行信贷供给变化会对企业产生重要影响。

　　货币政策的银行资产负债表渠道意味着短期利率的上升会通过降低银行净值并减少融资流动性，从而负面地影响银行贷款（见 Bernanke2007）。Bernanke 和 Blinder（1988，1992）表明货币政策立场的变化会引起银行贷款总量的显著波动。这种波动不仅符合信贷供给的变化，也符合信贷需求的变化，原因在于标准的利率效应抑制了经济活动。Kashyap，Stein 和 Wilcox（1993）表明货币紧缩在减少银行贷款的同时，也增加了商业票据总量。这意味着银行贷款供给减少，而非贷款需求减少。然而，其他文章对这种解释提出质疑：在衰退中可能存在结构上的变化。其中大型企业比小企业表现得更好，并且实际上需要更多贷款。由于大部分商业票据由大企业发行，这可以解释前述结果（Oliner 和 Rudebusch，1996）。然而，Kashyap，Stein 和 Wilcox（1996）注意到即使在最大型的那类企业中，货币紧缩后商业票据的发行相对于银行贷款也有所增加。Becker 和 Ivashina（2013），Adrian，Colla 和 Shin（2012）中的最新证据提供了企业层面微观证据，显示市场债务和银行贷款存在替代性。

　　一些文章发现货币政策紧缩加剧了小企业在库存和投资决策中的流动性约束。虽然这一发现与银行信贷渠道一致，它也和 Bernanke 和 Gertler（1995）所称的（非金融机构借款者的）"资产负债表渠道"一致。即紧缩的货币政策削弱了小企业的信誉度，进而减弱它们筹集任何外部基金的能力，而不仅仅是银行贷款。这一渠道可能也对系统性风险很重要，因为更低的货币政策利率——通过增加企业和家庭的净值和抵押品价值（如房地产）——可能放大信贷周期（例如 Kiyotaki 和 Moore，1997；Gertler 和 Gilchrist，1994）。例如，房地产部门的资产价格泡沫可能支撑了太多基于过高估价的房地产抵押信贷。因此，一旦房价崩溃，将引起关联风险敞口的债务积压问题，从而产生经济成本庞大的大信贷周期。然而，过高估值的房地产抵押通过减轻较小企业的信贷约束，可以增加经济产出从而具有正面效应。（Martin 和 Ventura，2012）。

　　由于一些银行受货币政策影响比其他银行更大，为了进一步识别信贷供给，Kashyap 和 Stein（2000）使用美国所有受保商业银行 20 年的季度面板数据（合计约一百万个银行季度），分析了具有不同特征的银行在受货币政策冲击后，其授信行为是否具有重要的横截面差异。尤其是，他们探究了货币政策对授信行为的影响是否对于资产负债表流动性更弱的银行更强烈，其中流动性由证券与资产的比值度量。答案是明确的"是"。研究发现影响更强烈的银行主要是小银行，即那些在规模分布中位于底部95%的银行。[12]

前述实证识别存在两个关键问题。首先，流动性和规模不同的银行可能面临不同借款人（需求）。因此需要有同一借款人同时向不同银行提出贷款申请，才能识别信贷供给。其次，在货币政策收紧时，一些（更受影响的）银行可能拒绝更多借款人，但不太受影响的银行可能提供更多资金（给受配给的公司），从而中和了信贷供给约束的总体影响。Jim 信贷供给 等（2012）解决了这两个问题，识别了货币政策对银行信贷供给的影响。他们分析了来自西班牙一组新颖的贷款申请数据。考虑企业贷款需求的时变异质性，他们发现紧缩型货币政策大幅减少了贷款发放，尤其是对于低资本或流动性比率较低的银行（资产负债表较差的银行）。[13]而且，企业不能通过向其他银行贷款来抵消由此产生信贷约束。总而言之，货币政策影响银行信贷供给并且这一影响是有约束力的。估计结果在经济意义上也不容小视。利率增长1个百分点对弱小银行贷款发放的减少比强大银行多11个百分点。

Landier，Sraer 和 Thesmar（2013）揭示了货币政策的另一个信贷渠道。他们在实证上表明银行的利率风险敞口或收入缺口在货币政策传导中起着重要作用。当银行短期借入但以固定利率长期借出时，任何短期利率上涨将减少银行的现金流，这可能使得银行需求额外资本。因为发行股票成本很高，银行只能减少放贷以防止杠杆过高。这一渠道基于三个要素。首先，商业银行倾向于在恒定杠杆的目标下经营（Adrian 和 Shin，2010）；其次，银行面临利率风险（Flannery 和 James，1984；Begeneau 等，2012）；第三，Modigliani – Miller 命题是失效的，从而使得银行不能在短期轻易发行股票（见 Kashyap 和 Stein，2000）。

正如 Kashyap 和 Stein（2000）指出的，微观识别并没有分析货币政策对实体经济活动的总影响（货币政策变化通过各种信贷渠道对 GDP 有何影响），而只是用倍差法比较对货币政策敏感度不同的银行（如 Kashyap 和 Stein，2000）或非金融机构借款人所受的影响（如 Gertler 和 Gilchrist，1994）。Ciccarelli，Maddaloni 和 Peydrl（2013，2014）采用 Bernanke 和 Blinder（1992）的宏观模型，并基于贷款调查数据解决了信贷渠道不可观察的问题。他们使用的数据是欧元区的机密《银行借贷调查》（Banking Lending Survey；BLS）和美国的《高级信贷人员调查》（Senior Loan Officer Survey；SLOS）的详细结果。这些调查结果包含了银行采用的贷款标准以及来自企业和家庭的银行贷款需求的季度数据。这些信息指银行应用于所有贷款申请人（不止是获得贷款的）的实际贷款标准。[15]

Ciccarelli、Modaloni 和 Peydró 发现信贷渠道通过家庭、企业和银行的资产负债表放大了货币政策冲击对 GDP 和通货膨胀的影响。在欧元区所有资产负债表渠道都在传导货币政策对 GDP 和通货膨胀的冲击方面很重要。其中对于企业和抵押贷款来说，最重要的渠道分别是银行贷款和需求渠道。反事实实验表明如果关闭银行贷款渠道，货币政策冲击对 GDP 增长影响的中位数水平将减少，降低幅度最多为 GDP 和通货膨胀的 35% 左右。基于个体数据的进一步分析表明企业和银行的异质性可能影响货币政策的信贷渠道，影响的差异取决于金融机构和借款人类别。在欧元区，发放给大小企业的贷款都会作用到货币政策对 GDP 的影响；而在美国，只有发放给小企业的贷款会影响货币政策效果。因此，在欧元区货币政策对 GDP 的影响更大。此外，在欧元区，所有渠道（需求、银行贷款和借款人资产负债表）对于大小银行都有显著影响。

总之，货币周期的确会影响信贷周期——尤其是通过银行贷款渠道、以及企业和家庭资产负债表渠道影响信贷可得性。总体的经济影响是重要的，但是不同子渠道的重要性取决于不同国家状况。例如，货币政策的信贷渠道在银行主导型经济体中（如欧元区）更有效，而对于在很大程度上由非银行金融中介和市场提供资金的经济体（如美国）来说，效果则要弱性（见 Mihov，2001 和 ECB，2009）。

10.3 货币政策的风险承担渠道和泡沫

到目前为止我们已经知道货币政策通过增加银行流动性，提高银行、企业和家庭的净值和抵押品价值，从而影响信贷供给。然而，在整本书中我们已了解到，由于隐性和显性的政府补贴、高（短期）杠杆、鲜有的市场约束和公司治理缺陷，银行面临严重的代理问题。那么，货币政策对银行的风险承担是否也有影响呢？当货币利率较低的时候，金融中介机构是否有动机为了最大化收益而承担过高的风险呢？

在最新的《货币经济学手册》中，Adrian 和 Shin（2011）讨论了货币政策的风险承担渠道。他们认为由于银行的道德风险问题，货币政策措施影响着银行的风险承担能力，这将引起信贷供给在总量和风险构成方面的变化。Borio 和 Zhu（2012）创造了货币政策的"风险承担渠道"这一术语，以描述货币政策通过金融中介机构风险偏好造成的一系列影响。基于这些原因，短期利率直接关系到金融稳定。他们认为短期利率作为价格变量具有重要性这一观点与以往的货币经济学见解不同。以往的观点认为短期利率的重要性仅仅来源于它们对长期利率的影响，即长期利率是未来短期利率的风险调整期望值。最新理论表明，扩张性货币政策通过增加家庭和其他经济主体向银行提供的资金，可能增加贷款的风险转嫁。原因在于银行面临着严重的道德风险问题，尤其是那些资本金较低、没有将贷款违约完全内部化的银行。[17]

与这些理论观点一致，数位央行行长和评论家警告人们防备当前持久的、极低政策利率的系统性风险后果。低利率诱使银行追求收益（即投资于更高收益但更具风险的证券），并且可能为下一次信贷和资产价格泡沫埋下种子（见美联储执行委员 Jeremy Stein2013 年的讲话和最新的《国际清算银行年度报告 2014》）。他们认为低利率会诱发过高杠杆和过度风险承担，从而威胁金融稳定，所以提倡收紧货币环境。

然而，对于货币政策风险承担传导渠道的重要性并没有达成广泛共识。这反映了理论预测的模糊性和对潜在渠道相对重要性的不同观点。一些央行行长淡化了风险承担渠道（Svensson，2013）或甚至宣称在经济低迷期风险承担增加是有利的（如 Yellen，2014）。他们断定在持续失业的情况下，宽松的货币政策仍然是适宜的。他们认为货币紧缩实际上可能损害金融稳定，原因在于它会削弱经济、增加利率负担并降低资产价值。在前述章节讨论的实证证据表明，在危机中扩张性货币政策可以增加信贷供给和经济产出，因此在减少金融危机实际成本方面也有利于遏制系统性风险。

然而，中央银行提供的流动性诱发了过度风险承担这一观点并不新颖：正如 Kindleberger（1978）解释的，"投机狂热在货币和信贷扩张中逐步加速，或在某些情况下，恰恰始于最初的货币和信贷扩张。"（Kindleberger，1978，p. 54）。

最早分析货币政策对贷款过度风险承担影响的模型由 Allen 和 Gale（2000c，2003，2007）以及 Diamond 和 Rajan（2012）提出。对这些模型的总结，见 Allen 和 Rogoff（2011）。Allen 和 Gale 的模型说明了货币政策与信贷和资产价格泡沫的关联。Dianmond 和 Rajan（2012）的模型说明了银行道德风险问题引发的货币政策和过度风险承担间的关联。

正如 Allen 和 Gale（2000，2003，3007）主张的，由于银行代理问题，信贷增长也会造成资产价格泡沫。他们解释了银行体系的风险转嫁问题如何导致资产价格泡沫。他们的模型对房地产部门尤为适用。银行以高于基本面的价格水平购买资产，而这些投资是由高短期杠杆融资的，因而银行陷入了负净现值的投资。这种风险转嫁对银行股东来说是理性的，因为它为股东产生了正的预期回报，但这是以银行存款人和债权人（以及纳税人）的利益为代价的。

信贷扩张（由扩张性货币政策提供资金）鼓励投资者在当前进行风险投资，因此信贷扩张对资产价格具有即期影响。同时，对未来信贷扩张的预期也会提升当前资产价格，这会增加未来危机发生的可能性。

Allen 和 Gale 的模型解释了泡沫如何形成，但不能解释为什么许多国家可以长期运作却没有出现泡沫。正如 Allen 和 Rogoff（2011）解释的，一个重要的扩展是解释为何似乎有两种状态，在一种状态下经济基本面推动资产价格，而在另一种状态下有泡沫存在。他们认为这两种状态的一个重要决定因素可能是对当前利率暂时偏低的感知。[18]通过构建房地产和其他金融资产的有利投资环境，可能会使经济偏离正常状态并催生泡沫。[19]

这类资产价格泡沫理论可以为实施逆风而行的货币政策提供正当理由：维持稍微紧缩的货币政策可以防止泡沫的形成；维持较高水平的利率和限制信贷可以为泡沫降温并防止资产价格达到危险的高位。这也将降低任何并发的崩溃和可能随之爆发的危机。此外，这个理论表明相机性宏观审慎政策使房地产的交易成本更高，从而可能在限制泡沫和随后的金融危机方面发挥重要作用（Allen 和 Rogoff，2011）。因此，更强有力和更优的宏观审慎政策可减少系统性风险对货币政策的依赖。

Dimond 和 Rajan（2012）为货币政策针对银行过度风险承担的逆风而动提供了另一种解释。他们分析了源于货币政策的利率变化的影响。在他们的经济模型中，银行投资于长期的低流动性项目，并以风险厌恶型家庭提供的可兑存款形式的短期负债融资。[20]如果发生可能使银行失去偿付能力的大范围提款（导致更高利率），中央银行只要对任何具偿付力的银行以惩罚性利率提供融资，就可降低危机发生的可能性。中央银行这样的流动性干预即为救市。[21]

然而，中央银行在事后放贷的意愿可能导致更多（过度的）银行事前风险承担（Farhi 和 Tirole，2012a 也提出这一观点）。[22]中央银行事后的流动性干预意味着对高杠杆、低流动性银行的惩罚更轻。如果银行预期中央银行会在金融承压时将降低利率，它们会大举借债或发放更多高风险、低流动性的贷款，从而增加危机发生的可能性并引发对央行干预的需求。

在这种情况下，中央银行最好通过改变货币政策来改变银行的冒险动机，通过使正常时期的利率高于市场决定的水平，以维持银行保持低杠杆和高流动性的动力。关注稳定性的中央银行也不应当营造实际利率将长期处于低位的预期，以免银行的反应使系统更加脆弱，并迫使央行继续保持低利率。虽然中央银行在对抗通胀方面的信誉度已较稳固，但它们现在更需要在新的方面建立信誉以增强金融稳定性。[23]

Acharya 和 Naqvi（2012）也分析了当银行部门在能获得充足流动性时，如何引发资产泡沫。他们也讨论了货币政策逆风而行的最明优性。研究表明充足的流动性加剧了银行的风险承担（道德风险），从而导致放贷过度和资产价格泡沫。当银行流动性泛滥时，它们放松了贷款标准，从而引发了信贷繁荣和资产价格泡沫，并为下一次危机埋下种子。它们的模型提出中央银行应该采取"逆流动性而行"的方法，即银行流动性泛滥时采用紧缩性货币政策。

低利率也会增加银行杠杆从而增加风险承担。无风险利率的降低减少了融资成本。对于在有限责任制下经营的银行，融资成本的降低使其增加杠杆（Dell'Ariccia 等，2014）。这同样适用于如下情况：利率降低减少银行了持有抵押品或法定准备金的成本（Stein，2012）。杠杆的增加可能反过来引起风险承担的增加，原因如下：一旦金融中介机构自身注入的资本较少，而它们在不利形势下又受有限责任制保护，它们在选择投资组合时就不那么谨慎了。类似地，Adrian 和 Shin（2011）认为由于银行的道德风险问题，较低的货币政策利率放松了银行道德风险问题导致的银行资本约束，进而增加了银行贷款的风险承担。较低的货币利率降低了现有贷款的信用风险，由此放松了银行资本约束，进而允许银行增加对边际借款人的信贷供给，而这类人往往有更高的信用风险。

对于资产负债表中具有刚性债务的金融中介机构，低利率更有可能增加其风险承担。例如，当利率较低时，主要通过长期债务融资的人寿保险公司或私人固定收益养老基金（private defined – benefit pension funds）可能通过投资于高风险证券以获得足够高的回报来偿付债务，以实现"追逐收益"（Rajan，2005）。货币市场基金由于试图在不增加费用的条件下支付行政开支，也倾向于追逐高收益（Chodorow – Raich，2014b）。

也有理论认为货币政策对风险承担的影响不确定。Codorow – Reich（2014b）认为较低的利率不促使银行将安全资产向风险项目转移增加了风险承担，也影响了风险组合的构成。另外，更低的无风险利率降低了投资的要求报酬率（hurdle rate），并诱使风险中性的经济主体选择风险特质（risk profile）更低的风险项目（即低风险低收益）。因此，对风险投资组合风险程度的影响是不确定的。如果获得融资的边际项目是低风险低收益的，那么组合方差降低；但如果是高风险高收益，组合方差将增加。

Dell'Ariccia, Laeven 和 Marquez（2014）基于包含不对称信息的金融中介模型，也发现了货币政策对风险承担的影响是不确定的。他们认为影响大小主要取决于银行杠杆对利率降低后融资成本降低的内生反应。一方面，由于融资成本降低，金融中介倾向于增加杠杆，从而增加其资产组合中风险资产的份额；另一方面，对于那些在破产时受有限责任保护的银行，融资成本的降低会减少其风险转嫁，这种效应对于高杠杆的银行影响最强烈（正如 Hellmann 等2000 所述）。净效应是不确定的，且取决于杠杆对利率变化的敏感度。

更一般地，有些重要的一般均衡效应是这些风险承担的局部均衡模型无法捕捉到的，也会削弱风险承担渠道。例如，利率的降低会推动总需求，提高公司利润并减少失业。这将反过来转为更低的贷款拖欠率，尤其是如果一开始借款人的资产负债表是疲软的。贷款拖欠的减少有利于金融中介机构，更低的利率也会推高资产价格，从而进一步放松抵押品约束，改善家庭和企业的资产负债表，并降低金融中介机构的信用风险。

更低的利率也会增加金融中介机构持有的遗留资产的价值，这种现象被Brunnermeier 和 Sannikov（2012）称为"秘密资本重组（stealth recapitalization）"。由此产生的净值增加将阻止这些金融中介机构进行风险转嫁。

与这些理论一致，一些文章均发现了在不同国家不同时期存在货币政策风险承担渠道的证据，尽管不同研究发现的效应的大小有所不同。Maddaloni 和Peydrl（2011，2013）利用对欧元区和美国银行借贷标准的调查结果，分析了前述一些可检验的假说。分析欧元区对探求货币联盟的一些独有特征很有用。首先，欧元区代表了具有统一货币政策的独特制度构建，但各成员国在商业和信贷周期以及审慎监管方面具有重要差异。其次，在欧元区，企业部门的资金主要来自银行，因此危机对银行部门的影响通过减少信贷供给，会对实体经济产生巨大影响。最后，作者利用关于欧元区借贷状况的独特数据（《银行贷款调查》，BLS），可以了解到所有贷款申请者贷款环境的变化及原因，包括那些被拒的贷款申请。

研究发现低（货币政策）短期利率放松了家庭和企业的贷款环境。在危机前时期，低货币政策利率放松贷款条件，且这种放松与借款人的风险无关，并且有证据表明抵押贷款的低利率引发了过度风险承担。另外，由于证券化行为和货币政策利率长期处于低位，贷款条件尤其是对于抵押贷款的条件被较大程度地放松了。相反地，他们发现较低的长期利率并不会降低贷款标准。最后，危机前贷款标准更低、其泰勒规则残差项为负的国家，在危机后的经济状况更糟糕。

Jiménez 等（2014a）利用西班牙信用登记机构的贷款申请数据，分析了货币政策利率改变后银行信贷风险承担的变化。他们分析了信贷供给量变化、供给结构变化、以及需求数量和质量变化。研究采用两阶段模型，分析第一阶段信贷申请的批准和第二阶段信贷申请批准后发放贷款的结果。研究中通过时间×公司和时间×银行的固定效应控制了可观测的和不可观测的、公司和银行的时变异质性。[24]

他们发现更低的隔夜贷款利率导致资本规模较低的银行给高风险企业批准了更多的贷款申请，并且以更少的抵押品要求给这些公司发放了更大数量的贷款。然而，发放给这些公司的贷款具有更高的事后违约可能性。[25]所有这些发现都具有统计显著性和经济相关性。例如，隔夜贷款利率下降1%，相对于高资本银行，低资本银行（它们之间相差一个标准差）发放贷款给信用记录较差企业的可能性会上升8%。同时，低资本银行提供的贷款增加8%，但这些贷款未来违约的概率上升5%，且抵押品要求减少7%。较低的长期利率和其他关键的银行总体变量和宏观变量，如更多的证券化和更高的经常账户赤字，都没有这样的效应。重要的是，当隔夜贷款利率更低时，几乎所有银行都向更高风险的企业发放更多贷款（贷款平均增加约19%）。

估计结果表明了更低的货币政策利率激励了银行的风险承担，因此货币政策对信贷供给构成的影响超过了已被证实的银行和企业资产负债表渠道。对于那些资本金更少、即面临更严重代理问题的银行结论更显著：它们批准更多贷款申请并发放更多贷款给高风险企业，它们要求这些企业提供更少的抵押品，且这些银行在未来面临更多贷款违约问题——银行的所有这些行为都符合风险转嫁。[26]

Dell'Ariccia，Laeven 和 Suarez（2013）提供了美国银行系统中货币政策风险承担渠道的证据。他们的分析使用了贷款层面的风险承担信息，因此补充了Jiménez 等（2014a）建立的公司层面风险承担测度的分析。具体来说，他们使用了1997—2011 年美国银行商业贷款内部评级的机密数据，这些数据来自于美联储关于商业贷款条款的调查。分析结果表明银行的事前风险承担（用银行贷款组合的风险评级测量）与实际政策利率呈负相关关系，且这种关系对于资本相对较低的银行或在银行资本缩水的时期中（如金融或经济衰退时期）表现较不显著。然而，这些结果的定量影响相对较小，这与 Dell'Ariccia，Laeven 和 Marquez（2014）模型中互相抵消的效应一致。

Altunbas，Gambacorta 和 Marquez–Ibañez（2014）使用评级机构对违约概率的估计作为风险承担的代理变量，发现利率减少和负的泰勒规则残差项（扩张性货币政策）与违约风险测度正相关。Paligorova 和 Santos（2012）的文章研究了对美国企业的辛迪加贷款定价，连同美联储"高级贷款专员民意调查"关于银行贷款标准的数据，发现在宽松性货币政策时期，贷款定价更青睐更高风险的借款人。此外，这一影响对风险偏好更大的银行更显著。

Jiménez 等（2014b）通过信用登记机构的详细信息分析了西班牙的所有商业贷款，发现较低的短期利率降低了现有贷款的违约风险率（即它更青睐旧资产）。另外，他们表明在短期利率降低后，新增贷款的违约风险上升了。这些发现符合 Adrian 和 Shin（2011）模型中的杠杆渠道，即短期利率下降增强了银行的资产负债表，从而使其投资于劣质项目，其实在利率下降前这些项目本来达不到银行的标准。

Ioannidou，Ongena 和 Peydró（2014）也观察到现有贷款违约风险率降低和新增贷款违约风险率上升的现象。在这一研究中作者分析了货币政策对玻利维亚银行的贷款风险承担。因为玻利维亚银行体系已近乎美元化，作者利用美国联邦基金利率的变化来近似代替货币政策的外生变化。由于美国联邦基金利率独立于玻利维亚的状况，因此它可作为玻利维亚短期利率外生变化的代理变量，来分析短期利率波动对银行资产质量的影响。结果表明美国联邦基金利率下降提升了现有资产质量，但降低了新增资产的质量。

文献中也有证据表明货币政策利率和银行外的风险承担具有相关性。Bernanke 和 Kuttner（2005）发现高利率降低了股票价格，他们解释为收紧货币可能减少股票投资者承担风险的意愿。[27]

在相关研究中，Hanson 和 Stein（2015）揭示了常规货币政策的一个有趣效应：货币政策立场的变化对长期的远期实际利率具有惊人的强烈影响。将联邦公开市场委员会（Federal Open Market Committee；FOMC）公告日的两年期名义收益率作为联邦基金利率在接下来几个季度内预期路径的代理变量，在1999—2012 年，该两年期名义收益率每增加 100 个基点，10 年期远期隔夜实际利率会增加 42 个基点。其中 10 年期远期隔夜实际利率是从通胀保值型国债（Treasury inflation‑protected securities；TIPS）的收益率曲线提取的。[28]

Stein（2013b）认为这一发现与标准新凯恩斯宏观模型相矛盾。在新凯恩斯宏观模型中，货币政策影响实际变量的能力来自名义商品价格的黏性。由于消费者价格的调整期短于 10 年，所以在这些模型中，货币政策变化对 10 年期的远期实际利率没有显著影响。另外，正因为长期实际利率最有可能影响投资决定，因而 Stein（2013b）认为这些结果表明货币政策的影响应该比标准模型所体现的更大。

Stein 认为长期远期实际利率反映了期限溢价的变化，而非对短期实际利率未来水平预期的变化。换句话说，如果中央银行现在放松政策，长期 TIPS 的收益率下降，这并不意味着人们预期短期实际利率在 10 年后更低，而是相对于短期利率的预期未来水平，TIPS 变得更昂贵了。

为什么货币政策可以影响实际期限溢价？Hanson 和 Stein（2015）认为低名义利率会诱使某些类型的投资者为了"追逐收益"而承担额外风险。这一术语最早由 Rajan（2005）提出。虽然本节前面总结的实证研究在信贷风险背景下验证了这种假说，揭示了利率较低时银行往往发放更高风险的贷款。而 Hanson 和 Stein（2015）集中分析追逐收益机制对利率风险（即久期风险）定价的影响。他们假设"收益导向"的投资者将其资产组合分配于短期和长期国债。由此，他们不仅对持有期的期望收益赋予权重，也对当期收入赋予权重。对当期收益的偏好可能源于代理问题或会计核算问题，这使得投资者关心报告业绩的短期测度。因此短期名义利率的降低使得投资者通过增持长期债券来调整其资产组合，以避免其总收益率下降太多。这反过来引发了购买压力，从而推高了长期债券的价格，进而降低了长期收益率和远期利率。

Becker 和 Ivashina（2013）通过分析美国保险业来估计非银行机构追逐收益的行为。识别金融机构的过度风险承担行为具有挑战性。原因在于只有在追逐收益导致金融机构承担了超过其股东或其他利益相关者承受范围的风险，追逐收益才值得关注。保险公司的风险承担与其资本要求紧密相关。为了识别美国保险公司资本要求中信用风险成分，Becker 和 Ivashina（2013）将保险公司持有的公司债券按其信用评级分为六类。然而，在信用评级中属于同一风险类别的不同债券可能具有明显不同的信用和流动性风险预测。因此，保险公司可以在完全不影响资本要求的情况下，轻易地改变其风险敞口和债券组合收益。由于保险公司投资的大部分证券具有固定收益，所以这样的收益追逐可能成为一个重要因素。

Becker 和 Ivashina（2013）发现美国保险公司存在明显的追逐收益行为。在投资级债券中，保险公司持有的 88% 的债券组合的收益率价差位于最高四分位数。[29]这些债券风险更大，保险公司持有的债券比许多其他投资者持有的具有更高的系统风险。作者发现在最近的金融危机中风险追逐行为消失了，而当信贷市场（和保险公司的资本状况）复苏后，保险公司又开始冒险。[30]另外，他们显示保险公司明显追逐收益的时期与高风险企业异常活跃的发债活动时期恰好重合。因此，作者的结论是风险承担的变化会影响经济中的信贷供给。

类似地，Chodorow - Reich（2014b）发现的证据表明 2009—2011 年私人固定收益养老基金和货币市场基金存在追逐收益行为。2009—2011 年这一时期的特点是美联储以大规模资产购买的形式实施非常规货币政策。低名义利率但高行政成本支出迫使货币市场基金在免除费用时过度追逐收益。Chodorow -

Reich 发现在 2009—2011 年，尤其是成本更高的货币市场基金在投资中追逐更高的收益。

正如金融监管机构允许投资者依赖有噪声的（有时有偏的）测度，例如信用评级，来决策投资组合；金融中介机构也会对抗不完善的风险基准而获得回报。这样的风险基准没有考虑追逐收益导致的过度风险，例如尾部风险敞口和长期借贷（Rajan，2005；Stein，2013a）。另外，考虑到薪酬结构，经理人的最优选择是在投资决策上与其他投资经理为伍。原因在于羊群行为至少保证经理人的业绩不会比同行更差。然而，羊群行为可能使资产价格偏离经济基本面，因此，在资产价格繁荣期，尾部风险和羊群行为相互增强：投资经理愿意承担资产价格骤跌的低概率尾部风险，并且由于他们的很多同行都承担了这种风险，假使价格骤跌，他们的业绩也不会比其同行更差。在低利率环境中，这些风险承担行为可能会恶化，原因在于一些投资经理承担着固定利率的债务，这将迫使他们在利率下降时承担更多风险。例如，Feroli 等（2014）及 Morris 和 Shin（2014）认为，因为固定收益共同基金的资产经理担心其相对业绩排名，如果政策利率较低，他们会转投高回报但更高风险项目。因此，在低利率的环境下，不仅一些参与者追逐收益的动机增强，而且资产价格可能显著提高，进而增加系统性风险。

货币政策也可以通过影响金融市场中的不确定性和风险厌恶来影响风险承担，并由此影响全球金融环境，尤其是新兴市场的金融环境。Bekaert，Hoerova 和 Lo Duca（2013）发现 VIX 指数，一种基于期权的股票市场波动率（option-based implied stock market volatility），与货币政策立场具有很强的联动性。当他们把 VIX 分解为风险厌恶代理变量和预期股市波动率（不确定性）两部分时，发现宽松的货币政策会同时降低风险厌恶和不确定性，而前一种影响更强烈。另外，Ray（2013）表明存在与 VIX 联动的全球金融周期，其中包含资本流动、资产价格和信贷增长。并且在吸收了更多信贷的国家，资本市场对全球周期更敏感。她表明全球金融周期的其中一个决定因素是中心国家的货币政策，它会影响国际金融系统中全球性银行的杠杆、资本流动和信贷增长。重要的是，只要资本能够自由流动，无论是何种汇率制度，全球金融周期都会限制国家货币政策。这些结果可能解释为什么美国 2010—2014 年的货币政策对新兴市场的影响如此强大。

总体来看，这些结果表明货币政策风险承担渠道的存在性。它们表明低短期利率导致银行风险承担的增加，从而导致杠杆的增加以及信贷与资产价格泡沫的形成。另外，低利率导致收益追逐，尤其是在承担了刚性或长期债务的金融机构，例如保险公司和养老基金。因此，长期的宽松性货币政策可能增加系统性风险和金融不稳定。

然而，风险承担效应的大小更加难以确定。这反映了内生杠杆和一般均衡效应的相互反作用力。风险承担效应的大小取决于风险资产的可替代程度以及杠杆和融资成本对利率变化的敏感度。

10.4 系统性危机中的货币政策

系统性风险的发生意味着在金融部门内部以及从金融部门到实体部门存在强烈的负外部性。在第一种外部性中，传染和流动性不足可能是最重要的根源（正如第五章阐述的）。而在第二种外部性中，给企业和家庭信贷供给的减少可能是对实体经济影响的主要来源（正如第六章阐述的）。

通过实施货币政策（利率政策、公开市场操作和非常规措施）以及作为最后贷款人，中央银行可在减少两种外部性中发挥重要作用。具体来说，央行可为金融市场和机构提供流动性。另外，如果金融部门内部的外部性可以被控制，金融中介的流动性和偿付能力问题将会减少，原则上对实体经济的外部性也会减少。然而，由于金融危机往往爆发于过度的信贷繁荣之后，即使金融中介机构的严重问题被控制住了，家庭和非金融机构企业部门的债务积压问题仍然可能对整个经济的总产值和就业产生强烈负面影响。

最后，由于对金融部门的救助和衰退引起的政府税收政策的减少，在金融危机中国债发行可能大幅增加。因此，货币政策可能通过非常规措施发挥作用，如美联储的量化宽松政策或欧洲中央银行的直接货币交易（OMT）和资产购买项目。否则，高国债可能挤出私人投资，如通过银行放贷给政府部门而非私人部门。

10.4.1 金融部门内部的外部性

一旦危机来临，金融中介机构被迫出售资产。正如我们在全书中阐述的，在繁荣时期，金融中介有动机投资于信息敏感、高收益的非流动性资产（如OTC衍生品和抵押担保证券）。一旦金融中介在危机中被迫出售这些资产，其他投资者可能没有专业的相关知识来评估需求不足是源于这些资产的过度风险，还是由于缺少典型的买家所致。因此圈外人可能决定不参与市场，或将资产高比例折现以避免"赢者诅咒"（即由于其他投资者出价更低或没人出价，那么获得资产可能意味着所付价格过高）。[31]当这种情况发生时，市场价格可能崩溃（市场流动性不足导致抛售），而且一些金融中介可能失去融资流动性，尤其当其主要资金来源为短期债务时。

因此，市场流动性不足使融资流动性枯竭，从而导致资产出售增加（Brunnermeier 和 Petersen，2009），市场、融资流动性不足和金融资产抛售之间出现恶性循环，可能导致银行破产。如果预期无偿付能力会提高利率，且这种预期自我实现的话，也可能出现多重均衡。即使在唯一均衡模型中，有偿付能力但流动性不足的银行可能由于（大额）存款人间的协调问题而倒闭。提出这种观点的学者是 Rochet 和 Vives（2004）及 Goldstein 和 Pauzner（2005），他们将 Morris 和 Shin（1998）中用来分析货币危机的全局博弈模型扩展至银行部门。

短期债务问题导致的流动性枯竭不仅在上一次金融危机中很关键，而且纵观历史也很关键。例如，19 世纪美国的金融危机和大萧条的主要问题是银行存款挤兑（Bernanke，1983；Gorton，1988）。1970 年宾州中央金融危机（the Penn Central financial crisis）表现为商业票据市场上的流动性枯竭（Calomiris，1994）。1997 年亚洲金融危机表现为以外币计价的亚洲银行短期债务的流动性枯竭（Diamond 和 Rajan，2001），而包括 1994 年墨西哥危机的其他国际危机根源在于政府短期债务（Cole 和 Kehoe，1996）。

因此，可利用货币政策和其他流动性相关的公共政策工具，尤其是存款保险，在事后缓和危机中的资金和市场流动性不足问题。这些流动性不足问题由于短期债务（尤其是在分散的需要协调的债权人间）和信息敏感性资产的存在而加剧。1934 年建立的联邦存款保险公司和存款保险制度就是针对美国存款机构发生的零售挤兑。中央银行的最后贷款人职能早在 19 世纪就被英国用来对抗银行业危机（Bagehot1873）。

在最近的危机中，存款保险对防止小额储户挤兑也发挥了重要作用。为了减少零售挤兑并提升银行系统的信心，2008 年 10 月，多数发达国家都提升了存款保险限额。然而，危机主要发生在具有规模的大额资金往来中。挤兑不仅发生于银行同业拆借市场，也发生于其他市场，如资产担保商业票据市场和货币市场基金。[32]

此外，欧元区危机表明流动性枯竭也会波及经济发达的主权国家。相对于金融中介机构，主权国家更易受流动性问题影响，尽管它们的债务没有多数金融中介机构的那么短期，但它们的资产主要由未来税收组成，而这很难用作抵押，（Blanchard 等，2013；Morris 和 Shin，2014）。因为银行投资于国债，并且主权国家可能救助银行，所以在主权风险和银行破产风险间存在巨大的反馈效应。尤其是在欧元区，债务以统一货币计价，而这种货币却不能由成员国央行印发（相比之下，英美具有独立的货币政策）。

实际上，一些欧元区外围国家经历了缓慢的挤兑（在银行、企业和主权领域），外国投资者停止再投资，而一些境内投资者向海外转移资金。例如，在 2011—2012 年，西班牙的外部净资产头寸减少了 4000 亿欧元（或 GDP 的 40%）。尽管这些挤兑没有引起货币危机，因为它们没有引发国际资本流动的突然中断（如 20 世纪 80 和 90 年代的新兴市场危机），但它们还是给金融和经济造成了严重损害。

在上一次危机中，主要发达国家中央银行提供的流动性对于避免金融中介机构和市场更强烈的外部性很关键。央行通过利率政策、最后贷款人职能和非常规货币措施，为银行、其他金融机构和主权国家提供了流动性，从而缓和了流动性不足和无力偿付，并恢复金融机构和市场的功能。

这些事后货币政策措施是否总是有利于（遏制）系统性风险呢？首先，公共政策往往不可能实时辨别流动性不足和无力偿付的问题，结果拯救了本该倒闭的破产（僵尸）银行（或其他机构），从而减缓了经济适应危机的速度。在欧元区，欧洲中央银行缺乏银行及其抵押品的详细监管信息（只有成员国央行有这些信息），却贷款给这些银行。[33]对于监管外的金融机构，这一问题更加严重。其次，通过货币政策干预来援助金融机构会增加它们对未来援助的预期，这会提高道德风险。流动性预期会引起风险过高的关联风险敞口累积（包括更多的流动性风险），从而提升了金融危机爆发的风险（Farhi 和 Tirole2012a；Diamond 和 Rajan2012）。当货币政策为政府融资时，以上问题会进一步恶化。相对于受监管的银行，主权国家的事前行为更难限制。估值折扣（对于银行的贴现窗口融资）和限制条款（conditionality）（对于政府债券的直接购买）可以在一定程度上缓解这些道德风险问题（Blanchard 等 2013）。

尽管存在这些负面影响，我们认为总体证据表明事后货币政策对遏制系统性风险发挥着重要作用。这种作用的发挥不仅通过流动性供给和非常规措施，也通过利率政策。最近的两篇文章强调中央银行在危机中降低利率是有一定道理的。首先，Allen，Carletti 和 Gale（2009）表明如果没有这样的干预，抛售会使得利率的波动性过高。另外，为了应对流动性冲击，银行将被迫出售其长期资产，从而带来过度且不必要的低效率和成本。

其次，Freixas，Martin 和 Skeie（2011）关注银行同业拆借市场无担保的细分市场，并分析了供给和需求缺乏弹性对短期流动性的影响。他们证明了多重均衡的存在，并且这些均衡的性质并不相同。通过考虑 Diamond – Dybvig

（1983）的框架，他们证明了在流动性危机中，中央银行可以允许经济主体进行协调并达到最优配置。这一结果与"道义劝告"的实际效果高度一致。正如在上一次危机主要中央银行的货币政策行动中，中央银行的劝告比干预更重要［比如2012年7月 Mario Draghi"竭尽所能（whatever it takes）"演讲产生了正面影响］。尽管如此，危机中利率的降低意味着繁荣时期相应的增长，以便使银行做出正确的事前决策（如 Diamond 和 Rajan2012 所提及的）。

10.4.2 对实体经济和信用紧缩的外部性

在危机中，不仅金融机构（和主权国家）面临融资问题，非金融企业和家庭也同样如此。这些问题甚至可能对非金融机构借款人造成更大的影响，原因在于他们的契约具有更低的流动性和更高的信息敏感度，并且他们更难在金融市场融资。这些融资问题可能减少私人总投资和总消费，从而降低总产出和就业（正如我们在第六章看到的）。通过非金融机构（企业和家庭）以及银行的资产负债表渠道，货币政策能显著降低这些成本。因此，关键问题在于货币政策是否能通过这些信贷渠道影响产出，以及是否在疲弱（危机）时期及对疲弱的借款人（企业和家庭以及银行和主权国家）影响更强。

10.2 节的分析说明货币政策的银行借贷渠道效应在一定程度上得到了缓和，尤其是在2010—2012年间通过中央银行的政策行动。欧洲央行通过足额供给政策（full allotment policy）和更长期再融资操作提供了充足流动性。从而能降低私人流动性融资限制给银行带来的成本。这些操作有效地替代了运转失灵的银行同业拆借市场，从而放松了很严格的贷款条件。最终减轻了银行流动性问题导致的信贷限制。

同时，这些政策措施似乎并没有很成功地缓解家庭和企业的信贷可得性问题，尤其是在边缘国家。这些问题来源于净值恶化和总需求下降。换句话说，虽然欧洲中央银行在修复银行贷款渠道方面大有成效，但它仍未修复货币政策的非金融机构资产负债表渠道。

因此，通过分析，我们认为应当采用已持续实施的补充性公共政策措施，尤其是那些旨在增加小企业信贷的措施。这些措施的目的是降低小企业的外部融资溢价和信贷配给（如2014年欧洲中央银行有针对性的长期再融资操作计划）。实际上，扩展欧元系统抵押品框架的决议——尤其是通过允许银行将其中小企业（SMEs）贷款作为抵押品——有一明确目的，即满足银行的流动性需求，进而支持给各类企业的贷款，尤其是中小企业。实证证据表明这些举措对中小企业获得贷款产生了积极作用。

其他措施也可能起作用，例如日本和英国政府实施的贷款计划，尽管历史经验表明政府介入信贷分配（不管是直接还是通过担保）可能具有严重扭曲性（如 Sapienza，2004 对意大利的分析）。2010 年 6 月日本银行（the Bank of Japan，BoJ）实施了一项计划，通过提供资金给那些在经济发展区贷款或投资的银行，来刺激经济增长。日本银行于 2012 年 3 月延长了该计划的持续时间并扩大其规模。日本银行还在 2011 年 6 月设立了另一贷款机构，专门用于促进证券投资和资产担保贷款。日本银行认为这一机构将帮助小型企业和创业公司从金融机构获得贷款和投资，而无需提供不动产抵押或担保。

2012 年 7 月英格兰银行和英国财政部宣布启动贷款融资计划（the Funding for Lending Scheme，FLS）。在该计划下，银行可以有偿地从英格兰银行借入英国国债长达四年，但要求提供合格抵押品（包括家庭贷款、商业贷款和其他资产）。提供国债（而非流动性）意在强调这样的操作有别于英格兰银行的常规货币政策操作。国债由英格兰银行从英国政府债务管理局借入，且这一计划不会导致政府未偿债务增加。贷款融资计划推动了中小企业等高风险借款人的贷款，因为在该计划下，银行可以使用这类贷款获得更好的、国债形式的抵押品，这也是银行回购操作中的优质（金融）工具。

在爱尔兰和西班牙，在危机爆发前非金融企业存在空前的信贷繁荣（尤其在房地产和建筑业）。在爱尔兰，信贷繁荣也存在于家庭部门。在这些情况下，由于这些非金融部门的债务积压问题抑制了经济增长（Myers，1977），中央银行以其最后贷款人职责提供的流动性并不能完全解决银行的融资问题。欧洲外围国家主权债务问题进一步恶化了银行资产负债表。有两方面原因：首先是对银行持有的主权债务的负面估值效应，其次是这些国家的政府为银行提供的金融安全保障遭到质疑。

为了解决实体部门庞大的债务积压问题，重组可能是必需的。一种方式是债转股。然而，相对于企业，家庭可能更难找到解决方案。这是因为许多国家没有个人破产制度，而抵押贷款往往具有完全追索权，这意味着如果出售资产（抵押品）不足以支付抵押的实物资产，银行可以追索借款人的个人资产。此外，由于可能面临困境的家庭数量巨大，通过处理不良资产（loan workouts）解决银行和家庭间的问题变得更加复杂。从而使得通过"一事一议"（case by case approach）实现家庭债务重组成本很高。出于这些原因，家庭和银行可能宁愿坚持，希望美好时代会回归，资产价格会上涨。从而拖延了债务积压问题。

大规模私人部门债务危机可能的解决方案涉及政府支持的债务重组计划。

该项目将允许部分债务减记（write-down of debts），且必要时对银行部门进行资本重组（Calomiris，Klingebiel 和 Laeven，2003）。由于债务积压的减少使债务价值增加，这将同时有益于借款人和贷款人，并减少资本重组的需要。然而在多数情况下，大规模重组会对银行现金流产生严重的负面影响。这要求提前对银行部门进行大规模资本重组，以保障金融稳定。

也可通过债务豁免（debt forgiveness）或债务延期偿还（debt moratoria）来削减私人和公共部门的债务。例如，Kroszner（1998）发现，与债务契约中废除黄金指数化相关的大规模债务减免（debt relief）有利于企业的股东和债权人。此外，大萧条初期放弃了金本位制的国家通过膨胀降低了债务负担，事后恢复得更好（Eichengreen 和 Temin2000）。

减少债务积压问题的另一个方式是提高经济中的总体价格。由于债务契约通常按名义价值计算，通货膨胀会降低债务的实际价值。然而，这种措施的代价是中央银行会失去其稳定物价的信誉。此外，所有这些政策，包括通货膨胀，都具有分配效应，它们偏袒借款人而非存款人，并产生政治影响（正如当前欧元区的债务国和债权国）。[34] 确实，中央银行是政府债务的重要持有人，在任何重组中央行都处于优先债权人的地位。这可能挤出私人投资，因为任何新增私人投资的价值都将被稀释。这引发了中央银行是否应该与私人部门同比例（pari passu）持有国债的问题，以避免这种挤出效应。

如果美国和欧洲的中央银行过早退出非常规货币政策，这些国家的债务积压问题可能提高系统性风险。对于系统性风险的主要担忧是利率正常化，即将货币政策利率从当前的历史低位提升至正常水平。如果从极低的利率水平迅速、猛烈地提升货币利率，可能增加银行贷款组合的信用风险，并扩大（长期）债务工具重新定价引发的损失（见 10.3 节的讨论）。然而，过长时期保持低利率水平也可能诱发银行和其他金融中介机构的过度风险承担，从而不利于遏制系统性风险。找到平衡点正是中央银行的明智之举。

10.5　货币政策与宏观审慎政策的相互作用

在金融危机中，宽松的货币政策有利于刺激经济，以及为金融部门提供流动性支持。然而，正如我们在 10.3 节提到的，宽松的货币政策也可能诱发金融机构的冒险行为。这反映了货币政策的宏观审慎目标和金融稳定目标的潜在冲突。这种冲突可以用一幅简单的图表来阐明（图 10.1），在右下象限的代表的区域内，政策制定者面临货币刺激和金融稳定的权衡。在这种情况下，放松货币政策是适宜的，且宏观审慎监管应当作为保障金融稳定的第一道防线。[35]

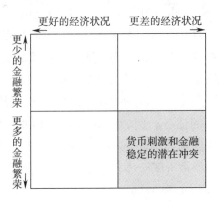

图 10.1 货币政策和金融稳定的权衡

如果审慎政策非常成功，就不需要货币政策在繁荣时期逆风而行。货币和宏观审慎政策能完美地配合以实现物价稳定和金融稳定。其中物价稳定是中央银行的职责，而金融稳定是宏观审慎当局的职责（即我们将处于一种政策一个工具的世界）。例如，如果货币政策立场的放松导致风险承担过度增长，宏观审慎工具可以相应地收紧。

然而，如前所述，多数宏观审慎政策的效果还不确定。并且在实践中，这些政策常常被规避。因此，出于货币政策和宏观审慎政策远不够完美，每一政策都必须考虑另一政策的局限性。货币政策应该考虑金融稳定，并起到预防性和危机管理的作用。类似地，当货币政策受限或无法管理一国经济周期时[像从属于货币联盟或汇率钉住制（exchange rate peg）]，宏观审慎工具可以发挥重要作用。

Maddaloni 和 Peydró（2013）分析了更加严格的银行审慎监管是否会改变货币政策对贷款标准的影响。他们使用了审慎性银行政策的两种跨国测度。第一种是关于银行资本监管严格程度的测度，最初由 Barth，Caprio 和 Levine（2001）在世界银行提出。这种测度关注各国对银行业应用的资本要求有多严格。另一种测度与宏观审慎政策的联系更紧密，基于各国对按揭贷款设定的贷款价值比限制。[36]

Maddaloni 和 Peydró（2013）发现更严格的关于银行资本或贷款价值比的审慎政策会减少低货币政策利率对放松贷款标准的作用。换言之，他们发现货币利率对贷款标准的影响具有异质性，具体影响取决于于审慎政策的严格程度。他们也发现相对于资本受限的银行，资本状况更好的银行在危机时期可以提供更多信贷。总而言之，他们的结果表明审慎政策越有力，对货币政策防范金融稳定和系统性风险的需求就更低。在第九章关于宏观审慎政策的部分，我们看到西班牙的动态拨备规则在危机中成功减少了信贷紧缩。原因在于该规则在繁荣时期建立了资本缓冲机制，该机制可在危机中起作用。但这种缓冲机制未能成功抑制危机前的信贷供给繁荣（Jiménez 等，2013）。这意味着在危机时期对扩张性货币政策的需求减少（相对于没有资本缓冲机制的情况）。但在繁荣时期最好降低货币政策的宽松度。然而，西班牙属于货币联盟，该联盟具有重要的国家异质性，使得协调货币和宏观审慎政策更具挑战性。[37]

另一问题是在一些国家，如新兴市场和小型开放经济，逆风而行的货币政策利率上升可能导致外资的突然涌入。这种负面影响可能引发国内的信贷和资产价格泡沫，从而恶化系统性风险。在这种情况下宏观审慎工具特别重要，并且在一些国家限制国外资金流入可能是最优的（包括资本管制），如最近的乌拉圭和巴西（见 Ostry 等，2011）。

宏观审慎和货币政策形式上应如何协调？是否都应由中央银行制定呢？正如 Blanchard 等（2013）所阐述的，由单独的机构独立制定货币和宏观审慎政策通常不能得到最优解决方案。原因在于物价稳定和金融稳定之间很容易出现冲突。例如，当总需求较低时，中央银行可能通过降低利率来放松货币政策，以此刺激需求。然而，由于低利率可能诱使金融部门冒险，宏观审慎机构可能会收紧宏观审慎监管，结果形成"包含过低利率和过紧宏观审慎措施的混合政策组合"（Blanchard 等，2013，p. 21）。

在危机之前，当人们普遍忽略了宏观审慎政策时，传统观点认为将审慎当局和货币当局分离是首选的机构设置。实际上，Goodhart 和 Schoenmaker（1993，1995）表明如果一国的中央银行肩负监管职责，则该国会出现更高的通货膨胀率。然而，银行监管信息能帮助中央银行更有效地实施货币政策（Peek，Rosengren 和 Tootell，1999）。因此，危机前大多数观点认为，最有效率的架构是职责分离但信息互通。

危机后的共识更多支持由中央银行统一制定货币和宏观审慎政策。然而，除货币政策之外，给中央银行赋予实施宏观审慎政策的职责，是有代价的。[38]

首先，当宏观审慎工具不奏效时，肩负双重使命的中央银行将更难使公众相信它会在通货膨胀与金融稳定目标冲突时遏制通货膨胀。例如，在危机中公众可能相信中央银行会过度放松货币政策来保障金融稳定。其次，在双重使命下，央行独立性在政治上可能更难被接受。由于货币政策有明确目标（通胀目标）和相对简单的操作工具（政策利率），央行在货币政策上的独立性更易保证。"该目标的可测量性使责任性更明确,这反过来使操作独立性在政治上能被接受"(Blanchard 等,2013,p. 22)。宏观审慎政策的目标是多元的(信贷增长、杠杆和资产价格增长等)并且更难测度,正如第七章所述。

第三,宏观审慎工具的针对性可能遭到强劲的政治反对。例如,家庭可能反对严格限制贷款价值比,因为这可能阻止他们购房。对宏观审慎政策的政治干预可能不仅危及宏观审慎政策的独立性,也会破坏货币政策的独立性。

综合起来,我们认为首选方式是让中央银行结合宏观审慎和货币政策,并提供适当的保障措施。英国在这方面有所创新:在英格兰银行内部成立了货币稳定委员会和金融稳定委员会。然而,我们认为微观和宏观审慎应该分离。原因在于微观审慎监管者的确过于关注金融部门自身的稳定,而宏观审慎监管者的确更多地关注对整个经济的负外部性。从这个角度看,最好由中央银行制定宏观审慎政策,充分利用监管信息,并且与微观审慎监管机构分离。

很显然,危机中的货币政策对降低系统性风险和避免另一个大萧条很关键,不仅在美国,尤其是在欧元区。政府争取了更多时间来进行体制改革,如欧洲银行联盟的建立。然而,货币政策不仅需要与宏观审慎政策协调,也需要与其他公共政策协调。

10.6 结论

本章表明货币政策影响金融中介事前的信贷和资产价格繁荣,以及金融中介的过度风险承担。本章的部分结论说明宏观审慎工具是必要的,它们提供了新的政策杠杆以抑制危险的繁荣并缓解失衡。但关于其有效性的证据并不统一。也有证据表明审慎监管越有效的话,对货币政策逆风而行的需求就更少。所以我们设想一旦审慎框架得到巩固,从长远来看不必使货币政策持续发挥很强的预防作用。

正如最近的全球金融危机所示,货币政策的危机管理作用对于减少系统性成本也有必要。然而,危机中宽松的货币政策提供的流动性支持可能引发道德风险。这种道德风险可能提高系统性危机在未来发生的可能性。也有证据表明,通过要求银行在危机前拥有更多资本和流动性缓冲,并要求银行减少对短期大额融资流动性的依赖,宏观审慎政策可以减少对事后扩张性货币政策的需求。

总而言之,本章说明了货币政策可以对抗事前和事后系统性风险。但我们认为一旦宏观审慎政策被有效实施,对货币政策这方面的需求将减少。由于宏观审慎政策可以针对引发系统性风险的部门，它相对于货币政策具有更明显优势。相反地，由于货币政策影响所有部门，它比宏观审慎政策更难规避和套利（它钻进了所有的空子）。然而，我们认为货币政策在遏制系统性风险中将继续发挥（可能较小的）作用。

注释

1. 参见 Blanchard，Dell'Ariccia，和 Mauro（2013）。

2. 中央银行的起源可追溯至中世纪的国有银行，如巴塞罗那的 Taula de Canvi（市政储户银行）。这家银行成立于 1401 年，目的是保管市政和私人存款。

3. 参见 Allen 和 Gale（2007），Goodhart（1988），和 Stein（2012）。

4. 各中央银行总体货币政策行为的总结，参见第二章国际清算银行（BIS）的第 79 届年度报告（2009 年 6 月）；关于欧元区的，参见 Cour – Thimann 和 Winkler（2013）和 http：//www. ecb. europa. eu/mopo/implement/omo/html/communication. en. html；关于美国的，参见 http：//www. federalreserve. gov/monetarypolicy/bst. htm.

5. 参见 Dell'Ariccia 等（2012）。但是请注意，大量历史和跨国研究只使用总量信贷变量，这些研究不可能识别银行对于信贷的过度风险承担。

6. 例如，参见 Allen 和 Rogoff（2011），Rajan（2010），Taylor（2008，2009），和 Calomiris（2008），以及自 2007 年夏季以来在《金融时报》（Financial Times）、《华尔街日报》（Wall Street Journal）和《经济学家》（The Economist）的许多文章。宽松的贷款标准和房地产泡沫源于宽松的货币政策和全球失衡，这诱致超额的信贷可得性（其他原因也源于一些微观因素，如金融创新、监管不力和监管资本套利）。

7. 对追逐收益的担忧由来已久。Jones（1968）观察到，1968 年人寿保险公司倾向于最大化投资目录内的收益，Cox（1967）发现银行也有类似问题。然而，从 20 世纪 70 年代后的 30 年，固定收益市场的高收益使得机构相对容易获取高收益。随着低通胀时期（"大稳健"时代）和 2000 年代互联网泡沫破裂后的货币政策低利率，高收益的环境有所变化。

8. 参见 2013 年 9 月 26 日在德国法兰克福举办的关于"银行、流动性和货币政策"欧洲央行会议上美联储前执行委员 Jeremy C. Stein 发表的主旨演讲。

9. 本节主要来自 Blanchard 等（2013）。同样参见 Besley 等（2009），Svensson（2012，2013），和 Bernanke（2010）。

10. 可以将欧洲央行的双支柱战略视为锚定信贷总量以确保金融稳定的一种手段。但欧洲央行的第二个支柱更多地关注货币总量及其对物价稳定的中期影响。

11. Galí（2014）分析了与信贷无关的资产价格泡沫，然而历史上最严重的资产价格泡沫往往与信贷繁荣有关（参见 Kindleberger 1978）。

12. 银行信贷渠道基于银行 MM 命题的失效。与此观点一致，已有证据显示货币政策紧缩会减少规模较小（Kashyap 和 Stein 1995）、持有低流动性资产（Kashyap 和 Stein 2000）

或高杠杆的（Kishan 和 Opiela 2000；Gambacorta 和 Mistrulli 2004）银行贷款，但不会影响大型银行集团（Campello 2002）。

13. 他们采用的银行资本—总资产比率和流动资金—总资产比率的定义来源于理论文献。在该理论文献中，净资产对于减少借款的代理成本非常重要（Holmstrom 和 Tirole 1997，1998；Bernanke，Gertler 和 Gilchrist 1999；Gertler 和 Kiyotaki 2011），这提高了上述两个比率与货币政策环境的交互项系数的解释力。

14. 脆弱银行定义为银行资本和流动性排序的后 10%，而稳健银行定义为排序的前 90%。

15. 关于使用详细的意大利银行贷款监管数据对银行贷款调查数据进行交叉检验的公开例子，参见 Del Giovane、Eramo 和 Nobili（2011）。他们在银行层面发现强有力的证据，表明贷款标准的变化引起了企业实际贷款条件的变化（有一季度的滞后）。他们也发现贷款标准不仅与实际贷款价格与规模相关（见 Maddaloni 和 Peydró 2011），也能很好地预测信贷和产出增长（参见 Lown 和 Morgan 2006 对美国的实证研究；De Bondt 等 2010 对欧元区的实证研究）。

16. 货币政策也可能影响非银行金融中介和市场（包括影子银行）的金融媒介行为，虽然对货币政策的非银行机构渠道分析较少。

17. 然而，高利率可能引发道德风险从而增加借款人的冒险动机（Stiglitz 和 Weiss 1981）；或者增加银行持有现金的机会成本，从而使银行从事更大风险的投资（Smith 2002）；或者导致银行净值或特许权价值降低，最终使得银行"为了生存孤注一掷"（gambling for resurrection）（Keeley 1990）。这些相互抵消的效应使短期利率对信用风险承担的影响最终变成一个实证问题。

18. Galí（2014）采用存在名义刚性的世代交叠模型，分析了不同货币政策规则对理性资产价格泡沫（与信贷无关的）的影响。日益增长的泡沫引起的利率普遍上涨反过来进一步增加泡沫，从而使得人们质疑"逆风而动"货币政策的理论基础。

19. 其他可能解释房地产泡沫起因、但在这些模型中被略去的因素有两个。第一是信贷的可得性，这将支撑泡沫的持续；第二是房地产收益率的正序列相关性（正如 Case 和 Shiller 1989；Englund，Quigley 和 Redfearn 1998 以及 Glaeser 和 Gyourko 2007 所发现的）。这种实证观察很重要，因为它表明如果房价目前在上涨，那它可能会继续上涨。例如，Glaeser 和 Gyourko（2007）发现，如果第 1 年上涨 1 美元，那么在下一年平均会上涨 0.71 美元。因此，一旦房地产泡沫开始形成，那么它可能将持续一段时间。

20. 和其他类似的银行业模型一样，银行脆弱性来源于对家庭未来流动性需求的不确定性，以及投资项目的较长孕育期与存款的可兑性质之间的错配。

21. 这之所以称为救市，是因为如果政府不干预，私人银行部门将失去偿付能力；而央行通过放贷可以降低整体市场利率，从而对银行系统进行"紧急援助"。

22. 另一种可能性是，如果利率不降低，而较多银行的存款利率过高，使得他们失去偿付能力的话，央行就会进行干预（"太多而不能倒"，或策略性互补回应）。在那种情况下，承诺存款支付可能有多重均衡，其中一个是太重要而不能倒。Acharya 和 Yorulmazer（2007）以及 Farhi 和 Tirole（2012a）也强调了这种可能性。

23. 同见 Borio 和 Lowe（2002，2004）。

24. 在这篇文章分析的主要时期内，西班牙的短期利率由法兰克福，而非马德里决定，这缓和了对反向因果关系（如未来更高的风险可能意味着当前货币扩张）和遗漏变量（与同样影响风险承担的货币政策立场相关的变量）的担忧。可进一步缓和这些担忧的是，时间×企业与时间×银行的固定效应在公司和银行层面吸收了任何可观测和不可观测的时变异质性。

25. 在西班牙银行总资产覆盖了银行的大部分业务。银行没有开展通道业务或结构性投资工具（structured investment vehicles；SIVs），因为现行会计和监管规则要求银行把这些项目合并计入表内，从而留出足够的资本（参见 Acharya 和 Schnabl 2009）。

26. 获得类似定性结论的相关文章使用过不同国家的数据，包括美国（如 Altunbas，Gambacorta，Marquez－Ibañez 2014；Buch，Eickmeier，Prieto 2014a；Buch，Eickmeier，Prieto 2014b；Delis，Hasan，Mylonidis 2011；Paligorova，Santos 2012）、奥地利（Gaggl，Valderrama 2010）、哥伦比亚（López，Tenjo，Zárate 2010a；López，Tenjo，Zárate 2010b）、捷克共和国（Geršl 等 2012）、玻利维亚（Ioannidou，Ongena，Peydró 2013）、以及瑞典（Apel，Claussen 2012）。

27. 类似结论请参见 Rigobon 和 Sack（2004）。

28. Stein（2013b）认为可以用 2012 年 1 月 25 日的事件例证。在那天联邦公开市场委员会改变了其前瞻性引导（forward guidance），他们预期将联邦基金利率接近于零的政策维持到"2014 年底"，而之前他们声明只预期将低利率政策维持到"2013 年中期"。这一公告发布后，从 2 年到 5 年期的短期名义利率的预期路径都明显下降，其中 2 年期名义收益率下降了 5 个基点，5 年期名义收益率下降了 14 个基点。更突出的是，10 年和 20 年的实际远期利率分别下降了 5 和 9 个基点。

29. 相对于保险公司，养老基金和共同基金持有更大份额的债券投资组合。因此，共同基金和养老基金可能也会追逐收益，只不过程度比保险公司低得多。

30. 他们的发现说明对于金融中介机构（保险公司）的制度安排和监管可能会影响信贷周期。具体来说，追逐收益会影响信贷供给。当投资者追逐收益时，碰巧属于受青睐"领域"的证券发行人（如优先债务评级为 A 的高风险企业）就能以更优条款借款，虽然按其风险和流动性水平，他们不能享受这么优惠的条款。

31. 对于银行信贷市场的类似论点，参见 Dell'Ariccia 和 Marquez（2006a）。

32. 例如，参见 Schoar 等（2012）与 Krishnamurthy，Nagel，和 Orlov（2014）。Schmidt，Timmermann 和 Wermers（2013）分析了 2008 年 9 月货币基金危机期间和前后，在货币市场共同基金之间投资者的日均资金流入和流出量。他们记录了危机期间的资金流出量。机构投资者主要挤兑拥有大量机构资金的大基金，他们会选择从高收益、低费用比率（expense ratio）和高资金波动率（prior flow volatility）的基金撤离，这表明"热钱"始终追逐收益，但他们有选择地从高收益但更脆弱的基金撤离。

33. 自 2014 年底欧洲银行业联盟成立以来，欧洲央行已经获得了关于所有银行的监管信息。这些银行的总资产超过 300 亿欧元。

34. Mian，Sufi 和 Trebbi（2014b）认为在金融危机后，国家变得更加政治多极化和碎片化。这降低了重大金融改革的可能性，虽然这些改革可能产生巨大的效益。基于一个包含多个国家的大样本，他们发现，金融危机后，选民的意识形态变得更加极端；而且不管执政联盟最初是否当权，政府都变得更加弱小。其他两个假说的证据则不够明确，即增强的多极化和变弱的政府降低了金融改革的可能性，以及金融危机导致立法僵局（legislative gridlock）和改革乏力。

35. 在第四章我们也看到，时变偏好可能影响信贷和资产的繁荣与萧条。即使在这些情况下，宏观审慎政策也可能通过如顺周期的资本要求，来降低系统性风险（Shleifer 等 2012）。

36. 参见国际货币基金组织（International Monetary Fund；IMF）（2011）提供的各国贷款价值比限制的详细信息。

37. 实际上，将当前的宏观审慎政策和系统性风险知识系统化是本书的主要目之一。

38. 下一段的观点主要来自 Blanchard 等（2013）。

第十一章 监管政策面临的新挑战

我们以创建有效宏观审慎监管框架，以及更广泛地说，金融监管改革仍需面临的挑战来结束本书。2007 年以前的金融系统监管框架，尤其是银行监管，至少存在六方面的问题。

首先，金融监管过于关注个体金融机构而非整个系统的风险。审慎政策过于关注微观层面而忽视了宏观审慎。另外，虽然金融危机主要源于内生性而非外生性风险，但监管疏忽了金融失衡的内生性累积。监管也过于关注银行，太少关注来自影子银行体系、非银行金融机构和金融市场的风险。

其次，由于存款保险和救市减少了市场约束的动机，金融监管取代了对银行的市场约束。这种市场约束的缺失使银行不同于非金融企业。对于非金融企业来说，竞争使得业绩不佳的后果是破产，原因在于消费者和供应商"用脚投票"，转向其他企业。最近对企业自救、"生前遗嘱"（living wills）和解决机制的监管能改进市场约束。此外，企业治理——尤其在银行——诱发了过度风险承担，包括适当风险管理的匮乏。原因在于在一个高杠杆机构，仅仅最大化股东利益会造成严重的低效。由于银行的隐性资本（特许权价值）被侵蚀，在高度竞争下过度风险会更严重。我们认为减少竞争，并允许更大规模"太大而不倒"的银行存在不能解决问题。更好的方法应当是大幅提高繁荣时期的资本要求，以及改善企业治理，使得不仅股东利益被重视，债权人（包括存款人）和纳税人的利益也被重视。

第三，监管框架的一个主要缺陷是缺乏一个可靠机制，在早期干预濒临倒闭的银行和其他中介结构。因此，为了修复某些市场约束，解决方法是在不对经济造成重大负外部性的情况下，使金融系统中的薄弱成分倒闭。缺乏可靠机制的部分原因是监管机构没有适当的工具来干预银行并使纳税人的损失最小化。这个问题对于大型银行尤为显著。这些银行由于规模过大、相互联系过于紧密或结构过于复杂而不能倒闭，这反过来增加了危机前的事前道德风险和过度风险。此外，在本次危机中（包括在以往危机中），竞争政策尤为宽松，使得很多银行通过兼并或收购进行扩张。因此，"太大而不能倒"的问题在下一次系统性金融危机中可能更严重。此外，在本次危机中，中央银行的大规模流动性援助和低利率加剧了道德风险问题。

第四，监管失灵和监督不力为监管套利创造了机会，原因如下。首先，金融参与者有动机寻找漏洞；其次旋转门和游说等做法，以及超大型银行的政治影响力可能导致监管俘获。解决方法是授权监管机构在早期干预濒临倒闭的银行，但它的可信度和效力最终取决于监管机构的能力和意愿。因此，提升监督的强度和有效性应当作为金融监管改革的头等大事。

第五，审慎监管没有足够重视国际问题，如对跨境银行和国际跨境资本流动风险的监管空缺。审慎监管主要是国内事务，尽管银行在全球范围经营，并且全球资本流动在过去几十年飞速增长，并且大多数危机的爆发和国际资金流动有关，尤其是外资的短期流动。此外，对国际活跃银行的监管也有漏洞，主要由于母国-东道国监管规则或国内监管机构对银行国际业务活动掌握的信息有限。新的宏观审慎框架需要超越国界，尤其是对于国际关联和风险敞口引起的系统性风险。

第六，摆脱重大金融危机后，当局倾向于过度监管金融系统，以防金融危机再次发生。然而，金融稳定和经济增长之间存在着关键的权衡。新的监管框架应当在这两个目标之间取得平衡，而避免加重被监管机构的负担。这包括确保金融系统中被监管机构和不受监管机构有一个公平的竞争环境。例如，在萧条时期提高资本要求会由于减少对实体经济的信贷扩张而加大成本。

最终，建立有效宏观审慎框架所面临的困难归因于经济主体的动机。社会福利最大化行为和个人利益之间的偏差关系到监管机构和银行管理层。当然，监管机构的动机可能源于私人目的。这种私人目的与社会福利最大化相背离，可能由个人目标对社会福利最大化的偏离而来，如监管的私人利益观或监管俘获理论。如果监管者对其声誉的关注超过社会福利，监管者的目标函数也可能是有偏的（Boot 和 Thakor，1993；Morrison 和 White，2013）。其次，监管者可能并非完全独立于政治权力，无论是政府还是议会。在缺乏与 Calvin 合理制衡制度（Calvin's adequate system of checks and balance）相当的制度的情况下，这会导致无效率的政治经济均衡。如果政治干预的问题在单个国家已经令人担忧，那么从国际视角来看它就是无法摆脱的。

然而，在危机后需要谨慎地探寻合理的监管水平。监管的力度和广度应当取决于金融机构的规模、杠杆，以及其与金融系统其余部分的相互关联。并且，监管的力度和广度也应与避免扭曲私人资本配置的意愿保持平衡。在危机高峰时期有过度监管的倾向，而我们应充分意识到这种低效的监管可能在经济向好后被修正，这又会导致监管不足从而为下一次危机埋下隐患。

人们在建立更稳健、更有能力应对系统性风险的监管框架方面已经取得了很大进展，但仍存在许多挑战和开放式问题。这些涉及监管的政治经济维度、微观审慎的挑战（包括市场纪律、监管的改进、解决机制的改良、监管的边界和企业治理）、以及宏观审慎的挑战（包括监管实施、数据搜集和信息共享、系统性风险的度量以及国际问题）。尤其是，我们将讨论加强监督面临的挑战、对更全面和详细数据的需求、改进模型，以及系统性风险的实用度量。我们也会考虑宏观审慎政策的制度安排和组织架构，包括现有的工具箱、美国监管机构多元化造成的监管挑战、欧盟建立的银行联盟，以及跨境金融机构的监督和（问题）解决。最后，我们将讨论国际政策溢出引起的挑战，包括发达经济体货币政策对新兴市场经济资本流动的影响，对资产和信贷泡沫形成的影响，以及新兴市场宏观审慎政策对控制资本流动的作用。

本章提出的问题多于答案。因为在目前这个阶段，如果真要提供答案，提供的答案将纯粹出于臆测，且尚未被强有力的理论和实证研究证实。本书旨在囊括严谨的研究，以为未来的研究和政策实施提供坚实基础，所以我们认为提供推测观点来回答应对现存挑战是不明智且令人困惑的。

11.1 政治经济维度

政治经济权利对监管政策产生了很大影响。虽然监管者宣称监管服务于公众利益，但有很多证据表明监管其实在为私人利益服务。也就是说，监管者服务于其自身利益和金融行业的利益（如 Kroszner 和 Stratmann1998）。

11.1.1 监管周期

依据监管的私人利益观，监管当局为了被监管行业的利益行事。他们这么做要么是为了职业晋升，要么是出于私人利益［可能是非金钱的利益，相当于补偿性报酬（side payment）或贿赂］。然而，金融监管者最普遍的错误似乎是缺乏对政治压力和容忍保持独立性。

监管机构独立性的缺乏导致监管不足或过度监管，以及时间不一致性。在危机后不久，监管框架发生了巨大变化，并且基于一套全新的规则，先前的危机应当不可能重演。这种情形可能导致过度监管和自鸣得意。事实上，由于人们提出了各种各样的监管方法来纠正监管失灵和改进金融系统的监管，因此存在监管过度的风险。过度监管将可能给被监管的金融行业带来巨大损失并阻碍增长。然而，过度监管和自鸣得意本身又可能导致监管不足。当繁荣压过危机后，金融市场开始复苏、金融改革蓬勃发展，带来了运行机制完美的错觉。这种错觉基于如下事实，即在当前监管下先前的危机将不可能再次出现。正如 Borio（2013）所强调的，恰恰当经济处于顶峰且多数指数有利时——事实上资产泡沫可能正在不断集聚——监管者应当对此担忧。

由于大众对萧条时期更严格监管和繁荣时期放松监管的诉求，即使是逆周期和其他宏观审慎监管也可能无法幸免于这一周期。这就是为什么宏观审慎监管更有助于降低系统性危机的巨大成本，而非防范危机的发生。

Reinhart 和 Rogoff 关于金融危机历史的著作《这次不同以往》，正好例证了一种过度自信。这种过度自信来源于机制的充分落实，使得先前的危机不可能重演。然而，下一次危机将不会是前一次危机的精确重复。但是，总的来说我们必须承认已有研究识别了在系统性危机前反复出现的金融脆弱性的若干特征。尤其是资产泡沫、过度杠杆和监管套利，即使它们的预警作用有限。因此，虽然危机的主要驱动力不会改变，但下一次危机将会不同，正如历史不会完全重演。在过度自信时期后，由于导火索会来自金融系统的另一部分，所以下一次危机对大多数人来说又会出乎意料。但事后想来，每个人都会同意当时危机爆发只是"万事俱备，只欠东风"。

11.1.2　规则与相机决策

正如审慎监管的政治经济分析表明的，尽管监管者有大量自由裁量权来干预银行，经济繁荣时期的政治使他们很难运用这些权力。所有经济主体都希望繁荣持续，因为每个人受益于经济增长。具体来说，消费者和政治家是因为可以获得廉价的信贷；监管者是因为银行表现得稳定；股东是因为银行在盈利；银行管理者和贷款主管是因为他们的期权是价内的。结果，在繁荣中监管约束往往较弱，尤其是对大银行。

这意味着，无论是在繁荣还是萧条时期，银行监管应该更多基于规则而非相机决策。如果不能遵守最基本的规则，将需要采取及时的矫正措施，包括取消管理、暂停股息以及补充资本。规则导向性宏观审慎工具，如或有资本，可能有助于监管机构并可能为债权人提供激励来约束银行，以降低倒闭的可能性。这涉及有明确责任和义务的特定制度的创建，我们会在后面宏观审慎监管的背景下介绍这点。作为这种权衡的例证，美国《联邦存款保险公司修正法案》（US FDICIA）促成了明确的"成本最小化"规则，而非模糊的"福利最大化"规则。如果潜在的有效规则容易招致操纵和政治干预，弹性较小且较有效的规则可能反而是最优的。

这种选择不是"全有或全无（all or nothing）"，而是在规则和自由裁量之间找到恰当的平衡。可以设定事前规则，这种规则明确规定如果某些事件发生，将采取哪些措施。例如，如果银行陷入困境，将处罚哪些责任人，将给对手方提供何种流动性支持，诸如此类。这并不意味着必须有规则启动逆周期缓冲的实施，而不给管理当局留任何余地的自由裁量权。

11.1.3　责任和目标

监管者独立性的缺乏是危险的。这种缺乏部分是由于他们的使命是保障本国金融稳定，从而监管者可能屈服于行业压力，来支持国内金融机构。

然而，缺乏责任的另一方面，尤其是关于宏观审慎政策，体现为监管机构的任务是否清晰的界定。由于监管对金融稳定的影响很难度量，导致监管机构的责任有限，也容易使他们屈服于政治压力。

缺乏对监管机构成功或失败的衡量，在涉及到系统性风险时尤为明显。确实，系统性危机的隐蔽性使得系统性风险难以度量，选择正确的工具也同样困难，无论是总体性的逆周期缓冲还是有针对性的贷款价值比，都难以判断其效果。由于金融机构会通过监管套利与监管制度进行博弈，这导致问题变得更加复杂。

11.2　微观审慎的挑战

很明显，由于新的监管框架从当前危机中获取了额外知识，它与2007年前的监管框架相比有所改进。然而，还是有几个理由令人担忧。首先，下一次危机可能截然不同，但新监管的设计思路是应对与先前危机类似的危机。其次，新的监管框架仍然受迎合私人利益的政治经济权力左右，而且仍然是监管者和被监管者之间监管博弈的均衡结果。这使人怀疑监管是否可以有力和独立，尤其是对于被视为太大而不能倒的金融机构。在下文中，我们用"挑战"这个词来反映监管规则理论和实证基础的匮乏，这会导致监管规则无法适应未来新的不同的危机。

11.2.1　重塑市场纪律

银行是不透明的，它们从事复杂、有风险的业务操作，使其风险难以被局外人评估。正如 Admati 等（2013）所提出的，资本增加将明显促使银行经理人的利益符合债权人和纳税人的利益。原因在于银行将内化银行倒闭的大部分成本。反过来，由于降低银行系统崩溃的可能性并增加崩溃发生时的缓冲，资本增加将降低系统性风险。然而，在金融不完善的资本市场中，股权的代价较高，这会增加银行资本的成本并减少银行的活动，这可能不是社会最优的。总的来说，我们认为更高资本要求是值得的但要谨防提升过度。

理想的解决方案是增加债权人约束。然而，只要他们的投资受政府存款保险的保护，存款者不太可能出力监督银行管理层（见 Demirguc－Kunt，Kane 和 Laeven，2008）。此外，减少存款保险不是一个政治解决方案。由此，约束银行管理者的负担落到无担保债权人肩上。为了激励他们监督银行管理者，需要确保银行倒闭时无担保债权人不再被救助，而受保存款被公平定价。大多数国家已向这一方向转变，银行存款保险费通常基于风险并且被合理定价，而且从理论上讲风险调整是被不断修正的。这样，承担更多风险的银行支付更高的保险费给存款保险公司。

更好的银行处置制度（我们下面将论述的问题）构成更优市场约束的前提条件。并且，监管正向此方向改革。然而，在介绍处置制度前，我们首先简要讨论重塑市场纪律和改善消费者权益保护的必要性。

关于市场纪律的担忧　加强市场纪律是有益的，因为这将允许无效率银行在繁荣时期歇业，从而降低银行危机的成本。但是，关于关于市场纪律有效性存在两个严重隐患。

首先，市场纪律对经济周期带来的宏观审慎风险基本没有防御能力。在繁荣时期，系统性风险的可能性似乎比较遥远并且所有金融机构看起来运作良好，银行间的差别很小。所以，即使银行业的市场约束有所改进，由于它不能反映系统性风险，在繁荣时期资产价格膨胀时它一般过于宽松。市场约束不能基于可能包含泡沫的市场指数。

其次，当前危机的一个教训是市场约束在系统性危机中不起作用。投资者的安全投资转移导致他们放弃银行业的所有投资，而非保留好银行、放弃坏银行（见 Huizinga 和 Laeven，2011）。从那个角度说，市场约束可能具有负面效应。的确，在系统性危机中，更忧的市场约束意味着更多短期投资者，他们不加选择的安全投资转移会引起银行恐慌。

消费者保护　有趣的是，Dodd－Frank 法案强调通过建立专门机构，消费者金融保护局，来限制银行滥用投资者有限的金融知识，进而保护消费者。欧洲并未建立类似机构，所以一个很自然的问题是，消费者保护是否是银行监管的重要部分。我们将证明是的，并且理所当然的，隐含的意思是欧洲也应该增加其消费者保护计划。

有很多例子说明银行向非知情投资者歪曲介绍金融服务。一些众所周知的丑闻包括在匈牙利出现的附带隐藏费用的低利率，出售以外币计价的抵押贷款但并未告知货币贬值风险，以及在西班牙向退休者出售极高风险的优先股，但选择该产品相当于存款。

原则上，应当有可能将消费者保护与系统性风险分开。原因在于消费者保护通常是一个机构的职责，而系统性风险是宏观审慎监管当局的职责。在实践中，它们是紧密联系的。出售次级贷款给非知情投资者导致银行在这一业务领域承担过多风险，投资者无法偿还借款反过来给房价施加额外的下行压力。使危机的社会成本更大的是消费者保护的缺失，由于卷入银行和银行系统的声誉受损，这将带来更多隐患。

11.2.2　改善银行处置

银行破产的社会成本是银行倒闭产生的主要外部性。其他扭曲，如政府救助银行的倾向和银行的过度风险承担，以及更一般地，安全保障的存在导致的扭曲，可以追溯到有效处置程序的缺失。的确，现存处置程序没有造成可信威胁，导致当局诉诸高成本的银行紧急救助。

银行业危机在救助银行方面给纳税人造成的损失平均竟高达 GDP 的 10%（Laeven 和 Valencia，2010），这个数据还没有包括遏制危机导致的面临风险（但没有使用）的纳税人的钱，也没有考虑应对银行业危机的宽松性宏观政策，这种政策通常引起由纳税人向银行业的大规模财富转移。这些危机的巨大代价很大程度上归咎于无效的银行处置，即缺乏可靠机制在早期干预濒临倒闭的银行，以最小化银行倒闭给纳税人带来的损失。监管容忍主要原因是缺少不危害金融稳定的有效处置机制。然而，如果让问题拖延并使用渐进方式来处理危机，银行业危机导致的最终财政和经济成本可能提高数倍（见 Honohan 和 Laeven，2005）。即使在有明确银行破产规则的国家，如美国，由于存在迅速整改，当系统性危机发展时监管当局不能或不敢实施这些规则，唯恐影响金融稳定。一个最近的案例是系统重要性的美国商业银行：花旗集团。监管机构对于那些被视为太大而不能倒、具有系统重要性（联系过于紧密而不能倒）大型银行的容忍尤为明显。随着银行发展得日益巨大和复杂，"太大而不能倒"的问题变得愈发紧迫。当今的银行从事复杂的金融交易，风险主管无法进行评估。这可能导致监管机构的容忍，以作为面临可能危机的最安全策略。当然，银行否认危机出现的可能。

当前的监管改革重新规定了银行的处置程序，包含或有资本和自救机制的结合。这些监管改革包括美国的 Dodd–Frank 法案，它授予新权利以干预和处置系统重要金融机构的倒闭；瑞士对大型银行的额外或有资本要求；以及像丹麦处置框架中"好银行—坏银行"的分离结构，它使得银行进行自救并提供手段来降低银行处置的社会成本（见第八章）。这些改革，如果被充分实施，将无疑增加对银行的市场约束，并减少银行冒险动机的一些现存扭曲。

然而，这些监管改革是否意味着银行处置会有效并且市场约束会被恢复？我们是否能至少从银行处置的角度断言"这次不同以往"？这仍然存在严重担心的原因。

在一个理想世界中里，容忍问题和太大而不能倒的问题可通过任命意志坚定的监管者并明确授权来解决。然而，这种能人在纯理论框架下可以找到，但在一个充斥着游说和政治压力以推动信贷扩张和经济增长的世界却不容易。

另外，如何处理跨境银行的问题仍需解决。对当前监管改革均衡结果的私人利益观或政治经济观可能消减我们的热情，并认识到某种程度的宽容仍将盛行，所以我们不得不继续面对这个问题。

11.2.3 监管的边界

分离金融机构的"赌场"和"效用"函数可能是有效率的。我们之所以强调这一点，是因为对银行债务的隐性或显性担保，导致了市场约束的缺失，并激励银行冒险，以及债权人和纳税人的搭便车行为。

寻找边界 当前危机的一个教训是界定银行系统边界的重要性，以及授权监管当局不仅包括银行还涵盖系统重要性金融机构（SIFIs）。这涉及影子银行、证券化、信贷违约掉期（CDS）、场外交易（OTC）操作、金融集团以及非银行金融机构（如美国国际集团［AIG］）。在第八章我们讨论了三点：

首先，允许传统银行从事投资银行的非传统业务活动，可能导致对存款保险和安全网提供的隐性担保的搭便车行为。当然，这会导致无效率的高保险费，或存款保险公司（最终是纳税人）的大额损失。

其次，如果资本成本高，并且资本要求能够弥补存款保险引起的冒险激励，可以将控股公司旗下的每个商业银行和非银行机构独立成为子公司，独自承担有限责任，这样一家公司的破产不会引起另一公司的破产。这种安排也是有效的。

第三，实证证据显示（虽然结论不完全一致），对银行业务活动的过多限制会导致银行承担更多风险。

狭义的银行业和"围栏"改革（Ring Fencing） 当前的一些提议倾向于限制银行可从事的业务范围或限制这些业务的规模。例如，美国 Volcker 规则（Dodd‑Frank 法案的一部分）禁止银行从事某些类型的投资银行业务（尤其是自营交易），如果他们想继续吸收存款资金并保留其银行牌照。更极端的提议主张返回狭义银行模式，其中存款类银行将转变为传统的支付功能机构，而其他金融服务（尤其是贷款和投资银行业务）将由其他金融机构提供。

一个更细化的提议是英国的零售"围栏"改革——被称为 Vickers 规则，由《Vickers 报告》提出。该规则允许银行继续提供零售和批发银行服务，但要求银行设立单独的法人实体从事其零售业务，并且禁止银行的这些子公司从事其他业务或承担其他风险。同时对这些子公司制定最低资本和流动性标准，从而有效限制（"围栏"）任何资本或流动性从这种零售子公司向银行集团的其他部门转移。如果集团其他部门陷入危机，则允许此类银行集团继续经营其零售业务。

在欧盟，欧盟委员会在 2014 年 1 月公布了关于欧盟银行业结构改革的立法提案，该提案基于欧盟委员会的《Liikanen 报告》，适用于最大型、最复杂、且从事重大交易活动的欧盟银行。[1]该提案旨在提出一系列结构性措施以增强欧盟的金融稳定性。提案包括三个核心要素。首先，很像美国的 Volcker 规则，它提议禁止金融工具和商品的自营交易，即仅仅为了让银行盈利而在自己的账户上进行交易。其次，它将授予监管机构权力和义务（在某些情况下）来要求银行集团将其他高风险交易活动（例如，做市、复杂衍生品和证券化操作）转移到单独的法定交易实体（"附属化"），目的是避免银行通过从事隐蔽性自营交易来规避对某些交易活动的禁令。这些隐蔽交易变得重大且高度杠杆化，可能使整个银行系统及更广泛的金融系统面临风险。第三，它将规范分离出的交易实体和银行集团其余部门间的经济、法律、治理以及经营联系。

尽管这些监管计划的合理动机是增强金融稳定的愿望，但有几方面值得关注：

首先，应当谨慎权衡"围栏"改革实现的金融稳定收益和在金融服务提供方面引起的效率损失。因为这将无疑缩小金融服务业的规模、提高家庭和企业的借款成本，并抑制经济增长。Modigliani‑Miller 无关性论点在这里适用，因为银行兴起是由于存在金融市场不完善。

其次，如前所述，虽然在理论上银行内化获益于安全网的社会成本是有道理的，但这并不意味着"围栏"改革是促使银行这么做的最好途径。一如往常，外部性能通过税收解决，在当前情况下这意味着存款保险需要根据所有风险进行风险加权定价。第三，围栏法则可能不是完全无懈可击的。私人金融机构将自然而然地试图通过监管套利来消除监管成本。结果，风险可能转移到金融系统未被监管的部分。由于金融系统的这些部分有更优的市场约束，理论上这是恰当的。但是，如果银行控股公司未被监管的部分变得具有系统重要性，那么"围栏"改革就会失效。所以"围栏"改革的前提是非银行金融实体不是系统性的并具有流畅的破产步骤，这样它们的倒闭不会损坏金融稳定。由于"围栏"或 Volcker 规则都存在校准和实施数量限制的挑战，我们认为最好使用基于资本的工具来改善对银行的激励，使其更好地管理这些业务活动的风险。

综上所述，确定监管边界是一项艰巨的任务，因为银行为应对监管会将转移到监管较轻或不受监管的金融领域，监管边界会自然而然地调整。

11.2.4　公司治理

金融监管替代了市场约束，使得银行的公司治理乏力。这巩固了银行管理层的地位，他们享有巨大的私人利益。

市场约束缺失背景下的股东价值最大化　当前的监管框架在很大程度上依靠市场协助监管机构制约银行，并保障金融稳定。遗憾的是，监管机构和市场约束都很疲软。

在 Modigliani – Miller 世界里，债务的定价合理。股东通过最大化其股权价值，也能最大化企业的价值。然而，如果债务被担保或补贴，且市场约束不足，银行债务的价格不一定反映银行承担的风险。从而，只有在银行经营良好时，股东才会一定获利。这将诱使银行管理层承担高于社会最优水平的风险。

公司治理的影响　最近的危机引发了对银行高管薪酬组合敏感性的问题。2007 年华尔街银行家在其基本薪资以上获取的奖金竟然高达 20 万美元/人（见 Philippon 和 Reshef，2012）。一种观点认为银行管理层过度冒险是因为他们的股票期权（stock options）极度地诱使他们采用短期高风险策略。这种策略可能与股东价值最大化的目标相冲突。更一般地说，本次危机也再度掀起了银行是否被妥善治理的争论。然而，更多关注集中于经理人与股东之间涉及薪酬的代理问题，人们低估了股东和债权人及纳税人之间更重要的代理问题。与此直接相关的是市场约束的缺失，以及债务得到隐性或显性担保。遗憾的是，股东和债权人及纳税人之间的代理问题，即资产价值最大化和股东价值最大化之间存在分歧，尚未受到足够重视。对于非金融企业，董事会通过最大化股权价值的操作来保护股东利益往往是有效的；但对于金融企业，其股权价值最大化有时是以债权人和纳税人利益为代价的，就是因为股权价值和企业价值最大化存在分歧。

已有研究对这些紧迫的治理问题提供的见解很少。传统的银行和金融监管模型假设了善意的监管机构和完善的管理。此外，关于私人治理机制如何与国家监管相互作用来影响银行的风险承担，目前所知甚少。相反，研究者和政策制定者关注于运用监管来完善银行业，而在很大程度上忽视了所有者、经理人以及债权人如何互动而影响银行风险。

Laeven 和 Levine（2007，2009）发现私人治理机制对银行的风险承担产生了强大影响，例如，所有者更有影响力的银行倾向于承担更多风险。他们也发现相同的监管对银行风险承担的影响不同，区别取决于银行的治理结构。由于在不同国家治理结构往往不同，银行监管必须定制设计并适应于金融治理体系的发展。监管的目标应当是为所有者、经理人和债权人提供合理的激励，而不是在治理结构迥然不同的各经济体之间协调国家监管。

Fahlenbrach 和 Stulz（2011），Ellul 和 Yeralmilli（2010）基于危机后的实证研究发现，股东和经理人目标是一致的，这和不良高管薪酬的论点不吻合。

危机之前，股东和其他利益相关者之前的分歧没有得到充分重视。例如，即使股东真的会损失其全部价值，实证证据表明在危机前的数年里，董事会仍然鼓励银行承担风险（Ellil 和 Yerramilli，2010）。

对银行公司治理的监管基于一系列建议，且往往遵循和非金融企业一样的基本原则，如独立董事的提名。银行公司治理建议的发展趋势并没有彻底改变对经理人和董事的激励，以使其选择能让公司价值最大化的风险收益组合。因此，董事会可能将继续服务于股东利益并选择能使股东价值最大化的组合，这往往以债权人和纳税人的利益为代价（除了在一些国家，董事被给予明确的信托指令，要求其最大化银行所有利益相关者的价值）。

虽然高管薪酬被认为在激励冒险中发挥了关键作用，但在银行业中人们很少批评股东最大化其自身价值的使命。这可能解释了为什么监管变化关注于高管薪酬而非股东或董事会的决议。然而，股东价值最大化和企业价值最大化的分歧意味着银行决策可能攫取债权人的收益。由于董事会缺乏债权人的席位且他们无权限制公司治理的决策，但这些决策会影响他们，这可能导致事后的诉讼。

基于经验证据，对于进入董事会人选很容易制定最低要求，尤其是要求银行业经验。另一个选项是要求一些债权人代表出席董事会。然而，至今还没有人提出过这种监管思路，银行公司治理规则也和非金融企业基本相同。但是和非金融企业相比，银行面临的市场约束及其杠杆有很大不同，银行董事会的环境和决策截然不同。

11. 2. 5　简单原则和复杂原则

在巴塞尔协议Ⅱ中，内部模型达到了空前的成熟度，这被誉为发扬"最佳实践"和提升银行业效率的关键成就。然而，这也是银行识别漏洞并用以获利的途径。在资产证券化这种结构性工具中，短期资产支持商业票据由发起人的流动性额度提供担保，这样的证券化实际上并不完整，在最危险的时点发起人不得不回购有毒资产。其他奇异证据包括雷曼兄弟使用的、如今声名狼藉的"回购105"会计实务，他们的目的是粉饰报表，但这远远超出了行业的标准做法。

无论规则是什么，很明显金融机构的职责是最大化资本收益率，并因此发掘所有可能的漏洞。这引起了担忧，因为在高度成熟的系统中，监管机构很难识别金融机构可能利用的漏洞。

因此，有人认为简单规则可能比更复杂的规则有优势。在不对称信息模型中，这一观点尤其中肯，因为监管机构处于信息劣势。自然的假设是在复杂规则下，事后验证的成本比简单规则下高得多。如果是这样的话，两者存在权衡。的确，如果在实践中监管当局面临信息不对称，那么在完全信息下复杂规则的效率毫无用处。

在某种程度上，这一观点已经在巴塞尔协议Ⅲ中杠杆率的采用中被认可。如果我们重视巴塞尔协议Ⅱ中基于内部评级的监管，作为"最佳实践"的内部模型应当优于任何杠杆率。然而，杠杆率的优势是它很简单。也就是说，杠杆率的简化使得人们更难在不徇私舞弊的前提下对其进行操纵，但内部评级的情况就不同了。在2008年全球金融危机中，相对于风险加权资本比率，杠杆率的这一特征为银行的债权持有者和潜在投资者提供了银行偿付能力的珍贵信息。精确度的损失被杠杆率更少被操纵的优点而抵消。

更一般地，事前适当的激励基于事后的违规处罚。但如果违规本身是法院想必不会确认的模糊概念，那么事前激励将失效。内部评级模型就属于这种类型。在内部评级模型的使用中，很难证明欺诈行为，因为只有在大量观测值的基础上才可能证明概率的不正确；而且在任何情况下，过低的风险权重总是可以归咎于模型的错误，使得欺诈行为不可能被证明。

11.3 宏观审慎的挑战

银行监管的宏观审慎方法意味着不将银行风险视为外生决定的，而将银行面临的风险分布视为个体银行策略互动决定的内生变量。如果其他银行陷入困境，这将影响每个银行遭受的损失。在一般均衡的考虑下，尤其是资金外部性、反馈增强效应的确导致银行风险分布随财务困境而变化。宏观审慎政策可以解决三个主要的外部性问题：羊群效应、抛售和传染（De Nicolo，Favara 和 Ratnovski2012）。

11.3.1 实施宏观审慎政策

制定目标 实施宏观审慎监管意味着首先需要为监管机构设定目标函数。表面上目标函数很明显，宏观审慎监管的目标就是通过识别系统性风险来维护金融稳定。然而，在现实中，这比预期的更加困难。

首先想到将宏观审慎政策与货币政策相比。很容易判断货币政策当局是达到了通胀目标，还是没有达到以及相差多远，但对于宏观审慎政策却缺乏这个直观的二元事件。我们只能观察危机发生还是没有发生。由于宏观审慎监管基于反事实推测，所以难以判定其结果。如果没有实施宏观审慎政策工具将会发生什么？危机会发生吗？损失经济增长的成本是多少？事实上只能基于模型来回答这些问题，这使得更难明确界定责任，从而使得机构的独立性更难实现。由于没法准确度量目标，因而将金融稳定设定为目标也是不现实的。我们只能说目标是否达到，即我们是否观察到了系统性危机。这意味着必须接受次优解决方案，它将包括建立与系统性风险直接相关的若干经济指标。

经济指标向量的使用导致了若干其他问题。首先，正如我们之前看到的，关于如何最好地度量系统性风险迄今为止还未能达成共识。作为尾部风险事件，金融危机使宏观审慎政策的制定天生就比基于产出变量的政策制定更难。产出变量可直接观测，例如货币政策中的通货膨胀率。

其次，大多数度量系统性风险的建议需要金融机构及其风险敞口的详细数据。在国家层面搜集这类高频数据较困难且成本较高，更不用说跨境层面了。宪法和制度约束往往限制了数据交换与合作的可能性。因而，宏观审慎监管机构在预测系统性风险时不得不追踪不同频率和显著性水平的经济变量。另外，设定经济指标向量引发了另一个问题，就是如何将这些指标综合起来，是制订具体规则，还是委托给金融稳定委员会来决定？我们将在后面考察这个问题。

最后，宏观审慎框架的设计面临着重要的体制性挑战，包括如何设立宏观审慎机构、其使命和权力，以及其与货币政策实施的相互作用。这就需要包括一套宏观审慎工具，以及任务与职责明确分工的宏观政策框架。

宏观审慎政策的权衡 由于宏观审慎政策有直接成本，包括潜在增长降低以及对企业和家庭的金融资源错配，因此宏观审慎政策机构必须权衡后再决定。一方面，宏观审慎机构可能无法识别存在于经济中的潜在系统性风险从而忽略危机的形成（第一类误差）。另一方面，宏观审慎政策可能高估系统性风险并实施不必要的措施（类似于第二类误差）。很明显，在呈现不确定性而非风险的经济环境中——Knight 的划分——很难在第一类和第二类误差中寻求平衡。在不确定性的环境中，存在对该机构独立性的担忧。的确，如何平衡第一类和第二类误差是社会必须做出的政治选择。在一个风险合理度量的完美世界中，民众代表需要设定目标函数的参数。然而，在现实世界中，应当由独立的监管机构来寻求第一类和第二类误差的平衡。这意味着该机构不纯粹是实施技术决策的工具，而是代表社会意愿。这很不容易。

选择正确的宏观审慎政策工具是一个复杂的问题。当局应该决定他们是想在全局范围进行干预还是只针对特定行业、市场或产品。全局干预，如实施逆周期缓冲或逆风而行政策，将影响总体增长率和信贷市场的扩张。相反，有针对性的干预，如规定贷款价值比或限制建设和开发贷款，只会影响一部分经济活动。原因在于这种干预只限制某类借款人的融资。选择哪种干预首先取决于干预的有效性，也取决于宏观审慎监管机构现有信息的质量。

无论在哪种情况下，监管干预都会比较困难。首先，可供研究的案例不足，使得人们很难检验宏观审慎工具的效果并校准其使用。可用案例应当同时包括危机发生的可能性以及相应宏观审慎工具的实施。其次，准确且相关的信息可能只有在一段时间后才能获得。这限制了在决定宏观审慎政策立场时的可用数据，从而使得政策决策更加复杂。第三，危机发生可能性的度量非常不准确，使得何时采取行动的决定复杂化。第四，宏观审慎工具对中介目标和最终目标的影响是不确定的（如果并非不可预测），使得政策的校准比较困难。这四个缺陷将使宏观审慎政策的实施尤其复杂，由此使第一类和第二类误差之间的权衡以及最终决策更加错综复杂。

与其他政策的互补性 很明显，积极有效的宏观审慎政策不能忽视实施中的其他政策，其他政策也不能忽视宏观审慎政策。五种政策与宏观审慎政策有直接关系：

微观审慎政策

货币政策

竞争政策

消费者保护政策

财政政策

应当与宏观审慎政策相协调的最重要政策是微观审慎政策。在这里宏观审慎政策为微观审慎政策提供了关键信息。宏观审慎政策存在的原因是合成谬误，即每个银行独立运营而不考虑其可能引起的总体内生性风险。这种风险源于羊群效应、抛售（如果出现流动性短缺）以及传染。因此，宏观审慎当局能更准确地评估潜在风险，而这将为微观审慎当局监督指导金融机构的风险模型和资本缓冲政策提供宝贵的信息。有必要进行协调的另一原因是一些监管工具，如贷款价值比（LTV）或负债收入比（DTI），本质上属于微观审慎但有明显的宏观审慎效果。

考虑到货币政策和银行监管的组合提供了一套有效工具来同时保证物价和金融稳定，货币政策可以作为一种手段来让货币和监管当局协调其金融稳定政策并使其有可操作性。应该由分离的机构承担还是让一个机构负责两种稳定问题？另外，如果分离，二者应该在何种程度上进行协调呢？

全球金融危机前分设中央银行和金融监管机构的趋势很可能逆转。在英国，《金融服务法案》重建了英格兰银行的监管职责，改组了新成立的金融市场行为监管局（Financial Conduct Authority）和审慎监管局（Prudential Regulation Authority），并且废除了金融服务管理局。如果货币政策影响银行的风险承担，使货币政策与银行监管分离很可能是无效率的（Agur 和 Demertzis2010）。实证证据也指出这种分离实际上是不完全的，至少在美国是这样。例如，Ioannidou（2005）指出当美联储增加联邦基金利率时，它放松了对银行的监管。当然，这并不能说明这种协调是否有效。

中央银行中最明显的可能负责宏观审慎监管的机构，不仅因为在一些国家中央银行已经在监管银行，还因为中央银行信息获取能力和研究能力决定了它们是监控宏观经济发展的理想机构。此外，由于央行总是以隐性或显性的方式将物价和金融稳定目标与总产出和就业状况相结合，央行完全可以很好地处理系统性风险的金融稳定以及实体经济层面的问题。有必要克服分割监管机构间的沟通问题（如英国北岩银行的案例），这也支持设置一个单一的机构。另外，银行间市场走势、货币政策决策和银行风险承担之间的相互作用进一步支持由货币当局集中管理宏观审慎政策（Blanchard 等 2009）。通常有两个观点反对中央集权化并且在过去比较盛行。第一个是中央集权会增加央行采取

"温和"立场对待通货膨胀的风险。原因在于利率上升会对银行资产负债表产生不利影响，从而危害金融稳定。第二个是如果央行也负责宏观审慎监管，其使命会更加复杂，因此更难问责。鉴于宏观审慎政策在加强金融稳定方面的成果不能被精确度量（不像通胀率），责任是一个突出的问题。两个观点都有道理，并且至少说明如果央行被赋予宏观审慎监管的职责，政策需要进一步透明并清晰传达。（IMF 2011）。

宏观审慎政策也受竞争政策的影响，有三个原因。首先也是最重要的，竞争政策可能使金融机构承担更多或更少的风险，正如 Keeley（1990）阐述的，这引发了关于竞争对金融稳定影响的重要争论（见 Freixas 和 Ma，2013）。其次，竞争政策规定了其他机构，无论是外国银行还是非银行机构，是否能进入受限于宏观审慎政策的市场。第三，关于并购的竞争政策直接影响金融机构的市场整合和系统重要性金融机构（SIFIs）的建立，从而影响系统性风险。

最后，如前所述，消费者保护减少了各个金融机构在其风险评估中的过失。消费者保护规定金融机构在其金融产品合约中提供足够条款（从信息披露到彻底防范），以防止滥用消费者的无知并导致巨大损失（无论是市场损失还是诉讼成本）。

机构设计　为了限制政治干预，务必设计独立、目标明确，以及中介目标可测量的机构的，该机构对所作决策负责并对社会代表负责。建立新宏观审慎机构是实施宏观审慎政策的首要步骤之一。

这个指定的机构将负责决定是否实施降低系统性风险的监管，但以减缓增长和扭曲资金的市场配置为代价。如前所述，这样的决定意味着权衡忽略危机形成的第 I 类误差和不必要地抑制经济增长的第 II 类误差。该机构会面临庞大的政治压力，因为增速的降低意味着高昂的显性成本，而金融稳定的维护不能直接观察到。在最好的情况下，因为危机已被避免，金融稳定的维护永远观察不到。

表格 11.1 总结了最近在欧盟、英国和美国发生的制度变化，以应对系统性风险并建立宏观审慎当局。它们以不同方式建立了负责宏观审慎政策的机构，这说明了这些机构面对的困难。作为新成立的机构，欧洲系统性风险委员会（European Systemic Risk Board，ESRB）将建立其独立性的声誉并证明其成员并未勾结。勾结意味着当下 X 国对 Y 国网开一面，希望将来在 X 国需要时 Y 国也会网开一面来报答 X 国。"行动或解释"的方式允许这些规则有例外，这可能通过降低第 II 类误差来提高政策的效率。也就是说，如果面临系统性风险的国家比其他国家掌握的信息更多，就在没有系统性危机风险的情况下实施不必要的措施。然而，如果该国的中央银行在政治压力下不作为，就可能产生负面影响并导致更高的第 I 类风险。

表 11.1　　　　　　　　　审慎监管和宏观审慎政策的制度变化

欧盟	遵循 2009 年 De Larosiere 报告的建议，在 2011 年 1 月通过以下方式构建了欧盟监管架构。首先，建立三个全新的欧洲监管当局（European Supervisory Authorities），包括欧洲银行管理局（the European Banking Authority；EBA），欧洲证券及市场管理局（the European Securities and Markets Authority）以及欧洲保险与职业养老金局（the European Insurance and Occupational Pensions Authority）。其次，建立负责宏观审慎监察的欧洲系统性风险委员会（ESRB）。这些新机构的权力（原因之一是财政保障）和资源有限，且最终决策保留在国家层面。欧洲银行管理局是欧盟国家银行监管机构的联合体，它负责发布监管领域（受制于财政保障）的技术标准。它可以针对监管能力组织和实施同行评议，包括提出建议和识别最佳实践，进而加强监管结果的一致性，促进监管集中，处理违反欧盟法律的行为，限制监管套利的范围，创造公平竞争的环境，并支持消费者保护。它协调并确保欧盟范围内压力测试的一致性。欧洲系统性风险委员会的职责包括建立宏观审慎框架并确保跨境溢出效应的有效协调和内部化。它的主要工具是通过"不遵从则解释"的机制发布无约束力的风险预警和建议。单一监管机制（Single Supervisory Mechanism, SSM）是在 2012 年 12 月 13～14 日召开的欧盟理事会会议上达成的协议并建立的。根据该协议，授予欧洲中央银行（ECB）广泛的调查和监督权力，使其负责单一监管机制的有效和持续运行。单一监管机制涉及在参与国家（强制实施于所有欧元区国家）建立的所有信贷机构，但通常大多数非"系统重要性"机构是由国家机构直接监管。银行是否直接被欧洲中央银行监管的标准包括规模、对欧洲经济或会员国经济的重要性以及跨境业务活动的重要性。如有必要，欧洲中央银行保留直接监督任何银行的权力。单一监管机制在 2014 年 11 月全面启动。欧盟也就建立单一清算机制（Single Resolution Mechanism, SRM）达成协议。该机制以单一清算基金（Single Resolution Fund, SRF）作为后盾，并覆盖所有参与单一监管机制的银行。欧盟也正式通过了《欧洲银行复苏与清算指令》（Bank Recovery and Resolution Directive, BRRD）和存款保险协调统一一指令。该指令统一了欧盟各成员国存款保险承保上限。然而，要发展成为成熟的银行业联盟，还缺少统一的财政后盾来支持单一监管机制和单一清算机制，以及单一存款保险。
英国	根据 2013 年 4 月 1 日生效的金融服务法案（2012），三个新机构得以建立：（1）审慎监管局（PRA），附属于英格兰银行，负责大多数系统性机构的监管，包括银行、建筑协会、信用合作社、保险公司以及主要投资公司（同时解散之前独立的金融服务管理局）；（2）金融市场行为监管局（FCA），不受英格兰银行管理的独立机构，监管其他金融企业（如非银行资产管理公司），并负责确保相关市场的正常运作以及所有金融企业的行为监管；（3）金融政策委员会（the Financial Policy Committee, FPC），在英格兰银行的管辖范围内建立，负责宏观审慎政策。审慎监管局的局长是英格兰银行的副行长以及金融政策委员会的委员。审慎监管局在制定任何可能对金融稳定产生重要影响的规则时，有法定义向金融政策委员会咨询。

续表

美国	2010 年 Dodd - Frank 华尔街改革和消费者保护法案（Dodd - Frank 法案）建立了新的金融稳定监督委员会（Financial Stability Oversight Council，FSOC）。该委员会由美国财政部长牵头，并汇集了所有联邦监管机构和证券监管部门，包括联邦存款保险公司以及新设立的消费者金融保护局（Bureau of Consumer Financial Protection）。金融稳定监督委员会向组成机构提出建议并发挥协调作用，而直接的监管权力保留给组成机构。Dodd - Frank 法案授权金融稳定监督委员会确定系统重要性非银行金融机构，使这些机构受美联储监管。这一法案也要求美联储提高对这些机构的审慎标准并建立清算机制来处置这些机构。金融稳定监督委员会在 2013 年 7 月 8 日将两家非银行金融机构指定为系统重要性机构，然后在 2012 年 9 月 19 日将保德信金融集团列为系统重要性机构。新的金融研究办公室（Office for Financial Research，OFR）也在美国财政部成立，该办公室有权收集信息，其职责是为金融稳定监督委员会开展分析和研究。

资料来源：IMF（2011）和 IMF 工作报告。

由于英国金融政策委员会（FPC）主要由英格兰银行官员和不追求政治事业的外部金融专家组成，它面临的政治压力可能会减小。而且，由于他们的职责是纯技术性的，金融政策委员会委员可能在很大程度上免受政治压力。

金融稳定监督委员会（FSOC）与美联储直接关联，可能受益于美联储的声誉。然而，该机构的合议特点可能使其成员受到政治压力。无论如何，消费者金融保护局的引入可能是一个有益的补充，而金融政策委员会或欧洲系统性风险委员会却没有这种补充。

系统性风险委员会的独立性受一个关键因素的限制，这一因素势必在机构创立时就精心设计好。的确，在预防阶段需要独立性但在危机管理阶段就不存在独立性了。

系统性风险委员会必须处理系统性风险的时间维度和横截面维度问题，并且这两种问题需要不同方法处理。时间维度涉及宏观经济失衡、过度信贷风险和泡沫的产生。因此，它与货币政策甚至财政政策有明显关联。横截面维度问题需要截然不同的方法来处理，且涉及金融机构间共同风险敞口和相互关联导致的羊群效应，以及太大而不能倒的问题。因而，系统性风险委员会的横截面部门必须与微观审慎当局保持联系。如前所述，这两个维度是有关联的。原因在于传染的风险取决于总体宏观脆弱性，而这又和商业和金融周期相关联，从而具有时间依赖性。这两个维度的存在会使该机构的内部结构尤其复杂。

尽管系统性风险具有复杂性，但在创立宏观审慎当局时需要考虑几个基本原则。首先，清晰明确的处置政策有助于宏观审慎职责的实现，从而能限制政治干预，因为处置机制是不容商讨的（如自救政策）。其次，与微观审慎政策的紧密联系对限制宏观审慎政策的范围，以及降低可能的政治压力与金融业的游说至关重要。第三，及时获取准确信息很关键，这也证明了与中央银行紧密关联的合理性。因此，虽然我们意识到宏观审慎当局势必需要抵抗政治干预和游说，但通过向其成员提供一系列约束其权力的规则，即使没有解决，这一问题的严重程度也能减轻。

11.3.2 逆周期资本缓冲：政治经济维度

2008 年危机的教训催生了许多逆周期机制。逆周期资本要求——在繁荣时期大幅提高银行资本要求，而允许资本要求在衰退时期有所降低——已被很多人作为"防周期"监管的一种形式提出。并且，这种形式的宏观审慎监管已成为新巴塞尔协议Ⅲ监管的一部分。

巴塞尔协议Ⅲ的资本留存缓冲要求银行在繁荣时期保持 10.5% 的资本水平，该水平在衰退时期可降低至 8%。如果资本水平低于 10.5%，股利和奖金支付都会受影响，因此这种缓冲能给予银行恰当的激励来管理其资本。另一方面，逆周期缓冲在信贷过度增长时施加了额外的资本层，逆周期信贷缓冲基于信贷占 GDP 比重相对其趋势的正偏离。正如过去实证研究（如 Borio 和 Drehman2009；Alessi 和 Dekten2009）所表明的，这种正偏离有助于识别金融失衡的形成。逆周期缓冲是总量工具，不适宜解决只在信贷市场特定细分市场出现的问题。而且，正如 Repullo 和 Saurina（2012）所述，由于在大多数国家相对于趋势的缺口和 GDP 增长之间的相关系数是负的，在经济下行时可能需要实施逆周期缓冲。

无论实施哪种类型的逆周期机制，有两个问题需要考虑。首先，逆周期资本要求的有效性并不确定。强迫银行在繁荣时期持有比市场需求更多的资本会使市场活动转移到未被监管的中介机构。类似地，迫使银行在危机时期持有比市场需求更少的资本势必失败，"因为市场意愿会自然而然地运行"（Rajan 2009）。在制定新的监管条例时需要考虑这种意外后果。

其次，由于可能的重新协商，逆周期监管可能无法免受周期的影响，因此可能强烈地偏向不作为。在危机高峰期，对更严监管的普遍呼吁将直接反对实施逆周期监管的诉求。而且，一旦淡忘最近的危机，放松监管规则或其执行的政治压力会增加。在经济回升期间收紧宏观审慎政策（如降低贷款价值比会面对巨大的政治阻力。原因在于"正当聚会开始时拿走大酒杯"是具有政治挑战性的，尤其是在收紧信贷标准时。在经济下行期或当系统看起来特别稳健时，会难以实施缓冲；而这是正是系统最脆弱的时候（Borio 2010）。无作为的倾向意味着在经济上行期会出现过度承担风险，并且在经济下行期会给实体经济带来过多损失。我们不应该在监管环境不随周期调整的假设下进行改革。一国更严的监管可能给外国银行带来良机，因为外国银行不必受到相同的限制。虽然从风险分散的角度来讲这是完美的，但监管人面临的政治压力会特别强大，因为国内银行游说团会争论说国家被卖给了外国人。

11.3.3 宏观审慎政策的数据、模型和校准

有效的宏观审慎监管要求搜集和分析监管数据与金融交易，包括交易对手风险和衍生品头寸。负责宏观审慎监管的机构需要获取完整的监管数据来辨别，例如，金融机构资产结构的变化是否表示系统性风险的内生变化。考虑到统计和运算能力的进步，搜集并处理金融交易的大量数据应当相对容易。

一个挑战是许多国家的现有法律阻止监管当局与其他机构分享监管信息。这种法律必须被修正以允许负责宏观审慎监管的机构获取这些数据。可获取的数据应当涵盖金融系统所有相关部分（不仅仅是银行系统），这样可以察觉监管套利。如果与更好的理论模型相结合，这些数据有助于度量系统性风险的时间和截面维度，并有助于校准宏观审慎工具，例如逆周期资本要求或系统性资本增加。

另一个挑战是建立更好的系统性风险模型。正如第三章所解释的，更好的理论模型应该基于公司金融原则，并被纳入动态一般均衡模型。而且，更好的模型应包含关键机制，如非线性关系、反馈循环和临界点，并略去不太重要的宏观实际摩擦。纳入尾部风险或奈特不确定性（Knightian uncertainty），而不仅是代理动机，能使模型更加现实，能更准确地描述系统性风险。

改进的理论模型明显发展不足。这些模型需要校准，并由不同宏观审慎工具有效性的实证证据补充。实际上，为了调整宏观审慎工具，我们需要分析现有政策的影响，并通过扩展宏观审慎"工具箱"从新政策获取经验。

11.3.4 宏观审慎沟通政策

迄今为止尚未解决的一个问题是宏观审慎监管机构的沟通政策。由于难以确定金融稳定的反事实（counterfactuals），沟通政策这一问题具有挑战性。很明显，在具有不确定性的世界里，第Ⅱ类误差是不可避免的。问题是即使宏观审慎政策取得成功，也没有证据能证明在缺乏宏观审慎政策的情况下，系统性危机就可能会发生。

宏观审慎机构沟通政策的设计取决于其透明度和问责度。同时也取决于决

定其独立性的机构设置。由于系统性风险委员会同时负责时间维度和横截面维度，沟通政策的制定更加复杂化。因此，沟通政策应该包括这两方面。

关于时间维度，透明度强调披露系统性风险发生的可能性。这会使得对普通大众的责任更强。遗憾的是，这种政策有两个主要缺陷。首先，发布系统性风险预警可能引发系统性危机。原因在于人们会更新他们的期望并协调其行为（即预警可能变为自我实现的预言）。其次，为了其存在合理，系统性风险委员会可能会过于活跃并发布过多的系统性风险预警，从而造成危言耸听的形象和"狼来了"的效果。

因而，对系统性风险委员会来说，更现实的做法可能是负责对宏观审慎工具的实施提出建议。那么沟通政策就会仅针对负责实施的机构，而非公众，此外，系统性风险委员会应当与微观审慎监管当局互动，以识别泡沫以及个体银行内部风险模型不能充分度量的任何风险。并且，系统性分析委员会应当有权直接实施并执行某些测度，如逆周期缓冲或最大贷款价值比（IMF，2013c）。在两种情况下，沟通和协调都与微观审慎监管当局一起进行，因此难免造成与银行业游说团的冲突。务必保证该机构具有足够的独立性，以免受这些压力。反过来，系统性风险委员会的独立性必须建立在其可信度的基础上，否则其观点和建议将很容易受到质疑。

11.4　国际挑战

11.4.1　跨国银行和金融一体化

外国银行提供的跨境服务意味着国内银行和外国银行可能服从于不同的监管制度。特别是，如果实施宏观审慎措施以减少系统性风险，这可能只会直接影响国内银行，尤其是当宏观审慎政策制定是国内事务时。

外国银行不必遵守相同规则这一事实对于国内银行来说可能是不公平竞争，但并不一定是这样。确实，银行资产组合，例如法国银行投资的法国房地产所占份额可能远高于在法国运营的外国银行。因此，对法国银行的更高资本要求就只是反映其风险，这种风险由房地产相关贷款与其资产组合的协方差度量。并且，这种更高的资本要求不会导致不公平竞争。

同样地，外国银行增加对一国投资的现象可能有效或无效。在降低系统性风险时，如果外国银行投资的增加容许家庭和企业融资，它就是有效率的。如果它规避宏观审慎监管，使得监管无效且系统性危机的可能性没有降低的话，它就是无效率的。后者可用房地产泡沫的形成来说明：用国外资金代替国内资金不会降低泡沫的风险。

11.4.2 监管竞争和合作

各国为其金融中介机构提供隐性和显性支持   各国监管机构的使命是维护国内金融市场的稳定。因此，监管机构必须关注金融部门的扩张和外国竞争者的损失。这使得各国竞相将其监管降至最低，以使其国内银行在国际市场上具有竞争力。正如第 8 章所解释的，这类竞争会导致国际银行监管不足（见 Dell'Ariccia 和 Marquez，2006b；Hardy 和 Nieto，2011）。为了提高效率，监管者机构之间需要进行协调。

跨国合作的挑战   跨境金融机构的监管和处置依然是个严峻挑战。在一些国家破产制度可能基于领土权，而在其他国家又基于普适性原则，因此跨国银行的处置成为一个问题。此外，对跨国银行进行紧急援助意味着总部设在 A 国但在 B 国运营的银行可能部分被救助。而这种紧急援助会使用 B 国纳税人的钱，这可能会遭到强烈的政治反对。因此，为了避免将纳税人的钱跨国转移的风险，本能被救助的跨国银行（的分支机构）很可能被清算。

银行监管的职责也应当转移到银行破产后遭受严重损失的国家。这种安排与欧洲正在实施的母国－东道国监管模型截然不同。在欧洲，外国银行分支机构受母国机构监管，即使母国完全可以承受这个银行倒闭带来的损失。

欧洲银行联盟的案例   在欧元区，单一金融市场的货币联盟也给干预和清算带来挑战。尽管监管与清算已集中于单一监管机制（SSM）和单一清算机制（SRM），但银行处置和存款保险——进一步金融安全网的提供——在很大程度上仍是国家事务，原因在于缺乏统一的财政后盾（尽管当局已表明意图，最终也会集中管理安全网的组成成分）。此外，货币政策和最后贷款人政策聚焦于欧元区的金融形势，不一定对欧元区成员国的国家金融稳定问题做出最优反应。主权压力对金融风险施加压力，从而强化了主权——银行业的联系。为了给整个欧元区以及其单个成员国建立可靠的金融安全网，需要一个成熟的银行联盟——单一监管框架、清算机制和安全网——以及可靠的后盾。这将涉及通过私人部门贡献和财政融资安排实现成员国之间的责任分担（见 Goodhart 和 Schoenmaker，2009；IMF 2013a）。

欧元区的银行联盟是即期的，也是长期的。将潜在金融支持和银行监管的职责转移到公共层面能减少金融市场的分割，阻止存款外逃，削弱主权和银行借贷成本增加的恶性循环。在稳态下，单一框架会带来统一十足的信心和高水准的监督，减少国家扭曲，并减少危及金融稳定的集中风险的累积（IMF 2013a）。

没有统一的安全网和可靠后盾，仅凭单一监管机制和单一清算机制可能不足以切断主权银行的恶意关联。也需要统一的安全网和可靠后盾来限制国家当局、单一清算机制和单一监管机制间的利益冲突。具有明确事前责任分担机制的单一清算当局必须有强大的权利来关闭或重组银行，且需要在无力偿还之前很早就进行干预，而且需要由足够强大的融资担保支持。为了增加欧盟金融体系安全网的可信度，需要一个统一的清算/保险基金，该基金需要有足够的预留资金来处置中小银行的倒闭，并有权在出现系统性状况时使用共有的后盾。

11.4.3　宏观审慎政策和资本流动

过去 30 年间，金融全球化在增强。新兴经济体和发达经济体都日益增加其金融市场对国际资本流动的开放程度。金融全球化可通过比较优势下的专业化分工、国际风险分担和分散，以及投融资带来可观收益（Kalemni - Ozcan 等 2013）。尽管如此，金融全球化能在国际间传播冲击，即金融传染。并且，国际流动性能迅速蒸发并导致抛售，包括信贷紧缩，这会给实体经济带来很大的负面影响。催生大多数危机的是国际资本流动，尤其是外汇的短期流动。例如，在大萧条中的 1931 年，奥地利联合信贷银行（the Austrian Bank Creditanstalt）的倒闭引发了重大全球金融传染。这种金融传染通常会导致最初局部冲击的全球蔓延。相关案例包括 1982 年拉丁美洲危机、1997—1998 年亚洲危机、2008年全球金融危机、2010 年欧元区危机，以及最近 2014 年新兴市场的动荡。

对准备金充足性和宏观经济政策可持续性的担忧快速地转化为汇率崩溃和飞速的资本外流，这被称为骤停。单个国家的这些冲击能迅速蔓延至其他国家，因为市场情绪对有类似薄弱基本面的国家不利。而且，在此过程中这种金融传染会导致普遍恐慌或市场反应过激，这也会影响原本具有强大基本面的国家。这种冲击可能对全球金融稳定有害，也可能对冲击肇始国产生回溯冲击。可能的作用途径包括，对金融系统的信心产生负面影响，或对全球发展前景失去信心。

信贷周期，尤其是给更高风险借款人的信贷，以及更普遍的风险资产价格，无论在本土还是国际上都具有共同的成分。信用波动尤其具有顺周期性。较强的信用波动通常由国际资本流动融资，由于国际资本流动不稳定，信用波动也不稳定。正如 Schularick 和 Taylor（2012）所示，信贷过度增长是金融危机的最佳预测指标。然而，正如 Gourinchas 和 Obstfeld（2012）所示，自 20 世纪 70 年代以来信贷和国际流动都大幅增长。全球金融周期与资本流动的激增和紧缩相联系，也与资产价格的高涨与崩溃以及危机相联系。正如 Rey（2013）所解释的，现在的世界呈现出强大的全球金融周期，这个金融周期的特征体现为在资产价格、总体流动和杠杆方面具有较大程度的共同波动。

由于信贷和流动性周期受货币政策影响，在全球层面上，主要发达国家——所谓核心国家（即美国和欧洲）的货币环境、国际资本流动，以及国际金融体系中很多金融部门的杠杆之间存在相互联系（Rey，2013；Shin，2012；Bruno 和 Shin，2013a）。全球金融周期与核心国家的货币环境相关，也与风险厌恶和不确定性的变化相关（Bekaert 等，2012；Miranda - Agrippino 和 Rey，2012；Bruno 和 Shin，2013b）。此外，美联储始于 2013 年的关于退出量化宽松的讲话被认为引起了新兴市场资本外流。

Forbes 和 Warnock（2012）试图解释一国资本流入和流出的大幅波动。他们发现决定外国和本土投资者资本流动大幅变动的最重要变量是全球风险和不确定性的变化（由股市波动的 VIX 指数度量）。他们也发现全球增长部分决定了外国资本流动的变动幅度，并且美国利率的提高能部分解释外国资本流动的"骤停"。但相对于其他变量，美国利率和流动性变动的重要性似乎更低。然而，正如 Rey（2013）所示，美国利率的降低往往会降低对风险和不确定性的度量。Eichengreen 和 Gupta（2013）分析了哪个国家受 2013 年 6 月美联储退出量化宽松政策讲话的冲击最严重，受冲击最严重的国家具有相对规模较大、流动性较强的金融市场，并允许其货币价值和贸易逆差大幅上升。稳健的宏观基本面与资本管制都没未能起到阻隔作用。

很明显，国际资本流动对金融稳定至关重要。通过影响汇率，货币政策可能是控制国际资本流动的强有力工具，但可能对金融稳定产生不利影响。此外，考虑到物价稳定的目标，货币政策的可操作空间可能很小。宏观审慎政策就成为有利工具。例如，Eichengreen 和 Gupta（2013）认为免受退出量化宽松政策冲击的最佳方式是宏观审慎政策，这种政策可限制外国资本流入引起的货币升值和贸易逆差。一般来说，最近危机的共同特征是过度的外币借贷，而且使用的是短期债务，而非像 FDIs 那样较稳定的长期投资。此外，宏观审慎政策的重要性不仅在于能更好地管理新兴市场的资本流动，也在于能巩固这些国家的国内金融系统，原因如下。首先，它会吸引国内投资者，如果国际流动性蒸发，这些投资者可以起到缓冲作用。其次，它有助于控制国内信贷和资产价格泡沫（见 Ostry 等 2011）。

因此，我们认为宏观审慎政策应当考虑金融稳定的这种国际维度，无论是从不同地区监管机构间合作的角度还是从宏观审慎机构间政策协调的角度。在国际层面或地区层面，最好有一个中央组织来协调宏观审慎政策，并考虑这种政策对其他国家的外部性。应当重点关注那些引发短期资本流入且很容易飞快流出的政策，比如为满足流动性要求催生的短期外国批发头寸。此外，宏观审慎政策应当与货币政策相协调，反之亦然。原因在于发达国家（如美国和欧洲）的货币政策影响全球资本流动，包括新兴市场，这可能反过来影响发达国家的金融和经济状况。当发达国家的货币政策利率较低且流动性充足时，在新兴国家和外围国家就存在追逐收益的风险，这可能导致房地产和其他资产价格泡沫。并且，在货币政策收紧时，可能有资产价格崩溃以及资本外流的风险。因此，发达经济体退出极低货币政策利率不仅会影响发达经济体本身，而且会通过提升全球利率水平溢出到新兴市场经济体，从而可能给全球增长带来负面影响。

11.5 结束语

未来银行监管的成功将在很大程度上取决于对当前银行监管框架的改进。缩减银行业务或提高资本要求的新监管政策将迫使银行缩小规模并降低杠杆率，从而降低风险。同时，也存在银行将业务转移到金融系统中监管较少领域的风险，包括非银行机构和金融市场。虽然金融系统更加多样化是有益的，但如果没有额外的监管，风险会集中于不受监管的实体并具有系统重要性。因此，即使银行的风险降低，系统性风险仍可能增加。

基于本书中我们的分析，新的银行监管框架应该包含以下元素：

- 更偏向宏观审慎，更关注系统性风险，包括被监管部门以外产生的风险
- 阻止金融失衡和过度杠杆的形成，包括通过增加资本要求，尤其是在繁荣时期
- 更关注跨境溢出效应，包括源于跨境资金流动的溢出
- 改进银行处置框架并减少太大而不能倒的问题
- 加强包括宏观审慎层面的监管，增强对政治压力和监管漏洞的防御能力
- 加强市场约束和有效的公司治理，包括通过自救政策
- 意识到货币政策和审慎政策不能完全独立
- 避免给被监管机构带来过多损失

但是，关于如何最好地建立和实施这种监管框架以维持金融稳定和经济繁荣，留给我们的是许多尚未解答的问题。本书的分析表明这次危机可带来如下关键教训，从而在追求这些目标时，银行监管框架的调整应当基于一些准则：首先，需要先发制人地管理系统性风险，包括通过监测（和抑制）信贷快速增长、资产泡沫和其他形式的杠杆。通常系统性风险累积得缓慢先于最终危机的发生，事前应对系统性风险的生成，如通过抑制信贷增长和建立资本缓冲机制，不仅有助于防范危机，也有助于管理危机。例如，资本缓冲机制的建立将帮助银行吸收危机带来的冲击，尤其是通过市场获取新资本的功能关闭时。

其次，系统性风险是内生性概念，使政策变得复杂。银行会通过更改其风险特征来应对新的监管，但其更改会导致意外后果。例如，通过限制金融系统某一领域的风险，风险可能被推向其他地方。也存在可能，由于新的监管只锁定一种风险，在其制定中可能忽略第二轮效应。此外，不同监管之间可能存在冲突，所以应当对宏观审慎政策进行协调。

第三，仅仅采用宏观审慎政策将不足以限制系统性风险。要严格执行宏观审慎政策，就要求负责人有权在不受特权阶级干扰的条件下采取行动。并且，需要有稳健的宏观经济政策来支持他们管理经济周期。此外，需要加强公司治理改革在源头上限制系统性风险。这种改革要求银行管理者不仅为了银行股东的利益行动，也要考虑所有利益相关者。朝这一方向迈出的关键一步是大幅提升繁荣时期的资本要求。在繁荣时期银行承担了过度风险，而更高的资本要求可避免银行管理者在制定银行策略时只考虑那 4% 责任人的利益。激励很关键，并且公司治理和市场约束是必要的，包括通过资本要求、薪酬结构，以及自救和清算程序。

第四，考虑到金融和银行系统的全球化以及潜在的国际溢出效应，宏观审慎政策应该不仅保障国内金融系统，也要应对跨境外部性。这些影响是始于20 世纪 70 年代的金融自由化的结果。而且，正如近几十年间的主要金融危机所示，每次国内危机都具有重要的国际层面因素。

考虑到这些挑战和限制，要现实地对待宏观审慎监管在控制金融失衡和确保金融稳定方面的成效。在很大程度上效果取决于宏观审慎当局的能力和独立性，以及广大公众对盛衰周期的风险态度。此外，在系统性金融危机中，政治经济约束会继续阻扰那些被视为"太大而不能倒"的机构的清算。我们建议关注金融风险的防范。具体途径是更高的资本要求，这会减少风险转嫁的动机；同时结合抑制杠杆和信贷繁荣累积的宏观审慎措施，如贷款价值比等。有志者，事竟成（Where there is a will, there is a way）。金融危机给纳税人带来的损失太大，我们不能承担轻率和疏忽行为的后果。

注释

1. 欧盟委员会（EC）对欧盟银行系统结构性改革提议的正文，参见 http：//eur - lex. europa. eu/LexUriServ/LexUriServ. do？ uri = COM：2014：0043：FIN：EN：PDF.

附录数据

表 A1

Panel A

宏观审慎工具，2010

国家	规模、复杂性和关联性				顺周期性			
	同业敞口限制	系统性重要机构的超额资本	按规模施加杠杆限制	按规模确定风险资产权重	逆周期/动态条款	利润分配限制	逆周期/时变资本要求	逆周期/时变流动性比率
阿根廷	0	0	0	0	0	1	0	0
澳大利亚	0	0	0	0	0	0	0	0
奥地利	0	0	0	0	0	0	0	0
比利时	0	0	0	0	0	0	0	0
巴西	0	0	0	0	1	0	1	0
保加利亚	0	0	0	0	1	1	1	0
加拿大	0	0	0	0	0	0	1	0
智利	0	1	0	0	0	0	0	0
中国	0	0	0	0	0	0	0	0
哥伦比亚	1	0	0	0	1	1	1	0
克罗地亚	0	0	0	0	1	0	0	0
捷克共和国	0	0	0	0	0	0	0	0
芬兰	0	0	0	0	0	0	0	0
法国	0	0	0	0	0	0	0	0
德国	0	0	0	0	0	0	0	0

续表

国家	规模、复杂性和关联性				顺周期性			
	同业敞口限制	系统性重要机构的超额资本	按规模施加杠杆限制	按规模确定风险资产权重	逆周期/动态条款	利润分配限制	逆周期/时变资本要求	逆周期/时变流动性比率
希腊	0	0	0	0	1	1	1	1
中国香港特别行政区	0	0	0	0	0	0	0	0
匈牙利	0	0	0	0	0	0	0	0
印度	0	0	0	0	1	1	1	0
印度尼西亚	0	0	0	0	0	0	0	0
爱尔兰	0	0	0	0	0	0	0	0
意大利	0	0	0	0	0	0	0	0
日本	0	0	0	0	0	0	0	0
约旦	0	0	0	0	0	0	0	0
韩国	0	0	0	0	1	0	1	0
黎巴嫩	0	0	0	0	0	0	0	0
马来西亚	1	0	0	0	0	0	0	0
墨西哥	0	0	0	0	0	0	0	0
蒙古	0	0	0	0	1	0	0	0
荷兰	0	0	0	0	0	0	0	0
新西兰	0	0	0	0	0	0	0	0
尼日利亚	0	0	0	0	0	0	0	0
挪威	0	0	0	0	0	0	0	0
巴拉圭	1	1	0	0	0	1	1	0

续表

国家	规模、复杂性和关联性				顺周期性			
	同业敞口限制	系统性重要机构的超额资本	按规模施加杠杆限制	按规模确定风险资产权重	逆周期/动态条款	利润分配限制	逆周期/时变资本要求	逆周期/时变流动性比率
秘鲁	1	0	0	0	1	1	0	0
菲律宾	0	0	0	0	0	0	0	0
波兰	0	0	0	0	0	1	1	0
葡萄牙	0	0	0	0	0	0	0	0
罗马尼亚	1	0	0	0	0	1	0	0
俄罗斯联邦	0	0	0	0	1	0	0	0
塞尔维亚	0	0	0	0	0	1	1	0
新加坡	0	0	0	0	0	0	0	0
斯洛伐克	0	0	0	0	0	1	0	0
南非	0	1	0	0	0	0	0	0
西班牙	0	0	0	0	1	0	0	0
瑞典	0	0	1	0	0	0	0	0
瑞士	1	1	0	0	0	0	0	0
泰国	0	0	0	0	0	0	0	0
土耳其	0	0	0	0	0	1	0	0
英国	0	0	0	0	0	0	0	0
美国	0	0	0	0	0	0	0	0
乌拉圭	1	1	0	0	1	0	0	0

Panel B

国家	信贷增长和资产价格							杠杆和期限错配				
	按贷款价值比规定资本要求	按债务收入比规定资本要求	按行业确定风险资产权重	敞口集中度限制	按存贷比规定资本要求	信贷增长上限	特定行业信贷增长上限（如房地产）	期限错配限制	抵押品最低折扣/保证金率	核心融资比率	表外资产头寸限制（如衍生品）	金融产品头寸限制（如，CDS产品）
阿根廷	0	0	0	0	0	0	0	0	0	0	0	0
澳大利亚	0	0	1	1	0	0	0	0	0	0	0	0
奥地利	0	0	0	0	0	0	0	0	0	0	0	0
比利时	0	0	0	0	0	0	0	0	0	0	0	0
巴西	0	0	1	0	0	0	0	0	0	0	0	0
保加利亚	0	0	1	0	0	0	0	0	0	0	0	0
加拿大	1	0	0	0	0	0	0	0	0	1	0	0
智利	1	0	0	0	0	0	0	0	1	0	0	0
中国	1	1	0	1	0	0	1	1	0	1	0	0
哥伦比亚	1	1	0	0	0	0	1	1	1	0	1	0
克罗地亚	0	0	0	0	1	1	0	0	0	0	0	0
捷克共和国	0	0	0	0	0	0	0	0	0	0	0	0
芬兰	0	0	0	0	0	0	0	0	0	1	0	0
法国	0	1	0	1	0	0	0	1	0	0	0	0
德国	0	0	0	0	0	0	0	0	0	1	0	0
希腊	1	1	0	0	1	1	0	1	1	0	1	1
中国香港特别行政区	1	1	0	0	1	0	0	0	0	0	0	0

续表

国家	信贷增长和资产价格							杠杆和期限错配				
	按贷款价值比规定资本要求	按债务收入比规定资本要求	按行业确定风险资产权重	敞口集中度限制	按存贷比规定资本要求	信贷增长上限	特定行业信贷增长上限（如房地产）	期限错配限制	抵押品最低折扣/保证金率	核心融资比率	表外资产头寸限制（如衍生品）	金融产品头寸限制（如，CDS产品）
匈牙利	1	1	0	0	0	0	0	0	0	0	0	0
印度	1	0	1	0	0	0	0	0	0	0	0	0
印度尼西亚	1	0	0	0	0	0	0	1	0	0	0	0
爱尔兰	0	0	0	0	0	0	0	0	0	0	0	0
意大利	1	0	0	1	0	0	0	1	0	0	0	0
日本	0	0	0	0	0	0	0	0	0	0	0	0
约旦	0	0	0	0	0	0	0	0	0	0	0	0
韩国	1	1	0	0	0	0	0	0	0	0	1	1
黎巴嫩	1	1	0	0	1	1	0	0	1	1	0	1
马来西亚	1	0	0	0	0	0	1	0	0	1	0	0
墨西哥	0	0	0	1	0	0	0	1	0	0	0	0
蒙古	0	0	0	1	0	0	0	1	0	0	0	0
荷兰	0	0	0	0	0	0	0	0	0	0	0	0
新西兰	0	0	0	0	0	0	0	1	0	1	0	0
尼日利亚	0	0	0	0	1	1	1	1	0	0	0	0
挪威	1	1	0	0	0	0	0	0	0	0	0	0
巴拉圭	1	0	0	1	1	0	0	1	0	0	0	0
秘鲁	0	1	0	0	0	0	0	0	0	0	1	1

续表

国家	信贷增长和资产价格						特定行业信贷增长上限（如房地产）	杠杆和期限错配				
	按贷款价值比规定资本要求	按债务收入比规定资本要求	按行业确定风险资产权重	敞口集中度限制	按存贷比规定资本要求	信贷增长上限		期限错配限制	抵押品最低折扣/保证金率	核心融资比率	表外资产头寸限制（如衍生品）	金融产品头寸限制（如，CDS产品）
菲律宾	0	0	0	0	0	0	0	0	0	0	0	0
波兰	0	1	1	1	0	0	0	1	1	1	1	0
葡萄牙	0	0	0	0	0	0	0	0	0	0	0	0
罗马尼亚	1	1	1	0	0	0	0	1	1	0	0	0
俄罗斯联邦	0	0	1	0	0	0	0	0	1	1	0	0
塞尔维亚	0	1	0	0	0	1	0	0	0	0	0	0
新加坡	1	0	0	0	0	0	1	1	0	0	0	0
斯洛伐克	0	0	0	0	0	0	0	1	1	1	0	0
南非	0	0	0	0	0	0	1	1	0	0	0	0
西班牙	0	0	1	0	0	0	0	0	0	0	0	0
瑞典	1	0	0	0	0	0	0	0	0	0	0	0
瑞士	0	0	0	0	0	0	0	0	0	0	0	0
泰国	1	1	0	0	0	0	0	0	0	0	0	0
土耳其	1	0	1	0	0	0	0	0	0	0	1	1
英国	0	0	0	0	0	0	0	0	0	0	0	0
美国	0	0	0	0	0	0	0	1	1	0	0	0
乌拉圭	0	0	0	1	0	0	0	0	0	1	0	0

Panel C

国家	汇率风险					资本流动		
	外币头寸净敞口限制	外币贷款的资本要求	货币错配限制	外币差别存款准备金要求	外汇政策措施	对非居民无偿存款准备金要求	资本流动的税收	资本流入最短期限
阿根廷	1	0	1	1	1	1	0	0
澳大利亚	0	0	0	0	0	0	0	0
奥地利	0	1	0	0	0	0	0	0
比利时	0	0	0	0	0	0	0	0
巴西	0	1	1	0	0	0	1	0
保加利亚	0	0	0	0	0	0	0	0
加拿大	0	0	0	0	0	0	0	0
智利	0	0	0	1	1	0	0	0
中国	0	0	0	0	0	0	0	0
哥伦比亚	1	1	0	0	0	1	1	0
克罗地亚	0	0	1	0	0	0	0	0
捷克共和国	0	0	0	0	0	0	0	0
芬兰	0	0	0	0	0	0	0	0
法国	0	0	0	0	0	0	0	0
德国	0	0	0	0	0	0	0	0
希腊	0	0	0	0	0	0	0	0
中国香港特别行政区	0	0	0	0	0	0	0	0
匈牙利	1	1	0	0	0	0	0	0

续表

国家	汇率风险				资本流动			
	外币头寸净敞口限制	外币贷款的资本要求	货币错配限制	外币差别存款准备金要求	外汇政策措施	对非居民无偿存款准备金要求	资本流动的税收	资本流入最短期限
印度	0	0	0	0	0	0	0	0
印度尼西亚	1	0	0	1	0	0	0	0
爱尔兰	0	0	0	0	0	0	0	0
意大利	0	0	0	0	0	0	0	0
日本	0	0	0	0	0	0	0	0
约旦	0	1	1	0	0	0	0	0
韩国	1	1	1	0	0	0	1	1
黎巴嫩	0	0	1	0	0	0	0	0
马来西亚	1	0	0	0	0	0	0	0
墨西哥	0	0	0	0	1	0	0	0
蒙古	1	0	0	0	0	0	0	0
荷兰	0	0	0	0	0	0	0	0
新西兰	0	0	0	0	0	0	0	0
尼日利亚	1	0	0	0	0	0	0	0
挪威	0	0	0	0	0	0	0	0
巴拉圭	1	0	1	0	0	0	1	0
秘鲁	1	0	1	0	1	1	0	0
菲律宾	0	0	0	0	0	0	0	0

续表

国家	汇率风险					资本流动		
	外币头寸净敞口限制	外币贷款的资本要求	货币错配限制	外币差别存款准备金要求	外汇政策措施	对非居民无偿存款准备金要求	资本流动的税收	资本流入最短期限
波兰	0	0	0	0	1	0	0	0
葡萄牙	0	0	0	0	0	0	0	0
罗马尼亚	1	1	0	0	0	0	0	0
俄罗斯联邦	1	0	0	1	1	0	0	0
塞尔维亚	1	1	0	1	0	0	0	0
新加坡	0	0	0	0	0	0	0	0
斯洛伐克	0	0	0	0	0	0	0	0
南非	1	1	1	0	0	0	0	0
西班牙	0	0	0	0	0	0	0	0
瑞典	0	0	0	0	0	0	0	0
瑞士	0	0	0	0	0	0	0	0
泰国	1	0	1	1	0	1	0	0
土耳其	1	1	0	1	0	0	0	0
英国	0	0	0	0	0	0	0	0
美国	0	0	0	0	0	0	0	0
乌拉圭	1	1	1	1	1	0	0	0

注: 0 表示 "否"; 1 表示 "是"。

资料来源: 国际货币基金组织宏观审慎监管调查, 2010 年 12 月。

表 A2　　　　　　　　　　**宏观审慎工具 2013**

Panel A

国家	规模、复杂性和关联性		顺周期性	
	同业敞口限制	系统性重要机构的超额资本	动态条款	逆周期资本缓冲/要求
阿根廷	1	0	0	0
澳大利亚	1	0	0	0
奥地利	0	0	0	0
巴林	0	0	0	0
比利时	0	1	0	0
巴西	0	0	0	0
保加利亚	1	0	1	0
加拿大	1	0	0	0
智利	1	0	0	0
中国	0	1	1	0
哥伦比亚	1	0	1	0
克罗地亚	1	0	0	0
捷克共和国	0	0	0	0
爱沙尼亚	0	0	0	0
芬兰	0	0	0	0
法国	1	0	0	0
德国	1	0	0	0
加纳	0	0	0	0
中国香港	0	0	0	0
匈牙利	0	0	0	0
冰岛	0	0	0	0
印度	1	0	0	0
印度尼西亚	0	0	0	0
爱尔兰	0	0	0	0
以色列	1	1	0	0
意大利	1	0	0	0
日本	0	0	0	0
约旦	0	0	0	0
哈萨克斯坦	0	0	1	0
肯尼亚	0	0	0	0
科威特	0	0	0	0
黎巴嫩	1	0	0	0

表 A2（续）

国家	规模、复杂性和关联性		顺周期性	
	同业敞口限制	系统性重要机构的超额资本	动态条款	逆周期资本缓冲/要求
立陶宛	0	0	0	0
马来西亚	0	0	0	0
毛里求斯	0	0	0	0
墨西哥	1	0	0	0
摩洛哥	1	0	0	0
荷兰	0	0	0	0
新西兰	0	0	0	0
挪威	0	0	0	1
阿曼	0	0	0	0
巴基斯坦	1	0	0	1
秘鲁	1	1	1	0
菲律宾	0	0	0	0
波兰	0	0	0	0
葡萄牙	1	0	0	0
罗马尼亚	1	1	0	0
俄罗斯联邦	0	0	0	0
沙特阿拉伯	0	0	0	0
塞尔维亚	0	0	0	0
新加坡	0	1	0	0
斯洛伐克	0	0	0	0
斯洛文尼亚	0	0	0	0
南非	0	0	0	0
韩国	0	0	0	0
西班牙	0	0	1	1
斯里兰卡	0	0	0	0
瑞典	0	0	0	0
瑞士	1	1	0	1
泰国	0	0	1	0
土耳其	0	0	0	0
乌克兰	1	0	0	0
阿拉伯联合酋长国	1	0	0	0
英国	0	0	0	0
美国	1	0	0	0

表 A2（续）

Panel B

国家	信贷增长和资产价格				杠杆和期限错配				
	按贷款价值比规定资本	按债务收入比规定资本	按行业规定资本缓冲要求	敞口集中度限制	按贷款价值比规定资本	杠杆率限制	本币贷款资本要求	抵押品最低折扣/保证金率	流动性要求/缓冲
阿根廷	1	0	0	1	0	0	1	1	0
澳大利亚	0	0	0	0	0	0	0	0	1
奥地利	0	0	0	0	0	0	0	0	1
巴林	0	1	0	1	1	1	0	0	1
比利时	0	0	0	1	0	0	0	0	1
巴西	1	0	0	1	0	0	0	0	0
保加利亚	1	1	1	1	0	0	0	0	1
加拿大	1	1	0	1	0	1	0	0	1
智利	1	1	0	1	1	1	0	0	1
中国	1	1	0	1	0	1	0	1	1
哥伦比亚	1	1	0	1	0	0	0	1	1
克罗地亚	0	0	0	1	0	0	0	1	0
捷克共和国	0	0	0	1	0	0	0	0	0
爱沙尼亚	0	0	0	0	0	0	0	0	0
芬兰	1	1	0	1	0	0	0	0	1
法国	0	0	0	0	0	0	0	0	0
德国	0	0	0	1	1	0	1	1	0
加纳	0	0	0	1	0	1	0	0	0
中国香港	1	1	1	1	1	0	0	0	1
匈牙利	1	1	0	0	0	0	0	0	0
冰岛	0	0	0	1	0	0	0	0	1

续表

国家	信贷增长和资产价格				杠杆和期限错配				
	按贷款价值比规定资本	按债务收入比规定资本	按行业规定资本缓冲/要求	敞口集中度限制	按贷款价值比规定资本	杠杆率限制	本币贷款资本要求	抵押品最低折扣/保证金率	流动性要求/缓冲
印度	1	0	0	1	0	0	0	1	1
印度尼西亚	1	0	0	1	1	0	0	0	0
爱尔兰	0	0	1	0	1	0	0	0	0
以色列	1	1	1	1	0	0	0	0	1
意大利	1	0	0	1	0	0	0	1	0
日本	0	0	0	1	0	0	0	0	0
约旦	1	0	0	1	0	1	0	0	1
哈萨克斯坦	0	0	0	0	0	0	0	0	1
肯尼亚	0	0	1	0	0	1	1	1	1
科威特	0	1	0	1	0	0	0	0	1
黎巴嫩	1	0	0	1	0	0	0	0	1
立陶宛	1	1	0	0	0	0	1	0	0
马来西亚	1	1	0	0	0	0	1	0	0
毛里求斯	0	0	0	1	0	0	0	0	0
墨西哥	1	0	0	1	0	0	0	0	0
摩洛哥	0	0	0	1	0	0	0	0	1
荷兰	1	1	0	0	0	0	0	1	1
新西兰	1	0	0	0	0	0	0	0	0
挪威	1	1	0	1	0	0	0	0	0
阿曼	1	0	0	0	0	0	0	0	0
巴基斯坦	1	1	1	1	1	0	1	0	1
秘鲁	0	0	1	1	0	0	0	0	1

续表

国家	信贷增长和资产价格				杠杆和期限错配				
	按贷款价值比规定资本	按债务收入比规定资本	按行业规定资本缓冲/要求	敞口集中度限制	按贷款价值比规定资本	杠杆率限制	本币贷款资本要求	抵押品最低折扣/保证金率	流动性要求/缓冲
菲律宾	0	0	0	1	0	0	0	0	0
波兰	1	1	0	1	0	0	0	0	1
葡萄牙	0	0	0	0	1	0	0	0	0
罗马尼亚	1	1	0	1	0	1	0	1	1
俄罗斯联邦	0	0	1	1	0	0	0	0	1
沙特阿拉伯	0	1	0	0	1	1	0	0	1
塞尔维亚	1	0	0	0	0	0	0	0	0
新加坡	1	1	0	1	0	1	0	0	1
斯洛伐克	1	1	0	0	1	0	0	0	1
斯洛文尼亚	0	0	0	0	0	0	0	0	1
南非	0	0	0	0	0	1	0	0	1
韩国	1	1	0	0	1	0	0	0	1
西班牙	1	0	0	1	0	0	0	0	0
斯里兰卡	0	0	1	1	0	0	0	0	1
瑞典	1	0	0	0	0	0	0	0	1
瑞士	0	0	1	1	0	1	0	0	0
泰国	1	0	1	0	0	0	0	0	1
土耳其	1	1	1	1	0	1	0	0	1
乌克兰	1	1	0	1	1	0	0	0	0
阿联酋	0	1	0	0	0	0	0	0	1
英国	0	0	0	0	0	1	0	0	1
美国	1	0	0	1	1	1	0	1	1

表 A2（续）

Panel C

国家	汇率风险			资本流动	
	净外币头寸和货币错配限额	外币贷款资本要求	外币差别存款准备金要求	逆周期存款准备金率	金融机构的负担/税收
阿根廷	1	1	1	0	0
澳大利亚	0	0	0	0	0
奥地利	0	1	0	0	1
巴林	0	0	0	0	0
比利时	0	0	0	0	1
巴西	1	0	0	1	0
保加利亚	0	0	0	0	0
加拿大	0	0	0	0	0
智利	1	0	0	0	1
中国	0	1	0	0	1
哥伦比亚	1	1	0	0	1
克罗地亚	1	0	0	0	0
捷克共和国	0	0	0	0	0
爱沙尼亚	0	0	0	0	0
芬兰	0	0	0	0	1
法国	0	0	0	0	1
德国	0	0	0	0	1
加纳	1	0	0	0	1
中国香港	1	0	0	0	0
匈牙利	0	1	0	0	1
冰岛	1	1	0	0	0
印度	0	0	0	0	0
印度尼西亚	1	0	0	0	0
爱尔兰	0	0	0	0	0
以色列	0	0	0	0	0
意大利	0	0	0	0	0
日本	0	0	0	0	0
约旦	1	1	0	0	0
哈萨克斯坦	1	0	1	0	0
肯尼亚	0	0	0	0	0
科威特	0	0	0	0	0
黎巴嫩	1	0	0	1	0
立陶宛	1	0	0	0	0
马来西亚	1	0	0	0	0
毛里求斯	1	0	0	0	0
墨西哥	1	0	0	0	0

表 A2（续）

国家	汇率风险			资本流动	
	净外币头寸和 货币错配限额	外币贷款 资本要求	外币差别存款 准备金要求	逆周期存款 准备金率	金融机构的 负担/税收
摩洛哥	1	1	0	0	0
荷兰	0	0	0	0	1
新西兰	0	0	0	0	0
挪威	1	0	0	0	0
阿曼	0	1	0	0	0
巴基斯坦	1	1	0	0	1
秘鲁	1	0	1	1	0
菲律宾	1	0	0	0	1
波兰	0	0	0	0	0
葡萄牙	0	0	0	0	1
罗马尼亚	1	1	0	0	0
俄罗斯联邦	1	0	0	0	0
沙特阿拉伯	0	0	0	0	0
塞尔维亚	1	1	1	0	0
新加坡	0	0	0	0	0
斯洛伐克	0	0	0	0	1
斯洛文尼亚	0	0	0	0	0
南非	1	0	0	0	0
韩国	1	1	0	0	1
西班牙	0	0	0	0	0
斯里兰卡	1	0	0	0	0
瑞典	0	0	0	0	0
瑞士	0	0	0	0	0
泰国	0	0	0	0	0
土耳其	1	1	1	0	0
乌克兰	1	1	1	0	1
阿拉伯联合酋长国	0	0	0	0	0
英国	0	0	0	0	0
美国	0	0	0	0	0

注：0 表示"不"；1 表示"是"。缺失的数据对应无反应。

资料来源：国际货币基金组织宏观审慎监管调查，2013 年 12 月。

表 A3 　　　　　　　　　　　　**系统性银行危机：时间和成本**

国家	开始	结束	产出损失（占 GDP 比值%）[a]	财政成本（占 GDP 比值%）[b]	重组成本（占 GDP 比值%）[c]
阿尔巴尼亚	1994	1994	…	…	…
阿尔及利亚	1990	1994	41.4	…	…
阿根廷	1980	1982	58.2	55.1	…
阿根廷	1989	1991	12.6	6	…
阿根廷[d]	1995	1995	0	2	0.3
阿根廷	2001	2003	70.9	9.6	9.6
亚美尼亚	1994	1994	…	…	…
奥地利	2008	…	13.8	4.9	2.9
阿塞拜疆	1995	1995	…	…	…
孟加拉国	1987	1987	0	…	…
白俄罗斯	1995	1995	…	…	…
比利时	2008	…	19.1	6	5.8
贝宁	1988	1992	14.9	17	…
玻利维亚	1986	1986	49.2	…	…
玻利维亚	1994	1994	0	6	1
波斯尼亚和黑塞哥维那	1992	1996	…	…	…
巴西[d]	1990	1994	62.3	0	0
巴西	1994	1998	0	13.2	5
保加利亚	1996	1997	63.1	14	2.3
布基纳法索	1990	1994	…	…	…
布隆迪	1994	1998	121.2	…	…
喀麦隆	1987	1991	105.5	…	…
喀麦隆	1995	1997	8.1	…	…
佛得角	1993	1993	0	…	…
中非共和国	1976	1976	0	…	…
中非共和国	1995	1996	1.6	…	…
乍得	1983	1983	0	…	…
乍得	1992	1996	0	…	…
智利	1976	1976	19.9	…	…
智利	1981	1985	8.6	42.9	34.3
中国	1998	1998	19.5	18	…
哥伦比亚	1982	1982	47	5	1.9
哥伦比亚	1998	2000	43.9	6.3	4.3
刚果民主共和国	1983	1983	1.4	…	…
刚果民主共和国	1991	1994	129.5	…	…
刚果民主共和国	1994	1998	79	…	…
刚果共和国	1992	1994	47.4	…	…
哥斯达黎加	1987	1991	0	…	…

续表

国家	开始	结束	产出损失 （占 GDP 比值%）	财政成本 （占 GDP 比值%）	重组成本 （占 GDP 比值%）
哥斯达黎加	1994	1995	0	…	…
科特迪瓦	1988	1992	44.8	25	small
克罗地亚	1998	1999	…	6.9	3.2
捷克共和国[d]	1996	2000	…	6.8	1
丹麦	2008	…	36.3	3.1	2.8
吉布提	1991	1995	0	…	…
多米尼加共和国	2003	2004	…	22	…
厄瓜多尔	1982	1986	98.2	…	…
厄瓜多尔	1998	2002	23.3	21.7	1.9
埃及	1980	1980	0.9	…	…
萨尔瓦多	1989	1990	0	…	…
赤道几内亚	1983	1983	0	…	…
厄立特里亚	1993	1993	…	…	…
爱沙尼亚	1992	1994	…	1.9	1.3
芬兰	1991	1995	67.3	12.8	8.6
法国[d]	2008	…	23.6	1	1
格鲁吉亚	1991	1995	…	…	…
德国	2008	…	12.1	1.8	1.8
加纳	1982	1983	14.1	6	6
希腊	2008	…	43.1	27.3	25.4
几内亚	1985	1985	0	3	…
几内亚	1993	1993	0	…	…
几内亚比绍	1995	1998	15.7	…	…
圭亚那	1993	1993	0	…	…
海地	1994	1998	37.5	…	…
匈牙利[d]	1991	1995	…	10	…
匈牙利	2008	…	39.9	2.7	0.1
冰岛	2008	…	41.9	44.2	24.3
印度	1993	1993	0	…	…
印度尼西亚	1997	2001	69	56.8	37.3
爱尔兰	2008	…	105.3	40.7	40.7
以色列	1977	1977	76	30	…
意大利	2008	…	33.2	0.3	0.3
牙买加	1996	1998	32.2	43.9	13.9
日本	1997	2001	45	14	6.6
约旦	1989	1991	106.4	10	…
哈萨克斯坦[d]	2008	…	0	3.7	2.4
肯尼亚	1985	1985	23.7	…	…
肯尼亚	1992	1994	50.3	…	…
韩国	1997	1998	56.1	31.2	19.3

续表

国家	开始	结束	产出损失（占 GDP 比值%）	财政成本（占 GDP 比值%）	重组成本（占 GDP 比值%）
吉尔吉斯共和国	1995	1999	…	…	…
拉脱维亚	1995	1996	…	3	…
拉脱维亚	2008	…	106.2	5.6	3.1
黎巴嫩	1990	1993	102.2	…	…
利比里亚	1991	1995	…	…	…
立陶宛	1995	1996	…	3.1	1.7
卢森堡	2008	…	36.4	7.7	7.7
马其顿	1993	1995	…	32	…
马达加斯加	1988	1988	0	…	…
马来西亚	1997	1999	31.4	16.4	16.4
马里	1987	1991	0	…	…
毛里塔尼亚	1984	1984	7.5	15	…
墨西哥	1981	1985	26.6	…	…
墨西哥	1994	1996	10.2	19.3	3.8
蒙古	2008	…	0	4.2	4.2
摩洛哥	1980	1984	21.9	…	…
莫桑比克	1987	1991	0	…	…
尼泊尔	1988	1988	0	…	…
荷兰	2008	…	23	12.7	6.6
尼加拉瓜	1990	1993	11.4	…	…
尼加拉瓜	2000	2001	0	13.6	…
尼日尔	1983	1985	97.2	…	…
尼日利亚	1991	1995	0	…	…
尼日利亚	2009	…	0	11.8	11.8
挪威	1991	1993	5.1	2.7	2.6
巴拿马	1988	1989	85	12.9	…
巴拉圭	1995	1995	15.3	12.9	1.2
秘鲁	1983	1983	55.2	…	…
菲律宾[d]	1983	1986	91.7	3	…
菲律宾	1997	2001	0	13.2	0.2
波兰	1992	1994	…	3.5	…
葡萄牙	2008	…	36.8	0	0
罗马尼亚	1990	1992	…	0.6	…
俄罗斯	1998	1998	…	0.1	…
俄罗斯[d]	2008	…	0	2.3	2.3
圣多美普林西比岛	1992	1992	1.9	…	…
塞内加尔	1988	1991	5.6	17	…
塞拉里昂	1990	1994	34.5	…	…

续表

国家	开始	结束	产出损失 （占 GDP 比值%）	财政成本 （占 GDP 比值%）	重组成本 （占 GDP 比值%）
斯洛伐克	1998	2002	44.2	···	···
斯洛文尼亚	1992	1992···	14.6	···	
斯洛文尼亚[d]	2008	···	38	3.6	0.8
西班牙	1977	1981	58.5	5.6	···
西班牙	2008	···	38.7	3.8	2
斯里兰卡	1989	1991	19.6	5	3.6
斯威士兰	1995	1999	45.7	···	···
瑞典	1991	1995	31.6	3.6	1.9
瑞典[d]	2008	···	25.5	0.7	0.2
瑞士	2008	···	0	1.1	1.1
坦桑尼亚	1987	1988	0	10	···
泰国	1983	1983	24.8	0.7	···
泰国	1997	2000	109.3	43.8	18.8
多哥	1993	1994	38.5	···	···
突尼斯	1991	1991	1.3	3	···
土耳其	1982	1984	35	2.5	···
土耳其	2000	2001	37	32	24.5
乌干达	1994	1994	0	···	···
乌克兰	1998	1999	0	0	0
乌克兰	2008	···	0	4.5	4.5
英国	2007	···	25.6	8.8	5
美国[d]	1988	1988	0	3.7	···
美国	2007	···	30.6	4.5	3.6
乌拉圭	1981	1985	38.1	31.2	···
乌拉圭	2002	2005	66.1	20	6.2
委内瑞拉	1994	1998	1.2	15	5.6
越南	1997	1997	0	10	5
也门	1996	1996	12.2	···	···
赞比亚	1995	1998	31.6	1.4	···
津巴布韦	1995	1999	10.4	···	···

注：a. 产出损失计算是实际 GDP 和趋势 GDP 之差的累积值。趋势值按（T，T + 3）时期计算，表示为实际国内生产总值的走势值，T 为危机的起始年。

b. 财政成本被定义为和重组金融行业相关的总的财政支出。它们包括重组银行的成本，但不包括财政购买资产和直接的流动性援助。

c. 重组成本是和重组金融机构相关的财政支出。

d. 指不太明确的银行业危机。

资料来源：Laeven 和 Valencia（2013）。

参考文献

Abbassi, Puriya, Falk Brauning, Falko Fecht, and José – Luis Peydr ó. 2015. Cross – borderliquidity, relationships: Euro area interbank crisis. CEPR Discussion Paper 10479.

Abreu, Dilip, and Markus K. Brunnermeier. 2003. Bubbles and crashes. *Econometrica* 71 (1): 173 – 204.

Acemoglu, Daron. 2011. Thoughts on inequality in financial crisis. Presentation at the American Economics Association Meetings, January 2011.

Acemoglu, Daron, Asuman Ozdaglar, and Alireza Tahbaz – Zalehi. 2010. Cascades in networks and aggregate volatility. NBER Working Paper 16516.

Acharya, Sankarshan, and Jean – Francois Dreyfus. 1988. Optimal bank reorganization policies and the pricing of federal deposit insurance. *Journal of Finance* 44 (5): 1313 – 34.

Acharya, Viral V. , and Nada Mora. 2015. A crisis of banks as liquidity providers. *Journal of Finance* 70 (1): 1 – 43.

Acharya, Viral V. , and Hassan Naqvi. 2012. The seeds of a crisis: A theory of bank liquidity and risk taking over the business cycle. *Journal of Financial Economics* 106: 349 – 66.

Acharya, Viral V. , Lasse H. Pedersen, Thomas Philippon, and Matthew Richardson. 2009. Measuring systemic risk. Mimeo. New York University.

Acharya, Viral V. , and Matthew Richardson. 2009. *Restoring Financial Stability: How to Repair a Failed System*. Hoboken, NJ: Wiley.

Acharya, Viral V. , and Philipp Schnabl. 2009. How banks played the leverage" game. "
In V. Acharya and M. Richardson, eds. , *Restoring Financial Stability: How to Repair a Failed System*. New York: Wiley, 83 – 100.

Acharya, Viral V. , and Sascha Steffen. 2015. The " greatest " carry trade ever? Understanding eurozone bank risks. *Journal of Financial Economics* 115: 215 – 36.

Acharya, Viral V. , and Tanju Yorulmazer. 2007. Too many to fail: An analysis of timeinconsistency in bank closure policies. *Journal of Financial Intermediation* 16 (1): 1 – 31.

Acharya, Viral V. , and Tanju Yorulmazer. 2008a. Cash – in – the – market pricing and optimal resolution of bank failures. *Review of Financial Studies* 21 (6): 2705 – 42.

Acharya, Viral V. , and Tanju Yorulmazer. 2008b. Information contagion and bank herding. *Journal of Money, Credit and Banking* 40 (1): 215 – 31.

Adams, Renee, and Hamid Mehran. 2012. Bank board structure and performance: Evidence for large bank holding companies. *Journal of Financial Intermediation* 21 (2): 243 – 67.

Adelino, Manuel, Antoinette Schoar, and Felipe Severino. 2012. Credit supply and house prices:

Evidence from mortgage market segmentation. NBER Working Paper 17832.

Admati, Anat R. , and Martin F. Hellwig. 2013. *The Bankers'New Clothes: What's Wrong with Banking and What to Do about It.* Princeton: Princeton University Press. Admati, Anat R. , Peter M. DeMarzo, Martin F. Hellwig, and Paul Pleiderer. 2013.

Fallacies, irrelevant facts, and myths in the discussion of capital regulation: Why bank equity is not socially expensive. Stanford GBS Working Paper 2065.

Adrian, Tobias, and Nina Boyarchenko. 2012. Intermediary leverage cycles and financial stability. Working Paper.

Adrian, Tobias, and Markus Brunnermeier. 2009. CoVar. Federal Reserve Bank of New York Staff Report 348.

Adrian, Tobias, Paolo Colla, and Hyun Song Shin. 2012. Which financial frictions?

Parsing the evidence from the financial crisis of 2007 – 09. In Daron Acemoglu, Jonathan Parker, and Michael Woodford, eds. , NBER Macroeconomics Annual. Chicago: University of Chicago Press.

Adrian, Tobias, and Hyun Song Shin. 2008a. Financial intermediaries, financial stability, and monetary policy. Staff Report 346. Federal Reserve Bank of New York.

Adrian, Tobias, and Hyun Song Shin. 2008b. Liquidity and financial cycles. BIS Working Paper 256.

Adrian, Tobias, and Hyun Song Shin. 2009. Money, liquidity and monetary policy. *American Economic Review*99 (2) :600 – 605.

Adrian, Tobias, and Hyun Song Shin. 2010. Liquidity and leverage. *Journal of Financial Intermediation*19 (3) :418 – 37.

Adrian, Tobias, and Hyun Song Shin. 2011. Financial intermediaries and monetary economics.

In B. M. Friedman and M. Woodford, eds. , *Handbook of Monetary Economics*, vol. 3. New York: Elsevier, 601 – 50.

Afonso, Gara, Anna Kovner, and Antoinette Schoar. 2011. Stressed, not frozen: The federal funds market in the financial crisis. *Journal of Finance* 66 (4) :1109 – 39.

Agarwal, Sumit, and Itzhak Ben – David. 2014. Do loan officers' incentives lead to lax lending standards? NBER Working Paper 19945.

Agarwal, Sumit, Effi Benmelech, Nittai Bergman, and Amit Seru. 2012. Did the Community Reinvestment Act (CRA) lead to risky lending? NBER Working Paper 18609.

Agarwal, Sumit, David O. Lucca, Amit Seru, and Francesco Trebbi. 2014. Inconsistent regulators: Evidence from banking. *Quarterly Journal of Economics* 129 :889 – 938.

Agarwal, Sumit, and Faye H. Wang. 2009. Perverse incentives at the banks? Evidence from a natural experiment. Working Paper 09 – 08. Federal Reserve Bank of Chicago.

Aghion, Philippe, George – Marios Angeletos, Abhijit Banerjee, and Kalina Manova. 2010.

Volatility and growth: Credit constraints and the composition of investment. Journal of Monetary Economics57 :246 – 65.

Aghion, Philippe, Patrick Bolton, and Steven Fries. 1999. Optimal design of bank bailouts: The case of transition economies. *Journal of Institutional and Theoretical Economics* 155 (1) :51 – 70.

Aghion, Philippe, Oliver Hart, and John Moore. 1992. The economics of bankruptcy *reform. Journal of Law Economics and Organization* 8 : 523 – 46.

Aguiar, Mark, and Manuel Amador. 2011. Growth in the shadow of expropriation. *Quarterly Journal of Economics*126 : 651 – 97.

Aguiar, Mark, Manuel Amador, and Gita Gopinath. 2009. Investment cycles and sovereign debt overhang. *Review of Economic Studies* 76 : 1 – 31.

Agur, Itai, and Maria Demertzis. 2010. Monetary policy and excessive banks risk taking. DNB Working Paper 271.

Aharony, Joseph, and Itzhak Swary. 1983. Contagion effects of bank failures : Evidence from capital markets. *Journal of Business* 56 (3) : 305 – 22.

Aiyar, Shekhar, Charles W. Calomiris, and Tomasz Wieladek. 2014. Does macro – pru leak? Evidence from a UK policy experiment. *Journal of Money, Credit and Banking* 46 : 181 – 214.

Akerlof, George A. , and Paul M. Romer. 1993. Looting : The economic underworld of bankruptcy for profit. *Brookings Papers on Economic Activity* 2 : 1 – 73.

Akerlof, George A. , and Robert J. Shiller. 2009. *Animal Spirits : How Human Psychology Drives the Economy, and Why It Matters for Global Capitalism.* Princeton : Princeton University Press.

Akin, Ozlem, Jose M. Marin, and Jose – Luis Peydró. 2013. Anticipation of the financial crisis : Evidence from insider trading in banks. Mimeo.

Albertazzi, Ugo, and Domenico J. Marchetti. 2011. C redit crunch, flight to quality and evergreening : An analysis of bank – firm relationships after Lehman. Mimeo. Banca d' Italia.

Alessandri, Piergiorgio, Prasanna Gai, Sujit Kapadia, Nada Mora, and Claus Puhr. 2009. Towards a framework for quantifying systemic stability. *International Journal of Central Banking* 5 (3) : 47 – 81.

Allen, Franklin, and Ana Babus. 2009. Networks in finance. In Paul Kleindorfer and Yoram Wind, eds. , *The Network Challenge : Strategy, Profit, and Risk in an Interlinked World.* Upper Saddle River, NJ : Pearson Education, 367 – 82.

Allen, Franklin, and Elena Carletti. 2008. Mark – to – market accounting and cash – in – themarket pricing. *Journal of Accounting and Economics* 45 (2 – 3) : 358 – 78.

Allen, Franklin, Elena Carletti, and Douglas Gale. 2009. Interbank market liquidity and central bank intervention. *Journal of Monetary Economics* 56 (5) : 639 – 52.

Allen, Franklin, Elena Carletti, and Robert Marquez. 2014. Deposits and bank capital structure. *Journal of Financial Economics*, forthcoming.

Allen, Franklin, Michael Chui, and Angela Maddaloni. 2004. Financial systems in Europe, the U. S. A. and Asia. *Oxford Review of Economic Policy* 20 (4) : 490 – 508.

Allen, Franklin, and Douglas Gale. 1998. Optimal financial crises. *Journal of Finance* 53 (4) : 1245 – 84.

Allen, Franklin, and Douglas Gale. 2000a. Financial contagion. *Journal of Political Economy*108 : 1 – 33.

Allen, Franklin, and Douglas Gale. 2000b. *Comparing Financial Systems.* Cambridge : MIT Press.

Allen, Franklin, and Douglas Gale. 2000c. Bubbles and crises. *Economic Journal* 110 : 236 – 55.

Allen, Franklin, and Douglas Gale. 2003. Asset price bubble and stock market interlinkages. In W. C. Hunter, G. G. Kaufman, and M. Pomerleano, eds. , *Asset Price Bubbles : The Implications for*

Monetary, *Regulatory*, *and International Policies*. Cambridge：MIT Press.

Allen，Franklin，and Douglas Gale. 2004a. Financial intermediaries and markets. *Econometrica* 72：1023 – 61.

Allen，Franklin，and Douglas Gale. 2004b. Competition and financial stability. *Journal of Money*, *Credit and Banking* 36（3）：453 – 80.

Allen，Franklin，and Douglas Gale. 2004c. Asset price bubbles and monetary policy. In M. Desai and Y. Said，eds. ，*Global Governance and Financial Crises*. London：Routledge，19 – 42.

Allen，Franklin，and Douglas Gale. 2007. *Understanding Financial Crises*. New York：Oxford University Press.

Allen，Franklin，and Gary Gorton. 1993. Churning bubbles. *Review of Economic Studies* 60：813 – 36.

Allen，Franklin，Stephen Morris，and Andrew Postlewaite. 1993. Finite bubbles with short sale constraints and asymmetric information. *Journal of Economic Theory* 61：206 – 29.

Allen，Franklin，and Kenneth Rogoff. 2011. Asset prices， financial stability and monetary policy. In P. Jansson and M. Persson，eds. ，*Riksbank's Inquiry into the Risks in the Swedish Housing Market*. Stockholm：Sveriges Riksbank， 189 – 218.

Allen，Linda，Turan Bali，and Yi Tang. 2012. Does systemic risk in the financial sector predict future economic downturns? *Review of Financial Studies* 25（10）：3000 – 36.

Almeida，Heitor，Murillo Campello，Bruno Laranjeira，and Scott Weisbenner. 2012.

Corporate debt maturity and the real effects of the 2007 credit crisis. *Critical Finance Review* 1（1）：3 – 58.

Almunia，Miguel，Agustí n S. B é n é trix，Barry Eichengreen，Kevin H. O' Rourke，and Gisela Rua. 2010. From Great Depression to Great Credit Crisis：Similarities， differences and lessons. *Economic Policy*（April）：219 – 65.

Altunbas，Y. ， L. Gambacorta，and D. Marquez – Ibanez. 2014. Does monetary policy affect bank risk? *International Journal of Central Banking* 10：95 – 136.

Amiti，Mary，and David Weinstein. 2011. Exports and financial shocks. *Quarterly Journal of Economics* 126：1841 – 77.

Amiti，Mary，and David Weinstein. 2013. How much do bank shocks affect investment?

Evidence from matched bank – firm loan data. NBER Working Paper 18890.

Andersen，Henrik，Christian Castro，Marc Farag，and Julia Giese. 2010. Macroprudential policy rules for the UK. Mimeo. Bank of England.

Ang，Andrew and Francis A. Longstaff. 2013. Systemic sovereign credit risk：Lessons from the U. S. and Europe. *Journal of Monetary Economics* 60（5）：493 – 510.

Angeloni，Ignazio，and Ester Faia. 2013. Capital regulation and monetary policy with fragile banks. *Journal of Monetary Economics* 60（3）：311 – 24.

Angeloni，Ignazio，Anil Kashyap，and Benoit Mojon. 2003. *Monetary Policy Transmission in the Euro Area*. Cambridge：Cambridge University Press.

Apel， Mikael， and Carl Andreas Claussen. 2012. Monetary policy， interest rates and risktaking. *Sveriges Riksbank Economic Review* 2：68 – 83.

Arora，Navneet，Priyank Gandhi，and Francis A. Longstaff. 2012. Counterparty credit risk and the credit default swap market. *Journal of Financial Economics* 103:280 – 93.

Ashcraft, Adam. 2005. Are banks really special? New evidence from the FDIC – induced failure of healthy banks. *American Economic Review* 95:1712 – 30.

Ashcraft, Adam, Morten L. Bech, and W. Scott Frame. 2010. The Federal Home Loan Bank System:The lender of next – to – last resort? *Journal of Money, Credit and Banking* 42 (4): 551 – 83.

Atkinson, Tyler, David Luttrell, and Harvey Rosenblum. 2013. *How bad was it? The costs and consequences of the* 2007 – 09 *financial crisis.* Mimeo. Dallas Federal Reserve.

Bae, Kee – Hong, Jun – Koo Kang, and Chan – Woo Lim. 2002. The value of durable bank relationships:Evidence from Korean banking shocks. *Journal of Financial Economics* 64:181 – 214.

Bagehot, Walter. 1873. *Lombard Street:A Description of the Money Market.* London:H. S. King.

Baldursson, Fridrik Mar, and Richard Portes. 2013. Gambling for resurrection in Iceland:the rise and fall of the banks. CEPR Discussion Paper 9664.

Banerjee, Abhijit V. 1992. A simple model of herd behavior. *Quarterly Journal of Economics* 107: 797 – 817.

Bank for International Settlements. 2012. The limits of monetary policy. *BIS Annual Report*, ch. 4.

Bank for International Settlements. 2014. *BIS 84th Annual Report.*

Bank of England. 2011. Instruments of macroprudential policy. BoE Discussion Paper.

Barberis, Nicholas. 2012. A model of casino gambling. *Management Science* 58:35 – 51.

Barberis, Nicholas, and Ming Huang. 2008. Stocks as lotteries:The implications of probability weighting for security prices. *American Economic Review* 98:2066 – 2100.

Barberis, Nicholas, Ming Huang, and Tano Santos. 2001. Prospect theory and asset prices. *Quarterly Journal of Economics* 116:1 – 3.

Barberis, Nicholas, and Andrei Shleifer. 2003. Style investing. *Journal of Financial Economics* 68: 161 – 99.

Barberis, Nicholas, Andrei Shleifer, and Robert Vishny. 1998. A model of investor sentiment. *Journal of Financial Economics* 49:307 – 43.

Barlevy, Gadi. 2014. A leverage – based model of speculative bubbles. *Journal of Economic Theory* 153:459 – 505.

Barojas, Adolfo, Giovanni Dell' Ariccia, and Andrei Levchenko. 2007. Credit booms:The good, the bad, and the ugly. Mimeo.

Barro, Robert J. 2009. Rare disasters, asset prices, and welfare costs. *American Economic Review*99 (1):243 – 64.

Barth, James, Gerard Caprio, and Ross Levine. 2001. The regulation and supervision of banks around the world:A new database. World Bank Policy Research Working Paper 2588.

Barth, James, Gerard Caprio, and Ross Levine. 2006. *Rethinking Bank Regulation:Till Angels Govern.* New York:Cambridge University Press.

Basel Committee for Banking Supervision. 2011. Capitalisation of bank exposures to central counterparties. Second consultative document. November. http://www. bis. org /publ/bcbs206. pdf.

Battiston, Stefano, Michelangelo Puliga, Rahul Kaushik, Paola Tasca, and Guido

Caldarelli. 2012a. DebtRank: Too central to fail? Financial networks, the Fed and systemic risk. Scientific Report 2. Nature Publishing Group.

Battiston, Stefano, Domenico Delli Gatti, Mauro Gallegati, Bruce Greenwald, and Joseph E. Stiglitz. 2012b. Liaisons dangereuses: Increasing connectivity, risk sharing, and systemic risk. *Journal of Economic Dynamics and Control* 36 (8): 1121 – 41.

Bech, Morten, and Todd Keister. 2012. The liquidity coverage ratio and monetary policy implementation. Mimeo.

Beck, Thorsten, Hans Degryse, and Christiane Kneer. 2014. Is more finance better?
Disentangling intermediation and size effects of financial systems. *Journal of Financial Stability* 10:50 – 64.

Beck, Thorsten, Asli Demirgu _– Kunt, and Ross Levine. 2003. Bank concentration and crises. NBER Working Paper 9921.

Beck, Thorsten, Ross Levine, and Norman Loayza. 2000. Finance and the sources of growth. *Journal of Financial Economics* 58:261 – 300.

Becker, Bo, and Victoria Ivashina. 2014a. Cyclicality of credit supply: Firm level evidence. *Journal of Monetary Economics* 62:76 – 93.

Becker, Bo, and Victoria Ivashina. 2014b. Reaching for yield in the bond market. *Journal of Finance*, forthcoming.

Begeneau, Juliane, Monika Piazzesi, and Martin Schneider. 2012. The allocation of interest rate risk in the financial sector. Working paper, Stanford University.

Bekaert, Geert, Maria Hoerova, and M. Lo Duca. 2013. Risk, uncertainty and monetary policy. *Journal of Monetary Economics* 60:771 – 88.

Belloni, Alexandre, and Victor Chernozhukov. 2011. L1 – penalized quantile regression in high – dimensional sparse models. *Annals of Statistics* 39 (1): 82 – 130.

Benabou, Roland. 2013. Groupthink: Collective delusions in organizations and markets. *Review of Economic Studies* 80:429 – 62.

Barlevy, Gadi. 2014. A leverage – based model of speculative bubbles. *Journal of Economic Theory* 153:459 – 505.

Barojas, Adolfo, Giovanni Dell' Ariccia, and Andrei Levchenko. 2007. Credit booms: The good, the bad, and the ugly. Mimeo.

Barro, Robert J. 2009. Rare disasters, asset prices, and welfare costs. *American Economic Review* 99 (1): 243 – 64.

Barth, James, Gerard Caprio, and Ross Levine. 2001. The regulation and supervision of banks around the world: A new database. World Bank Policy Research Working Paper 2588.

Barth, James, Gerard Caprio, and Ross Levine. 2006. *Rethinking Bank Regulation: Till Angels Govern.* New York: Cambridge University Press.

Basel Committee for Banking Supervision. 2011. Capitalisation of bank exposures to central counterparties. Second consultative document. November. http://www. bis. org/publ/bcbs206. pdf.

Battiston, Stefano, Michelangelo Puliga, Rahul Kaushik, Paola Tasca, and Guido Caldarelli. 2012a. DebtRank: Too central to fail? Financial networks, the Fed and systemic risk. Scientific Report 2. Nature Publishing Group.

Battiston, Stefano, Domenico Delli Gatti, Mauro Gallegati, Bruce Greenwald, and Joseph E. Stiglitz. 2012b. Liaisons dangereuses: Increasing connectivity, risk sharing, and systemic risk. *Journal of Economic Dynamics and Control* 36 (8):1121 –41.

Bech, Morten, and Todd Keister. 2012. The liquidity coverage ratio and monetary policy implementation. Mimeo.

Beck, Thorsten, Hans Degryse, and Christiane Kneer. 2014. Is more finance better?

Disentangling intermediation and size effects of financial systems. *Journal of Financial Stability*10:50 –64.

Beck, Thorsten, Asli Demirgu _– Kunt, and Ross Levine. 2003. Bank concentration and crises. NBER Working Paper 9921.

Beck, Thorsten, Ross Levine, and Norman Loayza. 2000. Finance and the sources of growth. *Journal of Financial Economics* 58:261 –300.

Becker, Bo, and Victoria Ivashina. 2014a. Cyclicality of credit supply:Firm level evidence. *Journal of Monetary Economics* 62:76 –93.

Becker, Bo, and Victoria Ivashina. 2014b. Reaching for yield in the bond market. *Journal of Finance*, forthcoming.

Begeneau, Juliane, Monika Piazzesi, and Martin Schneider. 2012. The allocation of interest rate risk in the financial sector. Working paper, Stanford University.

Bekaert, Geert, Maria Hoerova, and M. Lo Duca. 2013. Risk, uncertainty and monetary policy. *Journal of Monetary Economics* 60:771 –88.

Belloni, Alexandre, and Victor Chernozhukov. 2011. L1 –penalized quantile regression in high – dimensional sparse models. *Annals of Statistics* 39 (1):82 –130.

Benabou, Roland. 2013. Groupthink:Collective delusions in organizations and markets. *Review of Economic Studies* 80:429 –62.

Bernanke, Ben S. , and Kenneth N. Kuttner. 2005. What explains the stock market's reaction to Federal Reserve policy? *Journal of Finance* 60:1221 –58.

Bernanke, Ben S. , and Cara S. Lown. 1991. The credit crunch. *Brookings Papers on Economic Activity* 2:205 –39.

Bernanke, Ben S. , and Ilan Mihov. 1998. Measuring monetary policy. Quarterly *Journal of Economics* 113 (3):869 –902.

Bernard, Victor, Robert C. Merton, and Krishna Palepu. 1995. Mark –to –market accounting for banks and thrifts:Lessons from the Danish experience. *Journal of Accounting Research* 33 (1): 1 –32.

Berndt, Antje, Robert Jarrow, and ChoongOh Kang. 2007. Restructuring risk in credit default swaps:An empirical analysis. *Stochastic Processes and Their Applications* 117:1724 –49.

· Bhattacharya, Sudipto, Arnoud Boot, and Anjan Thakor. 1998. The economics of bank regulation. *Journal of Money, Credit and Banking* 30:745 –70.

Bhattacharya, Sudipto, and Gabriela Chiesa. 1995. Proprietary Information, financial intermediation, and research incentives. *Journal of Financial Intermediation* 4:328 –57.

Bhattacharya, Sudipto, and Douglas Gale. 1987. Preference shocks, liquidity, and central bank policy. In W. Barnett and K. Singleton, eds. , *New Approaches to Monetary Economics*. Cambridge,

UK：Cambridge University Press，69 – 88.

Bhattacharya，Sudipto，Charles A. E. Goodhart，Dimitrios P. Tsomocos，and Alexandros P. Vardoulakis. 2011. Minsky's financial instability hypothesis and the leverage cycle.

Financial Markets Group Special Paper 202. London School of Economics.

Bikhchandani，Sushil，David Hirshleifer，and Ivo Welch. 1992. A theory of fads，fashion，custom，and cultural change in informational cascades. *Journal of Political Economy* 100：992 – 1026.

Billio，Monica，Mila Getmansky，Andrew W. Lo，and Loriana Pelizzon. 2012. Econometric measures of connectedness and systemic risk in the finance and insurance sectors. *Journal of Financial Economics* 104（3）：535 – 59.

BIS. 2001. Group of Ten：Consolidation of the Financial Sector. www. bis. org/publ/gten05. htm.

BIS. 2011. Macroprudential policy tools and frameworks. Update to G20 Finance Ministers and Central Bank Governors. www. bis. org/publ/othp13. pdf.

Bisias，Dimitrios，Mark Flood，Andrew W. Lo，and Stavros Valavanis. 2012. A survey of systemic risk analytics. *Annual Review of Financial Economics* 4：255 – 96.

Blanchard，Olivier，Giovanni Dell' Ariccia，and Paolo Mauro. 2010. Rethinking macroeconomic policy. *Journal of Money，Credit and Banking* 42：199 – 215.

Blanchard，Olivier，Giovanni Dell' Ariccia，and Paolo Mauro. 2013. Rethinking macro policy II：Getting granular. IMF Staff Discussion Note 13/03.

Bliss，Robert，and Mark Flannery. 2000. Market discipline in the governance of US bank holding companies：monitoring vs influencing. Working Paper，2000 – 3. Federal Reserve Bank of Chicago.

Bofondi，Marcello，Luisa Carpinelli，and Enrico Sette. 2013. Credit supply during a sovereign crisis. Mimeo. Banca d' Italia.

Boissay，Frederic，Fabrice Collard and Frank Smets. 2013. Booms and systemic banking crises. Mimeo. ECB.

Boivin，Jean，Michael Kiley，and Frederic Mishkin. 2011. How has the monetary transmission mechanism evolved over time? In B. Friedman and M. Woodford，eds. ，*Handbook of Macroeconomics*，vol. 3. Amsterdam：Elsevier，369 – 422.

Bolton，Patrick，Xavier Freixas，Leonardo Gambacorta，and Paolo Emilio Mistrulli. 2013. *Relationship and Transaction Lending in a Crisis*. Rochester，NY：SSRN.

Boot，Arnoud. 2000. Relationship banking：What do we know? *Journal of Financial Intermediation* 9：7 – 25.

Boot，Arnoud，and Anjan Thakor. 1993. Self – interested bank regulation. *American Economic Review* 83：206 – 12.

Bordo，Michael D. 1986. Financial crises，banking crises，stock market crashes and the money supply：Some international evidence，1887 – 1933. In F. Capie and G. E. Wood. eds. ，*Financial Crises and the World Banking System*. London：Macmillan，190 – 248.

Bordo，Michael D. 1990. The lender of last resort：Alternative views and historical experience. *Federal Reserve Bank of Richmond Economic Review* 76（1）：18 – 29.

Bordo，Michael D. 2008. A historical perspective on the crisis of 2007 – 08. NBER Working Paper 14569.

Bordo，Michael D. ，Barry Eichengreen，Daniela Klingebiel，and Maria Soledad Martinez –

Peria. 2001. Is the crisis problem growing more severe? *Economic Policy* 16 (32):51 – 82.

Bordo, Michael D. , and Joseph G. Haubrich. 2010. Credit crises, money and contractions: An historical view. *Journal of Monetary Economics* 57:1 – 18.

Borio, Claudio. 2003. Towards a macroprudential framework for financial supervision and regulation? *CESifo Economic Studies* 49:181 – 216.

Borio, Claudio. 2008. The financial turmoil of 2007 – ? A preliminary assessment and some policy considerations. BIS Working Paper 251.

Borio, Claudio. 2009. The macroprudential approach to regulation and supervision. http://www. voxeu. org/index. php? q = node/3445.

Borio, Claudio. 2013. Macroprudential policy and the financial cycle: Some stylised facts and policy suggestions. Mimeo. BIS.

Borio, Claudio, and Matthias Drehmann. 2009. Towards an operational framework for financial stability: Fuzzy measurement and its consequences. In R. Alfaro and D. Gray, eds. , *Financial Stability, Monetary Policy, and Central Banking*, vol. 15. Central Bank of Chile Series on Central Banking, Analysis, and Economic Policies, 63 – 123.

Borio, Claudio, Craig Furfine, and Philip Lowe. 2001. Procyclicality of the financial system and financial stability: issues and policy options. BIS Papers 1.

Borio, Claudio, and Philip Lowe. 2002. Asset prices, financial and monetary stability: Exploring the nexus. BIS Working Paper 114.

Borio, Claudio, and Philip Lowe. 2004. Securing sustainable price stability: Should credit come back from the wilderness? BIS Working Paper 157.

Borio, Claudio, and William R. White. 2003. Whither monetary and financial stability: The implications of evolving policy regimes. *Proceedings*. Federal Reserve Bank of Kansas City, 131 – 211.

Borio, Claudio, and Haibin Zhu. 2012. Capital regulation, risk – taking and monetary policy: A missing link in the transmission mechanism. *Journal of Financial Stability* 8:236 – 51.

Bovenzi, John F. , and Maureen E. Muldoon. 1990. Failure – resolution methods and policy considerations. *FDIC Banking Review* 3 (1):1 – 11.

Boyd, John H. , and Gianni De Nicolo. 2005. The theory of bank risk taking and competition revisited. *Journal of Finance* 60:1329 – 43.

Boyd, John, Sungkyu Kwak, and Bruce Smith. 2005. The real output losses associated with modern banking crises. *Journal of Money, Credit and Banking* 37:977 – 99.

Brá zdik, Frantisek, Michal Hlaváĉek, and Ales MarŠá l. 2012. Survey of research on financial sector modeling within DSGE models: What central banks can learn from it. Czech *Journal of Economics and Finance* 62 (3):252 – 77.

Brierley, Peter. 2009. The UK Special Resolution Regime for failing banks in an international context. Financial Stability Paper 5. Bank of England.

Broner, Fernando, Aitor Erce, Alberto Martin, and Jaume Ventura. 2013. Sovereign debt markets in turbulent times: Creditor discrimination and crowding – out effects. *Journal of Monetary Economics* 61:114 – 42.

Brownlees, Christian, and Robert Engle. 2015. SRISK: A conditional capital shortfall index for systemic risk measurement. Mimeo. New York University.

Brunnermeier, Markus K. 2009. Deciphering the 2007 – 08 liquidity and credit crunch. *Journal of Economic Perspectives* 23 (1):77 – 100.

Brunnermeier, Markus. 2013. Financial stability and systemic risk. Presentation at International Monetary Fund. http://scholar. princeton. edu/markus/files/covar slides. pdf.

Brunnermeier, Markus, Andrew Crocket, Charles Goodhart, Avinash D. Persaud, and Hyun Shin. 2009. The fundamental principles of financial regulation. Geneva Report on the World Economy 11. ICMB/CEPR.

Brunnermeier, Markus, Thomas M. Eisenbach, and Yuliy Sannikov. 2013.

Macroeconomics with financial frictions: A survey. In *Advances in Economics and Econometrics*. New York: Cambridge University Press.

Brunnermeier, Markus, Gary Gorton, and Arvind Krishnamurthy. 2012. Risk topography. *NBER Macroeconomics Annual*. 2011:149 – 76.

Brunnermeier, Markus, and Lasse Pedersen. 2009. Market liquidity and funding liquidity. *Review of Financial Studies* 22 (6):2201 – 38.

Brunnermeier, Markus, and Yuliy Sannikov. 2012. Redistributive monetary policy. In *The Changing Policy Landscape: Proceedings of the 2012 Jackson Hole Economic Policy Symposium*.

Jackson Hole, WY, August 31 – September 1, 2012. Federal Reserve Bank of Kansas City Brunnermeier, Markus, and Isabel Schnabel. 2014. *Bubbles and central banks: Historical Perspectives. Mimeo*. Princeton University.

Brusco, Sandro, and Fabio Castiglionesi. 2007. Liquidity coinsurance, moral hazard and financial contagion. Journal of Finance 62:2275 – 2302.

Bryant, John. 1980. A model of reserves, bank runs, and deposit insurance. *Journal of Banking and Finance* 4 (4):335 – 44.

Buch, Claudia M. , Sandra Eickmeier, and Esteban Prieto. 2014a. Macroeconomic factors and microlevel bank behavior. *Journal of Money, Credit and Banking* 46:715 – 51.

Buch, Claudia. M. , Sandra Eickmeier, and Esteban Prieto. 2014b. In search for yield?

Survey – based evidence on bank risk taking. *Journal of Economic Dynamics and Control* 43:12 – 30.

Buiter, Willem. 2009. The unfortunate uselessness of most " state of the art " academic monetary economics. *Financial Times*, March 3. ft. com/maverecon.

Buraschi, Andrea, Paolo Porchia, and Fabio Trojani. 2010. The cross – section of expected stock returns: Learning about distress and predictability in heterogeneous orchards. Working Paper.

Buser, Stephen, Andrew Chen, and Edward Kane. 1981. Federal deposit insurance, regulatory policy and optimal bank capital. *Journal of Finance* 36:51 – 60.

Caballero, Ricardo J. 2010a. Crisis and reform: Managing systemic risk. Prepared for the Angelo Costa Lecture delivered in Rome, March 23.

Caballero, Ricardo J. 2010b. Macroeconomics after the crisis: Time to deal with the pretense – of – knowledge syndrome. *Journal of Economic Perspectives* 24 (4):85 – 102.

Caballero, Ricardo J. , Takeo Hoshi, and Anil K. Kashyap. 2008. Zombie lending and depressed restructuring in Japan. *American Economic Review* 98 (5):1943 – 77.

Caballero, Ricardo, and Arvind Krishnamurthy. 2001. International and domestic collateral constraints in a model of emerging market crises. *Journal of Monetary Economics* 48:513 – 48.

Caballero, Ricardo J., and Arvind Krishnamurthy. 2006. Bubbles and capital flow volatility: Causes and risk management. *Journal of Monetary Economics* 53:35 – 53.

Caballero, Ricardo J., and Arvind Krishnamurthy. 2008a. Collective risk management in a flight to quality episode. *Journal of Finance* 63 (5):2195 – 2229.

Caballero, Ricardo J., and Arvind Krishnamurthy. 2008b. Knightian uncertainty and its implications for the TARP. *Financial Times* Economists' Forum, November 24.

Caballero, Ricardo J., and Alp Simsek. 2009. Complexity and financial panics. NBER Working Paper 14997.

Caballero, Ricardo J., and Alp Simsek. 2013. Fire sales in a model of complexity. *Journal of Finance* 68 (6):2549 – 87.

Calomiris, Charles W. 1993. Regulation, industrial structure, and instability in US banking: An historical perspective. In M. Klausner and L. White, eds., *Structural Change in Banking*. New York: New York University, 19 – 115.

Calomiris, Charles W. 1994. Is the discount window necessary? A Penn Central perspective. Federal Reserve Bank of St. Louis *Review*, May, 31 – 55.

Calomiris, Charles W. 2008. The subprime turmoil: What's old, what's new, and what's next. Mimeo. Columia Business School.

Calomiris, Charles W. 2009. The subprime turmoil: What's old, what's new, and what's next. *Journal of Structured Finance* 15 (1):6 – 52.

Calomiris, Charles W., and Charles Kahn. 1991. The role of demandable debt in structuring optimal banking arrangements. *American Economic Review* 81 (3):497 – 513.

Calomiris, Charles W., and Charles Kahn. 1996. The efficiency of self – regulated payment systems: Learning from the Suffolk system. *Journal of Money, Credit and Banking* 28 (4):766 – 97.

Calomiris, Charles W., Daniela Klingebiel, and Luc Laeven. 2003. A taxonomy of financial crisis resolution mechanisms: Cross – country experience. In L. Laeven and P. Honohan, eds., *Systemic Financial Crises: Containment and Resolution*. Cambridge, UK: Cambridge University Press, 25 – 75.

Calomiris, Charles W., and Joseph Mason. 2003. Consequences of bank distress during the Great Depression. *American Economic Review* 93:937 – 47.

Campbell, John Y., and John H. Cochrane. 1999. By force of habit: A consumption – based explanation of aggregate stock market behavior. *Journal of Political Economy* 107 (2):205 – 51.

Campbell, John Y., Stefano Giglio, and Pareg Pathak. 2011. Forced sales and house prices. *American Economic Review* 101 (5):2108 – 31.

Campello, Murillo. 2002. Internal capital markets in financial conglomerates: Evidence from small bank responses to monetary policy. *Journal of Finance* 57 (6):2773 – 2805.

Caplin, Andrew, and John Leahy. 1994. Business as usual, market crashes, and wisdom after the fact. *American Economic Review* 84:548 – 65.

Caprio, Gerard, and Daniela Klingebiel. 1999. Episodes of systemic and borderline financial crises. Mimeo. World Bank.

Caprio, Gerard, Daniela Klingebiel, Luc Laeven, and Guillermo Noguera. 2005. Banking crisis database. In P. Honohan and L. Laeven, eds. *Systemic Financial Crises*. Cambridge University Press,

307 – 40.

Caprio, Gerard, Luc Laeven, and Ross Levine. 2007. Governance and bank valuation. *Journal of Financial Intermediation* 16:584 – 617.

Carvalho, Fabia, and Cyntia Azevedo. 2008. The incidence of reserve requirements in Brazil: do bank stockholders share the burden? *Journal of Applied Economics* 11:61 – 90.

Case, Karl E. , and Robert J. Shiller. 1989. The efficiency of the market for single – family houses. *American Economic Review* 79 (1):125 – 37.

Castiglionesi, Fabio, Fabio Feriozzi, and Guido Lorenzoni. 2009. Financial integration, liquidity and the depth of systemic crises. Working Paper.

Cecchetti, Stephen G. , Marion Kohler, and Christian Upper. 2009. Financial crises and economic activity. NBER Working Paper 15379.

Cecchetti, Stephen G. , Madhusudan Mohanty, and Fabrizio Zampolli. 2011. The real effects of debt. BIS Working Paper 352.

Cetorelli, Nicola, and Linda S. Goldberg. 2011. Global banks and international shock transmission: Evidence from the crisis. *IMF Economic Review* 59 (1):41 – 76.

Cetorelli, Nicola, and Linda S. Goldberg. 2012a. Banking globalization and monetary transmission. *Journal of Finance* 67 (5):1811 – 43.

Cetorelli, Nicola, and Linda S. Goldberg. 2012b. Follow the money: Quantifying domestic effects of foreign bank shocks in the Great Recession. *American Economic Review* 102 (3):213 – 18.

Cetorelli, Nicola, and Stavros Peristiani. 2012. The role of banks in asset securitization. *Federal Reserve Bank of New York Economic Policy Review* 18 (2):47 – 63.

Chamley, Christoph, and Douglas Gale. 1994. Information revelation and strategic delay in a model of investment. *Econometrica* 62:1065 – 85.

Chan – Lau, Jorge, Marco A. Espinosa, and Juan Sole. 2009. On the use of network analysis to assess systemic financial linkages. Mimeo. IMF.

Chari, V. V. , and J. Lawrence Christiano, and Patrick J. Kehoe. 2008. Facts and myths about the financial crisis of 2008. Working Paper 666. Federal Reserve Bank of Minneapolis.

Chari, V. V. , and Ravi Jagannathan. 1988. Banking panics, information and rational expectations equilibrium. *Journal of Finance* 43 (3):749 – 61.

Chava, Sudheer, and Amiyatosh Purnanandam. 2011. The effect of banking crisis on bank – dependent Borrowers. *Journal of Financial Economics* 99:116 – 35.

Chen, Long, Pierre Collin – Dufresne, and Robert S. Goldstein. 2009. On the relation between the credit spread puzzle and the equity premium puzzle. *Review of Financial Studies* 22 (9):3367 – 3409.

Chen, Yehning. 1999. Banking panics: The role of the first – come, first – served rule and information externalities. *Journal of Political Economy* 107 (5):946 – 68.

Cheng, Ing – Haw. , Sahil Raina, and Wei Xiong. 2014. Wall Street and the housing bubble. *American Economic Review* 104 (9):2797 – 2829.

Chernyshoff, Natalia, David S. Jacks, and Alan M. Taylor. 2009. Stuck on gold: Real exchange rate volatility and the rise and fall of the gold standard, 1875 – 1939. *Journal of International Economics* 77:195 – 205.

Chevallier, Judith, and Glenn Ellison. 1997. Risk taking by mutual funds as a response to incentives. *Journal of Political Economy* 105:1167 - 1200.

Chodorow - Reich, Gabriel. 2014a. The employment effects of credit market disruptions: Firm - level evidence from the 2008 - 09 financial crisis. *Quarterly Journal of Economics* 129(1):1 - 59.

Chodorow - Reich, Gabriel. 2014b. Effects of unconventional monetary policy on financialinstitutions. *Brookings Papers on Economic Activity* 48:155 - 227.

Christiano, Lawrence J., Martin Eichenbaum, and Charles L. Evans. 1999. Monetarypolicy shocks: What have we learned and to what end? In J. Taylor and M. Woodford, eds., *Handbook of Macroeconomics*. Amsterdam: Elsevier. Christiano, Lawrence J., Cosmin Ilut, Roberto Motto, and Massimo Rostagno. 2010.

Monetary policy and stock market booms. Paper presented at the 2010 Economic PolicySymposium, Jackson Hole, WY.

Christiano, Lawrence J., Roberto Motto, and Massimo Rostagno. 2003. The Great Depression and the Friedman - Schwartz hypothesis. *Journal of Money, Credit and Banking* 35 (6):1119 - 97.

Christiano, Lawrence J., Roberto Motto, and Massimo Rostagno. 2010. Financial factors in economic fluctuations. ECB Working Paper 1192.

Ciccarelli, Mateo, Angela Maddaloni, and José - Luis Peydró. 2013. Heterogeneous transmission mechanism: Monetary policy and financial fragility in the euro area. *Economic Policy* 28 (75):459 - 512.

Ciccarelli, Matteo, Angela Maddaloni, and Jose - Luis Peydró. 2014. Trusting the bankers: a new look at the credit channel of monetary policy. *Review of Economic Dynamics*, forthcoming.

Cifuentes, Rodrigo, Hyun Song Shin, and Gianluigi Ferrucci. 2005. Liquidity risk and contagion. *Journal of the European Economic Association* 3 (2 - 3):556 - 66.

Claessens, Stijn, Giovanni Dell' Ariccia, Deniz Igan, and Luc Laeven. 2010a. Lessons and policy implications from the global financial crisis. IMF Working Paper 10/44.

Claessens, Stijn, Giovanni Dell' Ariccia, Deniz Igan, and Luc Laeven. 2010b. Crosscountry experiences and policy implications from the global financial crisis. *Economic Policy* 62:267 - 93.

Claessens, Stijn, Erik Feijen, and Luc Laeven. 2008. Political connections and preferential access to finance: The role of campaign contributions. *Journal of Financial Economics* 88:554 - 80.

Claessens, Stijn, M. Ayhan Kose, and Marco E. Terrones. 2012. How do business and financial cycles interact? *Journal of International Economics* 87:178 - 90.

Claessens, Stijn, and Luc Laeven. 2004. What drives bank competition? Some international evidence. *Journal of Money, Credit and Banking* 36 (3):563 - 83.

Claessens, Stijn, Ceyla Pazarbasioglu, Luc Laeven, Marc Dobler, Fabian Valencia, Oana Nedelescu, and Katharine Seal. 2011. Crisis management and resolution policies: Early lessons from the financial crisis. Staff Discussion Note 11/05. IMF.

Clement, Piet. 2010. The term" macroprudential ": Origins and evolution. BIS. *Quarterly Review* 1:59 - 67.

Cocco, Joo F., Francisco J. Gomes, and Nuno C. Martins. 2009. Lending relationships in the interbank market. Journal of Financial Intermediation 18 (1):24 - 48.

Cole, Harold L., and Timothy J. Kehoe. 1996. A self - fulfilling model of Mexico's 1994 - 85 debt crisis. *Journal of International Economics* 41:309 – 30.

Cole, Rebel A. , Joseph A. McKenzie, and Lawrence J. White. 1995. Deregulation gone awry: Moral hazard in the savings and loan industry. In A. Cottrell; M. Lawlor and J. Woo, eds. , *The Causes and Consequences of Depository Institutions Failures.* Boston:Kluwer Academic, 29 – 73.

Cole, Shawn, Martin Kanz, and Leora Klapper. 2015. Incentivizing calculated risk – taking: Evidence from an experiment with commercial bank loan officers. *Journal of Finance* 70:537 – 75.

Colon, Dina. 2005. The foreign bank exemption to the Sarbanes – Oxley prohibition on loans to directors and officers. *Journal of International Business and Law* 4 (1):123 – 51.

Committee on the Global Financial System. 2012. Operationalising the selection and application of macroprudential instruments. CGFS Paper 48. http://www. bis. org/publ/cgfs48. pdf.

Cont, Rama, Amal Moussa, and Edson Bastos e Santos. 2013. Network structure and systemic risk in banking systems. In J. P. Fouque and J. Langsam, eds. , *Handbook of Systemic Risk.* Cambridge, UK:Cambridge University Press, 327 – 68.

Correa, Ricardo, Horacio Sapriza, and Andrei Zlate. 2012. Liquidity shocks, dollar funding costs, and the bank lending channel during the European sovereign crisis. International Finance Discussion Paper 1059. Board of Governors of the Federal ReserveSystem.

Cooperman, Elizabeth S. , Winson B. Lee, and Glenn A. Wolfe. 1992. The 1985 Ohio thrift crisis, the FSLIC's solvency, and rate of contagion for retail CDs. *Journal of Finance* 47 (3):919 – 41.

Coval, Joshua, Jakub W. Jurek, and Erik Stafford. 2009a. The economics of structured finance. *Journal of Economic Perspectives* 23:3 – 25.

Coval, Joshua, Jakub W. Jurek, and Erik Stafford. 2009b. Economic catastrophe bonds. *American Economic Review* 99:628 – 66.

Covitz, Daniel, Nellie Liang, and Gustavo Suarez. 2009. The anatomy of a financial crisis:The evolution of panic – driven runs in the asset – backed commercial paper market. *Proceedings Federal Reserve Bank of San Francisco* 1:1 – 36.

Cour – Thimann, Philippine, and Bernhard Winkler. 2013. The ECB's non – standard monetary policy measures:The role of institutional factors and financial structure. ECB Working Paper 1528.

Cutler, David M. , James M. Poterba, and Lawrence H. Summers. 1991. Speculative dynamics. *Review of Economic Studies* 58:529 – 46.

Cziraki, Peter. 2013. Trading by bank insiders before and during the 2007 – 2008 financial crisis. Working Paper. University of Toronto.

Dang, Tri Vi, Gary Gorton, and Bengt Holmstr m̲. 2013. Ignorance, debt, and financial crises. Mimeo. SOM, Yale.

Daniel, Kent, David Hirshleifer, and Avanidhar Subrahmanyan. 1998. Investor psychology and security market under – and overreactions. *Journal of Finance* 53:1839 – 85.

Danielsson, Jon, Kevin R. James, Marcela Valenzuela Ilknur Zer. 2011. Model risk of systemic risk models. Mimeo. London School of Economics.

Danielsson, Jon, Hyun Song Shin, and Jean – Pierre Zigrand. 2011. Balance sheet capacity and endogenous risk. Financial Markets Group Discussion Paper 665.

Dasgupta, A. 2004. Financial contagion through capital connections:A model of the origin and spread of bank panics. *Journal of the European Economic Association* 2 (6):1049 – 84.

De Bandt, Olivier, and Philipp Hartmann. 2000. Systemic risk: A survey. ECB Working Paper 35.

De Bandt, Olivier, Philipp Hartmann, and José – Luis Peydr ó. 2000. Systemic risk in banking: An update. *Oxford Handbook of Banking. Oxford: Oxford University Press*, 633 – 72.

De Bandt, Olivier, Philipp Hartmann, and José – Luis Peydr ó. 2015. Systemic risk in banking: An update. *Oxford Handbook of Banking*, 2nd ed. Oxford: Oxford University Press.

De Bondt, Gabe, Angela Maddaloni, José – Luis Peydr ó, and Silvia Scopel. 2010. The Euro Area Bank Lending Survey matters: Empirical evidence for credit and output growth. ECB Working Paper 1160.

De Bondt, Werner F. M. , and Richard H. Thaler. 1985. Does the stock market overreact? *Journal of Finance* 40 (3):793 – 805.

De Haas, Ralph, and Neeltje Van Horen. 2012. International shock transmission after the Lehman Brothers collapse: Evidence from syndicated lending. *American Economic Review* 102 (3): 231 – 37.

De Haas, Ralph, and Iman Van Lelyveld. 2006. Foreign banks and credit stability in Central and Eastern Europe: Friends or foes? *Journal of Banking and Finance* 30 (7):1927 – 52.

De Haas, Ralph, and Iman Van Lelyveld. 2010. Internal capital markets and lending by multinational bank subsidiaries. *Journal of Financial Intermediation* 19 (1):1 – 25.

De Haas, Ralph, and Iman Van Lelyveld. 2014. Multinational banks and the global financial crisis: weathering the perfect storm? *Journal of Money, Credit and Banking* 46:333 – 64.

De Nicolò, Gianni, Philip Bartholomew, Jahanara Zaman, Mary Zephirin. 2003. Bank consolidation, internationalization, and conglomeration: Trends and implications for financial risk. IMF Working Paper 03/158.

De Nicolò, Gianni, Giovanni Dell ' Ariccia, Luc Laeven, and Fabian Valencia. 2010. Monetary policy and bank risk taking. IMF Staff Position Note 10/09.

De Nicolò, Gianni, Giovanni Favara, and Lev Ratnovski. 2012. Externalities and macroprudential policy. IMF Staff Discussion Note 12/05.

De Nicolò, Gianni, and Myron Kwast. 2002. Systemic risk and financial consolidation: Are they related? *Journal of Banking and Finance* 26 (5):861 – 80.

DeAngelo, Harry, and Rene Stulz. 2013. Why high leverage is optimal for banks. NBER Working Paper 19139.

Del Giovane, Paolo, Ginette Eramo, and Andrea Nobili. 2011. Disentangling demand and supply in credit developments: A survey – based analysis for Italy. *Journal of Banking and Finance* 35: 2719 – 32.

Delis, Manthos D. , Ifthekar Hasan, and Nikolaos Mylonidis. 2011. The risk – taking channel of monetary policy in the USA: Evidence from micro – level data. Mimeo. Cass Business School.

Dell' Ariccia, Giovanni, Enrica Detragiache, and Raghuram Rajan. 2008. The real effects of banking crises. *Journal of Financial Intermediation* 17:89 – 112.

Dell' Ariccia, Giovanni, Deniz Igan, and Luc Laeven. 2012. Credit booms and lending standards: Evidence from the subprime mortgage market. *Journal of Money, Credit and Banking* 44 (2 – 3):

367 – 84.

Dell' Ariccia, Giovanni, Deniz Igan, Luc Laeven, and Hui Tong. 2012. Policies for macrofinancial stability: How to deal with credit booms. IMF Staff Discussion Note 12/06.

Dell' Ariccia, Giovanni, Luc Laeven, and Robert Marquez. 2014. Monetary policy, leverage, and bank risk taking. *Journal of Economic Theory* 149: 65 – 99.

Dell' Ariccia, Giovanni, Luc Laeven, and Gustavo A. Suarez. 2013. Bank leverage and monetary policy's risk – taking channel: Evidence from the United States. Mimeo. IMF.

Dell' Ariccia, Giovanni, and Robert Marquez. 2006a. Lending booms and lending standards. *Journal of Finance* 61 (5): 2511 – 46.

Dell' Ariccia, Giovanni, and Robert Marquez. 2006b. Competition among regulators and credit market integration. *Journal of Financial Economics* 79 (2): 401 – 30.

DellaVigna, Stefano. 2009. Psychology and economics: Evidence from the field. *Journal of Economic Literature* 47 (2): 315 – 72.

Demirgu _– Kunt, Asli, and Enrica Detragiache. 1998. The determinants of banking crises in developing and developed countries. *IMF Staff Papers* 45: 81 – 109.

Demirguc – Kunt, Asli, Edward Kane, and Luc Laeven. 2008. *Deposit Insurance around the World: Issues of Design and Implementation*. Cambridge: MIT Press.

Den Haan, Wouter J. , Steven Sumner, and Guy Yamashiro. 2007. Bank loan portfolios and the monetary transmission mechanism. *Journal of Monetary Economics* 54: 904 – 24.

Dewatripont, Mathias, and Xavier Freixas. 2012. Bank resolution: Lessons from the crisis.

In: Dewatripont, M. and X. Freixas, eds. , *The Crisis Aftermath: New Regulatory Paradigms*, 105 – 43. London: Center for Economic Policy Research.

Dewatripont, Mathias, and Jean Tirole. 1994. *The Prudential Regulation of Banks*. Cambridge: MIT Press.

Diamond, Douglas W. , and Philip Dybvig. 1983. Bank runs, deposit insurance, and liquidity. *Journal of Political Economy* 91 (3): 401 – 419.

Diamond, Douglas W. , and Raghuram G. Rajan. 2001. Liquidity risk, liquidity creation, and financial fragility: A theory of banking. *Journal of Political Economy* 109 (2): 287 – 327.

Diamond, Douglas W. , and Raghuram G. Rajan. 2002. Bank bailouts and aggregate liquidity. *American Economic Review* 92: 38 – 41.

Diamond, Douglas W. , and Raghuram G. Rajan. 2005. Liquidity shortage and banking crises. *Journal of Finance* 60 (2): 615 – 47.

Diamond, Douglas W. , and Raghuram G. Rajan. 2006. Money in a theory of banking. *American Economic Review* 96 (1): 30 – 53.

Diamond, Douglas W. , and Raghuram G. Rajan. 2009. The credit crisis: Conjectures about causes and remedies. *American Economic Review* 99 (2): 606 – 10.

Diamond, Douglas W. , and Raghuram G. Rajan. 2011. Fear of fire sales, illiquidity seeking, and credit freezes. Quarterly Journal of Economics 126: 557 – 91.

Diamond, Douglas W. , and Raghuram G. Rajan. 2012. Illiquid banks, financial stability, and interest rate policy. *Journal of Political Economy* 120: 552 – 91.

Diebold, Francis, and Kamil Yilmaz. 2014. On the network topology of variance decompositions:

Measuring the connectedness of financial firms. *Journal of Econometrics* 182:119 – 34.

Djankov, Simeon, Jan Jindra, and Leora Klapper. 2005. Corporate valuation and the resolution of bank insolvency in East Asia. *Journal of Banking & Finance* 29 (8 – 9):2095 – 2118.

Doblas – Madrid, Antonio. 2012. A robust model of bubbles with multidimensionality uncertainty. *Econometrica* 80:1845 – 93.

Docking, Diane Scott, Mark Hirschey, and Elaine Jones. 1997. Information and contagion effects of bank loan – loss reserve announcements. *Journal of Financial Economics* 43 (2):219 – 39.

Drehmann, Mathias, Claudio Borio, and Kostas Tsatsaronis. 2011. Anchoring countercyclical capital buffers: The role of credit aggregates. *International Journal of Central Banking* 7:189 – 240.

Draghi, Mario. 2012. Speech by Mario Draghi, President of the European Central Bank, at the Global Investment Conderence in London, July 26, 2012. http://www. ecb. europa. eu/press/key/date/2012/html/sp120726. en. html.

Duffie, Darell, Haoxiang Zhu. 2011. Does a Central Clearing Counterparty reduce counterparty risk ? *Review of Asset Pricing Studies* 1 (1):74 – 95.

Duffie, Darrell. 2014. Systemic risk exposures: A 10 – by – 10 – by – 10 approach. In M. Brunnermeier and A. Krishnamurthy, eds. , *Risk Topography: Systemic Risk and Macro Modeling*. Chicago: University of Chicago Press, 47 – 56.

Duffie, Darrell, Lasse H. Pedersen, and Kenneth J. Singleton. 2003. Modeling sovereign yield spreads: A case study of Russian debt. *Journal of Finance* 58 (1):119 – 59.

Duygan – Bump, Burcu, Patrick Parkinson, Eric Rosengren, Gustavo A. Suarez, and Paul Willen. 2013. How effective were the Federal Reserve emergency liquidity facilities?

Evidence from the asset – backed commercial paper money market Mutual Fund Liquidity Facility. *Journal of Finance* 68 (2), 715 – 37.

European Central Bank. 2009. The concept of systemic risk. *Financial Stability Review* (December):134 – 42.

Edwards, Franklin R. , and Frederic S. Mishkin. 1995. The decline of traditional banking: Implications for financial stability and regulatory policy. NBER Working Paper 4993.

Eggertsson, Gauti B. , and Paul Krugman. 2012. Debt, deleveraging, and the liquidity trap: A Fisher – Minsky – Koo approach. *Quarterly Journal of Economics* 127 (3):1469 – 1513.

Eichengreen, Barry, and Poonam Gupta. 2013. Tapering talk: The impact of expectations of reduced Federal Reserve security purchases on emerging markets. Mimeo. University of California, Berkeley.

Eichengreen, Barry, and Peter Temin. 2000. The gold standard and the Great Depression. *Contemporary European History* 9 (2):183 – 207.

Eisenberg, Larry, and Thomas Noe. 2001. Systemic risk in financial systems. *Management Science* 47 (2):236 – 49.

Ellul, Andrew, and Vijay Yerramilli. 2013. Stronger risk controls, lower risk: Evidence from U. S. Bank holding companies. *Journal of Finance* 68 (5):1757 – 1803.

Elsinger, Helmut, Alfred Lehar, and Martin Summer. 2006a. Risk assessment for banking systems. *Management Science* 52 (9):1301 – 14.

Elsinger, Helmut, Alfred Lehar, and Martin Summer. 2006b. Using market information for banking systems risk assessment. *International Journal of Central Banking* 2 (1) :137 – 65.

Elsinger, Helmut, Alfred Lehar, and Martin Summer. 2012. Network models and systemic risk assessment. In Jean – Pierre Fouque and Joseph A. Langsam, ed. , *Handbook on Systemic Risk*. Cambridge University Press, 287 – 305.

Englund, Peter, John M. Quigley, and Christian L. Redfearn. 1998. Improved price indexes for real estate: Measuring the course of Swedish house prices. *Journal of Urban Economics* 44 (2) :171 – 96.

Epstein, Larry G. 1999. A definition of uncertainty aversion. *Review of Economic Studies* 66 (3) : 579 – 608.

Esty, Benjamin. 1998. The impact of contingent liability on commercial bank risk taking. *Journal of Financial Economics* 47 (2) :189 – 218.

European Central Bank. 2007. Corporate finance in the euro area. ECB Structural Issues Report.

European Central Bank. 2009. Recent developments in the balance sheets of the eurosystem, the Federal Reserve System and the Bank of Japan. *ECB Monthly Bulletin* (October) :81 – 94.

Evanoff, Douglas and Larry Wall. 2000. Subordinated debt and bank capital reform.

Working Paper 2000 – 24. Federal Reserve Bank of Atlanta.

Fahlenbrach, Rü diger, and Ren é M. Stulz. 2011. Bank CEO incentives and the credit crisis. *Journal of Financial Economics* 99 (1) :11 – 26.

Fama, Eugene. 1965. The behavior of stock market prices. *Journal of Business* 38 :34 – 105.

Fama, Eugene. 1970. Efficient capital markets: A review of theory and empirical work. *Journal of Finance* 25 (2) :383 – 417.

Fama, Eugene. 1980. Banking in the theory of finance. *Journal of Monetary Economics* 6 (1) : 39 – 57.

Farhi, Emmanuel, and Jean Tirole. 2012a. Collective moral hazard, maturity mismatch and systemic bailouts. *American Economic Review* 102 (1) :60 – 93.

Farhi, Emmanuel, and Jean Tirole. 2012b. Bubbly liquidity. *Review of Economic Studies* 79 : 678 – 706.

Favara, Giovanni, and Jean Imbs. 2011. Credit supply and the price of housing. CEPR Discussion Paper 8129.

Favara, Giovanni, and Mariassunta Giannetti. 2015. Forced asset sales and the concentration of outstanding debt: Evidence from the mortgage market. CEPR Discussion Paper 10476.

Feldman, Ron, and Gary Stern. 1994. *Too Big to Fail: The Hazards of Bank Bailouts*. Washington, DC: Brookings Institution Press.

Ferná ndez de Lis, Santiago, and Alicia Garcia – Herrero. 2010. Dynamic provisioning: Some lessons from existing experiences. Working Paper 218. Asian Development Bank Institute.

Fernandez – Villaverde, Jesus, Luis Garicano, and Tano Santos. 2013. Political credit cycles: The case of the euro zone. *Journal of Economic Perspectives* 27 :145 – 66.

Feroli, Michael, Anil Kashyap, Kermit Schoenholtz, and Hyun Song Shin. 2014. Market Tantrums and Monetary Policy. Report for the 2014 US Monetary Policy Forum.

Financial Stability Board. 2011. Policy measures to address systemically important financial institutions. November 4.

Financial Stability Board. 2013. Policy framework for addressing Shadow banking risks in securities lending and repos.

Fisher, Irving. 1933. The debt – deflation theory of great depressions. *Econometrica* 1 (4) :337 – 57.

Flannery, Mark J. 1998. Using market information in prudential bank supervision: A review of the U. S. empirical evidence. *Journal of Money, Credit and Banking* 30 (3) :273 – 305.

Flannery, Mark J. , and Christopher M. James. 1984. The effect of interest rate changes on the common stock returns of financial institutions. *Journal of Finance* 39 (4) :1141 – 53.

Flannery, Mark J. , Simon H. Kwan, and M. Nimalendran. 2004. Market evidence on the opaqueness of banking firms' assets. *Journal of Financial Economics* 71 :419 – 60.

Flannery, Mark J. , Simon H. Kwan, and M. Nimalendran. 2013. The 2007 – 2009 financial crisis and bank opaqueness. *Journal of Financial Intermediation* 22 :55 – 84.

Flannery, Mark, and Sorin Sorescu. 1996. Evidence of bank market discipline in subordinated debenture yields: 1983 – 91. *Journal of Finance* 51 :1147 – 77.

Foote, Christopher, Kristopher Gerardi, and Paul S. Willen. 2012. Why did so many people make so many ex – post bad decisions? The causes of the foreclosure crisis. NBER Working Paper 18082.

Forbes, Kristin, and Frank Warnock. 2012. Capital flow waves: Surges, stops, flight and retrenchment. *Journal of International Economics* 88 (2) :235 – 51.

Fostel, Ana, and John Geanakoplos. 2008. Leverage cycles and the anxious economy. *American Economic Review* 98 (4) :1211 – 44.

Frazzini, Andrea, and Owen Lamont. 2008. Dumb money: Mutual fund flows and the cross – section of stock returns. *Journal of Financial Economics* 88 :299 – 322.

Freixas, Xavier. 2003. Crisis Management in Europe. In J. Kremers, D. Schoenmaker, and P. Wierts, eds. , *Financial Supervision in Europe*. Cheltenham: Edward Elgar, 102 – 19.

Freixas, Xavier, Curzio Giannini, Glenn. Hoggarth, and Farouk Soussa. 2000. Lender of last resort: What have we learnt since Bagehot? *Journal of Financial Services Research* 18(1) :63 – 87.

Freixas, Xavier, and Cornelia Holthausen. 2005. Interbank market integration under asymmetric information. *Review of Financial Studies* 18 (2) :459 – 90.

Freixas, Xavier, and Christian Laux. 2011. Disclosure, transparency, and market discipline. CFS Working Paper 2011/11.

Freixas, Xavier, and Kebin Ma. 2013. Bank competition and stability: The role of leverage. Mimeo. Tilburg University.

Freixas, Xavier, Antoine Martin, and David Skeie. 2011. Bank liquidity, interbank markets and monetary policy. *Review of Financial Studies* 24 (8) :2656 – 92.

Freixas, Xavier, Bruno Parigi, and Jean – Charles Rochet. 2000. Systemic risk, interbank relations and liquidity provision by the central bank. *Journal of Money, Credit and Banking* 32 (2) : 611 – 38.

Freixas, Xavier, and Jean – Charles Rochet. 1997. *Microeconomics of Banking*. Cambridge: MIT Press.

Freixas, Xavier, and Jean – Charles Rochet. 2008. *Microeconomics of Banking*, 2nd ed. Cambridge: MIT Press.

Freixas, Xavier, and Anthony M. Santomero. 2004. Regulation of financial intermediaries: A discussion. In S. Bhattacharya, A. Boot, and A. Thakor, eds. , *Credit*, *Intermediation*, *and the Macroeconomy*. Oxford: Oxford University Press, 424 – 45.

Friedman, Benjamin M. , and Kenneth N. Kuttner. 1992. Money, income, prices, and interest rates. *sAmerican Economic Review* 82:472 – 92.

Friedman, Benjamin M. , and Kenneth N. Kuttner. 1993. Economic activity and the short term credit markets: An analysis of prices and quantities. *Brookings Papers on Economic Activity* 2: 193 – 284.

Friedman, Milton, and Anna J. Schwartz. 1963. *A Monetary History of the United States:*1867 – 1960. Princeton: Princeton University Press.

Furfine, Craig. 2003. Interbank exposures: Quantifying the risk of contagion. *Journal of Money*, *Credit*, *and Banking* 35 (1):111 – 28.

Furth, Douglas L. 2001. Anticipating the Next Wave of Bad Loans: Function like a Secondary Market Player. *The Secured Lender* (September/October) 31.

Gaggl, Paul, and Maria T. Valderrama. 2010. Does a low interest rate environment affect risk taking in Austria? *Monetary Policy and the Economy* (*Austrian Central Bank*) 4:32 – 48.

Gale, Douglas, and Onur zgü r. 2005. Are bank capital ratios too high or too low? Incomplete markets and optimal capital structure. *Journal of the European Economic Association* 3(2 – 3):690 – 700.

Galí, Jordi. 2014. Monetary policy and rational asset price bubbles. *American Economic Review* 104 (3):721 – 52.

Gambacorta, Leonardo, and Paolo Emilio Mistrulli. 2004. Does bank capital affect lending behavior? *Journal of Financial Intermediation* 13 (4):436 – 57.

Gan, Jie. 2007. The real effects of asset market bubbles: Loan – and firm – level evidence of a lending channel. *Review of Financial Studies* 20 (6):1941 – 73.

Garicano, Luis, and Claudia Steinwender. 2013. Survive another day: Does uncertain financing affect the composition of investment? Discussion Paper 1188. Centre for Economic Performance.

Garleanu, Nicolae, and Lasse Heje Pedersen. 2011. Margin – based asset pricing and deviations from the law of one price. *Review of Financial Studies* 24 (6):1980 – 2022.

Geanakoplos, John. 2010. The leverage cycle. In D. Acemoglu, K. Rogoff, and M. Woodford, eds. , *NBER Macroeconomic Annual* 2009, vol. 24. University of Chicago Press, 1 – 65.

Geanakoplos, John, and Lasse Pedersen. 2014. Monitoring leverage. In M. Brunnermeier and A. Krishnamurthy, eds. , *Risk Topography: Systemic Risk and Macro Modeling*, 113 – 27.

Chicago: University of Chicago Press. Gelos, R. Gaston. 2009. Banking spreads in Latin America. *Economic Enquiry* 47:796 – 814.

Gennaioli, Nicola, Alberto Martin, and Stefano Rossi. 2013. Banks, government bonds, and default: What do the data say? Mimeo. Pompeu Fabra.

Gennaioli, Nicola, Alberto Martin, and Stefano Rossi. 2014. Sovereign default, domestic banks, and financial institutions. *Journal of Finance* 69 (2):819 – 66.

Gennaioli, Nicola, Andrei Shleifer, and Robert Vishny. 2013. A model of shadow banking. *Journal of Finance* 68 (4):1331 – 63.

Gerardi, Kristopher, Andreas Lehnert, Shane M. Sherlund, and Paul S. Willen. 2008. Making sense of the subprime crisis. *Brookings Papers on Economic Activity* 2:69 – 145.

Gerlach, Stefan. 2009. Defining and measuring systemic risk. Note. European Parliament. Gersbach,Hans, and Jean – Charles Rochet. 2012. Capital regulation and credit fluctuations. CEPR Discussion Paper 9077.

Gersl, Adam, Petr Jakubik, Dorota Kowalczyk, Steven Ongena, and Jose – Luis Peydro.

2012. Monetary conditions and banks' behaviour in the Czech Republic. Working Paper. Czech National Bank.

Gertler, Mark. 1988. Financial structure and aggregate economic activity: An overview. *Journal of Money, Credit and Banking* 20 (3):559 – 88.

Gertler, Mark, and Simon Gilchrist. 1994. Monetary policy, business cycles, and the behavior of small manufacturing firms. *Quarterly Journal of Economics* 109:309 – 40.

Gertler, Mark, and Peter Karadi. 2011. A model of unconventional monetary policy. *Journal of Monetary Economics* 58 (1):17 – 34.

Gertler, Mark, and Nobuhiro Kiyotaki. 2011. Financial intermediation and credit policy in business cycle analysis. In B. M. Friedman and M. Woodford, eds. ,*Handbook of Monetary Economics*, vol. 3a. Elsevier, North – Holland, 547 – 99.

Gertler, Mark, and Nobuhiro Kiyotaki. 2013. Banking, liquidity and bank runs in an infinite – horizon economy. NBER Working Paper 19129.

Gertler, Mark, Nobuhiro Kiyotaki, and Albert Queralto Olive. 2010. Financial crises, bank risk exposure and government financial policy. Mimeo. New York University.

Giannetti, Mariassunta, and Luc Laeven. 2012a. The flight home effect: Evidence from the syndicated loan market during financial crises. *Journal of Financial Economics* 104 (1):23 – 43.

Giannetti, Mariassunta, and Luc Laeven. 2012b. Flight home, flight abroad, and international credit cycles. *American Economic Review* 102(3):219 – 24.

Giannone, Domenico, Michele Lenza, and Lucrezia Reichlin. 2010. Business cycles in the euro area, in Europe and the euro. In A. Alesina and F. Giavazzi, eds. ,*Europe and the Euro*. Chicago: University of Chicago Press,141 – 67.

Giannone, Domenico, Michele Lenza, and Lucrezia Reichlin. 2011. Market freedom and the global recession. *IMF Economic Review* 59:111 – 35.

Giavazzi, Francesco, and A. Giovannini. 2010. The low interest rate trap. VoxEU,July.

Giglio, Stefano. 2012. Credit default swap spreads and systemic financial risk. Mimeo. Booth School of Business, University of Chicago.

Giglio, Stefano, Bryan Kelly, and Xiao Qiao. 2014. Systemic risk and the macroeconomy: An empirical evaluation. Mimeo. Booth School of Business, University of Chicago.

Glaeser, Edward L. , and Joseph Gyourko. 2007. Housing dynamics. Harvard Institute of Economic Research Discussion Paper 2137.

Glaeser, Edward L. , Joshua Gottlieb, and Joseph Gyourko. 2013. Can cheap credit explain the housing boom. In Edward L. Glaeser and Todd Sinai, eds. , *Housing and the Financial Crisis*. Cambridge, MA:NBER.

Goldsmith, Raymond W. 1969. Financial Structure and Development. New Haven: Yale

University Press.

Goldstein, Itay, and A. Pauzner. 2005. Demand – deposit contracts and the probability of bank runs. *Journal of Finance* 60 (3):1293 – 1327.

Goodfriend, Marvin, and Robert King. 1988. Financial deregulation, monetary policy and central banking. *Federal Reserve Bank Richmond Economic Review* 74:3 – 22.

Goodfriend, Marvin, and Bennett T. McCallum. 2007. Banking and interest rates in monetary policy analysis: A quantitative exploration. *Journal of Monetary Economics* 54 (5):1480 – 1507.

Goodhart, Charles A. E.. 1988. *The Evolution of Central Banks*. Cambridge: MIT Press.

Goodhart, Charles A. E. 2010. How should we regulate bank capital and financial products? What role for" living wills " ? . In Adair Turner et al. , eds. , *The Future of Finance: The LSE Report*. London: London School of Economics and Political Science, 165 – 86.

Goodhart, Charles A. E. , and Dirk Schoenmaker. 1995. Institutional separation between supervisory and monetary agencies. In Charles Goodhart, ed. , *The Central Bank and the Financial System*. New York: Macmillan, 332 – 412.

Goodhart, Charles A. E. , Anil K. Kashyap, Dimitrios P. Tsomocos, and Alexandros P. Vardoulakis. 2012. Financial regulation in general equilibrium. NBER Working Paper 17909.

Goodhart, Charles A. E. , Anil K. Kashyap, Dimitrios P. Tsomocos, and Alexandros P. Vardoulakis. 2013. An integrated framework for analyzing multiple financial regulations. *International Journal of Central Banking* 9:109 – 43.

Goodhart, Charles A. E. , and Enrico Perotti. 2012. Preventive macroprudential policy. Column on VoxEU. org. http://www. voxeu. org/article/preventive – macroprudentialpolicy.

Goodhart, Charles A. E. , and Dirk Schoenmaker. 2009. Fiscal burden sharing in crossborder banking crises. *International Journal of Central Banking* 5 (1):141 – 65.

Gordy, Michael B. 2003. A risk – factor model foundation for ratings – based bank capital rules. *Journal of Financial Intermediation* 12 (3):199 – 232.

Gorton, Gary. 1988. Banking panics and business cycles. *Oxford Economic Papers* 40: 751 – 81.

Gorton, Gary. 2008. The panic of 2007. NBER Working Paper 14358.

Gorton, Gary. 2009. Slapped in the face by the invisible hand: Banking and the panic of 2007. Paper prepared for the Federal Reserve Bank of Atlanta's 2009 Financial Markets Conference: Financial Innovation and Crisis, May 11 – 13.

Gorton, Gary. 2012. *Misunderstanding Financial Crises: Why We Don't See Them Coming*. New York: Oxford University Press.

Gorton, Gary, and Andrew Metrick. 2012. Securitized banking and the run on repo. *Journal of Financial Economics* 104 (3):425 – 51.

Gorton, Gary, and George Pennacchi. 1990. Financial intermediaries and liquidity creation. *Journal of Finance* 45 (1):49 – 71.

Gorton, Gary, and Andrew Winton. 2003. Financial intermediation. In G. Constantinides , M. Harris, and R. Stulz, eds. , *Handbook of the Economics of Finance*, vol. 1. Amsterdam: North Holland, 431 – 552.

Gourinchas, Pierre – Olivier, and Maurice Obstfeld. 2012. Stories of the twentieth century for the twenty – first. *American Economic Journal: Macroeconomics* 4:226 – 65.

Gourinchas, Pierre – Olivier, Rodrigo Valdes, and Oscar Landerretche. 2001. Lending booms: Latin America and the world. NBER Working Paper 8249.

Gray, Dale, and Andreas Jobst. 2011. Modeling systemic financial sector and sovereign risk: Sveriges Riksbank. *Economic Review* 2:68 – 106.

Greenlaw, David, Anil Kashyap, Hyun Song Shin, and Kermit Schoenholtz. 2012. Stressed out: Macroprudential principles for stress testing. U. S. Monetary Policy Forum Report 5: Initiative on Global Markets. Booth School of Business, University of Chicago.

Greenspan, Alan. 2002. Opening remarks. Jackson Hole Symposium organized by the Kansas City Federal Reserve Bank, Jackson Hole, WY.

Greenstone, Michael, Alexandre Mas, and Hoai – Luu Nguyen. 2014. Do credit market shocks affect the real economy? Quasi – experimental evidence from the Great Recession and " normal " economic times. NBER Working Paper 20704.

Greenwood, Robin, and Samuel G. Hanson. 2013. Issuer quality and corporate bond returns. *Review of Financial Studies* 26 (6):1483 – 1525.

Gropp, Reint, and Gerard Moerman. 2004. Measurement of contagion in banks' equity prices. *Journal of International Money and Finance* 23 (3):405 – 59.

Guttentag, Jack, and Richard Herring. 1987. Emergency liquidity assistance for international banks. In R. Portes and A. Swoboda, eds. , *T hreats to International Financial Stability*. Cambridge, UK: Cambridge University Press, 150 – 86.

Haldane, Andrew. 2013. Self – regulation's last stand? Presentation at Federal Reserve Bank of Atlanta. http://www. frbatlanta. org/documents/news/conferences/13fmchaldanepres. pdf.

Hancock, Diana, and James Wilcox. 1994. Bank capital and the credit crunch: The roles of risk – weighted and unweighted capital regulations. *Journal of the American Real Estate and Urban Economics Association* 22:59 – 94.

Hansen, Lars Peter. 2014. Challenges in identifying and measuring systemic risk. In Markus K. Brunnermeier and Arvind Krishnamurthy, eds. , *Risk Topography: Systemic Risk and Macro Modeling*. Chicago: University of Chicago Press.

Hanson, Samuel, Anil K. Kashyap, and Jeremy C. Stein. 2011. A macroprudential approach to financial regulation. *Journal of Economic Perspectives* 25 (1):3 – 28.

Hanson, Samuel G. , and Jeremy C. Stein. 2015. Monetary policy and long – term real rates. *Journal of Financial Economics* 115:429 – 48.

Hardy, Daniel, and Maria J. Nieto. 2011. Cross – border coordination of prudential supervision and deposit guarantees. *Journal of Financial Stability* 7 (3):155 – 64.

Harrison, J. Michael, and David M. Kreps. 1978. Speculative investor behavior in a stock market with heterogeneous expectations. *Quarterly Journal of Economics* 92:323 – 36.

Hart, Oliver, and Luigi Zingales. 2011. A new capital regulation for large financial institutions. *American Law and Economics Review* 13:453 – 90.

Hartmann, Philipp, Stefan Straermans, and Casper de Vries. 2004. Asset market linkages in crisis periods. *Review of Economics and Statistics* 86 (1):313 – 26.

Hartmann, Philipp, Stefan Straetmans, and Casper de Vries. 2007. Banking system stability: A cross – Atlantic perspective. In *The Risks of Financial Institutions*. National Bureau of Economic

Research, 133 –92.

Hau, Harald, Sam Langfield, and David Marques Ibanez. 2013. Bank ratings: What determines their quality? *Economic Policy* 28 (74) :289 –333.

Hautsch, Nikolaus, Julia Schaumburg, and Melanie Schienle. 2014a. Financial network systemic risk contributions. *Review of Finance*, forthcoming.

Hautsch, Nikolaus, Julia Schaumburg, and Melanie Schienle. 2014b. Forecasting systemic impact in financial networks. *International Journal of Forecasting* 30 :781 –94.

Heinemann, Friedrich, and Martin Schü ler. 2004. A Stiglerian view on banking supervision. *Public Choice* 121 (1) :99 –130.

Hellmann, Thomas, Kevin Murdock, and Joseph Stiglitz. 2000. Liberalization, moral hazard in banking and prudential regulation: Are capital requirements enough? *American Economic Review* 90 (1) :147 –65.

Hellwig, Martin. 2009. Systemic risk in the financial sector: An analysis of the subprimemortgage financial crisis. *De Economist* 157 :129 –207.

Hertzberg, Andrew, Jose Maria Liberti, and Daniel Paravisini. 2010. Information and incentives inside the firm: evidence from loan officer rotation. *Journal of Finance* 65 :795 –828.

Hirschman, Albert. 1970. *Exit, Voice, and Loyalty: Responses to Decline in Firms, Organizations, and States.* Cambridge: Harvard University Press.

Hoggarth, Glenn, Ricardo Reis, and Victoria Saporta. 2002. Costs of banking system instability: Some empirical evidence. *Journal of Banking and Finance* 26 :825 –55.

Holmstr m, Bengt. 2008. Discussion of" The Panic of 2007, " by Gary Gorton. In *Maintaining Stability in a Changing Financial System, Proceedings of the* 2008 *Jackson Hole Conference.*

Federal Reserve Bank of Kansas City. Holmstrom, Bengt, and Jean Tirole. 1997. Financial intermediation, loanable funds, and the real sector. *Quarterly Journal of Economics* 112 :663 –91.

Holmstrom, Bengt, and Jean Tirole. 1998. Private and public supply of liquidity. *Journal of Political Economy* 106 (1) :1 –40.

Holmstrom, Bengt, and Jean Tirole. 2011. *Inside and Outside Liquidity.* Cambridge: MIT Press.

Holthausen, Cornelia, and Thomas R nde. 2002. Regulating access to international largevalue payment systems. *Review of Financial Studies* 15 (5) :1561 –86.

Holthausen, Cornelia, and Thomas Ronde. 2004. Cooperation in international banking supervision. ECB Working Paper 316.

Hong, Harrison, and Jeremy C. Stein. 2007. Disagreement and the stock market. *Journal of Economic Perspectives* 21 :109 –28.

Honohan, Patrick, and Luc Laeven, eds. 2005. *Systemic Financial Crises: Containment and Resolution.* Cambridge, UK: Cambridge University Press.

Hovakimian, Armen, Edward J. Kane, and Luc Laeven. 2012, Variation in systemic risk at US banks during 1974 –2010. NBER Working Paper 18043.

Huang, Xin, Hao Zhou, and Haibin Zhu. 2009. A framework for assessing the systemic risk of major financial institutions. *Journal of Banking and Finance* 33 (11) :2036 –49.

Huang, Xin, Hao Zhou, and Haibin Zhu. 2012. Systemic risk contributions. *Journal of Financial Services Research* 42 :55 –83.

Huizinga, Harry, and Luc Laeven. 2012. Bank valuation and accounting discretion during a financial crisis. *Journal of Financial Economics* 106 (3):614 – 34.

Humphrey, David B. 1986. Payment finality and risk of settlement failure. In A. Saunders and L. White, eds. , *Technology, and the Regulation of Financial Markets: Securities, Futures, and Banking.* Lexington, MA: Lexington Books.

Igan, Deniz, and Heedon Kang. 2011. Do loan – to – value and debt – to – income limits work? Evidence from Korea. IMF Working Paper 11/297.

Inderst, Roman. 2013. Prudence as a competitive advantage: On the effects of competition on banks' risk taking incentives. *European Economic Review* 60:127 – 43.

International Monetary Fund. 2009. *Global Financial Stability Report.* Washington, DC: IMF.

International Monetary Fund. 2011a. Macroprudential policy: An organizing framework.

IMF Policy Paper. Available at www. imf. org/external/np/pp/eng/2011/031411. pdf.

International Monetary Fund. 2011b. Macroprudential policy: An organizing framework: Background paper. Available at www. imf. org/external/np/pp/eng/2011/031411a. pdf.

International Monetary Fund. 2011. Housing finance and financial stability: Back to basics? *Global Financial Stability Report*, ch. 3.

International Monetary Fund. 2013a. A banking union for the euro area. IMF Staff Discussion Note 13/01.

International Monetary Fund. 2013b. *The Interaction of Monetary and Macroprudential Policies.* Washington, DC: IMF.

International Monetary Fund. 2013c. *Key Aspects of Macroprudential Policy.* Washington DC: IMF.

Ioannidou, Vasso P. 2005. Does monetary policy affect the central bank's role in bank supervision? *Journal of Financial Intermediation* 461:58 – 85.

Ioannidou, Vasso P. , Steven Ongena, and Jose – Luis Peydro. 2014. Monetary policy, risktaking and pricing: Evidence from a quasi – natural experiment. *Review of Finance*, forthcoming.

Ivashina, Victoria, and David S. Scharfstein. 2010. Bank lending during the financial crisis of 2008. *Journal of Financial Economics* 97:319 – 38.

Iyer, Rajkamal, and José – Luis Peydró. 2011. Interbank contagion at work: Evidence from a natural experiment. *Review of Financial Studies* 24:1337 – 77.

Iyer, Rajkamal, Samuel Lopes, José – Luis Peydró, and Antoinette Schoar. 2014. The interbank liquidity crunch and the firm credit crunch: Evidence from the 2007 – 09 crisis. *Review of Financial Studies* 27 (1):347 – 72.

James, Christopher. 1987. Some evidence on the uniqueness of bank loans. *Journal of Financial Economics* .

James, Christopher. 1991. The losses realized in bank failures. *Journal of Finance* 46 (4): 1223 – 42.

Jayaratne, Jith, and Philip E. Strahan. 1996. The finance – growth nexus: Evidence from bank branch deregulation. *Quarterly Journal of Economics* 111:639 – 70.

Jeanne, Olivier and Anton Korinek. 2010. Managing credit booms and busts: A Pigouvian taxation approach. NBER Working Paper 16377.

Jeanne, Olivier, and Anton Korinek. 2013. Macroprudential regulation versus mopping up after the crash. NBER Working Paper 18675.

Jensen, Michael, and William R. Meckling. 1976. Theory of the firm, managerial behavior, agency costs and ownership structure. *Journal of Financial Economics* 3:305 – 60.

Jermann, Urban, and Vincenzo Quadrini. 2012. Macroeconomic effects of financial shocks. *American Economic Review* 102 (1):238 – 71.

Jiménez, Gabriel, Steven Ongena, Jos é – Luis Peydr ó, and Jes ú s Saurina. 2012. Credit supply and monetary policy: Identifying the bank balance – sheet channel with loan applications. *American Economic Review* 102:2301 – 26.

Jiménez, Gabriel, Steven Ongena, Jos é – Luis Peydr ó, and Jes ú s Saurina. 2013. Macroprudential policy, countercyclical bank capital buffers and credit supply: Evidence from the Spanish dynamic provisioning experiments. Mimeo. UPF.

Jiménez, Gabriel, Steven Ongena, Jos é – Luis Peydr ó, and Jes ú s Saurina. 2014a. Hazardous times for monetary policy: What do twenty – three million bank loans say about the effects of monetary policy on credit risk – taking? *Econometrica* 82 (2):463 – 505.

Jiménez, Gabriel, Atif Mian, Jose – Luis Peydr ó, and Jesus Saurina. 2014b. The real effects of the bank lending channel. Mimeo. University of Pompeu Fabra.

Jiménez, Gabriel, and Jesus Saurina. 2006. Credit cycles, credit risk, and prudential regulation. *International Journal of Central Banking* 2:65 – 98.

John, Kose, Teresa A. John, and Anthony Saunders. 1994. Universal banking and firm risk – taking. *Journal of Banking and Finance* 18 (2):307 – 23.

Johnson, Simon. 2009. The Quiet Coup. *The Atlantic* (May). http://www. theatlantic. com / doc/200905/imf – advice.

Johnson, Simon and Kwak. 2010. 13 *Bankers: The Wall Street Takeover and the Next Financial Meltdown*. New York: Vintage.

Jorda, Oscar. 2005. Estimation and inference of impulse responses by local projections. *American Economic Review* 95 (1):161 – 82.

Jorda, Oscar, Moritz Schularick, and Alan M. Taylor. 2011. Financial crises, credit booms and external imbalances:140 years of lessons. *IMF Economic Review* 59:340 – 78.

Jorda, Oscar, Moritz Schularick, and Alan M. Taylor. 2013. When credit bites back: Leverage, business cycles, and crises. Journal of Money, *Credit and Banking* 45 (s2):3 – 28.

Jorda, Oscar, Moritz Schularick, and Alan M. Taylor. 2014. *Leveraged bubbles. Mimeo.* University of California at Davis.

Jordan, John S. , Joe Peek, and Eric S. Rosengren. 2002. Credit risk modeling and the cyclicality of capital. Mimeo. Federal Reserve Bank of Boston.

Kahn, Charles, and Joao Santos. 2005. Allocating bank regulatory powers: Lender of last resort, deposit insurance and supervision. *European Economic Review* 49 (8):2107 – 36.

Kahneman, Daniel. 2012. *Thinking, Fast and Slow.* New York: Farra, Strauss, Giroux.

Kahneman, Daniel, and Amos Tversky. 1974. Judgment under uncertainty: Heuristics and biases. *Science* 27:1124 – 31.

Kahneman, Daniel, and Amos Tversky. 1979. Prospect theory: An analysis of decision under risk. *Econometrica* 47:262 – 92.

Kahneman, Daniel, and Amos Tversky. 1982. Judgments of and by representativeness. In D. Kahneman, P. Slovic, and A. Tversky, eds. , *Judgment under Uncertainty: Heuristics and Biases.* New York: Cambridge University Press, 84 – 98.

Kalemli – Ozcan, Sebnem, Elias Papaioannou, and Fabrizio Perri. 2013. Global banks and crisis transmission. *Journal of International Economics* 89 (2):495 – 510。

Kalemli – Ozcan, Sebnem, Elias Papaioannou, and Jose – Luis Peydró. 2010. What lies beneath the euro's effect on financial integration? Currency risk, legal harmonization, or trade? *Journal of International Economics* 81:75 – 88.

Kalemli – Ozcan, Sebnem, Elias Papaioannou, and Jose – Luis Peydró. 2013. Financial regulation, financial globalization, and the synchronization of economic activity. *Journal of Finance* 68:1179 – 1228.

Kaminsky, Graciela L. , and Carmen M. Reinhart. 1998. Financial crises in Asia and Latin America: Then and now. *American Economic Review* 88 (2):444 – 48.

Kaminsky, Graciela L. , and Carmen M. Reinhart. 1999. The twin crises: The causes of banking and balance – of – payments problems. *American Economic Review* 89 (3):473 – 500.

Kaminsky, Graciela L. , Carmen M. Reinhart, and Carlos A. Vegh. 2004. When it rains, it pours: Procyclical capital flows and policies. In Mark Gertler and Kenneth S. Rogoff, eds. , *NBER Macroeconomics Annual* 2004. Cambridge: MIT Press, 11 – 53.

Kane, Edward J. 1977. Good intentions and unintended evil. *Journal of Money, Credit and Banking* 9:55 – 69.

Kane, Edward J. 1989. *The S & L Insurance Crisis: How Did It Happen?* Washington, DC: Urban Institute Press.

Kareken, John H. , and Neil Wallace. 1978. Deposit insurance and bank regulation: A partial – equilibrium exposition. *Journal of Business* 51 (July): 413 – 38. http://minneapolisfed. org/research/sr/ SR16. pdf.

Kashyap, Anil K. , Raghuram Rajan, and Jeremy Stein. 2009. Rethinking capital regulation. Mimeo. University of Chicago.

Kashyap, Anil K. , and Jeremy C. Stein. 1995. The impact of monetary policy on bank balance sheets. *Carnegie – Rochester Conference Series on Public Policy* 42:151 – 95.

Kashyap, Anil K. , and Jeremy C. Stein. 2000. What do a million observations on banks say about the transmission of monetary policy? *American Economic Review* 90:407 – 28.

Kashyap, Anil K. , Jeremy C. Stein, and David W. Wilcox. 1993. Monetary policy and credit conditions: Evidence from the composition of external finance. *American Economic Review* 83: 78 – 98.

Kashyap, Anil K. , Jeremy C. Stein, and David W. Wilcox. 1996. Monetary policy and credit conditions: Evidence from the composition of external finance. Reply. *American Economic Review* 86 (1):310 – 14.

Keeley, Michael C. 1990. Deposit insurance, risk, and market power in banking. American Economic Review80 (5):1183 – 1200.

Keys, Benjamin, Tanmoy Mukherjee, Amit Seru, and Vikrant Vig. 2010. Did securitization lead to lax screening? Evidence from subprime loans. *Quarterly Journal of Economics* 125:307 – 62.

Khwaja, Asim I. , and Atif Mian. 2008. Tracing the impact of bank liquidity shocks: Evidence from an emerging market. *American Economic Review* 98:1413 – 42.

Kim, Daesik, and Anthony M. Santomero. 1988. Risk in banking and capital regulation. *Journal of Finance* 43:1219 – 33.

Kindleberger, Charles P. 1978. *Manias, Panics, and Crashes: A History of Financial Crises*. New York: Basic Books.

Kindleberger, Charles P. 1993. *A Financial History of Western Europe*, 2nd ed. New York: Oxford University Press.

Kindleberger, Charles P. , and Robert Z. Aliber. 2005. *Manias, Panics, and Crashes: A History of Financial Crises*, 6th ed. London: Palgrave Macmillan.

King, Robert, and Ross Levine. 1993. Finance and growth: Schumpeter might be right. *Quarterly Journal of Economics* 108:713 – 37.

Kishan, Ruby P. , and Timothy P. Opiela. 2000. Bank size, bank capital, and the bank lending channel. *Journal of Money, Credit and Banking* 32 (1):121 – 41.

Kiyotaki, Nobuhiro, and John Moore. 1997. Credit cycles. Journal of Political Economy 105(2): 211 – 48.

Klein, Michael W. , Joe Peek, and Eric Rosengren. 2002. Troubled banks, impaired foreign direct investment: The role of relative access to credit. *American Economic Review* 92:664 – 82.

Knight, Frank H. 1921. Risk, Uncertainty, and Profit. Boston: Hart, Schaffner and Marx.

Knü pfer, Samuli, Elias Rantapuska, and Matti Sarvim ki. 2013. Labor market experiences and portfolio choice: Evidence from the Finnish Great Depression. Working paper. Aalto University.

Kohn, Donald. 2009. Monetary policy research and the financial crisis: strengths and shortcomings. Speech before the Federal Reserve Conference on Key Developments in Monetary Policy, Washington, DC, October 9.

Koo, Richard C. 2009. *The Holy Grail of Macroeconomics. Lessons of Japan's Great Recession*. Hoboken, NJ: Wiley.

Kraft, Evan, and Tomislav Galac. 2011. Macroprudential regulation of credit booms and busts: The case of Croatia. Policy Research Working Paper 5772. World Bank.

Krishnamurthy, Arvind, Stephan Nagel, and Dmitry Orlov. 2014. Sizing up repo. *Journal of Finance* 69:2381 – 2417.

Kritzman, Mark, Yuanzhen Li, Sebastien Page, and Roberto Rigobon. 2011. Principal components as a measure of systemic risk. Mimeo. *Journal of Portfolio Management* 37:112 – 26.

Kroszner, Randall S. 1998. Is it better to forgive than to receive? Repudiation of the gold indexation clause in long – term debt during the Great Depression. Working Paper. University of Chicago.

Kroszner, Randall S. 2010. Implications of the financial crisis for the grand challenge questions for the NSF/SBE. http://www. nsf. gov/sbe/ sbe 2020/2020 pdfs/Kroszner Randall 304. pdf.

Kroszner, Randall S. , Luc Laeven, and Daniela Klingebiel. 2007. Banking crises, financial dependence, and growth. *Journal of Financial Economics* 84:187 – 228.

Kroszner, Randall S. , and Raghuram Rajan. 1994. Is the Glass – Steagall Act justified? A study of the US experience with universal banking before 1933. *American Economic Review* 84 （4）: 810 – 32.

Kroszner, Randall S. , and Philip E. Strahan. 1999. What drives deregulation? Economics and politics of the relaxation of bank branching restrictions. *Quarterly Journal of Economics* 114 （4）: 1437 – 67.

Kroszner, Randall S. , and Phillip Strahan. 2001. Throwing good money after bad? Board connections and conflicts in bank lending. NBER Working Paper 8694.

Kroszner, Randall S. , and Thomas Stratmann. 1998. Interest – group competition and the organization of Congress: Theory and evidence from financial services' political action committees. *American Economic Review* 88 （5）:1163 – 87.

Krugman, Paul, and Maurice Obstfeld. 2006. *International Economics: Theory and Applications*, 7th ed. Boston: Addison – Wesley.

Kruszka, Michal, and Michal Kowalczyk. 2011. Macro – prudential regulation of credit booms and busts: The case of Poland. Policy Research Working Paper Series 5832. World Bank.

Kumhof, Michael, Roman Ranciere, and Paolo Winant. 2015. Inequality, leverage, and crises. *American Economic Review*, forthcoming.

Kuritzkes, Andrew, and Til Schuermann. 2010. What we know, don't know, and can't know about bank risk: A view from the trenches. In F. X. Diebold, N. A. Doherty, and R. J. Herring, eds. , *The Known, the Unknown and the Unknowable in Financial Risk Management*. Princeton: Princeton University Press, 103 – 44.

Laeven, Luc. 2011. Banking crises: A review. *Annual Review of Financial Economics* 3:17 – 40.

Laeven, Luc. 2013. Corporate governance: What's special about banks? *Annual Review of Financial Economics* 5:63 – 92.

Laeven, Luc, and Ross Levine. 2007. Is there a diversification discount in financial conglomerates? *Journal of Financial Economics* 85:331 – 67.

Laeven, Luc, and Ross Levine. 2009. Bank governance, regulation, and risk – taking. *Journal of Financial Economics* 93 （2）:259 – 75.

Laeven, Luc, Ross Levine, and Stelios Michalopoulos. 2015. Financial innovation and endogenous growth. *Journal of Financial Intermediation* 24:1 – 24.

Laeven, Luc, and Giovanni Majnoni. 2003. Loan loss provisioning and economic slowdowns: Too much, too late? *Journal of Financial Intermediation* 12:178 – 97.

Laeven, Luc, and Fabian Valencia. 2008. Systemic banking crises: A new database. IMF Working Paper 08/224.

Laeven, Luc, and Fabian Valencia. 2010. Resolution of banking crises: The good, the bad, and the ugly. IMF Working Paper 10/146.

Laeven, Luc, and Fabian Valencia. 2012. Systemic banking crises database: An update. IMF Working Paper 12/163.

Laeven, Luc, and Fabian Valencia. 2013. Systemic banking crises database. *IMF Economic Review* 61:225 – 270.

Lakonishok, Josef, Andrei Shleifer, and Robert W. Vishny. 1994. Contrarian investment, extrapolation, and risk. *Journal of Finance* 49:1541 – 78.

Landier, Augustin, David Sraer, and David Thesmar. 2013. Banks' exposure to interest rate risk and the transmission of monetary policy. NBER Working Paper 18857.

Lane, Philip R. , and Gian Maria Milesi – Ferretti. 2006. The external wealth of nations mark II: Revised and extended estimates of foreign assets and liabilities, 1970 – 2004. *Journal of International Economics* 73 (2) :223 – 50.

Lang, William W. , and Leonard I. Nakamura. 1995. " Flight to quality " in banking and economic activity. *Journal of Monetary Economics* 36 : 145 – 64.

Laux, Christian, and Christian Leuz. 2010. Did fair – value accounting contribute to the financial crisis? *Journal of Economic Perspectives* 24 (1) :93 – 118.

Lehar, Alfred. 2005. Measuring systemic risk: A risk management approach. *Journal of Banking and Finance* 29 (10) :2577 – 2603.

Lenza, Michele, Huw Pill, and Lucrezia Reichlin. 2010. Monetary policy in exceptional times. *Economic Policy* 62 :295 – 339.

Levine, Ross. 2004. The corporate governance of banks: a concise discussion of concepts and evidence. Policy Research Working Paper 3404. World Bank.

Levine, Ross. 2005. Finance and growth: Theory and evidence. In P. Aghion and S.

Durlauf, eds. , *Handbook of Economic Growth* , vol. 1. Amsterdam: Elsevier Science, 865 – 934.

Levine, Ross, and Sara Zervos. 1998. Stock markets, banks, and economic growth. *American Economic Review* 88 : 537 – 58.

Liberti, Jose M. , and Atif Mian. 2009. Estimating the effect of hierarchies on information use. *Review of Financial Studies* 22 : 4057 – 90.

Lin, Huidan, and Daniel Paravisini. 2013. The effect of financing constraints on risk. *Review of Finance* 17 : 229 – 59.

Lindgren, Carl – Johan, Gillian Garcia, and Matthew I. Saal. 1996. *Bank Soudness and Macroeconomic Policy*. Washington, DC: IMF.

Lo, Andrew. 2012. Reading about the financial crisis: A twenty – one book review. *Journal of Economic Literature* 50 (1) :151 – 78.

Lopez, Martha, Fernando Tenjo, and Hector Zarate. 2010a. The risk – taking channel and monetary transmission mechanism in Colombia. Working Paper. Banco de la Republica Colombia.

Lopez, Martha, Fernando Tenjo, and Hector Zarate. 2010b. The risk – taking channel in Colombia revisited. Working Paper. Banco de la Republica Colombia.

Lorenzoni, Guido. 2008. Inefficient credit booms. *Review of Economic Studies* 75 : 809 – 33.

Loutskina, Elena, and Philip E. Strahan. 2009. Securitization and the declining impact of bank finance on loan supply: Evidence from mortgage originations. *Journal of Finance* 64 : 861 – 89.

Lown, Cara S. , and Donald P. Morgan. 2002. Credit effects in the monetary mechanism. *Federal Reserve Bank of New York Economic Policy Review* 8 : 217 – 35.

Lown, Cara, and Donald P. Morgan. 2006. The credit cycle and the business cycle: New findings using the loan officer opinion survey. *Journal of Money, Credit and Banking* 38 (6) :1575 – 97.

Lown, Cara S. , Donald P. Morgan, and Sonali Rohatgi. 2000. Listening to loan officers: The impact of commercial credit standards on lending and output. *Federal Reserve Bank of New York Economic Policy Review* 6 : 1 – 16.

Lucas, Andre, Berndt Schwaab, and Xin Zhang. 2011. Conditional probabilities and contagion measures for euro area sovereign default risk. Discussion Paper 11 – 176/2/DSF29. Tinbergen Institute.

Lucas, Robert. 1976. Econometric policy evaluation: A critique. In K. Brunner and A. Meltzer, eds. , *The Phillips Curve and Labor Markets*, vol. 1. New York: American Elsevier, 19 – 46.

Maddaloni, Angela, and Jose – Luis Peydró. 2011. Bank risk – taking, securitization, supervision, and low interest rates: Evidence from the euro – area and the US lending standards. *Review of Financial Studies* 24: 2121 – 65.

Maddaloni, Angela, and José – Luis Peydró. 2013. Monetary policy, macroprudential policy and banking stability: Evidence from the euro area. *International Journal of Central Banking* 9: 121 – 69.

Malherbe, Frederic. 2014. Self – fulfilling liquidity dry – ups. *Journal of Finance* 69: 947 – 70.

Malmendier, Ulrike, and Stefan Nagel. 2011. Depression babies: Do macroeconomic experiences affect risk – taking? *Quarterly Journal of Economics* 126 (1): 373 – 416.

Manganelli, Simone, and Guido Wolswijk. 2009. What drives spreads in the euro area government bond market? *Economic Policy* 24 (58): 191 – 240.

Manganelli, Simone, Tae – Hwan Kim, and Halbert White. 2010. VAR for VaR: Measuring systemic risk using multivariate regression quantiles. Technical report.

Mankiw, N. Gregory. 2006. The macroeconomist as scientist and engineer. *Journal of Economic Perspectives* 20(4): 29 – 46.

Marcus, Alan J. 1984. Deregulation and bank financial policy. *Journal of Banking and Finance* 8(4): 557 – 65.

Martin, Antoine, and Bruno M. Parigi. 2013. Bank capital regulation and structured finance. *Journal of Money, Credit and Banking* 45 (1): 87 – 119.

Martin, Alberto, and Jaume Ventura. 2012. Economic growth with bubbles. *American Economic Review* 102 (6): 3033 – 58.

Merton, Robert C. 1973. Theory of rational option pricing. *Bell Journal of Economics and Management Science* 4 (1): 141 – 83.

Merton, Robert C. 1974. On the pricing of corporate debt: The risk structure of interest rates. *Journal of Finance* 29 (2): 449 – 70.

Mian, Atif. 2014. The case for credit registry. In Markus Brunnermeier and Arvind Krishnamurthy, eds. , *Risk Topography: Systemic Risk and Macro Modeling*. Chicago: University of Chicago Press, ch. 11.

Mian, Atif, and Amir Sufi. 2009. The consequences of mortgage credit expansion: Evidence from the U. S. mortgage default crisis. *Quarterly Journal of Economics* 124 (4): 1449 – 96.

Mian, Atif, and Amir Sufi. 2010. Household leverage and the recession of 2007 to 2009. *IMF Economic Review* 58 (1): 74 – 117.

Mian, Atif, and Amir Sufi. 2011. House prices, home equity – based borrowing, and the U. S. household leverage crisis. *American Economic Review* 101 (5): 2132 – 56.

Mian, Atif, and Amir Sufi. 2014a. What explains the 2007 – 2009 drop in employment? *Econometrica* 82 (6): 2197 – 2223.

Mian, Atif, and Amir Sufi. 2014b. *House of Debt: How They (and You) Caused the Great*

Recession, and How We Can Prevent It from Happening Again. Chicago: University of Chicago Press.

Mian, Atif, Amir Sufi, and Francesco Trebbi. 2014a. Foreclosures, house prices, and the real economy. *Journal of Finance*, forthcoming.

Mian, Atif, Amir Sufi, and Francesco Trebbi. 2014b. Resolving debt overhang: Political constraints in the aftermath of financial crises. *American Economic Journal: Macroeconomics* 6 (2): 1 – 28.

Mihov, Ilian. 2001. Monetary policy implementation and transmission in the European Monetary Union. *Economic Policy* 16 (33): 369 – 406.

Miller, Edward M. 1977. Risk, Uncertainty, and divergence of opinion. *Journal of Finance* 32 (4): 1151 – 68.

Minsky, Hyman P. 1977. The financial instability hypothesis: An interpretation of Keynes and alternative to standard theory. *Challenge* 20: 20 – 27.

Minsky, Hyman. 1986. *Stabilizing an Unstable Economy*. New Haven: Yale University Press.

Miron, Jeffrey A. 1986. Financial panics, the seasonality of the nominal interest rate, and the founding of the Fed. *American Economic Review* 76 (1): 125 – 40.

Mishkin, Frederic S. 1977. What depressed the consumer? The household balance sheet and the 1973 – 75 recession. *B rookings Papers on Economic Activity* 1: 123 – 64.

Mishkin, Frederic S. 1978. The household balance sheet and the Great Depression. *Journal of Economic History* 38: 918 – 37.

Mistrulli, Paolo. 2005. Interbank lending patterns and financial contagion. Mimeo. Banca d' Italia.

Mitchell, Janet. 2000. Bad debts and the cleaning, transferring of banks' balance sheets: An application to transition economies. *Journal of Financial Intermediation* 10 (1): 1 – 27.

Modigliani, Franco, and Merton Miller. 1958. The cost of capital, corporation finance and the theory of investment. *American Economic Review* 48 (3): 261 – 97.

Morgan, Donald P. 2002. Rating banks: Risk and uncertainty in an opaque industry. *American Economic Review* 92 (4): 874 – 88.

Morgan, Donald P. , Bertrand Rime, and Philip Strahan. 2004. Bank integration and state business cycles. *Quarterly Journal of Economics* 119 (3): 1555 – 85.

Morris, Stephen, and Hyun Song Shin. 1998. Unique equilibrium in a model of selffulfilling currency attacks. *American Economic Review* 88 (3): 587 – 97.

Morris, Stephen, and Hyun Song Shin. 2014. Risk – taking channel of monetary policy: A global game approach. Working Paper. Princeton University.

Morrison, Alan D. , and Lucy White. 2005. Crises and capital requirements in banking. *American Economic Review* 95: 1548 – 72.

Morrison, Alan D. , and Lucy White. 2009. Level playing fields in international financial regulation. *Journal of Finance* 64 (3): 1099 – 1142.

Morrison, Alan D. , and Lucy White. 2013. Reputational contagion and optimal regulatory forbearance. *Journal of Financial Economics* 110 (3): 642 – 58.

Myers, Stewart. 1977. Determinants of corporate borrowing. *Journal of Financial Economics* 5 (2): 147 – 75.

Myers, Stewart, and Raghuram Rajan. 1998. The paradox of liquidity. *Quarterly Journal of Economics* 113:733 – 71.

Myers, Stewart, and Nicholas S. Majluf. 1984. Corporate financing and investment decisions when firms have information that investors do not have. *Journal of Financial Economics* 13 (2):187 – 221.

Nier, Erlend W. , Jacek Osiń ski, Luis I. J á come, and Pamela Madrid. 2011. Institutional models for macroprudential policy. IMF Staff Discussion Note 11/18 and Working Paper 11/250.

Nolan, Charles, and Christoph Thoenissen. 2009. Financial shocks and the U. S. business cycle. *Journal of Monetary Economics* 56 (4):596 – 604.

O' Hara, Maureen, and Wayne Shaw. 1990. Deposit insurance and wealth effects: The value of being too big to fail. *Journal of Finance* 45:1587 – 1600.

Obstfeld, Maurice, and Kenneth Rogoff. 2009. Global imbalances and the financial crisis: Products of common causes. Mimeo. Harvard University.

Oliner, Stephen D. , and Glenn D. Rudebusch. 1996. Monetary policy and credit conditions: Evidence from the composition of external finance. A comment. *American Economic Review* 86 (1): 300 – 309.

Ongena, Steven, Alex Popov, and Gregory F. Udell. 2013. When the cat's away the mice will play: Does regulation at home affect bank risk – taking abroad. *Journal of Financial Economics* 108 (3):727 – 50.

Ongena, Steven, José – Luis Peydr ó, and Neeltje van Horen. 2012. Shocks abroad, pain at home? Bank – firm level evidence on financial contagion during the 2007 – 2009 crisis. Mimeo. UPF.

Ostry, Jonathan D. , Atish R. Gosh, Karl Habermeier, Luc Laeven, Marcos Chamon , Masvash S. Qureshi, and Annamaria Kokenyne. 2011. Managing capital inflows: What tools to use? IMF Staff Discussion Note 11/06.

Padoa – Schioppa, Tommaso. 2001. Bank competition: A changing paradigm. *European Finance Review* 5:13 – 20.

Pagano, Marco. 2012. Finance: Economic lifeblood or toxin? CSEF Working Paper 326 Paligorova, Teodora, and Joao A. C. Santos. 2012. Monetary policy and bank risk – taking: Evidence from the corporate loan market. Mimeo. Bank of Canada.

Pan, Jun, and Kenneth J. Singleton. 2008. Default and recovery implicit in the term structure of sovereign CDS spreads. *Journal of Finance* 63 (5):2345 – 84.

Paravisini, Daniel. 2008. Local bank financial constraints and firm access to external finance. *Journal of Finance* 63:2161 – 93.

Peek, Joe, and Eric S. Rosengren. 1995. The capital crunch: Neither a borrower nor a lender be. *Journal of Money, Credit and Banking* 27:625 – 38.

Peek, Joe, and Eric S. Rosengren. 1997. The international transmission of financial shocks: The case of Japan. *American Economic Review* 87 (4):495 – 505.

Peek, Joe, and Eric S. Rosengren. 2000. Collateral damage: Effects of the Japanese bank crisis on the United States. *American Economic Review* 90(1):30 – 45.

Peek, Joe, Eric S. Rosengren, and Geoffrey Tootell. 1999. Is bank supervision central to central banking? *Quarterly Journal of Economics* 114(2):629 – 53.

Peek, Joe, Eric S. Rosengren, and Geoffrey Tootell. 2003. Identifying the macroeconomic effect of loan supply shocks. *Journal of Money*, *Credit and Banking* 35:931 – 46.

　　Peltzman, Sam. 1976. Toward a more general theory of regulation. *Journal of Law and Economics* 19 (August):211 – 40.

　　Perotti, Enrico, and Javier Suarez. 2002. Last bank standing: What do I gain if you fail? *European Economic Review* 46:1599 – 1622.

　　Philippon, Thomas, and Ariell Reshef. 2012. Wages and human capital in the U. S. financial industry:1909 – 2006. *Quarterly Journal of Economics* 127:1551 – 1609.

　　Philippon, Thomas. 2009. Financiers versus engineers: Should the financial sector be taxed or subsidized? *American Economic Journal: Macroeconomics* 2 (3):158 – 82.

　　Plantin, Guillaume. 2015. Shadow banking and bank capital regulation. *Review of Financial Studies* 28:146 – 75.

　　Poon, Ser – Huang, Michael Rockinger, and Jonathan Tawn. 2004. Extreme value dependence in financial markets: Diagnostics, models, and financial implications. *Review of Financial Studies* 17 (2):581 – 610.

　　Pozen, Robert. 2009. Is it fair to blame fair value accounting for the financial crisis? *Harvard Business Review* 87 (11):85 – 92.

　　Pozsar, Zoltan, Tobias Adrian, Adam Ashcraft, and Hayley Boesky. 2010. Shadow banking. Federal Reserve Bank of New York Staff Report 458.

　　Pritsker, Matt. 2001. The channels for financial contagion. In Stijn Claessens and Kristin J. Forbes, eds. *International Financial Contagion*. Boston: Kluwer Academic, 67 – 98.

　　Puri, Manju, Jorg Rocholl, and Sascha Steffen. 2011. Global retail lending in the aftermath of the US financial crisis: Distinguishing between supply and demand effects. *Journal of Financial Economics* 100:556 – 78.

　　Qian, Jun, Philip E. Strahan, and Zhishu Yang. 2015. The impact of incentives and communication costs on information production: Evidence from bank lending. *Journal of Finance*, *forthcoming*.

　　Quadrini, Vincenzo. 2011. Financial frictions in macroeconomic fluctuations. *Economic Quarterly* 97 (3):209 – 54.

　　Quintos, Carmela, Zhenhong Fan, and Peter C. B. Phillips. 2001. Structural change test in tail behaviour and the Asian crisis. *Review of Economic Studies* 68 (3):633 – 63.

　　Raddatz, Claudio. 2006. Liquidity needs and vulnerability to financial underdevelopment. *Journal of Financial Economics* 80:677 – 722.

　　Rajan, Raghuram G. 1992. Insiders and outsiders: The choice between Informed and arm's – length debt. *Journal of Finance* 47 (4):1367 – 1400.

　　Rajan, Raghuram G. 1994. Why bank credit policies fluctuate: A theory and some evidence. *Quarterly Journal of Economics* 109 (2):399 – 441.

　　Rajan, Raghuram G. 2005. Has financial development made the world riskier? NBER Working Paper 11728.

　　Rajan, Raghuram. G. 2006. Has finance made the world riskier? *European Financial Management* 12:499 – 533.

　　Rajan, Raghuram G. 2009. The credit crisis and cycle – proof regulation. *Federal Reserve Bank of*

St. Louis Review 91（September）:397 – 402.

Rajan,Raghuram G. 2010. *Fault Lines*. Princeton:Princeton University Press.

Rajan,Raghuram G. , and Luigi Zingales. 1998. Financial dependence and growth. *American Economic Review* 88:393 – 410.

Ramey,Valerie A. 1993. How important is the credit channel in the transmission of monetary policy. *Carnegie – Rochester Conference Series on Public Policy* 39（1）:1 – 45.

Ranciere, Romain, Aaron Tornell, and Frank Westermann. 2008. Systemic crises and growth. *Quarterly Journal of Economics* 123（1）:359 – 406.

Reinhart,Carmen M. , and Kenneth S. Rogoff. 2008. Is the 2007 US sub – prime financial crisis so different? An international historical comparison. *American Economic Review* 98(2):339 – 44.

Reinhart, Carmen, and Kenneth S. Rogoff. 2009a. *This Time Is Different: Eight Centuries of Financial Folly*. Princeton:Princeton University Press.

Reinhart, Carmen, and Kenneth S. Rogoff. 2009b. The aftermath of financial crises. *American Economic Review* 99（2）:466 – 72.

Repullo,Rafael. 2000. Who should act as a lender of last resort? An incomplete contracts model. *Journal of Money Credit and Banking* 32（2）:580 – 605.

Repullo, Rafael. 2005. Liquidity, risk – taking, and the lender of last resort. *International Journal of Central Banking* 1:47 – 80.

Repullo,Rafael, and Jesus Saurina. 2011. The countercyclical capital buffer of Basel III: A critical assessment. CEPR Discussion Paper 8304.

Rey,Hé l è ne. 2013. Dilemma not trilemma: The global financial cycle and monetary policy independence. Presented at the Jackson Hole Symposium hosted by the Federal Reserve Bank of Kansas City, August.

Rigobon,Roberto,and Brian Sack. 2004. The impact of monetary policy on asset prices. *Journal of Monetary Economics* 51:1553 – 75.

Rochet, Jean – Charles. 1992. Capital requirements and the behavior of commercial banks. *European Economic Review* 36:1137 – 78.

Rochet,Jean – Charles. 2004. Rebalancing the 3 pillars of Basel 2. *Economic Policy Review*（Federal Reserve Bank of New York）10（2）:7 – 25.

Rochet,Jean – Charles. 2004, Market discipline in banking: Where do we stand? In Claudio Borio, William Curt Hunter, George Kaufman, and Kostas Tsatsaronis, eds. , *Market Discipline across Countries and Industries*. Cambridge:MIT Press, 55 – 68.

Rochet,Jean – Charles, ed. 2008. *Why Are There So Many Banking Crises? The Politics and Policy of Bank Regulation*. Princeton:Princeton University Press.

Rochet, Jean – Charles, and J. Tirole. 1996. Interbank lending and systemic risk. *Journal of Money, Credit and Banking* 28（4）:733 – 62.

Rochet, Jean – Charles, and J. Tirole. 1996. Controlling risk in payment systems. Journal of Money, Credit and Banking28（4）:832 – 62.

Rochet,Jean – Charles, and Xavier Vives. 2004. Coordination failures and the lender of last resort:Was Bagehot right after all? *Journal of the European Economic Association* 2（6）:1116 – 47.

Romer, Christina, and David Romer. 1990. New evidence on the monetary transmission *mechanism. Brookings Papers on Economic Activity* 1:149 – 98.

Rose, Andrew K. , and Mark M. Spiegel. 2009a. Cross – country causes and consequences of the 2008 crisis:Early warning. Working Paper 2009 – 17. Federal Reserve Bank of San Francisco.

Rose, Andrew K. , and Mark M. Spiegel. 2009b. Cross – country causes and consequences of the 2008 crisis: International Linkages and American Exposure. Mimeo. Haas School of Business, University of California, Berkeley, and Federal Reserve Bank of San Francisco.

Ruckes, Martin. 2004. Bank competition and credit standards. *Review of Financial Studies* 17: 1073 – 1102.

Samuelson, Paul A. 1958. An exact consumption – loan model of interest with or without the social contrivance of money. *Journal of Political Economy* 66 (6):467 – 82.

Santos, Joao. 2009. Do markets discipline all banks equally. *Journal of Financial Economic Policy* 1: 107 – 23.

Santos, Manuel S. , and Michael Woodford. 1997. Rational asset pricing bubbles. Econometrica 65:19 – 58.

Sapienza, Laura. 2004. The effects of government ownership on bank lending. *Journal of Financial Economics* 72 (2):357 – 384.

Saunders, Anthony. 1986. An examination of the contagion effect in the international loan market. *Studies in Banking and Finance* 3:219 – 47.

Scheinkman, Jose A. , and Wei Xiong. 2003. Overconfidence and speculative bubbles. *Journal of Political Economy* 111:1183 – 1219.

Schmidt, Lawrence D. W. , Allan G. Timmermann, and Russ R. Wermers. 2013. Runs on Money Market Mutual Funds. January 2. http://ssrn. com/abstract = 1784445.

Schoenmaker, Dirk. 1998. Contagion risk in banking. Manuscript. Ministry of Finance, Amsterdam.

Schnabl, Philipp. 2012. The international transmission of bank liquidity shocks:Evidence from an emerging market. *Journal of Finance* 67 (3):897 – 932.

Schoenmaker, Dirk. 2011. The financial trilemma. *Economics Letters* 111:57 – 59.

Schularick, Moritz, and Alan M. Taylor. 2012. Credit booms gone bust:Monetary policy, leverage cycles, and financial crises, 1870 – 2008. *American Economic Review* 102 (2):1029 – 61.

Schwaab, Bernd, Siem Jan Koopman, and Andre Lucas. 2011. Systemic risk diagnostics, coincident indicators and early warning signals. ECB Working Paper 1327.

Shaffer, Sherrill. 1998. The winner's curse in banking. *Journal of Financial Intermediation* 7(4): 359 – 92.

Sharpe, Steven A. 1990. Asymmetric information, bank lending, and implicit contracts: A stylized model of customer relationships. *Journal of Finance* 45 (4) :1069 – 87.

Shin, Hyun Song. 2009. Securitisation and financial stability. *Economic Journal* 119:309 – 32.

Shin, Hyun Song. 2010. *Risk and Liquidity*. Oxford:Oxford University Press.

Shin, Hyun Song. 2011. Macroprudential policies beyond Basel III. Presentation on International Centre for Financial Regulation, September 7.

Shin, Hyun Song. 2012. Global banking glut and loan risk premium. *Economic Review* 60: 155 – 92.

Shleifer, Andrei. 2000. *Clarendon Lectures: Inefficient Markets.* Oxford: Oxford University Press.

Shleifer, Andrei. 2012. Psychologists at the gate: A review of Daniel Kahneman's *Thinking, Fast and Slow. Journal of Economic Literature* 50: 1080 – 91.

Shleifer, Andrei, and Robert W. Vishny. 2010a. Asset fire sales and credit easing. *American Economic Review* 100: 46 – 50.

Shleifer, Andrei, and Robert W. Vishny. 2010b. Unstable banking. *Journal of Financial Economics* 97: 306 – 18.

Sims, Christopher. 2007. Comment on Del Negro, Schorfheide, Smets, and Wouters. *Journal of Business and Economics Statistics* 25: 152 – 54.

Skinner, Douglas J. 2008. The rise of deferred tax assets in Japan: The role of deferred tax accounting in the Japanese banking crisis. *Journal of Accounting and Economics* 46(2 – 3): 218 – 39.

Slovin, Myron, Marie Sushka, and John Polonchek. 1993. The value of bank durability: borrowers as bank stakeholders. *Journal of Finance* 48 (1): 247 – 66.

Smith, Bruce D. 2002. Monetary policy, banking crises, and the Friedman rule. *American Economic Review* 92: 128 – 34.

Sprague, Oliver. 1910. *History of Crises under the National Banking System.* New York: Kelley.

Schoenmaker, Dirk. 1998. Contagion risk in banking. Manuscript. Ministry of Finance, Amsterdam.

Schnabl, Philipp. 2012. The international transmission of bank liquidity shocks: Evidence from an emerging market. *Journal of Finance* 67 (3): 897 – 932.

Schoenmaker, Dirk. 2011. The financial trilemma. *Economics Letters* 111: 57 – 59.

Schularick, Moritz, and Alan M. Taylor. 2012. Credit booms gone bust: Monetary policy, leverage cycles, and financial crises, 1870 – 2008. *American Economic Review* 102 (2): 1029 – 61.

Schwaab, Bernd, Siem Jan Koopman, and Andre Lucas. 2011. Systemic risk diagnostics, coincident indicators and early warning signals. ECB Working Paper 1327.

Shaffer, Sherrill. 1998. The winner's curse in banking. *Journal of Financial Intermediation* 7 (4): 359 – 92.

Sharpe, Steven A. 1990. Asymmetric information, bank lending, and implicit contracts: A stylized model of customer relationships. *Journal of Finance* 45 (4): 1069 – 87.

Shin, Hyun Song. 2009. Securitisation and financial stability. *Economic Journal* 119: 309 – 32.

Shin, Hyun Song. 2010. *Risk and Liquidity.* Oxford: Oxford University Press.

Shin, Hyun Song. 2011. Macroprudential policies beyond Basel III. Presentation on International Centre for Financial Regulation, September 7.

Shin, Hyun Song. 2012. Global banking glut and loan risk premium. Economic Review 60: 155 – 92.

Shleifer, Andrei. 2000. *Clarendon Lectures: Inefficient Markets.* Oxford: Oxford University Press.

Shleifer, Andrei. 2012. Psychologists at the gate: A review of Daniel Kahneman's *Thinking, Fast and Slow. Journal of Economic Literature* 50: 1080 – 91.

Shleifer, Andrei, and Robert W. Vishny. 2010a. Asset fire sales and credit easing. *American Economic Review* 100: 46 – 50.

Shleifer, Andrei, and Robert W. Vishny. 2010b. Unstable banking. *Journal of Financial Economics*

97:306 – 18.

Sims, Christopher. 2007. Comment on Del Negro, Schorfheide, Smets, and Wouters. *Journal of Business and Economics Statistics* 25:152 – 54.

Skinner, Douglas J. 2008. The rise of deferred tax assets in Japan: The role of deferred tax accounting in the Japanese banking crisis. *Journal of Accounting and Economics* 46 (2 – 3):218 – 39.

Slovin, Myron, Marie Sushka, and John Polonchek. 1993. The value of bank durability: borrowers as bank stakeholders. *Journal of Finance* 48 (1):247 – 66.

Smith, Bruce D. 2002. Monetary policy, banking crises, and the Friedman rule. *American Economic Review* 92:128 – 34.

Sprague, Oliver. 1910. *History of Crises under the National Banking System.* New York: Kelley.

Tirole, Jean. 1985. Asset bubbles and overlapping generations. *Econometrica* 53:1499 – 1528.

Tirole, Jean. 2006. *The Theory of Corporate Finance.* Princeton: Princeton University Press.

Tirole, Jean. 2011. Systemic risk regulation. 20th Barcelona GSE lecture. Graduate School of Economics, April 1.

Tobin, James. 1989. Review of *Stabilizing an Unstable Economy* by Hyman P. Minsky. *Journal of Economic Literature* 27 (1):105 – 108.

Trichet, Jean Claude 2009. The ECB's enhanced credit support. Keynote address at the University of Munich, July 13.

Turner, Adair. 2009. The financial crisis and the future of financial regulation. Speech at the Economists Inaugural City Lecture, January 21. http://www. fsa. gov. uk/library /communication/ speeches/2009/ 0121 at. shtml.

Turner, Adair. 2010. What do banks do, what should they do, and what public policies are needed to ensure best results for the real economy? Speech at Cass Business School, March 17. http://www. fsa. gov. uk/library/communication/speeches/2010/0317 at. shtml.

Tversky, Amos, and Daniel Kahneman. 1981. The framing of decisions and the psychology of choice. *Science* 211 (4481):453 – 58.

Valencia, Fabian. 2008. Banks' precautionary capital and credit crunches. IMF Working Paper 08/248.

Valencia, Fabian. 2014. Monetary policy, bank leverage, and financial stability. *Journal of Economic Dynamics and Control* 47:20 – 38.

Van den End, Jan Willem and Mark Kruidhof. 2012. Modelling the liquidity ratio as macroprudential instrument. DNB Working Paper 342.

Vé ron, Nicolas, and Guntram B. Wolff. 2013. From supervision to resolution: Next steps on the road to European Banking Union. Policy Brief PB 13 – 5. Peterson Institute for International Economics.

Vials, José, Ceyla Pazarbasioglu, Jay Surti, Aditya Narain, Michaela Erbenova, and Julian Chow. 2013. Creating a safer financial system: Will the Volcker, Vickers, and Liikanen structural measures help? IMF Staff Discussion Note 13/04.

Vissing – Jorgensen, Annette. 2004. Perspectives on behavioral finance: Does " irrationality " disappear with wealth? Evidence from expectations and actions. In Mark Gertler and Kenneth Rogoff, eds. , *NBER Macroeconomics Annual* 2003. Cambridge: MIT Press, 139 – 94.

Von Hagen, Jurgen, and Tai – Kuang Ho. 2007. Money market pressure and the determinants of banking crises. *Journal of Money, Credit and Banking* 39:1037 – 66.

Wachter, Jessica A. 2006. A consumption – based model of the term structure of interest rates. *Journal of Financial Economics* 79:365 – 99.

Wall, Larry D. , and David R. Peterson. The effect of Continental Illinois' failure on the financial performance of other banks. *Journal of Monetary Economics* 26 (1):77 – 99.

White, William R. 1996. International agreements in the area of banking and finance: Accomplishments and outstanding issues. BIS Working Paper 38.

White, William R. 2006. Is price stability enough? BIS Working Paper 205.

Wojnilower, Albert. 1980. The central role of credit crunches in recent financial history. *Brookings Papers on Economic Activity* 2:277 – 339.

Wong, Eric, Tom Fong, Li Ka – fai, and Henry Choi. 2011. Loan – to – value ratio as a macroprudential tool: Hong Kong's experience and cross – country evidence. Working Paper 01/ 2011. Hong Kong Monetary Authority.

Xiong, Wei and Jialin Yu. 2011. Chinese warrants bubble. *American Economic Review* 101 (6): 2723 – 53.

Yagan, Danny. 2014. Riding the bubble? Chasing returns into illiquid assets. NBER Working Paper 20360.

Yellen, Janet L. 2011. Macroprudential supervision and monetary policy in the post – crisis world. *Business Economics* 46:3 – 12.

Yellen, Janet L. 2014. Monetary policy and financial stability. Michael Camdessus Central Banking Lecture.